西華大學
四川省文史研究館
蜀學研究中心主辦

蜀學

第七輯

四川出版集團
巴蜀書社

《蜀學》編輯委員會

《蜀學》第七輯發刊祝辭

蜀學是巴蜀地區特有的，與其他地區文化有所不同的、具有獨立精神、獨創識見、獨特風格的特色文化，既有古代蜀學的傳承和宏揚，又有時代精神的開拓與創新，願蜀學工作者共同努力，推動蜀學不斷向前發展，為祖國文化的大發展大繁榮作出應有的貢獻。

蒙默

二〇一二年十月

時年八十又六

目　録

再論《華陽國志》歷史屬性問題

王懷成

《華陽國志》的性質問題，也是長期以來的一個争論不休的命題。概而言之，這些争論大體有三種：有稱其爲地方史者，有稱其爲地方志者，亦有稱之亦史亦志者。

《隋書·經籍志》、《宋史·藝文志三》、鄭樵《通志》將其歸入“霸史”；《舊唐書·經籍志》、《新唐書·藝文志》、晁公武《郡齋讀書志》、尤袤《遂初堂目録》、《崇文總目》將其歸入“僞史”；《宋史·藝文志二》、陳振孫《直齋書録解題》列入“雜史”；馬端臨《文獻通考·經籍考》歸入“僞史、霸史類”。總之，隋唐以來，《華陽國志》性質上屬“史”，這一點概無疑義。各家祇是在屬於何類史書的問題上，煞費斟酌。近人劉咸炘又提出“横剖史”之説。其《華陽國志論》稱：“是書爲横剖成史之祖，乃史林之一創作。”① 又説：“今所謂正史，皆縱剖一時而包各方，此書則横剖一方而包各時，二者正相對。後來方志範圍，實與此同。唯宋以來作方志者，僅知地理書之擴大，而不知爲一方之史。”② 劉咸炘先生所謂之縱剖史，其實就是地方性通史。蓋所謂“横”，指的是針對全國性斷代史或通史而言，《華陽國志》屬於其中的一個地方而已；所謂“縱”，指的是針對地方志的地理風貌之特點，《華陽國志》又具備自巴蜀開國之初以迄常璩時代之通史性質。因此，劉咸炘之“横剖史”的説法實際上就是地方通史的性質界定。劉氏“横剖史”之説雖出，然長久以來似乎不爲人知。不過，後來學者不約而同有類似看法者也不乏其人。如任乃强先生説：“地方史幾百種，莫不推《華陽國志》爲典型。”③ 任氏指出《華陽國志》爲地方史，這是對的；但若説其是“典型”，卻未必。因爲就中國地方史書的實際情形而言，如《越絶書》、《吴越春秋》之類，其立史蓋爲一時之政權服務所言一時一地之歷史，而不具備通史性質。因此從這個意義上説，

---

① 《史學述林》，劉咸炘《劉咸炘學術論集（史學編）》下册，廣西師範大學出版社 2007 年版，第 216 頁。
② 劉咸炘《史學述林》，第 217 頁。
③ 任乃强《〈華陽國志〉簡介》，《歷史知識》1980 年第 2 期。

《華陽國志》是傑出的地方史書之一種，但不算地方史的典型。正因如此，王仲犖認爲："好像是地方志，其實是一部地方性的通史。"① 這個説法就較爲準確了。故而此説獲得了傅玉璋先生的贊同："王仲犖的意見有道理，應看做記載西南地方的通史。"②

自唐劉知幾《史通》，有將《華陽國志》定位爲地方志者。劉知幾《史通》稱："九州土宇，萬國山川，物産殊宜，風化異俗。如各志其本國，足以明此一方。若盛弘之《荆州記》、常璩《華陽國志》、辛氏《三秦》、羅含《湘中》，此之謂地理書者也。"劉知幾的《史通》本身即是研究史的著作。他這裏把《荆州記》、《華陽國志》、《三秦紀》、《湘中山水記》等書納入研究之中，實際上是把它們當做史書中的地理志成分看待的。由於除《華陽國志》以外的其他三部著述皆已亡佚，我們無從討論劉知幾視其爲地理書性質是否恰當，但他把《華陽國志》看成地理書顯然在長久以來都没有得到學術界的廣泛響應。直到當代，研究者纔開始繼續闡釋這一思路。如劉琳先生《華陽國志簡論》一文亦稱："晋常璩的《華陽國志》是我國現存的一部最早的、比較完整的地方志。"③"從内容來説，是歷史、地理、人物三結合；從體裁來説，是地理志、編年史、人物傳三結合。這兩個三結合構成了《華陽國志》的一個顯著特點，這也是中國方志編纂史上的一個創舉。"④ 可是，在我們看來，劉琳所謂"歷史、地理、人物三結合"、"地理志、編年史、人物傳三結合"的概述，恰好是傳統史學著作的典型特徵，而非是地理志的典型特徵。類似劉琳看法的還有張舜徽先生，他認爲："很明顯的以風土人物爲主，雖十之七八叙述政治沿革，但也注意到了交通險塞、物産土俗、大姓豪族以及先賢士女各方面，無疑是今日方志的初祖。"⑤ 張舜徽的看法，其實直接從劉知幾而來。不過，"以風土人物爲主"和"十之七八叙述政治沿革"的説法本身就是自相矛盾了。實際上《華陽國志》若是去掉了十之七八的政治沿革，其他的成分就太少了，更不會爲主。但是劉知幾的地方志説法畢竟還是有認同者，如劉重來先生也説："常璩是我國兩晋時期的著名史學家，他的《華陽國志》是我國現存最早的一部地方志專著。"⑥ 其實，之所以劉知幾的地方志之説在當代有不絶如縷的贊同者，一方面固然與《華陽國志》的確有突出的地方志特色有關，另一方面則當與中國當代統一局面下地方文化研究和建設的興起有關。

因爲以上兩種意見分歧的出現，學術界遂派生出第三種意見，即《華陽國志》既是史也是志，兼具史書與地方志的特性而不便於界定其歸屬。這個意見的代表者是卞艷軍、李新偉先生。他們認爲："因爲當時正值魏晋地記、地志盛行，方志逐漸發展的時期，史的特徵不免明顯，志的特徵亦未凸顯。"⑦ 這個説法，描述了《華陽國志》的客觀存在的複雜性質，但因其從否定的方向做描述，所以實際上是没有結論的。後來倉修良先生認爲："如何看待

① 王仲犖《魏晋南北朝史》，上海人民出版社 1980 年版，第 902 頁。
② 傅玉璋《中國古代史學史》，安徽大學出版社 2008 年版，第 60 頁。
③ 劉琳《華陽國志簡論》，《四川大學學報》1979 年第 2 期。
④ 劉琳《華陽國志校注》，巴蜀書社 1984 年版，第 2 頁。
⑤ 張舜徽《中國古代史籍舉要》，云南人民出版社 2004 年版，第 144 頁。
⑥ 劉重來《説〈華陽國志〉》，《史學史研究》1984 年第 4 期。
⑦ 卞艷軍、李新偉《〈華陽國志〉淺論》，《中國地方志》2003 年第 1 期。

這一分歧，我看還得從該書的體例和内容作具體論述，不能簡單地說是這樣，不是那樣。當然，我認爲兩種説法都有相當道理，所以會産生如此分歧，正是因爲《華陽國志》確實具有似志非志似史非史的特點，問題就在於作進一步分析了。”① 看來，所謂第三種意見，其實就是保留争議、繼續討論的意思，它本身不提供明確的立場，但承認《華陽國志》性質問題的學術性，值得繼續探討。

以上是人們對《華陽國志》屬性的三種意見的討論，説明這的確是一個重要但又不能馬上定論的學術問題。本文認爲，考察《華陽國志》成書的歷史環境，還是應該將其歸屬爲“史”，也就是以劉咸炘、任乃强、王仲犖、傅玉璋爲代表的“地方通史”性質。

首先，常璩在《華陽國志·序志》一篇中述其著書宗旨，大致言巴蜀遠古之史，久已疏略隱没。周秦以後，雖有蜀中先輩如司馬相如、嚴君平、譙周等著蜀王之事，皆失於簡略。陳壽之作《耆舊傳》，衹志人物，不言土地等，不够完備。《地理志》雖言山水土地，卻又不考沿革變異等。鑑於以上種種缺憾，常璩纔萌生了《華陽國志》的創作念頭。據之，其設計《華陽國志》之體例、範疇和宗旨便已明朗，即補充完備巴蜀遠古歷史，完善歷代蜀王之紀，同時結合前人著述之耆舊先賢與地理志等内容。這種佈局，正是史書的主要構成部分。在時間跨度上，它“肇自開闢，終乎永和三年”，記録從上古至當代巴蜀的歷史，正可言其爲通史。所以説，《華陽國志》實際上是一部典型的地方通史。且其《序志》篇“譔曰”一段多處用典，基本出自《詩經》、《論語》等儒家經典，如“麟獲西狩”出自《春秋》魯哀公獲麟、孔子哀歎“吾道窮矣”，均可説明常璩拿孔子自比的内心傾向。因此，《華陽國志》一書，亦有追踪《春秋》之例的傾向，則常璩著史之立場亦可由此得到旁證。

其次，《華陽國志》成書於晉穆帝初年，時《史記》、《漢書》等標準史書的體例早已深入人心，而這些正史中都含有“地理志”部分，《史記》稱爲“河渠書”，《漢書》稱爲“地理志”。因此，標準史書最重要的組成部分無非紀、傳與志。這個傳統一直延續下來，直到《明史》及《清史稿》。《華陽國志》從地域上講，它不屬於一代之史，衹算是一地之史；從時間上講，它不是繼承《漢書》與《後漢書》的斷代的傳統，而是仿《史記》的體例，因此屬於通史。

再者，我國第一部典型的方志，應當是唐代李吉甫撰的《元和郡縣志》。它直接分道、州逐地介紹歷史沿革、經濟、物産、民族、風俗等。在板塊設計上，除了按地理劃分，絶無紀、傳兩個部分。這種模式奠定了後世宋、元、明、清方志的傳統寫法。《華陽國志》的内容顯然也是由這三大板塊組成：卷一至卷四，分述巴、蜀、漢中、南中四地的歷史沿革、經濟、物産、民族、風俗等，類似於正史中的地理類；卷五至卷九按先後敘述蜀中割據政權之公孫述、劉焉和劉璋父子、劉備和劉禪父子及成漢李氏，類似於正史中的本紀；卷十至卷十二敘西漢至東晉初先賢士女，類似於正史中的列傳。這三大板塊是中國正史傳統的部分。因此從這個意義而言，《華陽國志》亦當屬地方通史性質。

---

① 倉修良主編《中國史學名著評介》，山東教育出版社2006年版，第314頁。

最後，中國歷代經籍目録分類，不外經、史、子、集四種，而史中是包含地志的。所以不管古人怎麽看待《華陽國志》各成分的比例，它在四部分類法中毫無疑義，衹能劃入史類，無論是屬於霸史、别史、雜史還是僞史等。傳統史書中含有地理志的成分，而地方志卻不包含史書的紀、傳成分。因此如《元和郡縣志》等屬於地理方志類，而《華陽國志》衹能屬於地方通史類。實際上，《華陽國志》不管是從内容上還是體裁上看，都是具備了史書的最基本要素的，並不能因爲有地理成分，就説它是方志。

作者單位：四川師範大學文學院

揚雄以儒家思想論史及其對班固和《漢書》的影響

粟品孝

先秦秦漢時期，是我國史學從無到有、從萌芽到確立的時期，先後出現了《春秋》、《左傳》、《史記》、《漢書》、《漢紀》等重要史學著作。特别是司馬遷的《史記》，是一部劃時代的巨著，標誌着中國史學的確立，司馬遷也因此而被稱爲我國的"史學之父"。相比於全國史學的重大發展而言，巴蜀史學的進展是很不够的，没有湧現出一流的史家史著。如果與當時巴蜀辭賦、道家、天文等學問已躋身全國一流相比，巴蜀史學甚至可以説顯得比較落後。

雖然如此，巴蜀史學在這漫長的歷史時段，還是在不斷地增長着。從現有材料來看，如果説西漢中期的司馬相如所作《蜀本紀》還顯得比較孤立的話，那麽到了西漢末東漢初，特别是西漢成帝到東漢明帝這數十年時間裏，巴蜀地區則湧現出多位在史學上頗有建樹的學者：西漢末年揚雄、陽城衡補續《史記》，在漢唐時期長期爲人關注，爲後來《漢書》的寫作做了鋪墊；東漢初年的楊終與史學巨匠班固同爲校書郎，還受詔删《史記》爲十餘萬言；東漢初年的杜撫、李尤二人參與東漢一朝最重要的官修史書《東觀漢記》的寫作；另外還出現了一批地方史志，所知有西漢嚴遵、揚雄、陽城衡的《蜀本紀》，王褒的《雲陽記》，東漢楊終的《哀牢傳》等等，這些著作爲後來東晉常璩撰寫《華陽國志》奠定了基礎，其中揚雄《蜀王本紀》還是現存最早關於巴蜀早期歷史的重要著作。另外，揚雄的《法言》還本着儒家經學立場，對歷史人物和歷史現象多有評論，不少内容爲後來的《漢書》所借鑒和吸取。所有這些集中來看，標誌着巴蜀史學開始崛起。不論是考察全國史學的發展，還是探討整個巴蜀史學的歷程，對這一時期的巴蜀史學都不能不加以留意。限於篇幅，本文集中討論揚雄論史及其對班固和《漢書》的影響問題①。

---

① 關於揚雄的研究成果甚多，與本題關係密切且爲本文借鑒者主要有：徐復觀《揚雄論究》，收載其《兩漢思想史》第二卷，華東師範大學出版社 2001 年版，第 270—343 頁；鄭萬耕《揚雄的史學思想》，載《史學史研究》1998 年第 2 期；王青《揚雄評傳》，南京大學出版社 2011 年，第 222—234 頁。

一　揚雄對儒家經學的推崇

自漢武帝“罷黜百家，獨尊儒術”後，儒學就逐漸上升爲經學，成爲王朝的統治思想，進而對思想文化的各個領域不斷滲透，廣泛影響。揚雄生當儒家經學正盛的西漢後期，他順應時勢，對孔子及其代表的儒家經學極爲推崇。

揚雄對孔子有種近乎神靈的崇拜，他說：“仲尼，神明也，小以成小，大以成大。雖山川、丘陵、草木、鳥獸，裕如也。”“（孔子）闢百聖而不慚，蔽天地而不耻，能言之類，莫能加也。貴無敵，富無倫，利孰大焉！”① 認爲孔子無所不知，孔子之道無所不包。進而又盛讚孔子整理的《五經》，他説：“唯《五經》爲辯。説天者莫辯乎《易》，説事者莫辯乎《書》，説體者莫辯乎《禮》，説志者莫辯乎《詩》，説理者莫辯乎《春秋》，捨斯，辯亦小矣。”② 認爲《五經》分别是天、事、體、志、理的最高真理。如此，《五經》就如同天地一樣高深，包容一切學説：“或問：聖人之經不可使易知歟？曰：不可。天俄而可度，則其覆物也淺矣；地俄而可測，則其載物也薄矣。大哉！天地之爲萬物郭，《五經》之爲衆説郛。”③

正由於揚雄將孔子及《五經》視爲高於一切、包容一切的聖人和學説，所以他要求用所謂孔聖人和儒家經學的標準來統一人們的思想。“或曰：人各是其所是，而非其所非，將誰使正之？曰：萬物紛錯，則懸諸天；衆言淆亂，則折諸聖。或曰：惡睹乎聖而折諸？曰：在則人，亡則書，其統一也。”這裏的人、書，分别就是指孔子和《五經》。揚雄甚至認爲捨棄孔子和儒家經典就無法入道、達道：“捨舟航而濟乎瀆者，末矣；捨《五經》而濟乎道者，末矣。棄常珍而嗜乎異饌者，惡睹其識味也；委大聖而好乎諸子者，惡睹其識道也。山徑之蹊，不可勝由矣；向牆之户，不可勝入矣。曰：惡由入？曰：孔氏。孔氏者，户也。”④

我們知道，儒家最核心最本質的内容是那套綱常倫理。對孔子及儒家經典推崇到無以復加地步的揚雄，自然對儒家倫理也極爲崇尚。他的兩部代表作《太玄》和《法言》，都貫穿了儒家倫理這一主綫。《法言》始“學行”，終“孝至”，清楚地説明該書以人的道德踐履爲開始，而以達到孝——倫理的最高境界作爲歸宿。《太玄》雖言天道，但中心仍在倫理，揚雄曾明確地講到這一點：“或曰：《玄》何爲？曰：爲仁義。”⑤ 因此，解釋《太玄》八十一首的十一篇，是以忠、孝作爲結尾的，即是：

> 故善言天地者以人事，善言人事者以天地。明晦相推而日月逾邁，歲歲相蕩而天地彌陶，之謂神明不窮。原本者難由，流末者易從。故有宗祖者則稱乎孝，序君臣者則稱

---

① 揚雄：《法言·五百》，見韓敬《法言注》，中華書局 1992 年版，第 183 頁、177 頁。
② 《法言·寡見》，見《法言注》，第 149 頁。
③ 《法言·問神》，見《法言注》，第 107 頁。
④ 《法言·吾子》，見《法言注》，第 46 頁、35—37 頁。
⑤ 《法言·問神》，見《法言注》，第 116 頁。

乎忠，實告大訓[①]。

由於揚雄堅信儒家的綱常倫理，所以他對非儒家的諸子學説的批評，基本上都是從儒家倫理的角度進行的。比如，揚雄雖然深受老子的影響，但在涉及仁義禮智這些儒家倫理時，則態度鮮明："老子之言道、德，吾有取焉耳；及搥提仁、義，絶滅禮、學，吾無取焉耳。"[②] 顯然，揚雄堅守儒家仁義禮智一類的倫理觀念，並以此來批評老子。至於對其他諸子學説的批評，揚雄也基本是如此立場：

> 申、韓之術，不仁之至矣。
>
> 或曰：莊周有取乎？曰：少欲。鄒衍有取乎？曰：自持。至周罔君臣之義，衍無知於天地之間，雖鄰不覿也[③]。
>
> 或問：公孫龍詭辭數萬以爲法，法與？曰：斷木爲棋，梡革爲鞠，亦皆有法焉。不合乎先王之法者，君子不法也[④]。
>
> 或問：（張）儀、（蘇）秦學乎鬼谷術，而習乎縱横言，安中國者各十餘年，是夫？曰：詐人也。聖人惡諸[⑤]！
>
> 莊、揚［楊］蕩而不法，墨、晏儉而廢禮，申、韓險而無化，鄒衍迂而不信[⑥]。

一言以蔽之，"吾見諸子之小禮樂也，不見聖人之小禮樂也"[⑦]。儒家思想與其他諸子學説最根本的區别，就在於是否遵從"禮樂"。這自然是以儒家倫理爲中心、爲本位做出的判斷。

既然揚雄推崇孔子及其代表的儒家經學，並堅守儒家那套綱常倫理，那麽他以此爲標準來評價歷史上的種種人事，就是十分順理成章的事了。

二　揚雄對《史記》主導思想的批評及其影響

揚雄論史内容主要見於他的《法言》一書。該書以大量的篇幅來品評歷史人物，《重黎》和《淵騫》兩篇尤爲集中，評價的標準主要就是儒家經學，特别是儒家的倫理思想。其中一些論史内容是專門針對司馬遷及其《史記》的，並對後來的班固及其《漢書》寫作産生了重要影響。這在漢代經史關係、史學史上具有重要意義。

司馬遷《史記》早在西漢末期就得到學者劉向、揚雄等人的高度評價。班固在《漢書·司馬遷傳贊》中寫道："劉向、揚雄博極群書，皆稱遷有良史之材，服其善序事理，辨而不

① 揚雄：《太玄·太玄告》，見鄭萬耕《太玄校釋》，北京師範大學出版社 1989 年版，第 377 頁。
② 《法言·問道》，見《法言注》，第 76—77 頁。
③ 《法言·問道》，見《法言注》，第 92 頁、96 頁。
④ 《法言·吾子》，見《法言注》，第 34 頁。
⑤ 《法言·淵騫》，見《法言注》，第 285—286 頁。
⑥ 《法言·五百》，見《法言注》，第 193 頁。
⑦ 《法言·問道》，見《法言注》，第 82 頁。

華，質而不俚，其文直，其事核，不虚美，不隱惡，故謂之實録。”這段話一嚮被視爲對司馬遷及其《史記》的原則性評論。揚雄以《史記》爲“實録”，見於其《法言·重黎》。由此不但可見揚雄對《史記》的確切把握，也可見班固對揚雄史論的重視與採納。但這些評論顯然還没有涉及儒家經學的標準。

事實上，司馬遷《史記》寫作於漢武帝時期，其時雖然“獨尊儒術”已經開始，儒學成爲官方欽定的意識形態，但儒家思想還没有完全佔據支配地位，並没有達到一統天下的地步；反映到司馬遷的思想上，他雖然曾從孔安國、董仲舒等大儒學習，但並没有獨尊儒家的觀念，因而也就没有以儒家思想爲指導來撰寫《史記》；他的《史記》雖然着力“厥協《六經》異傳，整齊百家雜語”①，但並没有以儒家思想來一以貫之，其思想内容與正統儒家的要求還存在很大距離。這樣，隨着儒家經學統治地位的全面確立，一些人就開始從經學的立場來批評《史記》。目前所知最早這樣批評的人是西漢成帝初年的權臣王鳳，《漢書》卷八十《宣元六王傳》記此事道：

> （東平思王劉宇）上疏求諸子及《太史公書》，上（漢成帝）以問大將軍王鳳，對曰：“……諸子書或反經術，非聖人，或明鬼神，信物怪；《太史公書》有戰國從横權譎之謀，漢興之初謀臣奇策，天官灾異，地形厄塞，皆不宜在諸侯王。不可予。不許之辭宜曰：‘《五經》聖人所制，萬事靡不畢載，王審樂道，傅相皆儒者，旦夕講誦，足以正身虞意。夫小辯破義，小道不通，致遠恐泥，皆不足以留意。諸益於經術者，不愛於王。’”

這段話很有意思，一是將諸子（當指儒家以外的其他諸子百家）與《史記》（即《太史公書》）並提，二是將諸子及《史記》與儒家五經對立。很明顯，王鳳是站在儒家經學本位的立場，對《史記》並非僅“有戰國從横權譎之謀”的批評，而是把《史記》看成是“非聖人”之書，是與《五經》對立的“小辯”、“小道”。

揚雄較王鳳晚出，他對孔子及《五經》更爲推崇，對非儒家的諸子也多有批評，因此他能依循王鳳的思路，對《史記》違背儒家經學的一面提出更爲尖鋭和直接的批評：

> 雄見諸子各以其知舛馳，大氐詆訾聖人，即爲怪迂，析辯詭辭，以撓世事，雖小辯，終破大道而或（惑）衆，使溺於所聞而不自知其非也。及太史公記六國，歷楚漢，訖麟止，不與聖人同，是非頗謬於經②。

而且，揚雄對《史記》的批評較王鳳更爲豐富。他在《法言》一書中多次批評《史記》非儒家經典的一面。如《法言·問神》：“或曰：淮南、太史公者，其多知與？曷其雜也？曰：雜乎？雜。人病以多知爲雜。惟聖人爲不雜。書不經，非書也；言不經，非言也。言、

① 司馬遷：《史記》卷一百三十《太史公自序》，中華書局點校本1959年版，第3319—3320頁。
② 班固：《漢書》卷八十七下《揚雄傳》，中華書局點校本1962年版，第3580頁。

書不經，多多贅矣。”[①] 認爲司馬遷雜而不純，其《史記》是“不經”之作，没有以儒家經書爲矩範。這層意思在《法言·君子》的一段論述中也得到反映：“《淮南説》之用，不如《太史公》之用也。《太史公》，聖人將有取焉。《淮南》，鮮取焉爾。必也儒乎！乍出乍入，淮南也。文麗用寡，長卿（司馬相如）也。多愛不忍，子長（司馬遷）也。仲尼多愛，愛義也；子長多愛，愛奇也。”[②] 將孔子“愛義”與司馬遷“愛奇”對比，實際就是説司馬遷“不與聖人同”了。《法言·寡見》還説：“或問：司馬子長有言曰：五經不如《老子》之約也，當年不能極其變，終身不能究其業。曰：若是，則周公惑，孔子賊。”[③] 認爲周、孔勝過老子，反對司馬遷非薄“五經”的思想。這一説法大約是針對司馬遷《史記·太史公自序》中載録其父司馬談的《論六家要旨》一文。該文總的思路是老子高於孔子，認爲老子爲代表的道家“指約而易操，事少而功多”，而儒家則相反，“博而寡要，勞而少功”。具體説來，“儒者以《六藝》爲法。《六藝》經傳以千萬數，累世不能通其學，當年不能究其禮”。

揚雄在對貨殖和遊俠等社會現象的看法上也與司馬遷《史記》針鋒相對。《法言·淵騫》載：“貨殖？曰蚊。曰：血國三千，使捋疏飲水褐博，没齒無愁也？”認爲貨殖之人有如蚊子一樣，吸他人之血以自飽，以至很多人不得不爲吃喝發愁。這是對《史記·貨殖列傳》觀點的反駁。《史記·貨殖列傳》引用“天下熙熙，皆爲利來；天下攘攘，皆爲利往”之語以表明追逐財富是人的本能，並列舉一批當世“賢人所以富者，令後世得以觀擇”的貨殖名人，反映出司馬遷“崇貨殖之富”的明顯傾向。而揚雄則以“蚊”的一面來抹殺貨殖人物的全部作用。《法言·淵騫》又載：“遊俠？曰：竊國靈也。”這又是反駁《史記·遊俠列傳》的觀點。在司馬遷看來，遊俠是救人緩急，爲人打抱不平的社會勢力。在專制政治下，“以中材而涉亂世之末流，其遇害何可勝道”，“而布衣之徒，設取予然諾，千里誦義，爲死不顧，此亦有所長，非苟而已也，故士窮窘而得委命，此豈非人之所謂賢豪間者邪”。他把侵淩孤弱、役貧自快的暴豪之徒，與遊俠之徒劃清界綫：“余悲世俗不察其意，而猥以朱家、郭解等令與暴豪之徒同類而共笑之也。”揚雄則完全不同意司馬遷的看法，直將遊俠視爲竊國威福大權之徒，予以貶斥。

揚雄對《史記》“不與聖人同，是非頗謬於經”的看法，對司馬遷引録其父司馬談“五經不如《老子》之約”看法的批評，對《史記》中《貨殖列傳》、《遊俠列傳》觀點的反駁，很自然地就凝成了如下評論：

> 其（司馬遷）論術學，則崇黄老而薄五經；序貨殖，則輕仁義而羞貧窮；道遊俠，則賤守節而貴俗功，此其大敝傷道。……誠令遷依五經之法言，同聖人之是非，意亦庶幾矣[④]。

---

① 《法言注》，第112—114頁。

② 《法言注》，第319頁。

③ 《法言注》，第153頁。

④ 范曄：《後漢書》卷四十上《班彪傳上》，中華書局點校本1965年版，第1325頁。

這段話並非出自揚雄，而是源於班固的父親班彪。那麼班彪的思想是否來源於揚雄呢？

這完全是有可能的。文獻表明，班彪與揚雄有十分清楚的學術淵源關係。揚雄與班彪的父親班稚關係密切，班固自稱：班彪“幼與兄嗣共遊學，家有賜書，內足於財，好古之士自遠方至，父黨揚子雲以下莫不造門”。將揚雄列爲班彪的“父黨”代表，足見揚雄與班稚過從甚密，非同一般，班彪從小就受到揚雄的影響是顯然的。後來班彪“唯聖人之道然後盡心焉”[①]，在討論“上古之士，處身行道，輔世成名，可述於後者”時，專門下及漢代的陸賈、董仲舒、劉向和揚雄四人，認爲他們“皆及時君之門闈，究先聖之壼奧，婆娑乎術藝之場，休息乎篇籍之囿，以全其質而發其文，用納乎聖聽，列炳於後人”[②]，對揚雄備極推崇。因此，班彪對司馬遷及其《史記》的上述看法，説是源於揚雄的影響，當不爲過。

後來班固綜合班彪和揚雄的看法，在《漢書·司馬遷傳贊》中指出：

> 其是非頗謬於聖人，論大道則先黄老而後六經，序游俠則退處士而進奸雄，述貨殖則崇勢利而羞賤貧，此其所蔽也。

這段話是説司馬遷的主導思想有三大方面的失誤，分别表現在“論大道”、“序遊俠”和“述貨殖”方面[③]。表面上看，這段話更接近於班彪之論。但從上述的分析可知，班彪之論主要源於揚雄。因此，班固的這段原則性評論，實際是在揚雄論評的基礎上形成的。進一步考察，班固在《漢書·貨殖傳》中謂貨殖中人“運其籌策，上争王者之利，下錮齊民之業，皆陷不軌奢僭之惡”；在《漢書·遊俠傳》中大倡“民服事其上，而下無覬覦”的政治等級命定論，認爲“郭解之倫，以匹夫之細，竊殺生之權，其罪已不容於誅矣”，可以説都是站在儒家重義輕利、不能以下犯上的倫理思想立場上，都是在發揮揚雄的義旨。

這裏要補充説明的是，我們説班彪、班固父子對司馬遷《史記》主導思想的批評淵源於揚雄，但並不是説揚雄的思想就是他們唯一的來源。事實上，《史記》自成書以後，就不斷有學者從儒家經學的標準給予批評，這是一種由弱而强的時代思潮，除了前舉王鳳、揚雄以外，東漢初年還有大臣范升上書批評“太史公違戾《五經》，謬孔子言”[④]。班固的上述評論未嘗没有受到范升等人的影響。

三　揚雄以儒家觀念評價歷史人物及其對班固和《漢書》的影響

在對一些具體歷史人物的評論上，揚雄也注意運用儒家的一些觀念，而且與司馬遷相較，既有繼承，更有變化，總的來看是標準更爲嚴苛，思想更爲偏狹，表現出更爲强烈的經

---

① 《漢書》卷一百上《敘傳》，第 4205、4207 頁。

② 同上，第 4230—4231 頁。

③ 參見周桂鈿、李祥俊《中國學術通史·秦漢卷》，人民出版社 2004 年版，第 339 頁。

④ 《後漢書》卷三十六《范升傳》，第 1229 頁。

學立場，一些內容也對後來班固的《漢書》產生了明顯影響。

如在運用“忠”的觀念時，揚雄確對司馬遷的看法有繼承，這突出地表現在對李斯的評價上。《法言 · 重黎》載：

> 或問：李斯盡忠，胡亥極刑，忠乎？曰：斯以留客，至作相，用狂人之言，從浮大海，立趙高之邪說，廢沙丘之正，阿意督責，焉用忠？

這一否定李斯忠於秦廷的觀點，實際上源於司馬遷。《史記 · 李斯列傳贊》就說：

> （李）斯知六藝之歸，不務明政以輔主上之缺，持爵禄之重，阿順苟合，嚴威酷刑，聽（趙）高邪說，廢適立庶，諸侯已畔，斯乃欲諫争，不亦末乎！人皆以斯極忠而被五刑死，察其本，乃與俗議之異。

進一步對讀《史記》和《法言》，揚雄對“忠”觀念的理解和運用要比司馬遷更爲突出。如對漢朝開國名將韓信、黥布的評價，司馬遷承認他們的才智功勳，但十分惋惜他們善始而不能善終，説“假令韓信學道謙讓，不伐己功，不矜其能，則庶幾哉，於漢家勳可以比周、召、太公之徒，後世血食矣。不務出此，而天下已集，乃謀畔逆，夷滅宗族，不亦宜乎”①，“（黥布）功冠諸侯，用此得王，亦不免於身爲世大僇。禍之興自愛姬殖，妒媢生患，竟以滅國”②。很明顯，司馬遷這裏更多强調的是韓信、黥布不够明智，雖然也有批評他們背叛漢高祖劉邦、不能將忠心貫徹到底的意思，但並没有明確運用“忠”的價值觀念進行評斷。揚雄則不同，他說：“韓信、黥布皆劍立南面稱孤，卒窮時戮，無乃勿乎？或曰：勿則無名，如何？曰：名者謂令名也。忠不終而躬逆，焉攸令。”③ 大意是説韓信、黥布皆拱立南面爲侯王，最終卻遭到極刑的下場，難道不是由於闇昧嗎？忠而不能貫徹始終，乃謀叛逆，有什麽美名可傳呢？揚雄這裏明確運用了“忠”的價值判斷，較司馬遷有更爲濃厚的儒家道德原則。班固受此影響，在《漢書 · 韓彭英盧吴傳》讚語中發揮道：

> 昔高祖定天下，功臣異姓而王者八國。張耳、吴芮、彭越、黥布、臧荼、盧綰與兩韓信，皆徼一時之權變，以詐力成功，咸得裂土，南面稱孤。見疑强大，懷不自安，事窮勢迫，卒謀叛逆，終於滅亡。張耳以智全，至子亦失國。唯吴芮之起，不失正道，故能傳號五世，以無嗣絶，慶流支庶，有以矣夫，著於甲令而稱忠也！

正如學者指出：這段評論將韓信、黥布等人的“才智、功勳、冤屈，一概置之不論，這是受了揚雄的影響”④。

揚雄評論西漢名臣霍光的所謂“忠”行，也影響到班固。揚雄十分感歎霍光忠心之“不終”：“始元之初，（霍光）擁少帝之微，摧燕（王旦）、上官（桀）之鋒，處興廢之分，堂堂

① 《史記》卷九十二《淮陰侯列傳》，第 2630 頁。

② 《史記》卷九十一《黥布列傳》，第 2607 頁。

③ 《法言 · 重黎》，見《法言注》，第 246 頁。

④ 《兩漢思想史》，第 327 頁。

乎忠，難矣哉；至顯，不終矣。”[①] 聯繫到當時的有關人事，這段話大意是説，始元初年，霍光受襁褓之托，立少子爲昭帝，行周公事，後又誅滅燕王旦、上官桀等的謀反；及昭帝崩，無嗣，霍光等迎立昌邑王劉賀，賀荒淫迷亂，不能承宗廟，於是霍光又召丞相、御史、將軍、大夫、博士等會議，廢昌邑王而迎立孝宣皇帝。這都是霍光忠於社稷的表現，乃他人所難及。至霍光夫人顯謀立其女兒成君爲皇后，毒殺許皇后，霍光知曉之後，又企圖匿情不糾，則其忠不能貫徹始終。這一評論比較公允，得到班固的重視，他在《漢書·霍光傳》的讚語中寫道：

霍光以結髮内侍，起於階闥之間，確然秉志，誼形於主。受襁褓之托，任漢室之寄，當廟堂，擁幼君，摧燕王，僕上官，因權制敵，以成其忠。處廢置之際，臨大節而不可奪，遂匡國家，安社稷。擁昭立宣，光爲師保，雖周公、阿衡，何以加此！然光不學亡術，闇於大理，陰妻邪謀，立女爲后，湛溺盈溢之欲，以增顛覆之禍。死財三年，宗族誅夷，哀哉！

很明顯，班固的意思本於揚雄之論而又有所發揮，進一步指出霍光不能徹底盡忠的原因在於其“不學亡術，闇於大理”，較揚雄走得更遠。

揚雄對隱士的一些看法也爲班固所吸取。如揚雄從儒家重義輕利的立場，推舉當世的隱士鄭子真“不屈其志”，龔勝、龔舍兄弟和嚴君平“不改其操”，見於《法言》：

或曰：君子病没世而無名，盍勢諸？名，卿可幾也。曰：君子德名爲幾。梁、齊、趙、楚之君，非不富且貴也，惡乎成名？谷口鄭子真，不屈其志而耕乎岩石之下，名振於京師。豈其卿，豈其卿[②]！

楚兩龔之絜，其清矣乎！蜀莊沈冥。蜀莊之才之珍也，不作苟見，不治苟得，久幽而不改其操，雖隋和，何以加諸？舉兹以旃，不亦珍乎[③]！

揚雄説鄭子真“名振於京師”，以龔勝、龔舍兄弟和嚴君平爲國之珍寶，足見其對當世隱士的推崇和欽敬。班固《漢書·王貢兩龔鮑傳》全引此文，可見受揚雄影響很深。

揚雄推崇隱士，但對自稱“朝隱”的東方朔卻十分不滿。司馬遷的《史記·滑稽列傳》對淳于髡這班人能以智術口才自抒其志於君王之前，頗爲欣賞，所以在《傳贊》中有“豈不偉哉”之語。司馬遷雖然在《滑稽列傳》中没有收録東方朔，但後來褚少孫仿其意而加以彌補，其中有一段話這樣寫道：

（東方）朔行殿中，郎謂之曰：“人皆以先生爲狂。”朔曰：“如朔等，所謂避世於朝廷間者也。古之人，乃避世於深山中。”時坐席中，酒酣，據地歌曰：“陸沈於俗，避世

---

① 《法言·重黎》，見《法言注》，第254頁。
② 《法言·問神》，見《法言注》，第119頁。
③ 《法言·問明》，見《法言注》，第140頁。

金馬門。宫殿中可以避世全身，何必深山之中、蒿廬之下。”①

東方朔自詡的這種“避世於朝廷間者”的“朝隱”做法，揚雄不以爲然，並予以猛烈批判：

世稱東方生之盛也，言不純師，行不純表，其流風遺書，蔑如也。或曰：“隱者也。”曰：“昔之隱者，吾聞其語矣，又聞其行矣。”或曰：“隱道多端。”曰：“固也。聖言聖行，不逢其時，聖人隱也。賢言賢行，不逢其時，賢者隱也。談言談行，不逢其時，談者隱也。……”或問：“東方生名過其實者，何也？”曰：“應諧不窮，正諫穢德。應諧似優，不窮似哲，正諫似直，穢德似隱。請問名。”曰：“詼達，惡比？”曰：“非夷、齊而是柳下惠，戒其子以尚容首陽爲拙，柱下爲工，飽食安坐以仕易農，依隱玩世，詭時不逢，其滑稽之雄乎！”②

顯然，揚雄認爲東方朔並不是真正的隱士，他的所作所爲衹是玩世不恭而已。這一態度深深影響了班固，以至在《漢書·東方朔傳》讚語中詳録揚雄的上述論評，僅在文字上稍有增删而已。

揚雄對漢賦政治勸化功能的認識也對班固有明顯影響。辭賦在西漢時期甚爲流行，人們不僅欣賞其文學美，也認爲它具有政治勸化的價值。如司馬遷就高度稱讚司馬相如辭賦的“風諫”作用：“《春秋》推見至隱，《易》本隱之以顯，《大雅》言王公大人而德逮黎庶，《小雅》譏小己之得失，其流及上。所以言雖外殊，其合德一也。相如雖多虚辭濫説，然其要歸引之節儉，此與《詩》之風諫何異！”③ 揚雄早年對同鄉司馬相如的辭賦推崇備至，極力模仿，寫下了不少著名的篇章，但後來隨着儒家經學的侵潤，他對賦體的政治勸化功能發生了質疑，於是“輟不復爲”④。班固受其影響，在《漢書·司馬相如傳》的讚語中先録司馬遷的上述論評，接着筆鋒一轉：“揚雄以爲靡麗之賦，勸百風一，猶馳騁鄭衛之聲，曲終而奏雅，不已戲乎！”班固顯然接受了揚雄的辭賦觀。

綜上所述，從史學史的發展來看，揚雄的史論是從《史記》到《漢書》的一個重要環節。揚雄從當時盛行的儒家經學標準出發，對没有以儒家思想爲指導的《史記》進行了嚴厲的批評，對西漢及其以前的歷史人物進行了新的評價，這些評論深刻地影響了班固及其自稱“旁貫《五經》，上下洽通”的《漢書》。深入研究這一問題，對於我們理解漢代的經史關係、《史》、《漢》關係具有重要的意義。其具體情況，還有待更深入的研究。

作者單位：四川大學歷史文化學院

① 《史記》卷一百二十六《滑稽列傳·東方朔傳》，第3205頁。

② 《法言·淵騫》，見《法言注》，第299頁。

③ 《史記》卷一百一十七《司馬相如列傳》，第3073頁。

④ 《漢書》卷八十七下《揚雄傳下》，第2609頁。

揚雄身份角色的歷史轉變

郭　畑

揚雄，字子雲，西漢末年蜀郡成都（今四川成都）人。揚雄長於文賦，且以此知名，他又撰有《方言》、《法言》、《太玄》等書，有一定的思想深度。四庫館臣云："（東漢）時甚重雄書也。自程子始謂其蔓衍而無斷，優柔而不決；蘇軾始謂其以艱深之詞，文淺易之説；至朱子作《通鑑綱目》，始書莽大夫揚雄死，雄之人品著作，遂皆爲儒者所輕。若北宋之前，則大抵以爲孟、荀之亞。"[①] 揚雄地位在兩宋前後有着巨大落差，這引起了一些研究者的注意。王青所著《揚雄評傳》在討論揚雄的影響時，對揚雄地位的盛衰及原因都作了探討[②]。楊世明《揚雄身後褒貶評説考議》一文對揚雄聲譽的隆盛和衰落過程作了大致的考察，並探索了揚雄在南宋時期地位突降的原因[③]；李祥俊《北宋諸儒論揚雄》一文則論述了北宋士人關於揚雄品行、學術、人性論、道統地位幾個方面的争論，也認爲"北宋諸儒對揚雄道統地位的評價有一個由高到低的轉變"[④]。不過，揚雄地位的轉變其實與士人對揚雄身份角色的不同認識緊密關聯，因時代的不同、思想環境的變遷，後世對揚雄身份角色的認識也隨之而不斷發生變化，這纔造成了揚雄地位的轉變。鑒於既有研究對揚雄身份角色的變化注意不够，本文將重點考察這一課題。

---

① 《法言集注提要》，見（漢）揚雄著，（宋）司馬光集注：《法言集注》，臺北：臺灣商務印書館景印文淵閣《四庫全書》本 1987 年版，第 696 册，頁 270A。

② 王青：《揚雄評傳》，南京大學出版社 2000 年版。

③ 楊世明：《揚雄身後褒貶評説考議》，《四川師範學院學報》2001 年第 2 期。

④ 李祥俊：《北宋諸儒論揚雄》，《重慶社會科學》2005 年第 12 期。

一　從“聖人”到文雄

四庫館臣以爲，“若北宋之前，則大抵以（揚雄）爲孟、荀之亞”。事實上，在唐代以前，揚雄的地位和受重視的程度比孟子、荀子還要高得多。揚雄仕途不顯，但以文學和學術名於當世，《漢書》竟以兩卷傳揚雄，此足可見揚雄在當時的影響和地位。《漢書·揚雄傳》載：

> 大司空王邑、納言嚴尤聞雄死，謂桓譚曰：“子常稱揚雄書，豈能傳於後世乎？”譚曰：“必傳。顧君與譚不及見也。凡人賤近而貴遠，親見揚子雲禄位容貌不能動人，故輕其書。昔老聃著虚無之言兩篇，薄仁義，非禮學，然後世好之者尚以爲過於《五經》，自漢文、景之君及司馬遷皆有是言。今諺子之書文義至深，而論不詭於聖人，若使遭遇時君，更閲賢知，爲所稱善，則必度越諸子矣。”①

桓譚比揚雄稍晚，他極稱揚雄“論不詭於聖人”，“度越諸子”，又《意林》載有桓譚《新論》中的一段對話：

> 張子侯曰：“揚子雲西道孔子也，乃貧如此。”吾應曰：“子雲亦東道孔子也。昔仲尼豈獨是魯孔子？亦齊楚聖人也。”②

是直以揚雄比於孔子。

此後，不時有人推尊揚雄爲“聖人”。王充即云：“近世劉子政父子、揚子雲、桓君山，其猶文、武、周公並出一時。”又説：“陽城子長作《樂經》，揚子雲作《太玄經》……非庶幾之才不能成也。孔子作《春秋》，二子作兩經，所謂卓爾蹈孔子之跡，鴻茂參二聖之才也！”③ 張衡也説：“漢興四百歲，《玄》其興矣。”④ 秦宓也説揚雄“行參聖師”⑤。陸績《説玄》推尊揚雄爲“聖人”更加直白，其文云：“雄受氣純和，韜真含道，通敏叡達，鈎深致遠，建立《玄》經，與聖人同趣。雖周公繇大《易》，孔子修《春秋》，不能是過。論其所述，終年不能盡其美也。考之古今，宜曰聖人。”⑥ 范望《太玄解贊序》也説：“昔者文王屈抑而繫《易》，仲尼當衰周而述《春秋》，爲一代之法，以彰聖人之符。子雲志不申顯，於是

---

① ［漢］班固著，（唐）顔師古注：《漢書》卷八十七下《揚雄傳》下，中華書局 1984 年版，第 3585 頁。

② ［唐］馬總：《意林》卷三，江蘇廣陵古籍刻印社“筆記小説大觀”本 1983 年版，第一册，第 196－197 頁。按，《意林》所録此段對話不見於今本《新論》。

③ 黄暉：《論衡校釋》卷十三《超奇篇》，中華書局 1990 年版，第 606 頁。

④ ［南朝宋］范曄著，［唐］李賢等注：《後漢書》卷五十九《張衡傳》，中華書局 1973 年版，第 1897 頁。

⑤ ［晉］陳壽著，［南朝宋］閬喜、裴松之注：《三國志》卷三十八《蜀書·秦宓傳》，中華書局 1971 年版，第 973 頁。

⑥ 見［漢］揚雄著，［宋］司馬光集注，劉韶軍點校：《太玄集注》所附，中華書局 2006 年版，第 231 頁。

覃思，耦《易》著《玄》……桓譚謂之絶倫，張衡以擬五經，非諸子之疇也。”[①] 顔之推在批評揚雄、反對過分推尊揚雄時曾經說：“桓譚以（揚雄）勝老子，葛洪以（揚雄）方仲尼，使人歎息。”[②] 可見揚雄在漢晉時思想地位之高。東漢魏晉的士人如此推尊揚雄，完全不亞於宋代以後士人對孟子的推崇。

又，揚雄擬《論語》而著《法言》，擬《周易》而作《太玄》，二書之遭遇在唐代以前也比《孟子》和《荀子》好得多[③]。《隋書·經籍志》記有亡佚的侯芭注《法言》六卷，則揚雄弟子侯芭已經爲《法言》作注。《隋書·經籍志》另載有《法言》吴宋衷注和東晉李軌解，而《太玄》則有宋衷、吴陸績、蔡文邵三家注，另有已經亡佚的吴虞翻、北魏陸凱、魏王肅三家注。《新唐書·藝文志》又録有晉人范望注《太玄經》十二卷，宋仲孚注《太玄經》十二卷，此宋仲孚不知是否宋衷字仲子之誤，但《隋書·經籍志》載宋衷所注《太玄》爲九卷。此外，《新唐書·藝文志》還録有西晉楊泉撰、劉緝爲之注的《太元經》十四卷，當是擬揚雄《太玄》而作[④]。西晉陸喜也擬《法言》而作《言道》[⑤]，王長文則模仿揚雄著《太玄》，也擬《易》作《通玄經》[⑥]。

揚雄之書在三國魏晉時期最受重視，這與魏晉玄學有很大關係。湯用彤先生在其《魏晉思想的發展》一文中認爲，按照地域、思想的不同，可以將三國時期的《易》學大略分爲三派：“（甲）江東一帶，以虞翻、陸績等人爲代表。（乙）荆州，以宋忠（即宋衷）等人爲代表。（丙）北方，以鄭玄、荀融等人爲代表。”其中荆州一派最新，江東一派次之，北方一派最舊。從湯先生之分别來看，江東和荆州兩派學者都極其重視揚雄之書，虞翻、陸績、宋衷都注揚雄之書，湯先生因而總結云：“當時講《易經》的又多同時注意《太玄》。宋忠對揚子《太玄》、《法言》兩書，素稱名家。虞翻、陸績輩既是《易》學專門，也都誦習《太玄》，可以爲證。”[⑦] 是則揚雄思想與玄學清談的親緣性，是其在東漢魏晉受到士人大力尊崇的主要原因[⑧]。

隨着玄學清談的没落，揚雄的地位有所衰落，不再有人以他爲“聖人”，但是士人對揚雄的整體評價仍然很高。隋末，王通也還頗重揚雄，《中説》記：

> 或問揚雄、張衡。子曰：“古之振奇人也，其思苦，其言艱。”曰：“其道何如?”子曰：“靖矣。”
>
> 尚書召子仕，子使姚義往辭焉。曰：“必不得已，署我於蜀。”或曰：“僻。”子曰：

---

① 《太玄集注》所附，第232頁。

② 王利器：《顔氏家訓集解》卷四《文章第九》，中華書局2002年版，第237頁。

③ 可參見金生楊：《論〈太玄〉研究的歷史變遷》，《西華師範大學學報》2008年第2期。

④ ［唐］魏徵等：《隋書》卷三十四《經籍志三》，中華書局1973年版，第998頁；［宋］歐陽修：《新唐書》卷五十九《藝文志》三，中華書局1975年版，第1510、1511頁。

⑤ ［唐］房玄齡等：《晉書》卷五十四《陸喜傳》，中華書局1974年版，第1486頁。

⑥ 《晉書》卷八十二《王長文傳》，第2138頁。

⑦ 收在氏著：《魏晉玄學論稿》，三聯書店2009年版，第126頁。

⑧ 王青在《揚雄評傳》第八章《揚雄的影響》中也已談到此點。

“吾得從嚴、揚游泳以卒世，何患乎僻?”①

然而，《中説》卻罕稱孟子。

在唐代，注釋揚雄之書者也不乏其人，《新唐書·藝文志》録有王涯注《太玄經》六卷、員俶《太玄幽贊》十卷、柳宗元注《楊子法言》十三卷②，《宋史·藝文志》又别有王涯《説玄》一卷③。此外，僧一行也曾着力研究過《太玄》，並因之而撰有《大衍玄圖》及《義決》一卷④。

不過，因爲玄學凋喪，揚雄的地位不免有下降的趨勢，揚雄不僅不再被尊爲“聖人”，士人對其思想的汲取和探討也要稀少得多。到唐代早期，士人對揚雄長於文賦的認識要比對他作爲一個思想哲人的認識更加明顯，唐代古文運動漸興以後，揚雄經常與司馬相如一起成爲漢代文賦家的傑出代表。唐人重文辭，揚雄長於文賦無疑是其在唐代早期受到士人重視的一個主要原因，而揚雄又頗“徵聖”、“宗經”而復古，這又使他頗受反對華麗詩賦的古文運動參與者的青睞⑤。《舊唐書·韓愈傳》云：“大曆、貞元之間，文字多尚古學，效揚雄、董仲舒之述作。”⑥ 此時，揚雄“古文家”的身份又凸顯出來。盧藏用爲陳子昂文集作序時便説：“長卿、子雲之儔，瑰詭萬變，亦奇特之士也。”⑦ 他在爲陳子昂作《傳》時也説陳子昂“因言霸王大略，君臣明道，拜麟臺正字。由是海内詞人，靡然向風。乃謂司馬相如、揚子雲復起於岷、峨之間矣”⑧。蕭穎士也“嘗謂揚、馬言大而迂”⑨，賈至也説“揚、馬詭麗”⑩，柳冕也云“至於西漢，揚、馬以降，置其盛明之代，而習亡國之音，所失豈不大哉”⑪，又云“揚、馬形似”⑫。

此後，韓愈高倡儒道，尊崇孟子，開列儒家傳道系譜，揚雄的“身份”再一次發生巨大轉變，成爲孟子的繼承者和儒家之道的承遞者，並最終進入孔廟從祀。

---

① ［隋］王通著、［宋］阮逸注，王心湛校勘：《文中子集解》之《天地篇》、《事君篇》，廣益書局 1936 年版，第 14 頁、17—18 頁。

② 《新唐書》卷五十九《藝文志》三，第 1512 頁。

③ ［元］脱脱：《宋史》卷二百零五《藝文志四》，中華書局 1977 年版，第 5172 頁。

④ ［後晉］劉昫：《舊唐書》卷一百九十一《僧一行傳》，中華書局 1975 年版，第 5112 頁。

⑤ 參見劉保貞：《試論揚雄對唐代文學的影響》，《山東大學學報》2004 年第 2 期。

⑥ 《舊唐書》卷一百六十《韓愈傳》，第 4195 頁。

⑦ ［唐］盧藏用：《陳伯玉文集序》，見《陳子昂集》，中華書局 1960 年版，第 260 頁。

⑧ ［唐］盧藏用：《大唐劍南東川節度觀察處置等使户部尚書兼御史大夫梓州刺史鮮于公爲故拾遺陳公建旌德之碑》，見《陳子昂集》，第 257 頁。

⑨ ［唐］獨孤及：《唐故殿中侍御史贈考功郎中蕭府君文章集録序》，見［清］董誥等編：《全唐文》卷三百八十八，中華書局 1983 年版，頁 3941B。

⑩ ［唐］賈至：《工部侍郎李公集序》，見《全唐文》卷三百六十八，頁 3736B。

⑪ ［唐］柳冕：《謝杜相公論房杜二相書》，見《全唐文》卷五百二十七，頁 5354A。

⑫ ［唐］柳冕：《與徐給事論文書》，見《全唐文》卷五百二十七，頁 5357A。

二　孟子的繼承者

韓愈在《原道》中提出儒家傳道之説，又開出堯舜以至於孔孟的儒家道統系譜，並將荀子、揚雄列於孟子之後，稱其“擇焉而不精，語焉而不詳”①，又在《讀荀》中説荀子、揚雄“大醇而小疵”②。然而，正如劉咸炘先生所説：“退之言：孔子傳乎孟子，孟子純乎純，荀與揚大醇而小疵。似專宗孟而實不然。當時之視孟、荀、揚固等耳。”③

韓愈之重揚雄，或有兩個直接的原因，一是古文運動中人多重揚雄，韓愈也不例外，《新唐書·韓愈傳》稱“（韓愈）每言文章自漢司馬相如、太史公、劉向、揚雄後，作者不世出，故愈深探本元，卓然樹立，成一家言”④。一是韓愈極尊孟子，而揚雄也尊孟，揚雄曾説：“古者楊、墨塞路，孟子辭而闢之，廓如也。後之塞路者有矣，竊自比於孟子。”⑤《法言·吾子篇》又記：

> 或問：“孟子知言之要，知德之奥。”曰：“非苟知之，亦允蹈之。”曰：“子小諸子，孟子非諸子乎？”曰：“諸子者，以其知異於孔子者也。孟子異乎？不異。”⑥

此外，揚雄還多有尊孟之語。韓愈曾説：“孔子之徒没，尊聖人者，孟氏而已。晚得揚雄書，益尊信孟氏。”⑦ 這正是韓愈因尊孟而崇揚的一個直接證據。韓愈又曾説：“己之道乃夫子、孟子、揚雄所傳之道也。”⑧ 正是因爲孟子尊孔子，揚雄尊孔子、孟子，韓愈自己也尊孔子、孟子，所以他認爲孔子、孟子、揚雄所傳之道乃是同樣的“道”。

韓愈因揚雄尊孟而崇之，將其看成是孟子的繼承者，這使得士人對揚雄身份的認識再次發生了一個巨大變化：揚雄開始作爲孟子繼承者和儒道承遞者不時出現在士人關於儒家道統系譜的排列之中。從此，士人在談及孔子之後的儒道承遞時，開始經常將孟子、揚雄並提。張籍曾對韓愈説：“執事聰明文章，與孟子、揚雄相若，盍爲一書以興存聖人之道，使時之人、後之人，知其去絶異學之所爲乎？”並希望韓愈“嗣孟子、揚雄之作，辨楊、墨、老、釋之説，使聖人之道，復見於唐”⑨。林簡言上韓愈書也云：“去夫子千有餘載，孟軻、揚雄

① 見《韓昌黎文集校注》，第13—19頁。

② 見《韓昌黎文集校注》，第37頁。

③ 劉咸炘：《宋學别述》，收在其《學史散篇》，見《推十書（補全本）》，上海科技文獻出版社2009年版，第1244頁。

④ 《新唐書》卷一百七十六《韓愈傳》，第5265頁。

⑤ 《法言·吾子篇》，見汪榮寶著，陳仲夫點校：《法言義疏》，中華書局1997年版，第81頁。

⑥ 《法言·君子篇》，見《法言義疏》，第498頁。

⑦ 見《韓昌黎文集校注》，第36頁。

⑧ ［唐］韓愈：《重答張籍書》，見《韓昌黎文集校注》，第164頁。

⑨ 見《全唐文》卷六百八十四，頁7007B—7008A。

死，今得聖人之旨，能傳説聖人之道，閣下耳。今人睎閣下之門，孟軻、揚雄之門也。”①趙德輯録韓愈之文爲《昌黎文録》並序之云：“昌黎公，聖人之徒歟。其文高出，與古之遺文，不相上下。所履之道，則堯、舜、禹、湯、文、武、周公、孔、孟、揚雄所授受服行之實也，固已不雜。”② 這都是以揚雄繼承孟子，韓愈繼承揚雄。

宋初，柳開稱自己“愛揚雄、孟軻之述作”③，並“師孔子而友孟軻，齊揚雄而肩韓愈”④，又説，“吾之道，孔子、孟軻、揚雄、韓愈之道；吾之文，孔子、孟軻、揚雄、韓愈之文也”⑤。他在其自傳《東郊野夫傳》中説：“孟、荀、揚、韓，聖人之徒也，將升先師之堂，入乎室，必由之”，並稱自己“唯談孔、孟、荀、揚、王、韓以爲企跡”⑥。種放也説：“綿歷千古，有能卓然屏去異説，扶持聖教，自揚雄、孟子而下，止於二三人而已。”⑦ 又説：“廣孟軻之道則揚雄。”⑧ 趙湘也曰：“今之人慕聖賢，未若周公、孔子、孟軻、揚雄之心也。”⑨ 僧人智圓也説：“孟軻以來，力扶聖道者，未有如子雲者也。”⑩ 張俞也説：“能言聖人者，亦軻、雄之徒也。”⑪ 這都是以孟子、揚雄並提，並以揚雄爲孟子繼承者。

宋咸注《法言》，他在《序》中云：“自鳳德云衰，諸子繼作，亞聖之譔，獨揚、孟而已。”⑫ 他將揚雄繼承孟子看成是揚雄及其著作之重要性的一個主要合法性來源。王令尊孟子，他更以是否合於孟子來考量荀、揚、王、韓於儒道是否純粹。他説：“王通力學而不知道，荀卿言道而不知要，昌黎立言而不及德，獨雄其庶乎！”⑬ 和王令一樣的人還不少，黄庭堅説：“由孔子已來，求其是非趨捨，與孔子合者，唯孟子一人。孟子，聖人也。”接着，他也以是否合於孟子爲標準，批判荀子、淳于髡和司馬遷，獨以揚雄爲“知言”⑭。王安石也説：“孟子没，能言大人而不放於老、莊者，楊子而已。”⑮ 又説：“揚雄者，自孟軻以來，未有及之者。”⑯ 還説：“孟、楊之道，未嘗不同。”⑰ 曾鞏也説：“承孔子者，孟子而已。承孟子者，揚子而已。揚子之稱孟子曰：知言之要，知德之奥。若揚子，則亦足以幾乎此

① ［唐］林簡言：《上韓吏部書》，見《全唐文》卷790，頁8280B。
② ［唐］趙德：《昌黎文録序》，見《全唐文》卷622，頁6276B。
③ ［宋］柳開：《知邠州上陳情表》，見《全宋文》，第6册，第267頁。
④ ［宋］柳開：《上符興州書》，《全宋文》，第6册，第304—305頁。
⑤ ［宋］柳開：《應責》，見《全宋文》，第6册，367頁。
⑥ ［宋］柳開：《東郊野夫傳》，見《全宋文》，第6册，第390—393頁。
⑦ ［宋］種放：《送任明遠東還序》，見《全宋文》，第10册，第213頁。
⑧ ［宋］種放：《辯學》，見《全宋文》，第10册，第219頁。
⑨ ［宋］趙湘：《名説贈陳價》，見《全宋文》，第8册，第365—366頁。
⑩ ［宋］釋智圓：《廣皮日休法言後序》，見《全宋文》，第15册，第232頁。
⑪ ［宋］張俞：《郫縣文宣王廟記》，見《全宋文》，第26册，第155頁。
⑫ ［宋］宋咸：《法言注序》，見《全宋文》，第20册，86頁。
⑬ ［宋］王令：《説孟子序》，見氏著，沈文倬校點：《王令集》，上海古籍出版社1980年版，第265—266頁。
⑭ ［宋］黄庭堅：《孟子斷篇》，見《全宋文》，第107册，第81頁。
⑮ ［宋］王安石：《答王深甫書三》之一，見氏著，唐武標校：《王文公文集》，上海人民出版社1974年版，第83頁。
⑯ ［宋］王安石：《答龔深父書》，見《王文公文集》，第86頁。
⑰ ［宋］王安石：《楊孟》，見《王文公文集》，第313頁。

矣。”[①] 即便到了南宋，陳傅良都還說：“究其所得，（孟）軻也無愧於（揚）雄，雄也無愧於軻。誠以其源流出於夫子，而所得者正也。”[②]

揚雄因尊孟而受到士人推崇，他在儒家道統系譜中通常被列在孟子之後。元豐七年(1084)，借孟子進入孔廟配享之機，揚雄得封成都伯，並進入孔廟從祀。由此，揚雄的儒道承遞者身份最終得到官方確認。

然而，揚雄雖因其孟子繼承者的身份獲得士人尊崇，但這與他在玄學盛行時被直接比於孔子甚至被尊爲“聖人”相差很遠，而且，不管是玄學時期的士人推尊揚雄爲“聖人”，還是唐代士人視其爲“文雄”，都是因爲重視揚雄自身，而韓愈之後的士人之崇揚雄則更多地是看重其尊崇孟子、合於孟子的一面，如此，在討論揚雄自身及其思想時，士人如果不重孟子，或者認爲他與孟子不合，或者認爲他思想不够深度、不够純粹，或者兼而有之，那麽，揚雄在士人心目中的地位無疑會大大降低。

三　揚雄人品著作皆爲儒者所輕

因非孟子而非揚雄的，當屬南宋鄭厚。鄭厚著《藝圃折衷》以非孟，他非孟以攻王安石的目的非常明顯，鮮有人注意的是，他不僅非孟子，而且也攻揚雄，因爲王安石既尊孟子，也尊揚雄，而揚雄又尊孟子。余允文說鄭厚詆孟而“逮乎罵”，鄭厚攻揚與他非孟也差不多，他說揚雄“非大奸則大愚”，極毁揚雄擬經和“媚莽”[③]。

因不重孟子，又認爲揚雄自身思想有差的，主要是南宋葉適。葉適於孟子頗有不滿之語[④]，他雖未因不滿孟子而輕議揚雄，但在他看來，揚雄思想確有不少“誤人”之處。他說：“揚雄雖誤後世，而自誤者豈少哉!”[⑤] 他對揚雄的《太玄》、《法言》都多有批評，不過，與南宋很多人批判揚雄“媚莽”不同，葉適覺得從揚雄時代的風氣來看，説揚雄忠節有虧是責之太過[⑥]。

因認爲揚雄思想深度不够，不值得士人過分重視的，主要是釋契嵩和蘇洵、蘇軾父子。釋契嵩可能是宋代全面非議揚雄的第一人，他既指責揚雄的政治“品格”，又認爲揚雄思想不够純粹。他曾說：“《美新》之言，苟言也。……是皆不宜爲而爲之也。”[⑦] 這是指責揚雄“媚莽”。契嵩又説：“昔楊雄作《太玄經》，以準《易》故也，而漢諸儒非之，比之吴楚僭號

① ［宋］曾鞏：《王容季文集序》，見氏著，陳杏珍、晁繼周點校：《曾鞏集》，中華書局 1998 年版，第 199 頁。
② ［宋］陳傅良：《荀氏在軻雄之間論》，見《全宋文》，第 268 册，第 176 頁。
③ ［宋］鄭厚：《揚雄論》，見《全宋文》，第 191 册，第 176 頁。
④ 參見徐洪興：《論葉適的“非孟”思想》，《浙江學刊》，1994 年第 3 期。
⑤ ［宋］葉適：《習學記言序目》卷 44，中華書局 2009 年版，第 655 頁。
⑥ 葉適評論揚雄之語主要在《習學記言序目》卷 44，第 654—662 頁。
⑦ ［宋］釋契嵩：《四端》，見《全宋文》，第 36 册，第 278 頁。

稱王者也。”① 在《非韓》第十一篇中，釋契嵩更對揚雄《太玄》進行了系統性的批評，認爲《太玄》之數本出《老子》：“雄書之宗本……出於老子”，後來朱子便屢説“揚雄全是黃老”。釋契嵩又分析對比《易》與《太玄》的數術之法，進而説：“《漢書》謂諸儒譏楊子非聖人而作經，蓋亦以其不能尊本也。”認爲《太玄》最多祇能算是述《易》之作，而謂《太玄》爲經則是對《太玄》的思想位置處置不當②。

四庫館臣説“蘇軾始謂其以艱深之詞，文淺易之説”，蘇軾之説源於其父蘇洵。蘇洵專著《太玄論》一卷以系統地攻擊《太玄》，對《太玄》之作意、體例都非之甚力。蘇洵説：“揚雄之《法言》，辯乎其不足問也，問乎其不足疑也，求聞於後世而不待其得，君子無取焉耳。《太玄者》，雄之所以自附於夫子，而無得於心者也。使雄有得於心，吾知《太玄》之不作。……使雄有孟軻書，而肯以爲《太玄》邪？惟其所得之不足樂，故大爲之名以僥倖於聖人而已。”③ 在蘇洵看來，《法言》和《太玄》兩書均無足取，所以揚雄遠遠不及孟子。此後，蘇軾也如此説：“揚雄好爲艱深之詞，以文淺易之説，若正言之，則人人知之矣。此正所謂雕蟲篆刻者，其《太玄》、《法言》皆是類也。而獨悔於賦，何哉？終身雕蟲，而獨變其音節，便謂之經，可乎？……雄之陋，如此比者甚衆。”④ 蘇洵、蘇軾父子都不特尊孟子，他們輕視揚雄，主要是認爲揚雄思想不值得重視。

既認爲揚雄思想不足道，又認爲揚雄不合孟子、不足以繼承孟子，進而幾乎全盤否定揚雄的，主要是程朱一系的理學家。程頤曾説：“揚子，無自得者也，故其言蔓衍而不斷，優柔而不決。”⑤ 整體性地否定揚雄的學術思想。關於《太玄》一書，程頤也説：“作《太玄》本要明《易》，卻尤晦如《易》，其實無益，真屋下架屋，床上疊床。”⑥ 程頤對於揚雄的看法，和蘇氏父子非常接近。二程認爲揚雄與孟子頗多不合，如二程宗孟子而言性善，但揚雄卻持性善惡混論，程頤便説：“荀、楊性已不識，更説甚道？”⑦ 二程否定揚雄思想之語還有很多，此處不能一一列舉。二程也指責揚雄的行節，程顥即云：“楊子出處，使人難説，孟子必不肯爲楊子事。”⑧

朱子在二程的基礎上，對揚雄思想的批判更加深刻和嚴厲，兹舉朱子一語爲證：

> 揚雄則全是黃老。某嘗説，揚雄最無用，真是一腐儒。他到急處，衹是投黃老。如《反離騷》並“老子道德”之言，可見這人更無説，自身命也奈何不下，如何理會得別

---

① ［宋］釋契嵩：《非韓》第二十八，見《全宋文》，第36册，第335頁。

② ［宋］釋契嵩：《非韓》第十一，見《全宋文》，第36册，第316－318頁。

③ ［宋］蘇洵：《太玄論上》，見氏著，曾棗莊、金成禮箋注：《嘉祐集箋注》，上海古籍出版社2001年版，第169－170頁。

④ ［宋］蘇軾：《與謝民師推官書》，見氏著，孔凡禮點校：《蘇軾文集》，中華書局1986年版，第1418－1419頁。

⑤ ［宋］程顥、程頤著，王孝魚點校：《二程集》，中華書局2008年版，第325頁。

⑥ 同上，第251頁。

⑦ 同上，第255頁。

⑧ 同上，第136頁。

事？如《法言》一卷，議論不明快，不了決，如其爲人。他見識全低，語言極呆，甚好笑[①]！

對於揚雄仕莽，朱子的批判更爲嚴厲。二程認爲："揚子雲仕莽賊，謂之'旁燭無疆'，可乎？隱可也，仕不可也。"[②] 朱子繼承二程的觀點，也説："揚子雲出處非是。當時善去，亦何不可？"[③] 他更以《春秋》責賢之筆法在《通鑑綱目》中直書"莽大夫揚雄死"[④]，使得"揚雄"幾乎成了忠節有虧之人的代稱。而到明朝洪武二十九年（1396），揚雄終因"臣事賊莽"而被罷祀[⑤]。

經過程朱一系理學家的强烈批判，正如四庫館臣所説，揚雄"人品著作皆爲儒者所輕"，直到清代漢學興起，這種情况纔稍微有所改變。其實，在趙宋一朝，尤其是在北宋時期，尊崇揚雄的士人不少，有的士人也嘗試着繞開孟子直接推尊和詮釋揚雄，但這並未發生深遠的影響。

熙寧以前非孟最力的無疑是李覯，然而李覯卻在《吊揚子》中既爲揚雄辯護，又説："謂子雲之非聖兮，何啻乎膠柱而操弦。"推崇揚雄庶幾於聖人[⑥]。而宋代非孟、疑孟頗力，又極其推重揚雄的，當屬司馬光和晁説之。

司馬光集注《太玄》、《法言》，並擬《太玄》而作《潛虚》，其人性論也宗揚雄性善惡混之説。司馬光集注《法言》，在其《序》中，司馬光説孟、荀、揚"三子皆大賢，祖六藝而師孔子。……然揚子之生最後，監於二子而折衷於聖人，潛心以求道之極致，至於白首，然後著書，故其所得爲多，後之立言者，莫能加也"。司馬光認爲揚雄所得較之孟、荀爲多，頗有以揚雄越過孟子直接孔子之意[⑦]。他在其《讀玄》中説得更直接："嗚呼！揚子雲真大儒者邪！孔子既没，知聖人之道者非子雲而誰？孟與荀殆不足擬，况其餘乎？"[⑧]

晁説之因攻孟子而斷送仕途，卻作《揚雄别傳》以尊揚雄。他在讚語中説："揚子傳孔子之道，立言明教，宜其行事甚大，昭著無遺。"[⑨] 直以揚雄接孔子而越過孟子。他又曾説："《太玄》之爲書，豈諸子而已哉？"[⑩] 頗有升《太玄》爲儒經之意。

然而，司馬光和晁説之繞過孟子而直接推尊揚雄的努力，效果並不明顯。孟子在宋代的"升格"雖非一帆風順，但也風雨無阻，要想越過孟子直接提高揚雄的重要性，很難被大多數士人接受。因此，在推崇揚雄之時，司馬光和晁説之也經常不得不抬出孟子來證明揚雄的

---

① ［宋］黎靖德編，王星賢點校：《朱子語類》卷一百三十七，中華書局 1999 年版，第 3155 頁。
② 見《二程集》，第 403 頁。
③ 見《朱子語類》卷一百三十七，第 3264 頁。
④ ［宋］朱熹：《通鑒綱目》卷八上，臺灣商務印書館影印文淵閣《四庫全書》本 1987 年版，第 689 册，頁 500A。
⑤ 見《明太祖實録》卷二百四十五，臺北："中央"研究院歷史語言研究所校印本 1963 年版，第 5 册，第 3555 頁。
⑥ ［宋］李覯：《吊揚子》，見氏著，王國軒校點：《李覯集》，中華書局 1981 年版，第 329 頁。
⑦ ［宋］司馬光：《集注揚子序》，見《全宋文》，第 56 册，第 119—120 頁。
⑧ ［宋］司馬光：《讀玄》，見《太玄集注》，第 1 頁。
⑨ ［宋］晁説之：《揚雄别傳下》，見《全宋文》，第 130 册，第 301 頁。
⑩ ［宋］晁説之：《策問・太玄》，見《全宋文》126 册，第 207 頁。

重要性，例如晁説之雖説“《太玄》之爲書，豈諸子而已哉”，但也不得不説“孔子没，聖人之道得孟子而傳。孟子没，後世學者思之微，莫如揚雄”[1]。

作者單位：重慶大學人文社會科學高等研究院

① ［宋］晁説之：《策問·太玄》，見《全宋文》，第126册，第207頁。

巴蜀文學概念及其魏晉南北朝巴蜀文學地位之商榷

魏紅翎

近年來，巴蜀文學史專著相繼問世。如譚興國先生的《蜀中文章冠天下：巴蜀文學史稿》（四川人民出版社 2001 年版），楊世明先生的《巴蜀文學史》（巴蜀書社 2003 年版），鄧經武先生的《大盆地生命的記憶——巴蜀文化與文學》（電子科技大學出版社 2005 年版）等。這些專著系統展示了從遠古時期到近現代巴蜀文學發展的全景，是巴蜀文學研究史上重要的學術成果。但各書中收録的巴蜀文學家及其作品卻不盡一致，爲相關研究帶來了一定的困擾。這實際上涉及巴蜀文學的界定問題，也是巴蜀文學研究的一個基本問題。本文擬就此作一些商討，以就教於博學大家。

譚興國、楊世明、鄧經武三位學者對巴蜀文學的界定主要採用籍貫説。譚興國先生認爲："（巴蜀文學）專指巴蜀作家的創作，既包括其在巴蜀所寫的作品，也包括去外地所寫的作品。"① 這個認識非常具有代表性，雖然三位學者在具體劃分上還存在分歧，但共同之處正在於此：作家的身份是分類的出發點，並且衹要是巴蜀籍貫作家的作品就全部收録，即便這些作品是在外地創作的，或其內容和巴蜀毫不相關。

這種認識值得商榷的地方有三：其一，巴蜀作家的作品是否一定是巴蜀文學呢？歷史上，由於戰亂、遊學、應試、出仕等各種原因，許多文人並非一直在一個地方生活，他們的血脈中固然流淌着故鄉的濃情，但不可否認，他們的遊歷也在豐富其人生，在某個層面上，他們遊歷的那些地方的風土人情對其感染更爲直接和濃烈，其影響程度甚至遠遠超越了故土情愫。如果僅僅因爲其是巴蜀籍作家，就將其所有的作品都納入巴蜀文學的視野，有時會頗爲尷尬：比如揚雄的《甘泉賦》、《河東賦》，蘇軾的《赤壁賦》是否都屬於巴蜀文學呢？其二，祖籍是巴蜀，但自己從未到過巴蜀，與一個非巴蜀籍人士有什麽本質差異呢？即便自己自稱爲巴蜀人，但巴蜀對他的直接影響有多少呢？如果將其稱爲巴蜀作家，將他的作品稱爲

---

① 譚興國：《蜀中文章冠天下：巴蜀文學史稿》，四川人民出版社 2001 年版，第 2 頁。

巴蜀文學，卻摒棄那些非巴蜀籍但卻在文中描述巴蜀風土人情的作家作品，不免過於勉强。其三，杜甫等作家在巴蜀創作了大量詩篇，並且和巴蜀的知名文人墨客多有往來，而且也以自己的文筆激情描繪巴山蜀水，對巴蜀的文化發展產生了重大影響。這類作品如被排除在外，巴蜀文學的研究顯然是不完整的。

雖然“籍貫説”是目前一種主流的觀念，但其弊端也是較爲明顯的。那能否换一個思路，採用“題材説”呢？這其實並非另立新論。歷史上有代表性的巴蜀文學作品集《成都文類》、《全蜀藝文志》等都採用的是“題材説”的歸類法。

《成都文類》的序言表明了其選文標準，序言云：

> 蓋古大都會也，有江山之雄，有文物之盛，奇觀絶景，仙遊神跡，一草一木，一丘一壑，名公才士，騷人墨客，窺奇吐芳，聲流文暢，散落人間，何可一二數也[①]？

這説明《成都文類》在選文時的出發點和着眼點是描寫此地風光景物人文的作品，所以它在結束語中也明確指出“以益而文者，悉登載而匯輯焉”[②]。此處的“益”即益州，指反映描寫益州的文章，《成都文類》正是將反映益州的作品進行了收集。益州包括現在的四川、重慶地區，也就是古代的巴蜀所在。楊慎在《全蜀藝文志序》中也清楚闡述了其收文原則：“凡名宦遊士篇詠，關於蜀者載之；若蜀人作僅一篇傳者，非關於蜀亦得載焉”[③]，可見他的着眼點與《成都文類》是一脈相承的，都是根據文章内容、題材是否和蜀相關聯，例外的衹有那些僅有一篇文章流傳的蜀人，爲紀念之故，留其篇目，但這並不影響其選文的主旨，反而恰恰説明他並不以籍貫作爲文章選擇的原則。由此可知：《成都文類》和《全蜀藝文志》這兩部書都以題材作爲選文標準，即文章是否和巴蜀相關。因此書中選録了外地作家描寫巴蜀山川景物、風俗物產等内容的大量作品，如南朝梁代詩人劉孝威的《蜀道難》、陳代文學家陰鏗的《蜀道難》在兩本集子中都有收録。劉孝威彭城（今徐州）人，陰鏗是武威姑臧（今甘肅武威）人，二人既非巴蜀人也從未到過巴蜀，但二人的《蜀道難》則對巴蜀山路崎嶇、難以通行的情況給予了生動描繪。

兩種歸類方法比較，哪一種收録的作品更能體現巴蜀文學的特點呢？顯然是“題材説”。我們認爲題材説應當得到肯定，基於以下的原因。

文學研究的核心應是文學作品，這基本成爲一種共識。袁行霈指出：“文學創作最終體現爲文學作品，没有作品就没有文學，更没有文學史。”[④] 以文學作品本身作爲評判的標準是研究文學作品的基本出發點，如對宋詞中婉約派和豪放派的界定，没有誰是從作家的角度去劃分的；再如對山水詩、田園詩、邊塞詩等作品的認定，哪一個不是從作品本身進行認定的呢？因此地域文學實際上也應從作品來分析，而不是從作家身份來界定。李敬敏在《全球

---

① 《文津閣四庫全書》第452册，《集部八·總集類·成都文類卷一》，商務印書館2005年版，第629頁。

② 同上。

③ ［明］楊慎編，劉琳、王曉波點校：《全蜀藝文志》，綫裝書局2003年版，第12頁。

④ 袁行霈主編：《中國文學史》，高等教育出版社1999年版，第4頁。

一體化中的地域文化與地域文學》中認爲，“地域文學首先應是特定地域的文學。所謂特定地域的文學，就是必須在文學的內容上體現地域特點，比如特定地域的人和事，自然環境，人文環境，語言特色，風土人情，習俗，人的性格等。也就是説，地域文學應該是具有特定地域風貌，具有地域特色的文學……地域文學的主要標誌是寫地域題材”①。李敬敏的這個觀點其實是非常中肯有見地的，可惜他没有一以貫之，中間又夾入作家籍貫云云，致使最後出現了難以自圓其説的雙重標準：“地域文學的入圍標準可以是作品本位和作家本位相結合。前者主要針對非本土本鄉的作家，後者主要針對本土本鄉的作家。”李敬敏在文中所言及的那些本籍本土的作家，在創作中没有或者較少反映本地的風土人情以及具有本土特色的人物和事情，這樣的作家即便可以稱爲本土作家，其作品卻不能收入本地地域文學，因爲他的那些作品中没有任何本土的印記，比如揚雄所寫的《子虛賦》、《甘泉賦》等是不應該收入巴蜀文學的。如果將這一類作家作品收入，反而淡化了地域特色，使地域文學變成縮小版的中國文學。一言以蔽之，地域文學就是那些反映地域特點的文學作品的總稱。

對地域文學有了清晰界定之後，巴蜀文學以及其他具體地域文學的範疇也就一目瞭然了。巴蜀文學研究的物件就是體現巴蜀特點的文學，所以凡是表現巴蜀的風土人情、社會動態、政治軍事、歷史文化、名人傳記等等內容的作品都是其研究範圍。它與作家的籍貫没有任何關係，一個非巴蜀籍的作家其作品衹要是反映巴蜀特點的便可以收録，因爲他必然以某種方式受到過來自巴蜀的影響。比如像張載曾來蜀探親，杜甫曾避亂於蜀等等，即便其本人並未到過巴蜀，但也應得到過一些間接影響，正如左思寫《蜀都賦》曾向張載求教一樣，否則很難解釋簡文帝的《蜀國弦》、劉孝威的《蜀道難》等何以深得巴蜀神韻，將巴蜀山水描繪得如此活靈活現。現存巴蜀文學作品集中最具代表性的有宋代袁説友主持編寫的《成都文類》、明代楊慎編寫的《全蜀藝文志》，他們正是按照作品內容進行的收集整理，將涉及巴蜀風土人情、社會百象的篇章全部納入，不論作者是否巴蜀人，是否來過巴蜀，比如《全蜀藝文志》便收録了南朝君臣關於巴蜀的大量詩文，如簡文帝的《蜀國弦》、劉孝威的《蜀道難》、鮑照的《蜀四賢詠》等。

根據這個標準，從《全上古秦漢三國六朝文》中輯出魏晉南北朝巴蜀作品 119 篇，其中《成都文類》、《全蜀藝文志》未收録的有 95 篇。詩歌類《成都文類》、《全蜀藝文志》共有 21 首，實際數量應爲 19 首，因有兩首重合，而《先秦漢魏晉南北朝詩》又輯出 55 首，其中《成都文類》、《全蜀藝文志》未收録的 40 首。

學界對魏晉南北朝巴蜀文學的研究成果不多，評價也普遍不高。但縱觀此期作品，筆者認爲魏晉南北朝巴蜀文學在歷史上的地位應得到一個更合理的認識。

巴人、蜀人遠古時期便在巴蜀這片土地上生活了，在殷商卜辭中已有巴國的記録，周文王時期也有巴、蜀之國的記載，他們創建了屬於自己的輝煌文化，三星堆文明、金沙文明都

① 李敬敏：《全球一體化中的地域文化與地域文學》。見靳明全主編《區域文化與文學》，中國社會科學出版社 2003 年版，第 162—164 頁。

有力地印證了這一點。但作爲早期原住民，他們還不可能有意識地對自己的文化進行整理和明確，而這種情況在魏晉南北朝得到了明顯的改變。這個時期是地域文化的自覺期。

一　集中對蜀道難的刻畫

魏晉南北朝時期一些新的題材在巴蜀文學中開始出現，其中以描寫巴蜀風景、物產之作最爲搶眼。首先，這個時期產生了大量歌詠巴蜀自然風光的作品，這在過去是從未有過的。西漢雖有司馬相如、揚雄、王褒等文學大家產生於此，但他們描寫巴蜀的文字卻很少，唯揚雄有《蜀都賦》傳世。揚雄的《蜀都賦》主要是讚頌巴蜀物產之豐富，幾乎没有涉及對巴蜀山水風光的描繪，但是在魏晉時期，描寫巴蜀景物的作品紛紛出現。

《全蜀藝文志》、《全晉文》都有收録的張載的《劍閣銘》是這類作品的代表。張載字孟陽，西晉文學家。太康初年，他來蜀探視任蜀郡太守的父親，道經劍閣。“劍門天下險”，入蜀的張載顯然被蜀地險峻的自然風光所震撼，寫下《劍閣銘》。文中描繪了劍閣險要的地理位置，是入蜀的必經之地，歷來爲兵家必争之所，“壁立千仞。窮地之險，極路之峻”①；並聯想到歷史上蜀地的割據勢力，雖然有此天險，最後依然難逃失敗，由此指出“興實由德，險亦難恃”的道理，認爲國家的興旺還是要依靠德政，要靠政治得人心，而不是巍峨險峻的天險。全文氣勢磅礴，由景及理，銜接自然，水到渠成，發人深思，因此當時益州刺史張敏見而奇之，特上表朝廷，而晉武帝也深爲歎服，令人鐫刻於劍閣山石之上，作爲治蜀之警戒，可見在當時的影響；而這篇文章也成爲了後世寫作劍閣的範式，被明代張溥譽爲“文章典則”②。這篇銘文中對於巴蜀山勢險峻、崎嶇難行的描述對後世影響巨大。

實際上，這個時期描寫蜀道難、巫山高等內容的作品大量出現了，根據統計約有三十篇，占此期巴蜀寫景文章的百分之七十五，這些詩文集中塑造着巴蜀鮮明的個性特點。例如《灩澦歌》、《蜀國弦》、《蜀道難》、《巫山高》等篇章不斷湧現，尤其《灩澦歌》、《蜀道難》、《巫山高》這些篇目，更是多人唱和，足見其得到廣泛認同和接受。《灩澦歌》也作《淫豫歌》，據《水經注》記載：“（白帝山城）水門之西，江中有孤石，爲淫豫石。冬出水二十餘丈，夏則没，亦有裁出處矣。”③《國史補》曰：“蜀之三峽，最號峻急，四月五月尤險，故行者歌之。淫或作灩，澦或作豫。”④ 淫豫石所在的瞿塘峽是三峽中最險要之所，而灩澦又是瞿塘峽的險要之處，行船者無不忌之。《灩澦歌》當時有很多版本，既有文人創作，也有民間歌謡，這種普遍吟唱無疑是反復地强化着三峽之險要。

在《全蜀藝文志》中收録的《黄牛歌》、《陜中行者歌》也是詠歎三峽的。《黄牛歌》：

---

① ［清］嚴可均：《全晉文》卷八十五，中華書局1985年版，第1951頁。
② ［明］張溥：《漢魏六朝百三家集題辭注》，人民文學出版社1981年版，第140頁。
③ ［北魏］酈道元撰，陳橋驛點校：《水經注》卷三十三，上海古籍出版社1990年版，第642頁。
④ 逯欽立：《先秦漢魏晉南北朝詩·晉詩》卷十八，中華書局1983年版，第1020—1021頁。

“朝見黄牛，暮見黄牛，三朝三暮，黄牛如故。”[①] 它出自北魏酈道元所著《水經注》。據《水經注》記載，三峽中有一地名爲黄牛灘，它的南岸山石高聳，最高處，遠遠望去，像一個人背着刀牽着一頭牛，山石色彩分明。這山石極高，而水流崎嶇，船走了很久，回頭一看仍能看見此物，所以行者有此謡，言水路行深，回望如一。這首民謡以誇張的手法描寫了峽谷之中山勢巍峨、高聳入雲，而水路迂回曲折、行進艱難。雖然淺顯易懂，卻富有表現力，黄牛灘給人留下的印象也極爲深刻。

《陜中行者歌》云：“巴東三峽巫峽長，猿鳴三聲淚沾裳。巴東三峽猿鳴悲，猿鳴三聲淚沾衣。”《水經注》云：“巴東三峽，謂廣溪峽、巫峽、西陵峽也。三峽七百里中，兩岸連山，略無闕處，重巖疊嶂，隱蔽天日。”這首詩源自晉袁山松所著《宜都山川記》：“自黄牛灘東入西陵界，至峽口，一百許里，山水紆曲，林木高茂。猿鳴至清，山谷傳響，泠泠不絶。行者聞之，莫不懷土，故漁者歌云：巴東三峽巫峽長，猿鳴三聲淚沾裳。巴東三峽猿鳴悲，猿鳴三聲淚沾衣。”[②] 這裏的民謡已不單純寫景，而是在寫景的同時賦予了三峽一種悲涼淒婉的氛圍，之後“猿啼”也成爲了三峽詩歌的一種典型意向，有人認爲這就是最早的竹枝詞[③]。

較之秦漢，這個時期產生了大量描寫巴蜀景物的作品，而且内容都非常集中。如此集中的描寫實際上不斷强化着巴蜀山高浪急，難以前往的印象，最後濃縮爲“蜀道難，難於上青天”的呼號。現存最早的《蜀道難》便出於南北朝時期，分别是梁簡文帝、劉孝威、陰鏗所作，這也是現存《蜀道難》作品最多最集中的時期。梁代劉孝威的《蜀道難》可稱這類作品的代表：“玉壘高無極，銅梁不可攀。雙流逆巇道，九阪澀陽關。鄧侯策馬度，王生斂轡還。斂轡懼身尤，叱馭奉王猷。……禺山金碧有光輝，遷亭車馬尚輕肥。彌思王褒擁節反，復憶相如乘傳歸。君平子雲寂不嗣，江漢英靈信已衰。”[④] 開篇以誇張的手法描寫巴蜀極具代表性的兩處景點銅梁與玉壘。銅梁山位於今重慶市西北，玉壘山位於都江堰境内，是岷山的支脈。詩歌極言其巍峨險峻，高不可攀，然後借用王尊的典故側面襯托蜀道之難行。據傳，漢朝益州刺史王陽護送母親靈柩，行經蜀中山道，山路崎嶇，險情不斷，恐懼之下於是稱病辭官。後來王尊赴任，來到此處聽聞前任故事，於是大聲吆喝馬夫勇敢前進。後人爲紀念王尊，在此修建“叱馭橋”。陰鏗的同名詩中也有相關描述。

總之，隨着這類描寫巴蜀險峻的文學作品不斷出現和傳播，“蜀道難”在很長的時期内成爲了巴蜀地區最典型的地理標誌之一。即便到今天，它也没有徹底改變，而這個源頭就可以追溯至魏晉南北朝時期。“悲壯的吟唱緣於挑戰自然的艱難，反復的渲染傳達着渴望戰勝自然的生命情緒。經過歷代作家不斷地書寫，凝聚了衆多個體人生的悲劇性體驗，‘蜀道’

---

① ［明］楊慎編，劉琳、王曉波點校：《全蜀藝文志》卷三，綫裝書局 2003 年版，第 83 頁。
② 逯欽立：《先秦漢魏晉南北朝詩·晉詩》卷十八，第 1021－1022 頁。
③ 余雲華：《巴渝民俗風情》，重慶出版社 2004 年版，第 135 頁。
④ ［明］楊慎編，劉琳、王曉波點校：《全蜀藝文志》卷五，綫裝書局 2003 年版，第 99 頁。

作爲人類艱難跋涉、不懈奮鬥的歷史見證，最終超越了自然地理範疇而進入審美意象系列。”[①] 不過蜀地雖然交通確實不便，但高山林立、白雪皚皚、浪高谷深的絶美風景也讓衆人神往、迷戀，所以便有“劍門天下雄”、“峨眉天下秀”、“青城天下幽”等等稱號聞名天下。

二 盡情展現富庶安樂的生活

與蜀道難行相映成趣的是蜀地富庶安樂的生活。因爲得天獨厚的地理條件，風調雨順的氣候，都江堰水利工程的巨大功效，以成都平原爲中心的蜀地長期以來生活無憂，人民安居樂業，形成了一種較爲平和悠閑的氣質。蜀人講究烹調，善於織錦，街市熱鬧興旺。

張載的《登成都白菟樓》是這類作品的代表。詩歌寫到白菟樓巍然屹立，直插雲霄，站在樓上，放眼望去，蜀地美景盡收眼底，西邊的岷山巍峨聳立；接着對城中民衆富庶的生活進行了細膩描繪，“鬱鬱少城中，岌岌百族居”[②]，老百姓安居樂業，宛如堯湯之時。街道縱横，高樓林立，揚雄、司馬相如的故居令人遐想。城中富庶之家更是生活驕奢，可比王侯。在這兒，秋天可以採摘柑橘，春天則在河邊釣魚，品着清茶，這樣的日子真是讓人羡慕不已。詩人不由發出了由衷的感歎：“人生苟安樂，兹土聊可娱。”[③] 詩人爲成都的美景所陶醉，對成都富庶悠閑的生活也讚賞不已。張載於晉武帝太康初年來到蜀地。太康年間，八王之亂還未爆發，蜀地較爲平静，因而城市呈現出富庶安樂的景象。他來自於洛陽，洛陽是當時西晉王朝的都城，因此他的評價應當是具公信力的。應該説，張載非常準確地把握到了成都的獨特氣質，這首詩也是現在所見到的最早一首稱讚成都安樂悠閑生活的詩篇。

可以説，這個時期的詩文關於巴蜀景物的描寫基本就是這兩大部分：險絶的山川，安樂的城市。而這恰恰正是巴蜀最重要的地域特徵之一，正是由於這個時期文學作品的集中書寫，巴蜀的這些地域特徵在文學領域開始定型。

後左思作《三都賦》將這兩種巴蜀特質熔爲一爐。左思作賦不讚同揚雄、班固、張衡等人衹求辭藻華美，卻有悖真實的做法，而是力求“其山川城邑，則稽之地圖；其鳥獸草木，則驗之方志”[④]，爲求真實他曾拜訪過張載，《晉書·左思傳》稱左思“乃詣著作郎張載訪岷邛之事”[⑤]，王隱《晉書》亦謂“（左思）蜀事訪於張載，吴事訪於陸機，後乃成之”[⑥]。因此左思筆下的《蜀都賦》以一種史家筆法真實再現了蜀地的山川地貌、豐富物産、市民安樂富

① 周曉琳：《古代文學地域性研究的回顧與前瞻》，《文學遺産》2006年第1期，第14頁。
② ［明］楊慎編，劉琳、王曉波點校：《全蜀藝文志》卷六，綫裝書局2003年版，第127頁。
③ 同上。
④ ［清］嚴可均：《全晉文》卷七十四，中華書局1985年版，第1882頁。
⑤ ［唐］房玄齡：《晉書》卷九十二，中華書局1974年版，第2376頁。
⑥ 《文選集注》卷八引，轉見余嘉錫：《世説新語箋疏》，中華書局1983年版，第248頁。

足的生活，篇幅宏大，内容翔實，是都市賦的巨作。其筆下的蜀地地勢險峻，“山阜相屬，含溪懷谷。崗巒糾紛，觸石吐雲”，“於後則卻背華容，北指昆侖。緣以劍閣，阻以石門。流漢湯湯，驚浪雷奔。望之天回，即之雲昏”①。險要的地形，巍峨的山勢，這不能不説是蜀地留給入蜀者最直觀最深刻的印象。而蜀地生活的安樂富足也爲人稱道：“家有鹽泉之井，户有橘柚之園。其園則有林檎枇杷，橙柿梬亭。榹桃函列，梅李羅生，百果甲宅，異色同榮。朱樱春熟，素柰夏成”，“金城石郭，兼市中區。既麗且崇，實號成都”②。家家户户都有果園，園中各色水果令人垂涎欲滴，生活殷實可見一斑。而且張載、左思都不約而同對蜀地美食進行了具體描繪。張載在《登成都白菟樓》中就盛讚蜀地飲食之豐富：“鼎食隨時進，百和妙且殊。”③ 左思的《蜀都賦》中同樣也寫到蜀人重美食，家家庭院中都種植“蒟蒻茱萸，瓜疇芋區，甘蔗辛薑”，既有茱萸、甘蔗、辛薑等調味品，又有蒟蒻、瓜芋等菜蔬，因而纔有如此豐盛的宴會場面：“金罍中坐，肴核四陳。觴以清醥，鮮以紫鱗。”④ 由此可見，蜀地飲食文化的發展也已達到一個較高的水準，而飲食文化的發展情況實際上也體現出當地經濟文化的水準，是生活安樂富足的一個重要表現。和揚雄的《蜀都賦》相比，左思的作品雖然也講究鋪排辭藻，但怪字連篇，炫耀才華的情況減少了，文章更具體真切地再現了巴蜀的自然風光、人文風俗等生活畫面。左思《三都賦》一出，洛陽紙貴，流傳甚廣，其文所鋪陳的蜀都地勢之險要、物產之富饒自然也會給讀者留下極其深刻的印象，即便他們從未到過巴蜀。

張載的《劍閣銘》爲皇帝所稱道，左思的《三都賦》又廣爲流傳，正是在這樣一種背景之下，大量描寫巴蜀的作品不斷湧現，它們刻畫着巴蜀的文化特性，塑造着巴蜀的人文氣質。

三　自覺整理編纂歷史，形成清晰的文化傳統

魏晉南北朝時期，玄學作爲一門顯學得到了文人的極大推崇，中原以及之後的江南地區，清談之風盛行，不過巴蜀卻没有受到玄學的影響，既没有玄學的作品出現，也没有在社會上形成談玄之風尚，因而形成了獨特的一種現象。此期的巴蜀文學偏重於對歷史的回顧與編寫和對歷史人物的記載與評説。

現在知道的編纂於那個時期的歷史著作有：來敏的《本蜀論》，譙周《三巴記》、《古史考》、《蜀本記》、《益州志》、《巴蜀異物志》，陳壽《益部耆舊傳》、《三國志》，常寬《續益部耆舊傳》、《蜀後賢傳》、《蜀志》，常璩《華陽國志》、《蜀漢書》，任豫、李膺《益州記》。其

① ［明］楊慎編，劉琳、王曉波點校：《全蜀藝文志》卷一，第 8 頁。
② ［清］嚴可均：《全晉文》卷七十四，第 1882 頁。
③ ［明］楊慎編，劉琳、王曉波點校：《全蜀藝文志》卷六，第 127 頁。
④ ［明］楊慎編，劉琳、王曉波點校：《全蜀藝文志》卷一，第 9—10 頁。

編寫者之多、著作之豐富是過去從來没有的，特别是在當時蜀漢"國不置史"的情況下，這絶不是利禄之圖，之所以會如此唯一的解釋就是希望借此整理並保留巴蜀的文化傳統使之彰顯於後，常璩在《華陽國志序述》裏清楚表明了這種願望："通古今，表功勳，而後旌賢能。"①

常璩的《華陽國志》是這個時期記載巴蜀歷史的書籍中，現在保存最完整内容最翔實的著作。常璩，東晉時期蜀郡江源（今四川成都崇州）人，其《華陽國志》記載從遠古到東晉永和三年（347）以巴蜀爲中心的西南地區的歷史地理情況。全書十二卷，共十一萬字，是現存最早最完整的一部地方志。《華陽國志序述》是常璩爲該書寫的一篇序言，他在序言中表明著書的原因和目的：巴蜀向來重視歷史。西漢以降，志傳類作品層出不窮，但可惜遭兵火荼毒，多數散佚。爲了使巴蜀英靈不墮於世，於是發憤作書。常璩著此書還有更深一層的原因，當時東晉朝廷重視中原人士，不屑巴蜀士人，故常璩作此書更是爲了反抗對巴蜀的輕視，昭顯巴蜀文化源遠流長，這對於保存巴蜀文化是功不可没的。常璩著書的目的也表明作者對巴蜀文化傳統的一種自覺整理。

陳壽著《三國志》。陳壽，西晉時期巴西安漢（今四川南充）人。他本爲蜀人，又是史學家譙周的弟子。他注意收集整理蜀地歷史資料，纔完成《蜀書》的寫作，爲三國時期巴蜀地區的歷史留下了不可多得的寶貴資料。

《本蜀論》、《蜀本記》分别爲來敏、譙周所著，從現在遺留的材料來看，它們保存了蜀文化的起源以及歷代傳承情況的資料，而《三巴記》、《益州志》、《巴蜀異物志》、《蜀志》、《蜀漢書》、《益州記》等雖然也早已散佚，但僅就流傳下來的隻言片語也可看出其對巴蜀文化傳統的收集整理，如譙周在所著《三巴記》中説："閬、白二水合流，自漢中至始寧城下入武陵，曲折三曲有如'巴'字，亦曰巴江，經峻峽中，謂之巴峽，即此水也。"② 這成爲對"巴"之起源的一種代表性解釋。

可惜當時的作品大多數散佚，但僅就流傳下來的作品看，其品質之高是有目共睹，陳壽的《三國志》與《史記》、《漢書》齊名，《華陽國志》是現存最早也最完整的一部地方志。可以認爲魏晉南北朝時期，巴蜀士人已經開始自覺整理巴蜀的文化歷史，巴蜀士人通過對歷史的編纂，其實正是一個不斷清理積澱並且强化巴蜀文化傳統的過程。《論傳統》的作者愛德華·希爾斯認爲："傳統依靠自身是不能自我再生和自我完善的。衹有活着的、求知的和有欲求的人類纔能制定、重新制定和更改傳統。"③ 正是基於長期生活在一個地域的某些共同文化特點，如地理環境、語言、風俗、氣候、政治等，人們會逐漸形成一定的文化傳統，而傳統之被確定和繼承往往是通過人們有意識地建構，而這其中最主要的就是對歷史的編纂。"歷史編纂的任務是確立和完善關於過去的形象。批判的或科學的歷史編纂所探究的，

① ［明］楊慎編，劉琳、王曉波點校：《全蜀藝文志》卷三十，第776頁。

② ［宋］李昉：《太平御覽》卷六五地部三〇，中華書局1960年版，第308頁。

③ （美）愛德華·希爾斯著，傅鏗、吕樂譯：《論傳統》，上海人民出版社2009年版，第15頁。

是已爲人們接受的或是傳統的過去之形象，並且對他們進行考證和加以完善。”①

而且值得注意的是這個時期的歷史編纂已經逐漸擺脱神話傳説的影響，有意識地向理性邁進。早期的史傳作品包括《史記》在内都還帶着古老神話的烙印，如《史記》中關於三皇五帝的記載，來敏的《本蜀論》中關於巴蜀歷史起源的記載，這當然一方面是因爲歷史資料欠缺，但更重要的是歷史觀念尚未成熟。常璩已經清醒地意識到這個問題，他在《華陽國志序述》中就辨析了《蜀書》中的荒誕神奇的記載，强調自己更務實的歷史觀："有爲蜀傳者，言蜀王蠶叢之間周回三千歲。又云荆人鱉靈死，屍化西上，後爲蜀帝；周萇弘之血變成碧珠；杜宇之魄化爲子鵑。又言蜀椎髻左衽，未知書，文翁始知書學。”② 鱉靈西上、萇弘化碧、杜鵑啼血這些都是那個時代巴蜀史書記載中的一些言論，常璩都一一加以駁斥，認爲其不可信，這正代表着具有宗教色彩的史學向現實性、科學性史學的轉變。總之，重視歷史的記載，有意識地進行地域文化的構建是這個時期巴蜀文學的一個重要特徵。這和中原以及江南地區形成了很大的差别，當這些地區崇尚玄學、執着於對玄理的空談之時，巴蜀文學頑强地保留着自己的個性，默默地在平實的史學中耕耘。

四　對鄉土名人的反復吟誦，强化地域文化

在對歷史的收集整理中，時人還特别注重對巴蜀人物的記載，這個時期的作品出現了大量的人物志傳、評論，對巴蜀地區的名人反復吟詠。

如鮑照的《蜀四賢詠》，嵇康的《聖賢高士傳·司馬相如》，常景的《司馬相如贊》、《王褒贊》、《嚴君平贊》、《揚雄贊》，陳代祖孫登的《賦得司馬相如詩》都是對漢朝巴蜀名士的讚頌。鮑照是劉宋時的文學家，被人認爲是南北朝時期文學成就最高的作家之一，與顔延之、謝靈運齊名，他繼承了建安風骨，對後世李白、高適、杜甫都産生了重要影響。他在《蜀四賢詠》這首詩歌中將嚴君平、司馬相如、王褒、揚雄並提，譽之爲蜀中四賢，這是現在所見最早的一首關於這四位蜀中英才的詩歌，而之後人們便習慣地將這四位並稱了。

關於諸葛亮的作品也較多，諸葛亮跟隨劉備入蜀後，輔佐劉備、劉禪，爲蜀漢政權作出了巨大的貢獻，這是他人生中最重要的篇章，可以説，諸葛亮在歷史上是以蜀漢丞相的身份爲人所熟知的。郭沖《條諸葛亮五事》、崔浩《論諸葛武侯》、陳壽的《進諸葛氏集表》等都主要對他在蜀漢期間的事蹟進行了記載和評説。陳壽的《進諸葛氏集表》可作此類文章的代表，這篇上表對諸葛亮生平進行了較爲全面的概述。《諸葛氏集》是陳壽奉命整理的諸葛亮文集，共 24 卷，此書已在隋朝散佚。《進諸葛氏集表》是當年陳壽關於該文集的上表，文章主要對諸葛亮在蜀漢的政策、功績進行了論説，並認爲在其兢兢業業地治理之下，蜀漢政治

① 《論傳統》，第 59 頁。

② ［明］楊慎編，劉琳、王曉波點校：《全蜀藝文志》卷三十，第 776 頁。

嚴明，風氣肅然，這是非常難能可貴的。不過，對於諸葛亮屢次用兵之事，陳壽也提出了批評："亮才於治戎爲長，奇謀爲短。理民之幹，優於將略。"① 認爲其擅長治軍，但卻弱於軍事謀略、行軍作戰。雖然蜀軍出師不利也有很多客觀的因素，如對手太强大，雙方實力懸殊等，但也應看到作爲主帥的諸葛亮自身的不足，陳壽的評價是較爲中肯的。通過這些作品，諸葛亮的形象得到了豐滿和深化。

在魏晉南北朝時期，這類評述巴蜀之人的作品可以稱得上數不勝數：郤正《姜維論》，李通《譙周頌》，王崇《論蜀後主》、《論姜維》，楊戲的《季漢輔臣贊》，姜維的《蒲元傳》、《蒲元别傳》，在《華陽國志》中更保留了完整的《先賢士女總贊》、《俊賢志》等篇章。而且不僅僅是文人有這樣的創作，當時流傳的許多兒歌民謡也常常是爲某個巴蜀人而作：如《時人爲張飛玉追馬歌》、《鄉里爲李嚴諺》、《時人爲劉巴語》、《蜀民爲許遜謡》、《蜀民爲何隨語》、《時人爲李始語》等，這些人都曾經在巴蜀生活過，在巴蜀歷史上留下過他們的印記，這類作品對他們的書寫也在豐富着巴蜀的歷史，不斷强化着地域文化。

綜上所述，在秦漢之前，巴蜀文明還是作爲一種迥異於中原文明的少數民族文化而存在着，文翁也在感歎："蜀地僻陋有蠻夷風。"② 秦漢以後，隨着文化交流更加頻繁，巴蜀文化逐步轉型成爲了中華文化中的一種地域性文化。而魏晉南北朝時期，對這種地域性文化開始進行有意識地整理和强化，通過這種整理，巴蜀文化、巴蜀文學的特質得以突顯。因此，可以認爲魏晉南北朝是巴蜀文學地域風貌的形成期。

作者單位：成都學院（大學）文新學院

① ［明］楊慎編，劉琳、王曉波點校：《全蜀藝文志》卷二十七，第709—710頁。

② ［東漢］班固：《漢書》卷八十九，中華書局1962年版，第3625頁。

論陳子昂《感遇》詩的哲學思考[①]

張宗福　郭衛文

陳子昂《感遇》三十八首是其代表作。朱熹《齋居感興二十首序》："余讀陳子昂《感寓》詩，愛其詞旨幽邃，音節豪宕，非當世詞人所及。如丹砂空青，金膏水碧，雖近乏世用，而實物外難得，自然之奇寶。"[②] 他的《感遇》詩內容十分豐富，如朱熹所說"詞旨幽邃"，耐人尋味。詩人有感於自己在現實中的處境與遭遇，引發了其對天道循環、社會交替、人的精神歸宿等哲學命題進行深入思考，從而使他的《感遇》詩具有豐富的哲學意蘊。盧藏用《陳伯玉文集序》云："至於感激頓挫，微顯闡幽，庶幾見變化之聯，以接乎天人之際者，則《感遇》之篇存焉"[③]，揭示了《感遇》詩的"微顯闡幽"、"接乎天人之際"的哲學思考，而這一哲學思考與詩人深厚的家族之學有着密切的關係。

一

陳子昂對天道循環、社會交替、人的精神歸宿等哲學命題的深入思考，主要表現在他晚年所作的《感遇》詩之中。陳子昂的人生經歷了大起大落，從個人的自詡自負到主觀精神的無所寄托與無限苦悶。他在《諫政理書》中說："竊少好三皇五帝霸王之經，歷觀丘墳，旁覽代史，原其政理，察其興亡。自伏羲神龍之初，至於周隋之際，馳騁數百年，雖未得其詳，而略可知也。"[④] 盧藏用《陳子昂別傳》："子昂貌寢寡援，然言王霸大略，君臣之際，

---

① 基金項目：四川省教育廳社科重點項目（編號：10SA087）。

② 朱熹：《晦庵集》卷四，文淵閣《四庫全書》，臺北：臺灣商務印書館 1986 年版。

③ 董誥等：《全唐文》卷二百三十八，中華書局 1985 年版。

④ 同上。

甚慷慨焉。”[①] 然屢上奇策，終不見用，内心尤爲苦悶。從初登政治舞臺便受武后召見，授以麟臺正字、譽滿東都，到“上數召問政事，言多切直，書奏，輒罷之”[②] 的多次碰壁後的絶望，再到投筆從戎、以身報國，卻被武攸宜降職而歸隱的悲慘落幕，這些個人遭遇，使詩人最終沉澱下來，把天道循環、社會興衰、人的精神歸宿等哲學命題引向更爲宏大的背景下進行深入思考。

陳子昂的不幸遭遇使他把人生的思考引向更深的哲學層面，即把人生放在天道循環的哲學視閾進行思考。莊子認爲萬物的生死存亡，人生的盛衰窮達，都如四時的運行、日夜的交替，處於無窮的循環之中（見於《莊子·德充符》及《至樂》)。陳子昂對此非常認同，在他的《感遇》其十三中表達了這一思想：“林居病時久，水木澹孤清。閑卧觀物化，悠悠念無生。青春始萌達，朱火已滿盈。徂落方自此，感歎何時平。”[③] 林居，隱居山林。水木句，言幽静的山泉使自己孤寂的心情更加淡泊。物化，萬物從生到死的變化。《莊子·齊物論》：“昔者莊周夢爲蝴蝶……周與蝴蝶，則必有分矣，此之謂物化。”[④] 成疏：“生死往來，物理之變化也。”彭注引《淮南子·謬稱訓》云：“春女思，秋士悲，則知物化矣。”無生，道家所謂有生之前的混沌狀態。《莊子·至樂》：“察其始本無生，非徒無生也，而無形也；非徒無形也，而本無氣也。雜乎芒芴之間，變而有氣，氣變而有形，形變而有生，今又變而之死，是相與爲春秋冬夏四時行也。”[⑤] 青春，春天。萌達，植物發芽生長。《楚辭·大招》：“青春受謝，白日昭只。”[⑥] 王逸注：“青，東方，春位，其色青也。”《禮·樂記》：“天地祈合，陰陽相得，煦嫗覆育萬物，然後草木茂，區萌達。”[⑦] 又《月令》：“季春之月，句者必出，萌者盡達。”[⑧] 朱火，指夏天。《爾雅·釋天》：“夏爲朱明。”[⑨] 郭注：“氣赤而光明。”徂落，凋謝。《爾雅·釋詁》：“徂落，死也。”[⑩] 刑疏：“謂之徂落者，蓋徂而往也，言人命盡而往落者，若草木落葉也。”後四句謂草木在春天開始生發，夏天達到生機的頂點，但同時也是凋謝的開始，循環往復，年年如此，人生的盛衰又何嘗不是如此。所以我的感歎也就無窮無盡。顯然，這是莊子思想的另一種詩意表達。

在陳子昂看來，天道循環如日月交替、月亮盈缺，在天道的“作用”下，世間萬物都處於無限的循環之中，三統迭興，五德更運，莫不如是。晚年的陳子昂對天道的不可違逆更加深信不疑，《感遇》其一形象地表現了這一思想：“微月生西海，幽陽始代升。圓光正東滿，

---

① 彭慶生：《陳子昂詩注》，四川人民出版社 1982 年版，第 259 頁。
② 同上。
③ 同上，第 23 頁。
④ 陳鼓應：《莊子今注今譯》，中華書局 1983 年版，第 92 頁。
⑤ 同上，第 450 頁。
⑥ 洪興祖：《楚辭補注》，中華書局 2007 年版，第 216 頁
⑦ 《禮記》，《十三經注疏》阮元校刻本，中華書局 1980 年版，第 19 頁。
⑧ 同上，第 6 頁。
⑨ 《爾雅》，《十三經注疏》阮元校刻本，中華書局 1980 年版，第 8 頁。
⑩ 同上，第 1 頁。

陰魄已朝凝。太極生天地，三元更廢興。至精諒斯在，三五誰能徵。”① “微月”二句言月生於西而勝於東。《禮·祭義》：“日出於東，月出於西，陰陽長短，終始相循。”② “圓光”二句言月亮最圓滿時，月中的陰影已開始形成。郭璞《遊仙詩》：“晦朔如循環，月盈已見魄。”“太極”二句，《易·繫辭上》：“易有太極，是生兩儀。”③ 孔疏：“太極，謂天地未分之前，元氣混而爲一，即是太初，太一也。混元既分，即有天地，故曰‘太極生兩儀。’不言天地而言兩儀者，指其物體，下與四象相對。”“三元”句言三統循環，此興彼廢。三元，《後漢書·陳寵傳》：“寵奏曰：十一月天以爲正，周以爲春；十二月地以爲正，殷以爲春；十三月人以爲正，夏以爲春。三微成著，以通三統。周以天元，殷以地元，夏以人元。”④《史記·曆書》：“夏正以春月，殷正以十二月，周正以十一月。三王正若循環，窮則反本。”“至精”二句言天道長存，故三正五行，循環不已，誰能洞曉此中奧秘？至精，指天道，三五，指三正五行，或曰三統五德。《吕氏春秋·大樂》：“道也者，至精也。”⑤《後漢書·郎顗傳》：“顗條便宜七事曰：臣聞天道不遠，三五復反。”⑥ 李賢注：“《春秋合誠圖》曰：‘至道不遠，三五而反。’宋均注：‘三，三正也；五，五行也。三正五行，王者改代之際會也。能於此際自新如初，則通無窮也。’”此詩前四句以日月交替、月亮盈缺喻世間的一切處於無窮的循環之中，後四句言自古以來，三統迭興，五德更運，乃是天道使然。詩人認爲武周王朝氣數已盡，改朝换代，勢所必然。憂思之深，可以相見。

陳子昂有時將“天道”視作“天命”，即所謂“大運”，它左右着事物的發展變化，是任何人都無法改變的，即使是聖人豪傑。《感遇》其十七：“幽居觀大運，悠悠念群生。終古代興没，豪聖莫能争。三季淪周赧，七雄滅秦嬴。復聞赤精子，提劍入咸京。炎光既無象，晋虜復縱横。堯禹道已昧，昏虐勢方行。豈無當世雄，天道與胡兵。咄咄安可言，時醉而未醒。仲尼溺東魯，伯陽遁西溟。大運自古來，旅人胡歎哉。”⑦ 此詩作於陳子昂晚年。大運，天命。終古二句言社會交替，循環不已，聖人豪傑也無法改變。《我府君有周居士文林郎陳公墓誌文》：“公玄圖天象，無所不達。嘗宴坐，謂嗣子子昂曰：‘吾幽觀大運，賢聖生有萌芽，時發乃茂，不可以智力圖也。氣同萬里，而遇合不同，造膝而悖，古之合者，百無一焉。嗚呼！昔堯與舜合，天下得之四百年。湯與伊尹合，天下歸之五百年。文王與太公合，天下順之四百年。幽厲板蕩，天紀亂也，賢聖不相逢，老聃、仲尼，淪溺溷世，不能自昌，故有國者享年不永，彌四百餘年。戰國如麋，至於赤龍。赤龍之興四百年，天紀復亂，夷胡奔突，賢聖淪亡，至於今四百年矣，天意其將周復乎？於戲！吾老矣，汝其志之。’”⑧ 此詩

① 彭慶生：《陳子昂詩注》，四川人民出版社 1982 年版，第 3 頁。
② 《禮記》，第 24 頁。
③ 《易經》，《十三經注疏》阮元校刻本，中華書局 1980 年版。
④ 范曄：《後漢書》卷七十六，中華書局 1965 年版。
⑤ 《吕氏春秋》卷五，文淵閣《四庫全書》，臺北：臺灣商務印書館 1986 年版。
⑥ 《易經》卷三十。
⑦ 彭慶生：《陳子昂詩注》，第 29 頁。
⑧ 董誥等：《全唐書》卷二百二十六。

顯然是在復述他父親的説教，同時也在思考置身於這一循環系統中的生命個體的處境。在這一循環系統中，生命個體面對的更多的是無能爲力、無可奈何，天命最終否定人事，這與他在《與韋五虛己書》中表達的思想何其相似："命之不來也，聖人猶無可奈何，况於賢者哉！僕嘗竊不自量，謂以爲得失在人，欲揭聞見，抗衡當代之士。不知事有大謬，異於此望者。乃令人慚愧悔赧不自知，大笑顛蹶，怪其所以者爾。虛己足下，何可言耶？夫道之將行也，命也；道之將廢也，命也。子昂其如命何？雄筆雄筆，棄爾歸吾東山，無汨我思，無亂我心，從此遁矣。"①

與此相類的還有《感遇》其三十八："仲尼探元化，幽鴻順陽和。大運自盈縮，春秋遞來過。盲飆忽號怒，萬物相紛劘。溟海皆震蕩，孤鳳其如何。"② 元華，自然和社會的發展變化。陽和，春暖之氣。彭注引《易林·蠱之離》云："鴻雁南飛，隨陽休息"，引《秦之罘西觀銘》云："時在中春，陽和方起。"大運，此指天體的運轉。盈縮，猶進展。王弼《周易略例·明象》："處璇璣以觀大運，則天地之動未足怪也"③，《史記·天官書》："歲星贏縮，……其趨舍於前曰贏，退舍曰縮。"④ 贏通盈。春秋句，《離騷》："日月忽其不淹兮，春與秋其代序。"⑤ 盲飆，秋天的暴風。狂風怒號，以喻亂世。《禮·月令》："仲秋之月，盲風至。"鄭玄注："盲風，疾風也。"⑥《爾雅·釋天》："扶搖謂之猋。"⑦ 郭璞注："暴風從下上也。"分劘，切斷，引申爲摧殘。溟海，大海。溟海震蕩，喻天下大亂。孤鳳，用接輿語，指孔丘，也暗喻自己。《論語·薇子》："楚狂接輿歌而過孔子曰：'鳳兮，鳳兮，何德之衰！往者不可諫，來者猶可追。已而，已而，今之從政者殆而。'"⑧ 此詩前四句説自然界的變化，都有自己的規律，非人力所能左右；後四句是説生逢亂世，連孔丘也無能爲力，從而寄寓詩人不滿現實而又無可奈何的幽憤。《感遇》其十七："仲尼溺東魯，伯陽遁西溟。大運自古來，旅人胡歎哉！"⑨ 可與此詩參證。

二

歸田之後的陳子昂極度苦悶，然而，詩人並未停止對精神歸宿的尋找，嘗試着精神解脱、自我超越的各種可能性。詩人最終把目光聚集在代表中國古代哲學最高境界的《周易》

① 董誥等：《全唐書》卷二百十四。
② 彭慶生：《陳子昂詩注》，第 64 頁。
③ 王弼：《周易略例》，文淵閣《四庫全書》，臺北：臺灣商務印書館 1986 年版。
④ 司馬遷：《史記》卷二十七，中華書局 1975 年版。
⑤ 洪興祖：《楚辭補注》，中華書局 2007 年版，第 1 頁。
⑥ 《禮記》，第 6 頁。
⑦ 《爾雅》，第 8 頁。
⑧ 《論語》，《十三經注疏》阮元校刻本，中華書局 1980 年版。
⑨ 彭慶生：《陳子昂詩注》，第 29 頁。

和《老子》之上。在詩人看來，衹有《周易》和《老子》纔是他的精神歸宿，纔能使他完成自我的超越。如《陳氏别傳》所言："子昂晚愛黄老之言，尤耽味《易》象，往往精詣。"

詩人在《感遇》其八中表現了自己對《周易》與《老子》的偏好與倚重："吾觀昆侖化，日月淪洞冥。精魄相交會，天壤以羅生。仲尼推太極，老聃貴窅冥。西方金仙子，崇義乃無明。空色皆寂滅，緣業定何成。名教信紛藉，死生俱未停。"① 詩人屢遭挫折，身心疲憊，即便在歸田之後，其内心的苦悶也難以排解，現實與精神的雙重遭遇，把詩人對宇宙、人生的思考引向深邃的哲學層面。此詩中的"昆侖化"，指自然的發展變化，是詩人對宇宙發展變化思考的感性顯現。"昆侖"，天體廣大無垠的樣子。彭注引《太玄·中》云："昆侖，旁礴。"范望注："昆，混也；侖，淪也。天之象也。"洞冥，深邃而幽暗的地方。"精魄"二句言陰陽二氣交合，乃生天地萬物。精魄，猶陰陽。《易·繫辭》下："天地絪缊，萬物化醇；男女構精，萬物化生。"②《淮南子·天文訓》云："道始於一，一而不生，故分爲陰陽，陰陽合而萬物生。"天壤，《莊子·應帝王》云："鄉吾示之以天壤。""窅冥"，無形。老子認爲"道"是無形的，故以"窅冥"指代"道"。《老子》："道之爲物，惟怳惟惚。惚兮怳兮，其中有象；怳兮惚兮，其中有物；窅兮冥兮，其中有精。"③ 河上公注："道惟窅冥無形，其中有精實，神明相薄，陰陽交會也。"以此觀之，詩人把自己對宇宙乃至人生的思考的立足點放置在《周易》與《老子》方面，試圖從這一思考中找到精神支點，從而獲得精神上的解脱。在此詩中，詩人還嘗試着其他精神解脱的可能性。比較典型的就是佛教，佛教通過對現實世界的否定來完成對彼岸世界的肯定，詩中的"西方"二句言佛教崇尚"因緣"說。金仙子，佛的别稱。無明，即無有智慧，指對諸法事理愚閧無知。佛教談十二因緣道理時，以"無明"爲第一種，認爲人間的各種煩惱痛苦，皆由此而生。此以"無明"代指"因緣"。彭注引《大智度論》云："是賢劫中有四佛，一名迦羅鳩飧陀，二名迦那伽牟尼，秦言金仙子"，引慧遠《明報應論》云："無明爲惑罔之淵，貪愛爲衆累之府"，"無明掩其照，故情想凝滯於外物；貪愛流其性，故四大結而成形"。"空色"句，空，虚幻不實。色，物質。佛教於色空問題説法很多，但一言以蔽之，即認爲物質世界是虚幻不實的。《維摩經·入不二法門品》："色即是空，非色滅空，色性自空。"支遁《妙觀章》："夫色之性也，不自有色。色不自有，雖色而空。故曰：色即是空，色復異空。""緣業"句，緣即因緣；業，指身、口、意三方面的行爲。緣業，即受因緣制約的各種行爲。沈約《捨身願疏》："緣業舛互，世諦煩記。"彼岸世界的虚幻，使詩人最終否定了這一精神解脱的可能性。詩人轉而求諸另一種精神解脱的方式——名教。名教是魏晋士人對抗當時黑暗統治的方式。嵇康《釋私論》："越名教而任自然。"又《難自然好學論》："六經紛錯，百家繁熾。"但詩人對名教有深刻的認識，名教的繁瑣使他十分反感，這一精神解脱的可能性又被否定。在完成了對佛教與名教作爲精

① 彭慶生：《陳子昂詩注》，第13頁。
② 《易經》。
③ 《道德經》，文淵閣《四庫全書》第二十一章，臺北：臺灣商務印書館1986年版。

神解脱可能性的否定之後，詩人最終還是肯定《周易》與《老子》纔是他精神的最後歸宿，纔能助他完成自我超越。

詩人對污濁的現實極度不滿，卻又無可奈何，在難以排解的苦悶中，遁入道家的幻想世界，企圖以此求得精神解脱。《感遇》其五："市人矜巧智，於道若童蒙。傾奪相誇侈，不知身所終。曷見玄真子，觀世玉壺中！窅然遺天地，乘化入無窮。"① 此詩用仙人壺公事諷刺世人"矜巧智"，對仙道的神妙一無所知——"若童蒙"。據《後漢書·方術傳》及《神仙傳》卷五載，壺公曾在汝南賣藥，常懸一壺於街頭，每到晚上便跳入壺中。市人皆不見，唯費長房見之。後長房也跟着他跳了進去，原來壺中别有洞天，是一個富麗堂皇的仙宫世界。在詩人看來，衹有深察大道的人纔能忘掉人世，憑藉大道以遨游於"無窮"——即道家所謂不受時空限制的幻想世界之中。《莊子·逍遥游》："堯治天下之民，平海内之政。往見四子藐姑射之山，汾水之陽，窅然喪其天下焉。"成疏："窅者寂寥，是深遠之名。喪之言忘，是遺蕩之義。"又《逍遥游》："若夫乘天地之正，而御六氣之辯，以游無窮者，彼且惡乎待哉?"《感遇》其二十："玄天幽且默，群議曷嗤嗤。聖人教猶在，世運久陵夷。一繩將何繫，憂醉不能持。去去行採芝，勿爲塵所欺。"② 表現了潔身自好、全身遠禍、絶聖棄智的老莊思想，與《塵尾賦》是完全一致的："至人無已，聖人不知，予欲全身而遠害，曾是浩然而順斯。"③ 陳子昂的這一思想又往往與神仙道教雜揉："實欲執青節，從白蜺，陪崑崙之庭，觀化玄元之府，宿心遂矣冥骨甘焉"（《送中岳二三真人序》），直接承繼了神仙方術的家世淵源。《感遇》其六："吾觀龍變化，乃知至陽精。石林何冥密，幽洞無留行。古之得仙道，信與元化並。玄感非象識，誰能測沉冥。世人拘目見，酣酒笑丹經。崑崙有瑶樹，安得採其英。"④ 此詩不過講解了煉製龍虎（鉛汞）太丹的過程。"丹經"，當指《周易參同契》這一"萬古丹經王"或陳家世傳之"墨翟秘書"。《感遇》其二十五："玄蟬號白露，兹歲已蹉跎。群物從大化，孤英將奈何。瑶臺有青鳥，遠食玉山禾。崑崙見玄鳳，豈復虞雲羅。"⑤ 潘德輿《養一齋詩話》卷一："吾嘗取籍《咏懷》八十二，子昂《感遇》三十八反覆求之，皆歸於黄老無爲而已。其言廓而無稽，其意晦而不明，蓋本非中正之旨，故不能自達也"。説的就是《周易》、黄老之學對陳子昂《感遇》詩的影響。

三

陳子昂《感遇》詩對天道循環、社會交替、人的精神歸宿等哲學命題的深入思考，與其

① 彭慶生：《陳子昂詩注》，第 9 頁。
② 同上，第 36 頁
③ 董誥等：《全唐書》卷二百九十。
④ 彭慶生：《陳子昂詩注》，第 10 頁。
⑤ 同上，第 43 頁。

深厚的家族之學有着密切的關係。詩人在他二十七歲時作的《諫政理書》開頭就説："臣聞之於師曰：元氣者，天地之始，萬物之祖，王政之大端也。天地之道，莫大乎陰陽。"[①] 詩人將道（"元氣"）作爲宇宙本原，把陰陽範疇看做自然與人類社會的總原則，這與儒家所言之"天"、道家所言之"道"是相通的。儒家視天爲萬物之本源，"天化生萬物，不似上帝創造萬物，而是透過天本身内在的充沛生機來引生萬物。天係所有生命形式之根源，同時也是萬物創生與成長過程中所遵循的秩序及型範。儒家所言之天道，即準此義以觀"[②]。道家則極力主張萬物之終極根源於一體——"道"，認爲"道不能與任何可知覺或實在的存在等而視之；因此，道又可稱爲'無'，亦即在萬物之至——太極——之上的存有。如同儒家之天的概念，道持續不斷地顯現，同時化生萬物"，即"道生一，一生二，二生三"。道家與儒家在這一方面的認識極爲相似，可以説"天的概念所能引申的極限即爲道"[③]，這正是《周易》、黄老之學的核心。《感遇》詩中這類"幽觀大運"之作所探討的正是自然與人類社會運行的總規則——天道循環。

陳子昂的思想尤爲複雜，他所繼承的家族之學兼經、老莊、神仙、易、圖緯、天文曆數等學説。其五世祖方慶"好道，得墨子五行秘書七變法，遂隱於郡武東山"；三世叔祖"輟干禄之學，修養生之道，天道時變，地道化成，丘陵泉藪，星歲雲物，靡不用心"（陳子昂《梓州射洪縣武東山故居士陳君碑》）；父元敬"性英雄而志玄默，群書秘學，無所不覽，山棲絶穀，放息人事，餌雲母以怡其神，居十八年，玄圖天象，無所不達"，"餌地骨煉雲膏四十餘年"（盧藏用《陳氏别傳》），"嘗學術擬張平子，風鑒比郭林宗"（趙儋《陳公旌德碑》），説明其家族所傳之學將蜀地盛行的易學、今文經、讖緯學、天文曆算、老莊之道與神仙方術相結合。陳子昂的詩文展示了他受家學影響而形成的複雜思想，如《答洛陽主人》云："平生白雲志，早愛赤松游。事親恨未立，從宦此中州。主人亦何問，旅客非悠悠。方謁明天子，清宴奉良籌。再取連城璧，三陟平津侯。不然拂衣去，歸從海上鷗。寧隨當代子，傾側且沉浮。"[④]《贈别冀侍御崔司儀》詩序云："夫達則以公濟天下，窮則以大道理身，嗟乎子昂，豈敢負古人哉！"[⑤]《薛大夫山亭宴序》云："談高趣逸，體静心閑。神眇眇而臨雲，思飄飄而遇物。林軒寂寞，星漢縱横。思欲垂汗漫而群游，與真精而合契。歡窮興洽，樂往悲來。悵鸞鶴之不存，哀鶺鳰之久没。徘徊永歎，慷慨長懷。"[⑥]《别中嶽二三真人序》云："夫愛名山，歌長往，世有之矣。放身霄嶺，宴景雲林，卑俗不可得而聞，時士不可得而見：則吾欲高視終古，一笑昔人。嵩山有二仙人，自浮丘公王子晋上朝玉帝，遺迹金壇，鳳簫悠悠，千載無響。吾每以是臨霞永慨，撫膺歎息，常謂烟駕不逢，羽人長往。去囂世，走青

① 董誥等：《全唐書》卷二百十三，中華書局 1985 年版。
② （美）成中英：《從中西互識中挺立》，人民大學出版社 2010 年版，第 133 頁。
③ 劉克莊：《詩話前集》，《後邨先生大全集》，《四部叢刊》影印本，商務印書館 1929 年版，第 136 頁。
④ 彭慶生：《陳子昂詩注》，第 116 頁。
⑤ 同上，第 246 頁。
⑥ 董誥等：《全唐書》卷二百十四。

雲，登玉女之峰，窺石人之廟，見司馬子微、馮太和，霓裳眇然，冥壑獨立，直朋羽會，金漿玉液；則有楊仙翁元默洞天，賈上士幽棲牝谷，玉笙吟鳳，瑶衣駐鶴。方且迷軒轅之駕，期汗漫之遊，吾亦何人，躬接兹賞？實欲執青節，從白蜺，陪飲崑崙之庭，觀化元元之府。宿心遂矣，冥骨甘焉。豈知瓊都命淺，金格道微，攀倒景而迷途，顧中峰而失路。塵縈俗累，復汨吾和；仙人真侣，永幽靈契。翳青芝而延伫，遥會何期；結丹桂而徘徊，遠心空絶。紫烟去，黄庭極，仰寥廓而無光，視寰區而寡色。悠悠何往，白頭名利之交；咄咄誰嗟，元運盛衰之感。始知楊朱歧路，墨翟素絲。尚平辭家而不歸，鮑焦抱木而枯死。可以慟，可以悲，古人之心，吾今得之也。"《堂弟孜墓誌銘》云："大圓蒼蒼，大方茫茫。賢聖同此，爾之何傷。"[①]《上殤高氏墓誌銘》云："我觀顥元，機化出入，夭壽之數，榮落之原，皆一受而不易者也。""來不可遏，去不可止，唯死與生，由生以死。"[②] 由此可見，陳子昂的思想受儒家、道家、神仙方術、易學等學説的影響頗深。

深厚的家學淵源把陳子昂的詩歌創作引向廣闊而深刻的哲學思考，他的《感遇》詩充分表現了這一哲學思考。盧藏用《宋主簿鳴皋夢趙六予未及報而陳子云亡今追爲此詩答宋兼貽平昔舊遊》云："陳生富清理，卓犖兼文史。……幽居探元化，立言見千祀。"[③] 劉克莊："太白《古風》六十八首，與陳拾遺《感遇》之作，筆力相上下，唐諸人皆在下風。""皆蟬蜕翰墨蹊逕，讀之使人有眼空四海，神游八級之興。"[④] 高棅："唐興，文章乘陳、隋之弊，子昂始變雅正，夐然獨立，超邁時髦。初爲《感遇詩》……公之高才倜儻，樂交好施，學不爲儒，務求真適，文不按古，伫興而成。觀其音響沖和，詞旨幽邃，渾渾然有平大之意，若公輸氏當巧而不用者也。"（《唐詩品匯·五言古詩叙目》）張頤："（陳子昂）一旦崛起西南，以高明之見，首唱平淡清雅之音，襲騷雅之風，力排雕鏤凡近之氣。其學博，其才高，其音節沖和，其辭旨幽遠，超軼前古，盡掃六朝弊習，猶砥柱矻立於萬頃頹波之中，陽氣勃起於重泉積陰之下，舊習爲之一變，萬匯爲之改觀。"譚元春："子昂《感遇》諸詩，有似丹書，有似《易》注者，有似《咏史》者，有似《讀山海經》者，奇奥變化，莫可端倪，真又是一天地也。"（《唐詩歸》卷二）沈德潛《唐詩别裁》卷一："寄興無端，别有天地。"陳沆《詩比興箋》卷三："子昂《感遇》，雄軼古今，然問其所感何遇？則皆不求甚解。於是推以玄奥，謂《陰符》、《參同》；詡其音節，如古謡、樂府。趣不關理，詞不附情，何异瞽史誦詩，有聲無志耶？夫不求甚解，必在會意忘食之餘，詩有别趣，不出愜心厭理之外。洄洑之下，必有淵潭；儻眇之詞，端非淺寄。屈、宋、枚、阮，古轍可尋，得其肯綮，理解斯巻。夫古人亦何取以無謂之詞，迷謬後世哉？"而聞一多先生在《陳子昂》一文中將詩人的這一哲學思考歸結爲："生命情調、宇宙意識與社會意識。'悲天憫人'。縱橫家、道家（神仙）（正始

① 董誥等：《全唐書》卷二百十四。

② 同上。

③ 彭定求等：《全唐詩》卷九十三，中華書局 2005 年版。

④ 劉克莊：《詩話前集》，《後邨先生大全集》卷一百七十三。

之超曠）、混合儒家（建安之熱烈）的人本主義。”① 可見，陳子昂《感遇》詩廣闊而深刻的哲學思考得到歷代詩評家的普遍認同與讚賞。

作者單位：阿壩師範高等專科學校中文系

① 聞一多：《唐詩雜論》，中華書局2009年版，第175頁。

范鎮、范百禄以儒爲本的思想[①]

蔡方鹿

北宋范氏家學范鎮、范百禄以儒爲本、重視義理，游心經史，清心寡欲，批評功利主義和王安石新學。二范均爲北宋蜀學著名學者。范百禄乃范鎮兄范鍇之子。二人思想相近，均以儒爲本，重視義理，故合論。然其亦有各自的特點。

一　范鎮的學術思想

范鎮（1008—1089），字景仁，成都華陽（今四川成都）人。《宋史》卷三百三十七有《范鎮傳》。宋韓維撰有《范公神道碑》，見《南陽集》卷三十；蘇軾撰有《范景仁墓誌銘》，見《蘇軾文集》卷一百四十七；司馬光撰有《范景仁傳》，見《傳家集》卷七十二。《宋元學案·范吕諸儒學案》全祖望案云："慶曆以後，尚有諸魁儒焉，於學統或未豫，而未嘗不於學術有功者，范蜀公、吕申公，韓持國，一輩也。"把范鎮等列爲北宋慶曆以來的大儒，認爲他們雖於學統或有未豫，但仍是有功於學術而不可忽視的著名人物。

范鎮其先爲長安人，其六世祖於唐僖宗廣明年間（880—881）入蜀，葬成都之華陽。淳化五年（994）五月，宋將王繼恩率兵攻陷成都，俘獲起義軍領袖李順。但其與部下恃功暴横，專以宴飲爲務。太宗以蜀土未平，於本年九月，詔張詠知益州（即成都府），此時范鎮之父范度任孔目官，贈開府儀同三司，有愚善之心，爲蜀守張詠所知。張詠在任上採取措施，平定蜀土，理刑恤獄，益州大治。張詠離任後牛冕到任，政務鬆弛，四川釀成王均叛兵之亂。真宗於咸平六年（1003）詔張詠再知益州出守成都。當時張詠知益州，政績斐然，蜀地得到治理。由於屢遭戰亂，益州已二十年不行貢舉，府州縣學荒廢。張詠訪邀地方人士，

---

① 本文係國家社會科學基金項目"蜀學與經學研究"（編號：11BZX044）的階段性成果。

督導興學，恢復貢舉，聘請學者講學，補貼參加貢舉考試的舉子旅費，鼓勵士子參加科舉考試。一些學行兼優的士人後來學而優則仕，使蜀地多入仕之人，其中有彭乘、張及、李畋、張逵等。范鎮後來記述："初，蜀人雖知向學，而不樂仕宦。張公詠察其有聞於鄉里者，得張及、李畋、張逵，屢召與語民間事，往往延入臥內，從容款曲，故公於民情無不察者，三人佐之也。其後，三人皆薦於朝，俱爲員外郎，而蜀人自此寖多仕宦也。"① 范度有子三人，長曰鎡，終隴城令；次曰鍇，終衛尉寺丞；范鎮爲其三子，四歲而孤，從二兄爲學。薛奎守蜀，范鎮時年十八。薛奎與之交談，十分賞識范鎮，召置門下，俾與子弟一起講學讀書。及薛奎還朝，把范鎮一起帶到朝廷。有人問薛奎入蜀何所得。薛奎回答説，"得一偉人，當以文學名世"，可見他十分看好范鎮將來的發展。

仁宗寶元元年（1038），范鎮舉進士，禮部奏名第一。不久調任新安主簿，累遷知諫院。仁宗在位三十五年，未有繼嗣，朝廷上下都不談論此事。范鎮卻認爲天下事未有大於此者，多次上疏請仁宗建儲，結果遭罷知諫院。神宗即位，范鎮復爲翰林學士兼侍讀，知通進銀臺司。王安石爲政，實行以青苗法爲代表的新法，范鎮力争之，認爲青苗行於唐之衰世，不足法；並五次上疏批評新法，指責王安石以喜怒爲賞罰，"陛下有納諫之資，大臣進拒諫之計；陛下有愛民之性，大臣用殘民之術"②。王安石看到奏疏，大怒，以至手顫，親自草制詔書極詆之。范鎮便以户部侍郎致仕。范鎮臨行前上表謝恩，仍堅持己議，批評王安石變法，請求神宗"集群議爲耳目，以除壅蔽之奸；任老成爲腹心，以養和平之福"③。儘管范鎮遭王安石詆之甚切，然人更以爲榮；其身雖退，但名益重。

哲宗即位，拜端明殿學士，提舉中太一宫兼侍讀。范鎮雅不欲起，從孫范祖禹亦勸止之，遂固辭。元祐三年閏十二月，年八十一卒。贈金紫光禄大夫，謚曰忠文。范鎮一生參與編修《新唐書》、《仁宗實録》、《玉牒》、《日曆》等，自著有《文集》一百卷（汪應辰編爲《范蜀公集》六十二卷）、《諫垣集》十卷、《内制集》三十卷、《外制集》十卷、《正言》三卷、《樂書》三卷、《東齋記事》十卷等。今尚存者有《東齋記事》一書。

由於范鎮的著作大多不存，所以不能據此以詳細分析他的學術思想。北宋學者韓維（1017－1098）撰《范公神道碑》評價范鎮曰："其學本於六經，口不道佛、老、申、韓之説。其爲文章，温潤簡潔，如其爲人。"④ 比韓維稍後的著名文學家蘇軾（1037－1101）亦稱："其學本於六經、仁義，口不道佛、老、申、韓異端之説。"⑤ 後來《宋史·范鎮傳》加以引用。以此大致可知范鎮的學術思想以儒家"六經"爲本，重視仁義，而不道佛、老二教之言和申不害、韓非的法家思想。相對於北宋蜀學人物龍昌期雜糅諸家的思想和章詧調和

① ［宋］范鎮：《東齋記事》卷四，文淵閣《四庫全書》本。
② 《宋史》卷三百三十七，《范鎮傳》，第10788頁。
③ 同上。
④ ［宋］韓維：《南陽集》卷三十，文淵閣《四庫全書》本。
⑤ ［宋］蘇洵、蘇軾、蘇轍著，曾棗莊、蘇大剛主編：《蘇軾文集》卷一百四十七，《范景仁墓誌銘》，《三蘇全書》第十五册，語文出版社2001年版，第385頁。

儒、道的思想而言，范鎮較爲純正而保持儒家經典之學。這也體現了當時蜀學人物的一種主要治學傾向，即儒家思想還是佔據了其學術思想的主要位置，范鎮可謂一醇儒。他在文學和史學方面有較爲突出的成就，蘇軾稱“其文清麗簡遠，學者以爲師法”①；並通曉唐史和當代史，曾參與《新唐書》和當時宋廷當代史的修撰。

從現存的范鎮著作《東齋記事》一書，可知當時蜀地文化的一些狀況。此書成於神宗元豐年間，是范鎮所寫的關於時事見聞的筆記，所記內容涉及北宋典章制度、士人逸事，以及蜀地風土人情等。該書《宋史·藝文志》記録是十二卷，《文獻通考》作十卷，蘇軾《范景仁墓誌銘》亦作十卷，但以上已失傳。今天我們看到的本子是清乾隆時修《四庫全書》時採輯《永樂大典》中所收，以類編次，釐爲五卷，又删除重複，續爲補遺一卷，共六卷。在《東齋記事》中記述了當時成都府學的情形：“成都府學有周公禮殿，及孔子像在其中。其上壁畫三皇、五帝及三代以來君臣……殿下有二堂：曰温故，曰時習，東西相對，堂各有碑。碑曰：‘左生某、右生某’，皆隸書，亦西漢時諸生姓名也。……其西有文翁石室。……殿之南面有石刻九經，蓋孟氏時所爲，又爲淺廊覆之，皆可讀也。自注：周公禮殿乃古之學，祀周公爲先聖，孔子爲先師。至唐明皇，始以孔子爲先聖也。”② 范鎮的這一記載很重要，可知當時北宋初成都府學建有周公禮殿，孔子像供奉其中。周公禮殿的上壁畫有伏羲、神農、黄帝，堯、舜、禹等三皇、五帝的畫像，以及三代以來君臣的畫像，已初具儒家道統的序列。成都府學以“温故”和“時習”來命名周公禮殿下二堂的名稱，説明對孔子教育思想的重視。二堂東西相對，堂各有碑。碑上用隸書書寫西漢時文翁石室諸生的姓名，表明成都府學的悠久辦學歷史，這都是值得誇耀的。文翁石室位於西側。而殿之南面有“石刻九經”，係五代後蜀主孟昶所爲，又用淺廊覆蓋，石刻九經皆可讀。范鎮自注云：周公禮殿是古之學，祀周公爲先聖，孔子爲先師。後至唐明皇時，開始以孔子爲先聖，表明孔子的地位在提高。

另外，在《歷代名臣奏議》裏，輯録了范鎮的佚文，從中可知范鎮的思想。

> 知制誥范鎮議取士狀曰：“竊以取士之敝患於以文而不以行，非一日之積也。……貢舉之法不孝不悌不得舉，舉者罰，是亦責行之本也。然而每一下詔，應書而起，以數萬計，不可以人人知也。故必考之以文也，今之詩賦論策是也。周之制行同能耦，則決之以射，其所謂詩賦論策，不猶愈於射乎。故取之以文不可廢者，其勢然也。今天下非無學也，無良師也，待之不以禮也。……推其尤善者而進之，曰某人嘗爲某事爲有行；推其不善者而退之，曰某人嘗爲某事爲無行，以謹士之終也。如是而本末俱得，則天下之士相率而入於善矣。其於詩賦策論，雖無更之可也。”③

① ［宋］蘇洵、蘇軾、蘇轍著，曾棗莊、蘇大剛主編：《蘇軾文集》卷一百四十七，《范景仁墓誌銘》，《三蘇全書》第十五册，語文出版社2001年版，第385—386頁。

② 《東齋記事》卷四。

③ ［明］楊士奇等：《歷代名臣奏議》卷一百六十五，文淵閣《四庫全書》本。

范鎮批評科舉考試衹看文而不重行，認爲應以行的善與不善決定一個人的取捨，如此使天下之士皆以善行爲取向；至於詩賦策論，則放在第二位，即使不變更，儘管“取之以文不可廢”，但也不放在首位，不以詩賦策論之文來決定一個人的取捨。另《宋名臣奏議》也輯録了一段范鎮的佚文：“陛下以上聖之資勵精求治，宜先道德，以安民心而服四夷；有司乃皇皇於財利，使中外人心驚疑不安，臣恐四夷有以窺我也。”① 主張“先道德”、“安民心”，批評王安石的青苗法是“皇皇於財利”。這體現了范鎮重視道德的價值觀和安民思想與王安石汲汲於功利的價值觀和重視朝廷聚斂思想的差異，也反映了宋代蜀學與荆公新學的區别。

范鎮與司馬光相交甚好，均在當時産生了較爲重要的影響。“熙甯元豐間，士大夫論天下賢者，必曰君實、景仁。其道德風流，足以師表當世；其議論可否，足以榮辱天下。二公蓋相得歡甚，皆自以爲莫及，曰吾與子生同志，死當同傳。而天下之人亦無敢優劣之者。二公既約更相爲傳，而後死者則誌其墓。”② 在某些方面，范鎮和司馬光有着一定的相似之處，即都批評王安石變法，屬於舊黨系列；並都與理學家的思想存在着一定的相同之處，如在同爲宋學，重視義理和道德理性，批評功利主義和王安石新學方面，與理學同。但二人均未把宋學提升爲重視哲理的理學，這是與理學的相異處，也體現了宋學中不同於理學的非理學流派的思想特徵。

二　范百禄的學術思想

范百禄（1030—1094），字子功，成都華陽（今四川成都）人。范鎮兄范鍇之季子，北宋蜀學學者。少穎悟好學，其父范鍇帶入京師，年十六遊太學，雖年少，然其文詞聲名卻在衆人之上。嘉祐二年（1057）中進士，又舉才識兼茂科。英宗治平時，京師水災，制策降問，范百禄對策曰：“簡宗廟、廢祭祀，則水不潤下。昔漢哀尊共皇，河南、潁川大水；孝安尊德皇，京師、郡國二十九大水。蓋大宗隆，小宗殺；宗廟重，私祀輕。今宜殺而隆，宜輕而重，是悖先王之禮。禮一悖，則人心失而天意暌，變異所由起也。”③ 考官策第入三等，英宗親覽，嘉歎欲不次用之爲執政。當時宋朝對策僅有范百禄、吴育、蘇軾三人入三等。“國朝制策三等惟吴育、蘇軾及公凡三人焉。”④ 范百禄曾從章詧治《太玄》，章詧爲之解述大旨，范百禄受到章詧的一定影響。

范百禄歷仁、英、神、哲四朝，任提點江東、利、梓路刑獄，加直集賢院，召知諫院，刑部、吏部侍郎，兼侍讀，進翰林學士，以龍圖閣學士知開封府，拜中書侍郎。既輔政，知無不爲。後來右僕射蘇頌因稽留除書而遭免，而范百禄以同省也責不可逃，罷爲資政殿學

① ［宋］范鎮：《上神宗論新法》，（宋）趙汝愚編：《宋名臣奏議》卷一百十一，文淵閣《四庫全書》本。
② 《蘇軾文集》卷一百四十七，《范景仁墓誌銘》，《三蘇全書》第十五册，第379頁。
③ 《宋史》卷三百三十七，《范百禄傳》，第10790—10791頁。
④ ［宋］范祖禹：《范太史集》卷四十四，《資政殿學士范公墓誌銘》，文淵閣《四庫全書》本。

士、知河中，徙河陽河南。年六十五卒，贈銀青光禄大夫。

范百禄好學，終身不釋卷，經術尤長於《詩》。主要著作有：《詩傳補注》二十卷，《文集》五十卷，《內制集》五卷，《外制集》五卷，《奏議》十卷等。今均不傳。但從《宋名臣奏議》和他的一些生平材料裏大致可找到一些記述其思想的片段資料，我們就以此來分析他的學術思想。

哲宗元祐五年（1090），范百禄在吏部侍郎兼侍讀任上，上疏分别邪正共十個方面，以告誡哲宗區分邪正。其中涉及重德義還是重功利、安民還是勞民、恭儉清淨還是驕奢淫逸等政治倫理問題。他説：

> 臣愚竊以爲分别邪正自古所難，惟察言觀行，考其事實。所謂正直之人或天資亮直，或家世忠義，或有志報國，或自立名節；所謂奸邪之人或逢迎上意，或希合權貴，或性識頗僻，或冀望寵利。凡此二端，其情非一，不可遍舉。今輒疏其條目如後：導人主以質直，使之虚中聽納則爲公正；導人主以諂諛，使之諱過拒諫則爲奸邪。導人主以德義則爲公正，導人主以功利則爲奸邪。導人主以尊宗廟、敬祭祀則爲公正，導人主以簡宗廟、略神祇則爲奸邪。導人主以親睦九族、惠養耆老則爲公正，導人主以疏薄骨肉、棄老遺年則爲奸邪。導人主以恭儉清淨、奉循典法則爲公正，導人主以驕侈放肆、不顧舊章則爲奸邪。導人主以稼穡艱難、惠及鰥寡則爲公正，導人主以輕鄙農事、不恤煢獨則爲奸邪。導人主以柔遠息兵則爲公正，導人主以用兵攻戰則爲奸邪。導人主以原情謹罰則爲公正，導人主以峻法立威則爲奸邪。導人主以安民利衆則爲公正，導人主以勞民動衆則爲奸邪。導人主以進君子用善良則爲公正，導人主以近小人用惡德則爲奸邪。右謹具進呈，伏望特留聖意，推此事類，以觀人情，則邪正可分而聰明無惑矣，臣不勝惓惓犬馬之忠①。

范百禄主張導人主以公正，反對把君主引向邪惡。他主張開言路、虚心聽納意見，反對“諱過拒諫”搞一言堂。主張“導人主以德義”，反對“導人主以功利”，體現了范百禄重道義、輕功利的價值觀，這與理學有相近之處。他還主張親睦九族、惠老養老，批評疏薄骨肉、遺棄老人，這體現了儒家親親仁民、孝敬老人、推己及人的思想。他强調統治者應奉循典法，反對君主驕侈放肆、不顧舊章的行爲；並勸諫統治者重民，懂稼穡之艱難，應惠及鰥寡等弱勢群體，批評輕鄙農業生産、不體恤孤獨無依靠之人的態度。他要求統治者“柔遠息兵”，批評一味“用兵攻戰”；重視人情，主張“原情謹罰”，反對嚴刑峻法、“以峻法立威”；强調“安民利衆”，批評“勞民動衆”，體現了其愛民思想。他認爲朝廷之上應進君子，用善良之人，反對親近小人，用道德品行惡劣之人。以上可見范百禄重道義的價值取向和他的愛民重民思想，這些都與王安石變法所提倡的功利觀念有異。

范百禄還要求哲宗皇帝專事講筵，游心經史，重視講經教育，推行天下之教化。他説：

---

① ［宋］范百禄：《上哲宗分别邪正條目》，（宋）趙汝愚編：《宋名臣奏議》卷十六，文淵閣《四庫全書》本。

“陛下專事講筵，游心經史，而祖宗以來至天聖故事，猶有未遑暇者乎？臣愚伏望陛下特詔有司，檢舉祖宗視學故事，以待萬幾之暇，而賜臨觀焉。令耆儒博士横經進説，以示天下文明之化，豈不盛哉！”① 一方面，請哲宗按照祖宗視學的故事，親臨國子監，以體現其朝廷隆儒師古之意；另一方面，又請德高的老儒、博士來傳授經説，目的是爲了引導人們接受天下文明之教化，認爲這是一件很隆重的事。

范百禄勸諫哲宗皇帝安身、修身，清心寡欲，戒之在色。這實際上是對封建帝王驕奢淫逸的行爲以及人欲横流的個人主義價值觀的針砭。他説：“三聖人之所以養生禔身，以永保天下生民之福，以長固國家無窮之體……願陛下觀其所以致福壽康寧之術，取法而行之，覽其反此而致不善者規警而戒之。孔子曰：少之時，血氣未定，戒之在色。《易·頤》之《象》曰：‘君子以慎言語，節飲食。言語、飲食猶慎而節之，而況其餘乎？’臣戇愚匹夫之慮，不足爲陛下至計，方出守外郡，遠去闕庭，臣子之心，不勝悃愊，伏惟留神省察。”② 范百禄勸告哲宗養生修身，對其放縱性欲的行爲深以爲憂慮。在他出守外郡、遠離朝廷時，他專門上疏哲宗。奏疏引用孔子所説“少之時，血氣未定，戒之在色”。告誡哲宗應注意養生修身之道、“福壽康寧之術”。然而哲宗對於這類忠告，置若罔聞，仍沉湎於女色，縱欲無度。最終一病不起，於元符三年（1100）病故，年僅二十三歲。

儘管范百禄著作今已不傳，但從以上不完全的材料中仍可看出他重道義，輕功利；愛民，重人情；提倡道德自律，批評統治者和帝王貪圖享樂、放縱物欲的不良行爲。這些體現了當時思想家重視倫理、試圖重整儒家倫理綱常的學術思想，因而值得進一步探討。

由以上可見，范鎮和范百禄在學術上均重視儒家經學和講經教育，主張“游心經史”、“學本於六經”；在價值觀上均重視道義和德義，以儒家倫理爲本，批評重財利（有司乃皇皇於財利）、興起事功以變法和“導人主以功利”的行爲。二人的思想從一個側面體現了北宋蜀學以儒爲本的學術特徵。

作者單位：四川師範大學

① 范百禄：《上哲宗乞循祖宗故事視學》，《宋名臣奏議》卷七十九。
② 范百禄：《上哲宗論黄帝堯舜養生禔身之道》，《宋名臣奏議》卷五。

試析范祖禹的愛民思想[①]

官性根

范祖禹（1041—1098），字淳夫，一字夢得，華陽（今四川雙流）人，北宋中期著名的史學家，有《唐鑒》二十四卷、《帝學》八卷、《范太史集》五十五卷等傳世。其中的《唐鑒》深明唐代三百年治亂之理，受到學者們的高度重視，他也因此被人們稱爲“唐鑒公”。在他的著作中，多次使用“愛民”[②] 一詞。其愛民思想包括順應民心、愛惜民力和保障民生三個方面，三者之間相輔相成而又相得益彰，構成了一個完整的思想體系，閃耀着燦爛的思想光輝，給後世以永遠的啓迪。

一　順應民心

之所以要順應民心，就在於得民心者得天下，得民心者纔能保有天下。范祖禹指出：“衆之所欲，因而從之，乃可以副民望。”[③] 唐朝的建立就是順應民心的結果，“高祖鑒隋之所以亡，王業初基，庶事草創，而首闢言路以通下情，可謂知所先務矣。是以海内聞風，如熱者之得濯，廢者之得起，民知上之憂己而疾痛，將有所赴愬也。唐室之興，不亦宜乎！”[④] 宋朝統一戰爭的勝利，也是建立在順應民心的基礎之上，“太祖皇帝順人之心，兵不血刃，

---

① 本文受到教育部人文社會科學研究規劃基金項目“宋代川峽四路行政協作機制研究”（項目號：11YJA770011）資助。

② 范祖禹：《唐鑒》卷四《太宗二》，影印文淵閣《四庫全書》本。范祖禹：《帝學》卷四，影印文淵閣《四庫全書》本。范祖禹：《范太史集》卷十四《論農事札子》，卷二十三《邇英閣奏對札子》；卷二十三《論求言札子》，卷二十四《邇英留對札子》，卷四十二《朝奉郎郭君墓誌銘》，影印文淵閣《四庫全書》本。

③ 范祖禹：《范太史集》卷二十四《邇英留對札子》。

④ 范祖禹：《唐鑒》卷一《高祖上》。

市不易肆，而天下定。神武所臨，海外有截”①。

治理天下的根本原則就是要順應民心。范祖禹認爲：“夫民莫不惡危而欲安，惡勞而欲息，以仁義治之則順，以刑罰治之則咈矣。故治天下在順之而已，咈之而能治者未聞之也。”② 國家生存和發展的基礎在於赢得民心，“無山川之險可恃，所恃者在修德，在用人，在得民心”③。先王們非常關心百姓疾苦，成爲後世帝王之楷模，“是故廣地不若廣德，强兵不若强民。先王患德之不足，而不患地之不廣；患民之不安，而不患兵之不强”④。唐德宗復興唐室，也是由於得到百姓的支持擁護，“德宗以饑羸之卒，守一縣之地，而當朱泚十萬之師，備禦俱竭，危不容喘，所恃者人心未去也。卒能剋復宗社，不失舊物。而况以天下之大，億兆之衆，守之以道德，用之以仁義，其誰能敵之？故人君苟得民心，則不在地之廣狹，兵之衆寡，王天下猶反掌也”⑤。衹有勤於政事，纔能赢得百姓的信賴，“恭惟皇帝陛下務學時敏，作德日新，親邇儒臣，懋昭聖志，以爲舉直錯枉，則王民咸服”⑥。

治理國家的關鍵是要任用賢人，打擊小人。衹有任用賢人，國家纔能興旺，否則就會出現小人當道，國家走向衰落的危險。“夫國之興也，未有不由親賢。及其衰也，猶以小人取敗。”⑦ 因爲賢人和小人的作用是截然相反的，“用君子則治，用小人則亂”⑧，簡直是水火不容，“天下治亂，未有不由君子小人。君子在位，必無惡政；小人在位，必無善政”⑨。唐太宗對此有深刻的認識：“太宗以治亂在庶官，欲進君子，退小人，此王者之言也。”⑩ 唐玄宗時期安史之亂的爆發就是任用小人的結果：“大亂將作，凡民且能知之，而無一人敢言者，蓋其君子皆去，其立於朝者皆小人也。”⑪ 確實，“他認爲用人是治國爲政的首要任務，並把‘用人’看做‘君道’，是治亂的關鍵”⑫。

任用賢人是帝王們赢得民心的重要前提。賢人能够協助帝王，把國家治理好：“夫明主導天下而使之言，其賢者樂告以善道，故國家可得而治也。”⑬ 並且爲國家的發展做出重要貢獻，“聖人順天理而感人心，斂天下之賢者而聚之於朝，使之施其所有，以爲國之有，則賢無不得其所。賢得其所，則民得其所，民得其所，則物得其所矣”⑭，從而實現天下太平，

① 范祖禹：《唐鑒》卷二十四《昭宣帝》。
② 范祖禹：《唐鑒》卷三《太宗一》。
③ 趙汝愚：《宋朝諸臣奏議》卷一百二十六《上哲宗乞罷修京城》，上海古籍出版社1999年版，第1393頁。
④ 范祖禹：《唐鑒》卷五《太宗三》。
⑤ 范祖禹：《唐鑒》卷一十三《德宗二》。
⑥ 范祖禹：《范太史集》卷四《謝講論語畢賜燕表》。
⑦ 范祖禹：《唐鑒》卷二十二《僖宗》。
⑧ 范祖禹：《范太史集》卷十四《論勸學札子》。
⑨ 趙汝愚：《宋朝諸臣奏議》卷十六《上哲宗論大臣以兼容小人爲寬漸至邪正不分》，上海古籍出版社1999年版，第149頁。
⑩ 范祖禹：《唐鑒》卷四《太宗二》。
⑪ 范祖禹：《唐鑒》卷十《玄宗下》。
⑫ 原瑞琴：《〈唐鑒〉史論的政治思想——兼論范祖禹的國家職能觀》，《學習與探索》2007年第2期。
⑬ 范祖禹：《唐鑒》卷二十二《僖宗》。
⑭ 范祖禹：《唐鑒》卷二十《文宗》。

“人臣得行其言，則天下之士願立於朝，故野無遺賢。賢人皆在朝，則萬國咸寧矣”[①]。唐朝歷史的發展，就充分地證明了這一點。在協助國君治理天下方面，唐朝重臣李絳發揮了很大的作用：“李絳可謂大臣矣！不與承璀並立於朝，故其言足以信於君，行足以信於民，可則進，不可則退，使其君用捨以義，而不以利，不如是，何以爲國之重哉!”[②] 唐敬宗任用賢相裴度，使得國家保持穩定：“敬宗狂童，足以取亡。而能不惑奸言，復相裴度，雖其身不免，而社稷有主，天下未亂，由得一相故也。賢人所繫，豈不重哉!”[③] 可見，對於國家的鞏固和發展而言，賢才的作用是非常重要的。

當政治黑暗的時候，賢人得不到重用，帝王們就會失去民心，甚至丟失天下。政治黑暗的根源是皇帝昏庸，賢人受到懷疑，“自古以來，未有聾瞽其大臣，而可以爲國者也。夫疑之則勿任，任之則勿疑。置相者，當擇之於未用之前，而不當疑之於既用之後。未有可托天下，而不保其不欺君者也。然而，人君多悦人之從己。其未用也，輕信之；既用也，過防之。是以上下相蒙，而政愈亂也”[④]。在賢人受到懷疑的同時，小人則會乘虚而入，“後世多疑於人。宰相之職分而不一，君以爲權在於己，臣亦以爲政在於君，國之治亂，民之休戚，無所任責，故賢者不得行其所學，不肖者得以苟容於其間，由官不正，任不專也”[⑤]。於是，昏庸的皇帝往往自以爲是，反感別人對自己提出批評意見，“不明之君，自以無過，惡人之言，是以政亂而上不聞”，從而導致政事廢弛，“故其臣下，事無大小，皆歸之君，政有得失，不任其患，賢者不得行其志，而持禄之士，得以保其位，此天下所以不治也”[⑥]。小人當道，則敗事多多，“且大臣之所任者大，小臣之所任者小，而以小謀大，以遠謀近，此人君偏聽之蔽，鮮有不敗事者也”[⑦]。吏治腐敗，使得百姓遭殃，政權必定會摇摇欲墜，“苟使民疾吏如寇仇，則其君豈得不危亡乎”[⑧]。如果民心喪失殆盡，想要挽回就來不及了，“人心離於下，則天變見於上，陛下雖欲爲善以救之，改過以補之，亦無及矣”[⑨]。唐朝的滅亡就是政治腐敗的結果：“既猜防臣下，則專任宦者，思其窮窘，則聚斂掊克，益甚於初矣。自古治愈久而政愈弊，年彌進而德彌退，鮮有如德宗者，惟不知其過也。是以藩鎮强而王室弱，宦者專而國命危，貪政多而民心離。唐室之亡，卒以是三者，其所從來者漸矣。”[⑩] 可見，順應民心是愛民的前提，也是國家生存和發展的基礎。在順應民心的基礎上，還要愛惜民力和保障民生。

---

① 范祖禹：《范太史集》卷二十三《論求言札子》。
② 范祖禹：《唐鑒》卷十八《憲宗》。
③ 范祖禹：《唐鑒》卷十九《敬宗》。
④ 范祖禹：《唐鑒》卷十八《憲宗》。
⑤ 范祖禹：《唐鑒》卷十四《德宗三》。
⑥ 范祖禹：《唐鑒》卷三《太宗一》。
⑦ 范祖禹：《唐鑒》卷五《太宗三》。
⑧ 范祖禹：《唐鑒》卷二十二《僖宗》。
⑨ 范祖禹：《范太史集》卷二十五《聽政札子》。
⑩ 范祖禹：《唐鑒》卷十六《德宗五》。

二 愛惜民力

如果説“順應民心”是愛民的前提，是治理國家的根本原則，那麽“愛惜民力”則是統治者關愛百姓的重要體現。所謂愛惜民力，就是指國家儘量減輕百姓的賦税和徭役負擔，也就是輕徭薄賦，包括減免賦税和減輕徭役兩個方面。

之所以要愛惜民力，是爲了維護國家的安寧和實現百姓的富裕。愛惜民力，是維護國家安寧的重要前提，“朝廷唯恭儉節用，無所營爲，常恐煩百姓，則天下安息”[①]。這是治國之良方，“夫重法以止盜，法繁而盜愈多，則有之矣，未見其能禁也。去奢省費，輕徭薄賦，此清原正本止欲之道也。太宗行之，其效如此。君人者，無以迂言爲難行，而以峻法爲足恃，則知致治之方矣”[②]。

減免賦税，有利於維護社會穩定，甚至實現天下太平。在李絳和白居易的請求下，唐憲宗下令減免租税，使百姓得到了實惠，“絳、居易以爲，欲令實惠及民，無如減其租税，使憲宗詔令不爲空文。賢人之謀，豈不信哉”[③]。先王們絶不竭澤而漁，而是取民有度，“財者天地之所生，而出於民之膏血。先王知稼穡之艱難，杼柚之勤勞，故取之有制，而用之有節”[④]。聖王們是少取於民的楷模，“夫利，百物之所生，而天地之所以養人也。專之必壅，壅則所害者多。故凡有利，必有害；利於己，必害於人。君子不盡利以遺民，所以均天地之施也。聖王寧損己以益人，不損人而益己”[⑤]。

横徵暴斂，則會使百姓生活困苦，影響社會秩序的穩定，甚至還會導致國家的滅亡。賦役繁重是百姓貧困的根源，“貧者不能自立，由上之賦斂重，而力役繁也”[⑥]。特别是戰争開支非常浩大，往往使百姓不堪重負，如果達到極致，就難以挽回了，“人君用天下之力，取天下之財，征伐不庭，以一海内，所以保民也。而兵革既起，未嘗不自虐其民。暴斂之害，甚於寇盜。寇盜害民之命，而暴斂失民之心。害民命者，君得而治之。君失民心，則不可得而復收也”[⑦]。小人們喜歡胡作非爲，濫用民力，“小人之情，唯欲廣用民力，多費國財，上則徼幸爵賞，次則隱盜官物，故役無有不大，費無有不廣，此固奸臣之所利，本非先帝意也”[⑧]。帝王們稍不注意，就會上小人的當，好大喜功，不知不覺地犯下濫用民力的錯誤，“是以天下之禍，常基於太平之時，至於亂已成，而人主猶不悟也，豈非好大多欲任失其人

① 趙汝愚：《宋朝諸臣奏議》卷一百零五《上哲宗乞留意農政》，上海古籍出版社 1999 年版，第 1129 頁。
② 范祖禹：《唐鑒》卷二《高祖下》。
③ 范祖禹：《唐鑒》卷十七《憲宗》。
④ 范祖禹：《唐鑒》卷九《玄宗中》。
⑤ 范祖禹：《唐鑒》卷十《玄宗下》。
⑥ 范祖禹：《唐鑒》卷二《高祖下》。
⑦ 范祖禹：《唐鑒》卷十二《德宗一》。
⑧ 李燾：《續資治通鑑長編》卷四百二十八，哲宗元祐四年五月丁酉，中華書局 2004 年版，第 17 册，第 10346 頁。

之咎歟"[①]。范祖禹强烈反對官員對百姓的巧取豪奪，批評王安石"用資之人爲監司，使之推行新法"，指責"其苛急聚斂爲士民所共疾者乃得在職，或不次進擢"的錯誤做法[②]。無限度地濫用民力，任何一個王朝都會走向滅亡，"有國者不憂百性之貧，而疑其財之有餘，取之不已。不恤百姓之勞，而疑其力之有餘，使之不已。此二者，亡之道也"，毫無例外可言，"人主不務德而務聚斂者，民散而國亡"[③]。

唐朝横徵暴斂的後果十分嚴重，教訓相當深刻。唐玄宗時，爆發了安史之亂，就是最好的説明，"明皇暴斂而横費之，其不愛惜如此，安得無禍乎"[④]。唐德宗時，大肆搜刮百姓，"德宗欲鏟滅藩鎮，故聚天下之財，因師出以爲名，而多殖貨利。以爲人主可欺天下，而莫之知也。夫匹夫猶不可以家之有無欺其鄰里，况人主内有餘富，而可以不足欺天下乎？得財而失民，將誰與守矣。其失國宜哉！而向之所積，反爲盜貨資，悖而出，猶不能竭。先王不以利爲利，而以義爲利，蓋以此也"[⑤]，導致政治黑暗，"德宗還自興元，不知其貪以取亡，而惟貨之求，愈務聚斂，政吏騎惡，紀綱大壞，德之不進，而其心謬戾，亦甚矣哉"[⑥]。濫用民力，導致民怨沸騰，天下大亂，"（陳）少游重斂加賦，以媚上求寵，此民賊也。德宗推其法於天下，而以宰相賞之，以是百吏承風，競爲刻剥，民不勝困，以至大亂。夫以天官而賞民賊，安得無顛覆之禍乎"[⑦]，其主觀願望與客觀結果之間完全是背道而馳的，"德宗有平一海内之志，而求欲速之功，不務養民，而先用武。軍食不足則暴徵横斂以繼之，民愁兵怨，激而成亂。自古不固邦本而攻戰不息者，必有意外之患，此後王之深戒也"[⑧]。唐朝末年，對百姓敲骨吸髓的壓榨，使唐朝走向了不歸之路："唐之季世，政出閹尹，不惟賦斂割剥，復販鬻百物，盡奪民利。故有私鹽之盗，商賈之事，皆官爲之，使民無衣食之資。欲不亡，其可得乎？"[⑨] 唐朝的滅亡就是血的教訓，"唐室之衰，宦者蠹其内，南詔擾其外，財竭民困，海内大亂，而因以亡矣。夫蠻夷非能亡中國也，而中國之亡，蠻夷常爲之資。是以聖王不重外而輕内，不勤遠而忘邇。恐征伐不息，變生於内，而摇其本也"[⑩]。這是一條不變的歷史規律，"自古盜賊之起，國家之敗，未有不由暴賦重斂，而民之失職者衆也"[⑪]。

范祖禹强烈要求減輕百姓的徭役負擔。減輕徭役，有利於百姓更好地從事農業生産，促進社會經濟的發展。"夫前事不遠，後事之師。方今四方無虞，西北宴然，年穀稍稔，民力

① 范祖禹：《唐鑒》卷九《玄宗中》。
② 趙汝愚：《宋朝諸臣奏議》卷六五《上哲宗請於監司中養才以備將帥》，上海古籍出版社 1999 年版，第 727 頁。
③ 范祖禹：《唐鑒》卷四《太宗二》。
④ 范祖禹：《唐鑒》卷九《玄宗中》。
⑤ 范祖禹：《唐鑒》卷十三《德宗二》。
⑥ 范祖禹：《唐鑒》卷十五《德宗四》。
⑦ 范祖禹：《唐鑒》卷十二《德宗一》。
⑧ 范祖禹：《唐鑒》卷十三《德宗二》。
⑨ 范祖禹：《唐鑒》卷二十二《僖宗》。
⑩ 范祖禹：《唐鑒》卷二十一《懿宗》。
⑪ 范祖禹：《唐鑒》卷二十二《僖宗》。

稍紓，若更休養數年，庶幾有太平之望。”① 於是，他請求縮減修建京師開封城濠的規模，“臣欲乞降指揮，東、西、南三面偏門止爲方城，其濠廣闊可減三分之二，稍正王城之體，以惜民力，以省國用”②，建議停止回河之役，“臣愚伏望陛下明諭大臣，博採群言，息意回河，勿輕動衆，無以有限之財力、生民之性命，填不測之巨壑，勿爲無窮之役，興無涯之費”③。他對唐朝發動對外戰爭，增加百姓的兵役之苦，提出了嚴厲的批評，爲唐太宗遠征高麗而感到非常惋惜：“太宗不能反己，而恥其無功，欲傾天下之力，逞志於遠夷，何其迷而不復也！夫天下如人之一身，四方猶四肢也。師役四肢之病也，以高麗之役不及於蜀而必欲疲之，是一肢病而使别肢皆被其痛也。此豈愛身之道乎？”④ 因爲戰争是一把雙刃劍，既傷人又害己，“夫以兵除殘，如人以毒藥攻疾，疾去而人傷亦甚矣！”⑤ 因此，儘量減輕百姓的徭役負擔，是十分必要而又重要的。

可見，愛惜民力，不僅有利於減輕百姓的經濟負擔，也有利於促進社會經濟的發展。反之，濫用民力，則會給百姓的生活造成很大的痛苦，嚴重影響社會秩序的穩定，甚至導致王朝的滅亡。

三　保障民生

如果説“愛惜民力”是國家儘量減輕百姓的賦役負擔，減少向百姓的索取，那麽“保障民生”則是朝廷努力確保百姓的基本生活，增加社會供給。保障民生的主要包含兩項内容：一是發展生産，二是實施賑濟。

發展生産是保障民生的重要手段。大力發展農業生産，是保障民生的根本途徑，也是國家富强的物質基礎。“穀帛輕則民爲之者少，錢重則物甚賤者多，是以利壅於上，民困於下，至於田野荒杼軸空，由取其所無故也。然則以錢爲賦，官豈得其利乎？爲法者必使民去末而反本，則富國之道也。”⑥ 發展生産的關鍵是要重視農業，“臣竊以爲國之本，在於務農；務農之本，在於貴穀”。對於當時人們輕視農業的現象，范祖禹非常憂慮，“今天下背本趨末，民惟視上之所好，若朝廷以農爲急，乃可以使民務本”⑦。

保障民生的第二個重要内容是實施賑濟。范祖禹請求朝廷迅速賑濟饑民，“臣願陛下更與執政大臣圖救民之術，朝廷政事宜務安静，無所作爲，專聽於民，左右從之，未有民安而國不安，民和而天不應者也。陛下養民如子，視民如傷。今民方饑困，尤當以安之爲急”。

---

① 范祖禹：《范太史集》卷十七《已上是河不可回及不須回之事》。
② 范祖禹：《范太史集》卷十五《論城壕》。
③ 范祖禹：《范太史集》卷十六《論回河狀》。
④ 范祖禹：《唐鑒》卷六《太宗四》。
⑤ 范祖禹：《唐鑒》卷十四《德宗三》。
⑥ 范祖禹：《唐鑒》卷十五《德宗四》。
⑦ 范祖禹：《范太史集》卷十五《再論常平札子》。

對宋朝統治者重視這一工作，他非常讚賞，“臣伏見陛下即位以來，惻怛愛民，出於誠心，一有災傷，則遣使賑救”①。其實，宋朝建立以來，確實開展了多種形式的社會救濟工作，“國朝祖宗以來，惠恤孤寡，行政非一”②。

歷史上的聖王們，都毫無例外地開展了社會救濟工作。范祖禹指出，“古之聖人，未有不矜恤孤窮者”。這是行政工作的首要任務，“夫聖人養天下之民，使貧者不至失所，則不貧者自安。是故古者爲政，必先恤困窮之民”③。古之聖王對社會救濟工作給予了高度重視，“古之人君，聞有灾害，唯責人不言，其救灾，唯恐人惜費，又恐不及於事”④。實際上，這也是帝王們的應盡職責，“人君能盡天下之善言，不遺天下之賢人，又動必稽於衆，捨己以從人，故能不虐無告皆得其所，不廢困窮皆得其養”⑤。

社會救濟的最好方法是提前做好準備工作。范祖禹認爲：“救饑於未饑之時，先爲之法，則人不至於饑死；救寒於未寒之時，預爲之備，則人不至於凍死。”⑥ 國家加大救災糧食的貯備，是非常必要而又重要的。由於“當今天下之患，在於公私俱無畜積，無以待水旱凶歉，一時不雨，則民饑謹流亡”，於是他提出請求：“欲乞速降指揮諸路提刑司，乘今秋豐稔穀賤之時，盡以所有之錢，增價收糴，使不至於甚賤傷農。”⑦

對於保障民生而言，要大力提倡節儉之風。范祖禹指出：“海内之地非不廣也，生民之財非不多也。人君苟能清心以治之，恭儉以守之，豈有不足之患?”⑧ 這是國家走向富裕的必由之路，“自古爲國，未有不先儉而能致四海富實者也”，同時也是一種優良的政治傳統，“古之聖帝明王，莫不以儉爲美德，侈爲大惡”⑨。對漢文帝的“朕能任衣冠，念不至此，是以恭儉愛民，唯恐煩之”的説法，他大加讚賞，“其可謂有德者矣”⑩。可見，對於民生的大力保障，無疑會贏得民心，形成國泰民安的繁榮局面。

總之，范祖禹的愛民思想包括了順應民心、愛惜民力和保障民生三個方面，構成了一個完整的思想體系。其中體現了范祖禹所擁有的一顆赤誠的愛民之心以及對於國家的無限熱愛之情，閃耀着燦爛的思想光輝，給後世以永遠的啓迪。

作者單位：西華大學人文學院歷史系

① 范祖禹：《范太史集》卷二十六《恤民札子》。
② 趙汝愚：《宋朝諸臣奏議》卷一百零四《上哲宗乞不限人數收養貧民》，上海古籍出版社 1999 年版，第 1118 頁。
③ 范祖禹：《范太史集》卷十四《乞不限人數收養貧民札子》。
④ 趙汝愚：《宋朝諸臣奏議》卷一百零六《上哲宗封還臣寮論浙西賑濟事》，上海古籍出版社 1999 年版，第 1144 頁。
⑤ 范祖禹：《范太史集》卷二十三《論求言札子》。
⑥ 李燾：《續資治通鑑長編》，卷四百零八，哲宗元祐三年正月庚戌，中華書局 2004 年版，第 16 册，第 9919 頁。
⑦ 范祖禹：《范太史集》卷十五《論常平札子》。
⑧ 范祖禹：《唐鑒》卷九《玄宗中》。
⑨ 范祖禹：《范太史集》卷十三《上太皇太后乞崇儉戒奢疏》。
⑩ 范祖禹：《唐鑒》卷四《太宗二》。

蘇軾的文學理念創新與文化基因的生成機制（上）

楊勝寬

蘇軾一生，致力於文學的創新，他自己固已明白言之，如“出新意於法度之中，寄妙理於豪放之外”①，“其身與竹化，無窮出清新”②，雖是評價古人和時輩的言辭，但無疑是詩人所看重和努力追求的。所以，對他甚爲瞭解和尊重的“蘇門六君子”之一的陳師道，比較王安石、蘇軾、黄庭堅三人的文學風格特徵，要作這樣的概括性表述：“王介甫以工，蘇子瞻以新，黄魯直以奇。”③ 就連對蘇軾的批評者，也多對此加以訴病，代表性的可舉金人元好問的《論詩絶句》，其中第二十二首云：“奇外無奇更出奇，一波纔動萬波隨。祇知詩到蘇黄盡，滄海横流卻是誰?”第二十六首云：“金入洪爐不厭頻，精真那計受纖塵。蘇門果有忠臣在，不放坡詩百態新。”④ 奇外出奇也罷，滄海横流也罷，百態新也罷，儘管表達的都是元好問評價蘇詩的貶意，但讓我們看出來在元氏的心目中，蘇詩的最大特點就是新穎出奇，就是全面突破唐人的詩歌範式，不是一點點，而是新得千姿百態，有如流淌四溢的滄海一般！可以想象，他給宋代詩壇帶來了何等的衝擊與巨變。

蘇軾文學藝術的全面創新是靠什麽得以實現的？這就是本文探討的問題。筆者以爲，他的文學創新理念，通過多種文化基因的生成機制共同作用，而後完成，即正反合力機制、古今通變機制、推陳出新機制、融通轉换機制。

基因是生物遺傳學上的一個專用術語，它是生命的密碼，記録和傳遞着遺傳信息。生物體的生、長、病、老、死等一切生命現象都與基因有關。這裏所謂蘇軾的文化基因，是指構成蘇軾作爲文化巨人的那些信息因素和體現蘇軾文學生命力那些富於個性的生命密碼。

---

① 蘇軾：《書吴道子畫後》，《蘇軾文集》卷七十，中華書局 1986 年版，第 2210 頁。

② 蘇軾：《書晁補之所藏與可畫竹三首》，《蘇軾詩集》卷二十九，中華書局 1987 年版，第 1522 頁。

③ 陳師道：《後山詩話》，《歷代詩話本》，中華書局 1981 年版，第 306 頁。

④ 元好問：《論詩絶句三十首》，吴世常：《論詩絶句二十種輯注》，陝西人民出版社 1984 年版，第 80—87 頁。

一　正反合力機制

在蘇軾的一生中，從幼年成長開始，包括他的知識積累、仕途經歷、人生體驗和人格價值觀的形成，多種文化因素複雜地作用於他，有些因素是從正反兩面在他身上發揮作用，形成一種合力機制。

家庭文化背景與不同的教育方法　蘇軾的家庭文化背景，是以儒家思想文化爲主導，而綜合了法家、名家、兵家、縱横家等諸子文化的複合型文化家庭，觀其父蘇洵《上歐陽内翰第二書》中叙述儒家“文統”的一段話，可以明白蘇洵的人生志向：“自孔子没，百有餘年而孟子生；孟子之後，數十年而至荀卿子；荀卿子後乃稍闊遠，二百餘年而揚雄稱於世；揚雄之死，不得其繼千有餘年，而後屬之韓愈氏；韓愈氏没三百年矣，不知天下之將誰與也。”[①] 他儼然以唐代以後儒家的正統傳人自命自期。然而，最早賞識蘇洵的兩個重要人物張方平和歐陽修，卻認爲他的文化基因並不單一純粹，而是帶有雜取諸家而成的特徵。張方平《文安先生墓表》云：“聽其言，知其博物洽聞矣。既而得其所著《權書》、《衡論》閲之……因謂蘇君：左丘明、《國語》、司馬遷之善叙事，賈誼之明王道，君兼之矣……因以書先之於歐陽永叔。君然僕言。至京師，永叔一見，大稱歎，以爲未始見夫人也，目爲荀卿子。”[②] 張方平和歐陽修讀了蘇洵的論著，不約而同地得出了其文出於荀子的結論。人們都知道，荀子作爲先秦儒家思想的集成者，具有“援法入儒”的典型特徵。其實，他的《幾策》、《權書》、《衡論》及“史論”、“經論”等主要著作，明顯帶有道家、兵家、縱横家、刑名家的思想色彩。

在蘇軾的家庭成員中，祖父蘇序體現了比較明顯的道、儒思想結合的行爲風範，他對蘇洵的教育方法，他的生活態度與行事方式，乃至他對親戚鄰里的和善態度，都足以證明。蘇軾在淡薄名利、與人爲善和不拘細節方面頗受其影響。父親蘇洵則與祖父的性格差異甚大，其個性中不乏固執己見、言行偏激和不太合群的一面，他與姻家的緊張關係，他科舉失敗的强烈反應，他作《辨奸論》罵王安石，作《蘇氏族譜亭記》罵姻親之家，都是很好的例證。母親程氏則是一位識大體、顧大局的優秀女性，對幼年蘇軾影響最大。蘇轍《墳院記》云：“（母）生而志節不群，好讀書，通古今，知其治亂得失之故。”[③] 她不僅親自對蘇軾進行啓蒙教育，教他讀書留意古今治亂盛衰之迹，學做范滂那樣具有胸懷澄清天下、依仁傍義人格理想的人，還教育他明辨是非，爲人和善；程氏信佛，愛惜生命，不喜殺生，這些都是蘇軾成長過程中的重要記憶，對其後來的人格形成和生活態度的確立，具有十分重要的影響。弟

---

① 蘇洵：《上歐陽内翰第二書》，《嘉祐集箋注》卷十二，上海古籍出版社 1992 年版，第 334 頁。

② 張方平：《文安先生墓表》，《嘉祐集箋注》附録一，上海古籍出版社 1992 年版，第 522 頁。

③ 蘇轍：《墳院記》，《欒城集·欒城第三集》卷十，上海古籍出版社 1987 年版，第 1568 頁。

弟蘇轍則是他幼時的玩伴和讀書的學友，他們一起長大，許多美好的兒時記憶，留存於彼此的心中；直到科舉出仕各奔東西，彼此從未分開過，兄弟有如手足，感情至深。

蘇軾受到的來自父母的教育，呈現出較大差異。在没有開始寫作之前，承擔啓蒙教育的主要是蘇軾的母親。母親教導蘇軾讀史的正確方法，告訴他不能滿足於成爲書橱，記憶很多死的知識，而要把留意的重點放在古今治亂上，要學習古代先賢做人的道理，把仁義作爲安身立命的根本。顯然，蘇軾的母親是把讀書作爲教育的手段，而把做人作爲教育的根本和最終目的。開始寫作以後，蘇軾則更多地受到父親的影響。據趙令畤《侯鯖録》載："東坡年十餘歲，在鄉里，侍老蘇側，誦歐公《宣詔赴學士院仍謝對衣並馬表》，老蘇令坡擬之。其間有云：'匪伊垂之代有餘，非敢後也馬不進。'老蘇喜曰：'此子他日當自用之。'"[①] 表明蘇洵對蘇軾的教育，側重點在於文章的寫作方法上，其目的是日後的考試成功和功名利禄。蘇轍《藏書室記》追憶蘇洵多年教導他們讀書的兩句話"内以治身，外以治人"，[②] 看來"治人"的目的更明確更重要些。

雜取諸家之長的家庭文化背景，培養了蘇軾廣博的見識和開放的心態，這是文學創新不可缺少的文化滋養；父母各有側重的教育方式，則對蘇軾人格和思想的形成具有互補作用，即父親的固執與偏激，加以適當綜合與揚棄，在他身上可能長育而成獨立不阿、敢於發表新奇見解的禀性與能力，而得宜於母親的仁義親善情懷之培育，則是文學創造真善美最重要的藝術根基。

人生理想與現實矛盾　富於詩人氣質的早年蘇軾，對未來人生充滿美好的憧憬，懷抱着遠大志向。蘇軾的人生理想抱負，一方面源於其對自己才能的高度自信，另一方面則是時代呼喚變革之聲日益强烈，仁宗統治後期的諸多時弊，需要有識之士參與革新。其早年所作《策論·策略》即明言："方今之勢，苟不能滌蕩振刷，而卓然有所立，未見其可也……苟天子一日赫然奮其剛明之威，使天下明知人主欲有所立，則智者願效其謀，勇者樂致其死，縱横顛倒無所不可。"[③] 他在文中以西漢的衰落爲例，警示仁宗後期正患有類似的病狀，必須痛下决心，對時弊加以徹底的"滌蕩振刷"，然後另立新制，建立能够保國安民的新體制。如果皇帝有這樣的决心，包括蘇軾在内的天下智者效其謀、勇者致其死，除舊佈新的改革必然成功。蘇軾的"策論"，一般以爲衹是他爲了應付科舉考試而作的練筆之文，實際上裏邊提出和涉及的問題，莫不是關乎時政興衰和國計民生的大事，比較全面地反映了早年蘇軾的政治理想和改革觀念。

儘管蘇軾在童年時代就聽聞過范仲淹等有志之士力推"慶曆新政"的變法故事，並且隱然以這些"人傑"作爲自己效仿的時賢，但新政不過一年多光景就因保守勢力的反對和仁宗的游移不定而宣告夭折。此後終仁宗之世，再没有哪怕有限的任何改革嘗試。這種局面直到

① 趙令畤：《侯鯖録卷一》，《四庫筆記小説》叢書本，上海古籍出版社 1991 年版，第 360 頁。

② 蘇轍：《藏書室記》，《欒城集·欒城第三集》卷十，上海古籍出版社 1987 年版，第 1565 頁。

③ 蘇軾：《策論·策略一》，《蘇軾文集》卷八，中華書局 1986 年版，第 227 頁。

神宗即位纔出現了蘇軾盼望已久的新變化。此時蘇軾已經 33 歲，距離考中制科也已 7 年。回想他在考取制科高等時，發表了這樣的理想豪言："歷觀前輩，由此爲致君之資；敢以微軀，自今爲許國之始。"① 大有國家興旺，捨我其誰之概。六七年間，他衹做了鳳翔簽判和直史官那樣的小官，沈淪下僚，應付事務，與他的理想預期差之甚遠。

神宗年富力强，不甘於國家積貧積弱的現狀，決心推動以富國强兵爲主要目的的"熙寧變法"。起初神宗對蘇軾的見識與才能頗有聽聞，正當變法用人之際，所以希望他加入到支持改革的行列中來。熙寧二年（1069），蘇軾上《議學校貢舉狀》，神宗即日召見，鼓勵他説："方今政令得失安在，雖朕過失，指陳可也。"② 隨後示諭王安石，準備讓蘇軾參與《中書條例》的修纂，表明欲啓用蘇軾的意圖。但蘇軾通過對朝廷設置"制置三司條例司"所推出的變法政策和措施的觀察研究，立即感受到"熙寧變法"富國强兵的宗旨，與他所期望的以"裕民"、"利民"、"富民"爲首要目的的設想，差别巨大，所以他不顧得罪執政和失去皇帝歡心的風險，奏《上皇帝書》近萬言，全面闡述他的政治改革主張，而歸結爲"結人心"、"厚風俗"、"存綱紀"三大要點。《上皇帝書》正式宣告他站在了"熙寧變法"的反對者立場，癥結點在於他不讚成爲了達到富國强兵的目的而與民争利，把民間的財富通過巧立名目的種種手段，聚斂到國庫中來。神宗對蘇軾的立場深感失望，加之執政的排擠，他主動請求外任，隨即被任命爲杭州通判，離開了京城，離開了政治的權力中心，拉開了其悲劇人生的序幕。

蘇軾早年的遠大人生理想與社會現實的矛盾與反差，激發了他對政治改革和社會問題的積極而深刻的思考，並且表現了相當的參與和擔當膽識。他與"熙寧變法"推行者的改革分歧，完全無關乎個人之間的得失進退，也不是故意標新立異或大言欺世，而是基於歷史發展演變規律與教訓提出的深刻命題，用今天的眼光與標準看，依然具有進步性與合理性。如果一個政權的改革從一開始就帶有與民争利的圖謀，並以犧牲廣大人民的利益爲代價，這樣的改革注定是不得人心和終歸要失敗的。

仕途進退與人生多元價值　從神宗熙寧四年（1071）十月到杭州通判任，至元豐二年（1079）八月因詩涉訕謗被追攝入獄，中間近八年時間裏，蘇軾一直在地方任職，先後任杭州通判，密、徐、湖三州知州，職位的升遷和改任，基本是正常的。但這樣的任職履歷，似乎並不是蘇軾所滿足的。一方面，作爲地方官員，他必須執行朝廷的新法，而新法措施是他所不認同的；加之新法在地方執行過程中遇到百姓的抵制和抱怨，通常需要采取某些强制措施纔能將新法落實下去，完成朝廷的任務，這讓他内心倍感痛苦。《李杞寺丞見和前篇復用元韻答之》有云："誤隨弓旌落塵土，坐使鞭箠環呻呼；追胥連保罪及孥，百日愁歎一日娱。"據其後來遭遇"烏臺詩案"時供述，"（前兩句）以諷朝廷新法行後，公事鞭箠之多也；

---

① 蘇軾：《謝制科啓二首其二》，《蘇軾文集》卷四十六，中華書局 1986 年版，第 1324 頁。
② 蘇軾：《上皇帝書》，《蘇軾文集》卷二十五，中華書局 1986 年版，第 741 頁。

（後兩句）以諷朝廷鹽法收坐同保，妻子移鄉，法太急也。”① 他在如此内心矛盾與痛苦之中，處境十分尷尬。蘇轍在爲他作的墓誌銘中說：“公既補於外，見事有不便於民者，不敢言亦不敢默視也，緣詩人之義，托事以諷，庶幾有補於國。”② 他雖然在詩中批評諷刺了新法，但目的是爲了便民，有補於國，企圖把愛民與忠君兼顧起來。另一方面，做地方官他最多衹能“因法以便民”，但畢竟是在按照王安石的思路推行變法，這種變法不是他的政治主張與人生理想，達不到“結人心”、“厚風俗”、“存綱紀”的改革目的，他對新法的反對，植根於不同的政治理念和改革立場，是不可調和的；在不得已的情況下，他必須使用文學的表現形式，在批評新法的同時，堅守他當初的政治立場與改革信念。

當時，蘇軾儼然成了新法反對派的代言人，自然招致神宗的不滿和執政者的嫉恨，一有機會他們就會教訓懲治他。蘇軾的《湖州到任謝上表》成爲了整治他的導火索。舒亶、何正臣、李定們精心羅織出蘇軾在杭州、密州等地所作的詩歌和湖州謝表存在訕謗朝廷、指斥乘輿的譏諷之意，即宋代著名的文字獄“烏臺詩案”。臺諫臣僚們採用牽强附會、捏造罪名的慣用手法，將蘇軾從知州任上逮捕，關進御史臺監獄，整整關押訊問了一百天。蘇軾最後被貶黄州，剥奪了簽書公事的權力，雖然挂職團練副使，實際上被限制居住，形同罪人。

黄州之貶在蘇軾的人生經歷中具有非凡的意義。它不僅改變了蘇軾的仕途命運，改變了他的人生道路，更重要的是改變了他的生活方式、處世態度和人生價值觀。從仕途發展和政治功名看，他遭受了有生以來最大的人生挫折；但這樣的命運與處境迫使他嚴肅思考出仕以來的功名理想與奮鬥方向，反思生命的意義和生活的真正價值。黄州謫居四年多，他經歷了從驚悸、苦悶到釋然泰然的轉變過程，把主要精力用在了研習儒、釋、道經典和文學創作中，使他的文學生涯出現了真正的黄金時期，鬱積的感情和自由的心靈，催生其文學藝術的全面豐收和大量傑作出現，仕途上的不幸玉成了蘇軾在文學與學術事業上的長足進步；通過回顧與反思，使他探索並最終確立了精神充實的藝術人生的重要價值和隨緣適意的生活方式。黄州“煉獄”般的人生經歷，不僅使蘇軾對人生的意義有了更深刻的體認，完成了人生的多元價值選擇過程，而且文學藝術風格全面成熟，詩、詞、文、書、畫的創作，經、史和百家經典研究，飲食、釀酒、醫藥、種植等科學技術的推廣，展現出全面的人文與自然科學的文化巨人風姿，奠定了他在宋代文化史乃至中國文明史上的重要地位。

二　古今通變機制

“博觀”與“雜學”　南宋朱熹把蘇軾的思想與學術斥爲“雜學”（《雜學辨》），意以貶之。實際上，不僅蘇軾的思想與學術“雜”，他的文學藝術乃至全部文化結構都“雜”，没有

① 蘇軾：《李杞寺丞見和前篇復用元韻答之》，《蘇軾詩集》卷七，中華書局 1987 年版，第 319—320 頁。
② 蘇轍：《亡兄子瞻端明墓誌銘》，《欒城集·欒城後集》卷二十二，上海古籍出版社 1987 年版，第 1414 頁。

“雜”就難以成就蘇學的廣博與深邃，就没有蘇軾的全能與豐産，蘇軾文學創新的重要源泉，恰恰基於他多取兼容的“雜”，這成爲東坡文化的最大亮點和鮮明特色。

朱熹看到了蘇軾思想與學術雜取釋、道三教並舉的事實，實際上蘇軾對於傳統文化的吸納借鑒，遠不止於此。諸子百家、稗官野史、戲劇俳諧、漁樵雜弄、里巷謡謳、百姓家常、方言俗語，無不成爲他學習、吸收、熔鑄的對象。清人葉燮《原詩》論蘇詩云：“蘇詩包羅萬象，鄙諺小説，無所不用。譬之銅鐵鉛錫，一經其陶鑄，皆成精金。”[①] 不獨詩歌如此，他平生不僅向書本學習，爲自己規定了讀書的“日課”任務，哪怕遲至三更，也必須完成當天的任務；他還性喜自然，走出書齋，觀察萬物，體驗社會，向民間學習，把新鮮的感受和鮮活的語言用在文學藝術創作中。他根據自己的經驗，總結出了“八面受敵法”和近乎笨拙的“抄書法”，重點書反復研讀，直至能够倒背如流，使用時信手拈來，駕輕就熟；一般書則廣泛瀏覽，没有韓愈那樣的道統和閱讀禁忌，涉獵範圍之寬，令爲蘇軾詩文作注的學者，感歎不止。王十朋云：“東坡先生之英才絶識，卓冠一世，平生斟酌經傳，貫穿子史，下至小説雜記，佛經道書，古詩方言，莫不畢究。故雖天地之造化，古今之興替，風俗之消長，與夫山川草木禽獸鱗介昆蟲之屬，亦皆洞其機而貫其妙，積而爲胸中之文，不啻如長江大河，汪洋恣肆，變化萬狀。”[②] 趙夔亦云：“東坡先生讀書數千萬卷，學術文章之妙，若泰山北斗，百世景仰，未易可窺其樊籬，況堂奥乎！”[③] 無怪乎連陸游、范成大那樣的高産飽學之士，都不敢輕言爲蘇詩作注（見陸游《施司諫注東坡詩序》[④]）。

神宗皇帝在與大臣討論古今人才的時候，謂李白有蘇軾之才，而無蘇軾之學。[⑤] 蘇軾的聰明才智本不亞於李白，加之他自幼就受到良好教育，一生過人地勤奮好學，具有廣泛吸取傳統優秀文化的虚心態度和去粗取精的超常判斷力，造就了蘇軾成爲兼有衆長、包容百家的文化巨人。蘇軾自言其文章如萬斛泉源，不擇地而出，所講不祇是一個文思問題或表達風格問題，同時揭示了學力宏富、功底深厚對文學藝術創作的極端重要性。就蘇軾的書法而言，他於古代書家學過二王、楊凝式、徐浩、李北海、顔真卿、張旭、懷素等，但他並不滿足於肖似某家某派；他也對當代名家虚心學習，如王安石、歐陽修、蔡襄、文同，甚至弟子輩的黄庭堅。他自言：“嘗評（顔）魯公書與杜子美詩相似，一出之後，前人皆廢。若予書者，乃似魯公而不廢前人者也。”[⑥] 綜合前人的長處，形成兼容衆人的特點，最重要的是消化吸收，體現自己的面目。他借張融“不恨臣無二王法，恨二王無臣法”的話，來表達他在書法個性上的不懈追求[⑦]。有時達到了這樣的藝術境界，就是藝術創造中最快樂的事情，他曾

---

① 葉燮：《原詩卷三》，《清詩話》（下），上海古籍出版社 1982 年版，第 596－597 頁。
② 王十朋：《集注分類東坡先生詩序》，《蘇軾研究資料匯編》（二），中華書局 1994 年版，第 473－474 頁。
③ 趙夔：《注東坡詩集序》，《蘇軾研究資料匯編》（二），中華書局 1994 年版，第 474 頁。
④ 陸游：《施司諫注東坡詩序》，《蘇軾研究資料匯編》（二），中華書局 1994 年版，第 526 頁。
⑤ 王鞏：《行營雜録》，顔中其：《東坡軼事匯編》，岳麓書社 1984 年版，第 84 頁。
⑥ 蘇軾：《記潘延之評予書》，《蘇軾文集》卷六十九，中華書局 1986 年版，第 2189 頁。
⑦ 蘇軾：《跋山谷草書》，《蘇軾文集》卷六十九，中華書局 1986 年版，第 2202 頁。

言："吾書雖不甚佳，然自出新意，不踐古人，是一快也!"①

蘇軾在對古今文化營養的吸納上，有"博觀"、"厚積"之說，這種態度使他能够最大限度地獲取對自己文學藝術創造有用的東西，衹有吸收得"博"與"厚"，纔能有陶鑄百家自主創造的"廣"與"深"，這一原理，對於古今的文學藝術創作，都是適用的。

"通變"與實用　蘇軾自幼讀史，就留意通古今盛衰之理，希望通過把握和總結歷史規律來觀察時政得失，思考所以安邦濟民之方。成年以後，閱歷漸深，對社會和事物的發展變化規律有了更多認識，逐步懂得了萬物相生相蕩、變化無窮的道理，他把"通變"提升爲世界觀和方法論，來思考自然規律及人與自然的關係。他在解説《易·恒》"天地之道，恒久不已也，利有攸往，終則有始也"時指出："物未有窮而不變。故恒非執一而不變，能及其未窮而變爾。窮而後變，則有變之形；及其未窮而變，則無變之名。此其所以爲恒也。故居恒之世而利有攸往者，欲及其未窮也。夫能及其未窮而往，則終始相受，如環之無端。"②自然萬物之所以能够恒久不已，一至無窮，就是因爲變化不已，生生不息；人世社會的道理亦然：如果不懂得通變的道理，當社會出現弊端時，就應積極主動地加以改變，等到積重難返時，再想改變就來不及了。這實際上也是歷史發展的經驗反復驗證了的。

君子爲人，道理亦然。其解"雷風，恒。君子以立不易方"時云："雷風，非天地之常用也，而天地之化所以無常者，以有雷風也。故君子法之：以能變爲恒，立不易方，而其道運矣。"③ 用今天的哲學術語講，不變是暫時的，變化是永恒的，所以君子處世，需要在不斷求通求變中提升自己，完善自己。正是基於這樣的認識和目的，他一生都在孜孜不倦地讀書學習，研究歷史，觀察萬物，體驗社會，反省自己，目的就是爲了通萬物之理，爲自己的立身處事提供啓示和經驗。他在《上曾丞相書》中説："不通萬物之理，雖欲無私，不可得也。己好則好之，己惡則惡之，以是自信，則惑也。是故幽居默處以觀萬物之變，盡其自然之理，而斷之於中；其所不然者，雖古之所謂聖賢之説，亦有所不取。"④ 通物理，觀世變，能够增長人生智慧，提高人的見識和是非判斷能力。

當蘇軾設想着改變現實、實現人生理想的時候，他通過《策論》"史論"、奏章和書信等文學形式，表達着執著的改革願望和改革藍圖，充滿"奮勵當世"的熱情與雄心。他在《策總叙》中説作策論的目的："庶幾有益於當世"⑤；他在《凫繹居士詩集叙》中稱讚顔太初的文章"有爲而作，精悍確苦，言必中當世之過"⑥；在《六一居士集叙》中推崇歐陽修"以通經學古爲高，以救時行道爲賢，以犯顔納諫爲忠"⑦。在政治上遭受挫折，無權無位的時候，他並不氣餒絶望、怨天尤人，而是努力調整自己的生活方式與人生價值觀，期於儘快適

① 蘇軾：《評草書》，《蘇軾文集》卷六十九，中華書局1986年版，第2183頁。

② 蘇軾：《易傳卷四》，曾棗莊，舒大剛：《三蘇全書》第一册，語文出版社2001年版，第245—246頁。

③ 同上，第246頁。

④ 蘇軾：《上曾丞相書》，《蘇軾文集》卷四十八，中華書局1986年版，第1378頁。

⑤ 蘇軾：《策論·策總叙》，《蘇軾文集》卷八，中華書局1986年版，第224頁。

⑥ 蘇軾：《凫繹居士詩集叙》，《蘇軾文集》卷十，中華書局1986年版，第313頁。

⑦ 蘇軾：《六一居士集叙》，《蘇軾文集》卷十，中華書局1986年版，第316頁。

應貶謫的環境和變化的人生處境，隨遇而安，泰然處之，韜光養晦，伺機而動。他儘可能地利用自己的資源關係，爲當地民衆做實事，以自己的方式施惠於民；同時利用減少公事俗務的條件，把更多的時間精力投入到文學創作和學術研究中，實現新的、多元的人生價值，黄州、惠州、儋州各次貶謫，莫不如此。在處於人生困境之中時，蘇軾能够不放棄、不絶望，反而更加曠達樂觀，是因爲他懂得事物變化的道理，禍福相依，臧否相循，没有一成不變的命運，衹要保持信心，積極有爲，未來永遠是充滿希望的。因此，"通變"之理，不僅有益於治世，同樣有益於治生。

"約取""薄發"與文學創新　蘇軾早年在鳳翔時作《稼説》，有著名的"博觀而約取，厚積而薄發"之説。晚年在與張嘉父的通信中，重申了類似觀點："凡人爲文，至老多有所悔。僕嘗悔其少作矣。若著成一家之言，則不容有所悔。當且博觀而約取，如富人之築大第，儲其材用，即足之後而成之，然後爲得也。"① 如果"博觀"、"厚積"指的是對傳統文化的兼容並包，廣泛攝取，那麽"約取"與"薄發"主要是就文化知識的運用而言，兩相對舉，體現了蘇軾在繼承中實現創新的文藝思想。

宋人生唐後，開拓甚難爲。唐代文學的全面繁榮，對於宋代作家來説，既是好事又是壞事。壞處就在於突破唐人甚爲艱難。宋代文學發展經歷近百年的模仿過程，最終纔擺脱唐人的影子，可見其難度不小。自然，唐人創造的文學成就與範例，也爲宋代文學發展奠定了堅實的基礎和發展的新起點。蘇軾多次講過，詩、文、書、畫這些傳統的文學藝術領域，在唐代都達到了"集大成"的水平，怎樣超越，對於宋代文人來説的確是巨大挑戰。然而，人們不難注意到，蘇軾對於杜甫、韓愈、顔真卿、吴道子們集各門藝術之大成的作用，在充分肯定的前提下，保留了委婉的批評和深刻的反思。《書黄子思詩集後》這種意識表現得最爲清楚。蘇軾在論述書法發展演變情況時，認爲鍾（繇）、王（羲之）的書法，"蕭散簡遠，妙在筆畫之外"，而唐代顔（真卿）、柳（公權），雖然集古今筆法之大成而盡其變，但是鍾、王作品中的"蕭散簡遠"之妙，卻越來越少了。李、杜之詩，奄有蘇、李之天成，曹、劉之自得，陶、謝之超然，但前人各自的顯著特色經過他們的集成之後被"廢"掉了，"高風絶塵"的言外之致逐漸式微②。蘇軾在前述《記潘延之評予書》中，把自己的書法拿來與顔書、杜詩作比較，認爲自己不同於顔、杜之處，在於似前人而不廢前人。在這裏，體現了蘇軾獨特的繼承創新思想。

李澤厚認爲，杜詩、顔字、韓文所代表的"盛唐"，與李白、張旭所代表的"盛唐"，在文化發展史上具有很大不同，後者代表的是不可仿效的"天才抒發"，而前者的意義，"恰恰是對新的藝術規範、美學標準的確定與建立"③。蘇軾説他的書法"似"顔而不廢顔，既表明了宋代文學藝術學習繼承杜詩、顔字、韓文所代表的"盛唐"文化的發展事實，同時又反

---

① 蘇軾：《與張嘉父尺牘七首其七》，《蘇軾文集》卷五十三，中華書局 1986 年版，第 1564 頁。

② 蘇軾：《書黄子思詩集後》，《蘇軾文集》卷六十七，中華書局 1986 年版，第 2124 頁。

③ 李澤厚：《美的歷程·盛唐之音》，中國社會科學出版社 1989 年版，第 131 頁。

映出蘇軾在書法等各種藝術領域努力創新，實現時代特色和作家個性的堅定追求。這種追求的理想目標，就是他在《書吳道子畫後》中所提煉的兩句話："出新意於法度之中，寄妙理於豪放之外。"在這兩句人們熟知的話前，還有"智者創物，能者述焉，非一人而成也。君子之於學，百工之於技，自三代歷漢至唐而備矣。故詩至於杜子美，文至於韓退之，書至於顏魯公，畫至於吴道子，而古今之變，天下之能事畢矣"一段同樣重要的話[①]。杜詩、顏字、韓文的出現，古今變化的能事都已經做了，甚至他們完成了爲後代確定藝術規範和建立美學標準的任務。生於其後的宋代蘇軾們，正好不廢他們的成果，學習他們的方法，在合理繼承的基礎上自出新意，形成時代風格和作家藝術個性。

宋代文學爲什麽總是一不小心就容易掉進唐人創制的軌範之中，許多人不自覺地陷入繼承與創新的困惑中找不到出路？相當重要的原因是宋人背負的文化遺產包袱太沉重，不知道如何卸掉包袱，輕裝前進，走自己的獨立創作道路。蘇軾提出"博觀而約取，厚積而薄發"，就是爲了解决如何正確繼承傳統遺産的問題；而"出新意於法度之中，寄妙理於豪放之外"的創作理想，就是爲了解决如何在繼承前人創作法度的基礎上，自出新意妙理，凸顯不同於前人的獨立風格。前人的東西看多了，日積月累，創作時急需處理的是怎樣不被前人的規矩程式捆住手脚，在合理酌取前人東西以後，很好地消化吸收，使之變成自己重新創造時有生命力的東西。所以，"約取"與"薄發"的要義，在於少而精，約而要，關鍵在於成功地消化吸收，轉化成自己創新的有機組成部分。

作者單位：樂山師範學院

① 蘇軾：《書吴道子畫後》，《蘇軾文集》卷七十，中華書局1986年版，第2210－2211頁。

論三蘇經學的得失

張　力

北宋三蘇——蘇洵、蘇軾、蘇轍分别對諸經都有研究心得，特别是蘇軾《易傳》、《書傳》所言，不少是針對王安石《三經小義》而發。因此，研究三蘇經説，不能不與當時政治鬥争聯繫起來。王安石等一批革新派大臣，對以歐陽修、司馬光、蘇軾、蘇轍爲首的循古派大臣進行政治迫害，造成了歐陽修等大臣被罷職，二蘇被奪官流放；還有奸佞權臣以“烏臺詩案”欲置蘇軾於死地，放逐化外之地儋耳，蘇轍亦受牽連而丢官，這種身體上的折磨和精神上的摧殘，把二蘇壯年宏大的政治理想損毁殆盡，故二人衹能重操讀經、研經舊業。最後，成就了三蘇經學多種著作，爲蜀學的建立奠定了基礎。如果仕途一帆風順，没有將近二十年的磨難，三蘇能有獨樹一幟的三蘇經學傳世嗎？真是有一失必有一得。

一　三蘇《易》説

蘇洵作《易》，《宋史》不載，衹有《嘉祐集》存有《易論》一文，而將老泉列入“文苑”，以彰其文章成就。而歐陽修説蘇洵晚年好《易》，言“《易》之道深矣，汩而不明者，諸儒以附會之説亂之也，去之，則聖人之旨見矣”① 衹有其曾孫蘇籀所言較爲詳細：“先曾祖晚歲讀《易》，玩其爻象，得其剛柔、遠近、喜怒、逆順之情，以觀其詞，皆迎刃而解。作《易傳》未完疾革，命二公述其志。東坡受命，卒以成書。”② 蘇洵擬撰《易論》是想“撥霧見日”，重視《易經》原旨，去群儒以附會之説，亂之也”；蘇軾作《易傳》是完成父親遺命，“似有益於骨朽後人耳目也”；蘇轍作《易論》爲應召策文，作《蒙卦》以補父兄之

① 《蘇君墓誌銘》，《歐陽文忠公文集·居士集》卷三十四。
② 《欒城遺言》，《四庫全書》864 册，第 173 頁。

不足，刊刻本名爲《毘陵易傳》，毘陵爲蘇氏居住地，以避當朝嚴禁三蘇文章。蘇氏兄弟平反後，更名《蘇氏易傳》。南宋時有人評論，引用該書；元代學者對《蘇氏易傳》頗好評。明代《永樂大典》亦收録，清《四庫全書》對三蘇經學著作全部收入，《經義考》評價也不錯。

蘇洵《易論》爲立論篇目。其名言：

> 聖人之道，得《禮》而信，得《易》而尊……是以《禮》無所不可測，《易》有所不可窺，故天下之人信聖人之道而尊之。不然則《易》者豈聖人務爲新奇祕怪，以誇後世耶！聖人不因天下之至神則無所施其教。卜筮者天下之至神也！而卜者聽乎天，而人不預焉者也。筮者决之天而營之者也[①]！

其說應是當時有神論的代表意見。《易論》卜筮之舉，則爲千百年來人與神溝通方式，以解釋自然和人類自身命運均受神的支配。陰陽、八卦、河圖、洛書等等皆人類創造的種種通神工具。聖人故而"作《易》以神天下之耳目"。蘇洵又在《太玄論上》言："聖人之言得而不以人參焉！"[②] 把古代聖人代天下行事的關係說得很清楚。聖人如何行事，必通過卜筮而知天神之旨而爲之，人民祇得服從，别無選擇；若祭天地祖宗，行軍打仗，談論婚嫁，喪葬擇地等等，都要通過占卜，得到神的授意，方可爲之。看來《易》的經義原旨大致如此。

蘇轍《易論》觀點明朗，一點不含模糊其辭：

> 《易》者，卜筮之書也。挾策以佈卦，以分陰陽而明凶吉，此日者之事，而非聖人之道。聖人之道。存乎其爻之辭，而不在其數，數非聖人所盡心也[③]。

他對"陰陽"、"八卦"、"數"後人之所注、疏，多有批評，"不可强以爲說也"；特别對六十四卦、"數"的演繹、拼合，"紛紜迂闊而不解"，故"世之人皆耻言《易》之'數'，或者言者不得其要"。這些都是蘇轍治《易》的基本要點，但對蘇軾《蘇氏易傳》除肯定是書"千載之微言焕然可知"，而對其中不足之處，也能提出不同見解。據南宋陳善說："東坡兄弟，文章議論，大率多同……至子瞻《易傳》，論天地之數五十五，而大衍之數五十者，土無成數、無定位、無專氣，故不時見，而子由遂曰'此野人之說也'，則似矯枉太過。"[④] 大衍之由文爲"繫辭"所言，蘇氏所論有誤。

蘇軾作《易傳》於貶謫黄州之後，時在元豐二年（1079），其《黄州上文潞公（同）書》說：

> 到黄州無所用心，輒復覃思於《易》、《論語》，端居深念，若有所得，遂因先子之學，作《易傳》九卷，又自以意作《論語》五卷。……又自非一代偉人，不足托以必傳

---

① 《易論》、《嘉祐集》、《四庫全書》1104 册，第 879—800 頁。

② 《嘉祐集》、《四庫全書》1104 册，第 893 頁。

③ 《欒城集》（下），上海古籍出版社 1987 年版，第 1609 頁。

④ 陳善《捫虱新話》卷五，引自《蘇氏易傳叙録》，《三蘇全書》（一）第 131 頁。

者……公一讀訖，即燒之而已[①]。

大致在元符三年（1100），蘇軾在儋耳完成《易傳》定稿工作，綜觀其對上經、下經的解釋，不採漢唐注疏之法，直指經文而言其義，不詮釋，不訓詁，不名物，不爭辯，不泛引。如對上經的解釋：

"九三，君子終日乾乾，夕惕若，厲，無咎。"

蘇《傳》："九三非龍德歟？曰，否，進乎龍矣。此上下之際，禍福之交，成敗之決也，徒曰：龍者不足以盡之，故曰'君子'。夫初之所以能潛，二之所以能見，四之所以能躍，五之所以能飛，皆有待於三焉。甚矣，三之難處也！使三不能處此，則乾喪其所以爲乾矣。天下莫大之福，不測之禍，皆萃於我而求决焉，其濟不濟，間不容發，是以終日乾乾，至於夕而猶惕然，雖危而無咎也。"[②]

蘇學士能如此一環扣一環闡述"九三"卦辭己意，應是宋代士子習經最勇敢的表現者之一。他能說出個所以然，並未離題，仍不失爲一種創建之言；當然也不能說這種見識就完全正確無舛，大家都在解讀《易經》，蘇軾的文言也祇是一家之言。除非是"去人欲，存天理"學派硬要找岔，那已是百年後的事，蘇軾已不能申辯了。

關於蘇軾對王安石《三經新義》的反感，惜臨川先生諸論皆散佚，祇有少量輯録可供參閱。現將王、蘇二人對以下兩卦解讀分析並列如下：

乾"初九，潛龍勿用"[③]

龍，行天之物也，故以象乾。 馬，行地之物也，故以象坤[④]。	乾之所以取於龍者，以其能飛能潛者也。飛者其正也，不得其正而能潛者，非天下之至健，其孰能之[⑤]。

坤"六五，黃裳元吉。象曰：黃裳元吉，文在中也。"[⑥]

六五陽位而陰居之，陽在內，陰在外，是藏其文章，隱晦其明以守臣道，而又居中體正不欺，兢自處，上不見疑，逐獲元吉[⑦]。	黃中之色也。裳，下之飾也。黃而非裳，則君也。裳而非黃，則臣而，非賢臣也。六五，陰之盛而有陽德焉，故稱裳以明其臣，稱黃以明其德。夫文生於相錯，若陰陽有專一，豈有文哉？六五以陰而有陽德，故曰"文在中也[⑧]。

① 《蘇東坡全集》前集卷二十九，中國書店1986年版，第364頁。
② 《蘇氏易傳》卷一、《四庫全書》9冊，第3頁。
③ 《周易正義》《十三經注疏》（上），第13頁。
④ 王鐵《宋代易學》，第261頁。
⑤ 《東坡易傳》《四庫全書》影印本九册，第6頁。
⑥ 《周易正義》《十三經注疏》（上），第18頁。
⑦ 《宋代易學》，第262頁。
⑧ 《東坡易傳》，《四庫全書》影印本九册，第9頁。

王、蘇二人所堅持的《易》義，皆與王弼注，孔穎達疏大異，而蘇所闡之義，是直指王安石改經之非，《五經新義》隨着王安石的罷職而廢。東坡所言亦不爲後世認同，衹説明王、蘇政治争論延伸到經學争論。就兩條爻辭而言，原本就有衆多説法，見仁見智；對六十四卦的解讀，更是衆説紛紜。《周易正義》有王弼注孔穎達疏，還是研究《易經》的最好的本子，現在還得依靠《十三經注疏》本進行研討，以求達到或基本達到一個統一的見解。同時，現在還應清醒地認識對《易經》過度崇拜，瘋狂拔高，人爲兜售其封建迷信部分，甚至想在其中找到宇宙起源説、社會進步之根基等，都應適可而止。其書没有那麽多的辯證法，没有那麽多唯物論，也没有那麽多懸而未決的“天機”。若再如此相褒，則千百年後，“八卦”將真成爲外星人所創。唐孔穎達在《周易正義序》中説，“其江南義疏十有餘家，皆辭尚虚玄，義多浮誕，《易》理難窮，雖復玄之又玄……”[①] 唐以後至今，“浮誕”之風仍炙手可熱，此風真不可再長。

二　蘇軾《書傳》

蘇軾《書傳》完成於貶官之後的海南瘴癘之地，真是有失必有得。但蘇氏接受父親“不喜讀書”而屢試不中的教訓，從小在父母的調教下，熟讀諸“經”，倒背如流，對《尚書》各篇已有較好的初步認識，所以在流放中雖缺少資料，仍能對《尚書》疏、注作深入的研討，作出取捨；又根據其淵博的知識積累，添些新解、新釋，《書傳》就是這樣完成的；又得到好友錢濟明的鼎力相助，《書傳》纔得以流傳至今。

《書傳》不拘泥於對“名物訓詁”、“考訂詮釋”的批判，而是直指《尚書》經義，以較爲肯定的文字組合，表達個人對《尚書》各篇的解讀。同時，作者亦用詮釋、考訂等手段，以助闡明經義更加準確，雖仍有疏漏，卻與北宋論經方法基本一致，不畏背叛、擅改經義及傳、注、疏之非。蘇軾嘗感歎曰：“大道久分裂，破碎日愈高。我如終不言，誰悟角與羈。”[②] 因此他十分關心時政，同情民間疾苦，“軾究心經世之學，明於事勢而又長於議論，故其詮釋經義於治亂興亡之故”[③]，這就是子瞻撰《書傳》的目的。今舉數例以與《尚書正義》疏、注相比較，以證《書傳》的學術價值。

《夏書·堯典一》經文：“曰若稽古帝堯，曰放勛，欽明文思安安。”

---

① 《和陶雜詩十一首》之十，《蘇東坡全集》，北京中國書店 1986 年版，第 83 頁。

② 同上。

③ 《書傳提要》，《四庫全書》54 册，第 485 頁。

《尚書注疏》	東坡《書傳》
若，順，稽，考也。能順考古道而行之者。帝堯勛功欽敬也。言堯放上世之功，化而以敬明文思之四德，宏天下之當安者[①]。	若，順也。稽，考也。放，法也。有功而可法曰放勛，猶孔子曰："巍巍乎，其有成功"，此論其德之辭也。自孟子、太史公咸以"放勛"、"重華"、"文命"爲堯、舜、禹之名。然有不可者，則皋陶爲名"允通"乎？欽，敬也。或言其聰，或言其敬，初無異議，而學者因是以爲説，則不勝異説矣。凡若此者，皆不取。"欽明文思，"才之絶人者也。以絶人之才而安於無事，此德之盛也，夫爲天下之至仁，爲能安其安[②]。

此種直指經義的見識往往因行文繁縟，而易使讀者感到作者有欠"慎思"。南宋朱熹是對《書傳》提出批評最多的一員理學家，如："東坡説話固多不是"[③]；"東坡書解卻好，他看得文勢好"；"文義得處較多，尚有粘滯，是未盡透徹"[④]；"木子問：《書解》誰的好看？曰：'東坡解，大綱也好，衹有失，如説'人心惟危'，這般處，便説得差了。"[⑤] 又例《堯典》另一段經文"九族既睦，平章百姓"條，蘇解："方是時，上世皇帝之子孫，其得姓者蓋百餘族而已，故曰百姓。"[⑥] 此説不甚妥當。林之奇説："百姓者，百官族姓也。……《五子之歌》曰：'萬姓仇予，豈唐、虞之世始有百姓，而至夏、頓有萬姓哉！'"[⑦] 林之奇否定了蘇説。但二人皆有誤，上古氏族社會，有氏無姓最爲普通；即使到了商周時代，也不會有"萬姓"之多。

《堯典》經文："肆類與上帝，禋於六宗，望於山川，遍於群神。"

《尚書疏證》	東坡《書傳》
孔氏傳云：堯不聽舜，使之攝位，舜察天文，考奇七政而當天心，故行其事。肆，遂也。類謂攝位事類，遂以告天及五帝。精義以享謂之禋。宗，尊也。所尊祭者，其祀有六：謂四時也，寒暑也，日也，月也，星也，水旱也。祭，亦以攝告……[疏] 鄭云，禋之言禋，周人尚臭，烟氣之臭，聞者也。鄭以禋祀之文在燎柴之上，故以禋爲此解耳……非燔柴祭之也。知禋是精誠絜敬之名耳[⑧]。	精義以享曰禋，宗，尊也。六宗，尊神也。所祭不經見，諸儒各以意度之，皆可疑。惟晋張髦以爲三昭三穆，學者多從其説。然以《書》考之，受終之初，既有事於文祖，其勢必及餘廟。豈有獨祭文祖於齊七政之前，而別祭餘廟於類上帝之後者乎？以此推之，則齊七政之後，所祭皆天神，非人鬼矣……古者郊祭天地，必及於天地之間所謂尊神者。魯，諸侯也，故三望而已。則此禋於六宗，望於山川，遍於群神，蓋與類上帝爲一禮耳[⑨]。

《書傳》解讀較漢晋經學大師注疏都要高出一籌。堯接位以後祭祀天地群神的"常事而

① 《尚書正義》，《十三經注疏》卷二，第 6 頁。
② 《東坡書傳》卷一，《四庫全書》54 册，第 486 頁。
③ 《朱子語類》（七）卷一百二十，第 2898 頁。
④ 《朱子語類》（六）卷七十八，第 1986 頁。
⑤ 《朱子語類》（六）卷八十，第 2090 頁。
⑥ 《東坡書傳》，《四庫全書》54 册，第 486 頁。
⑦ 《尚書全解》，《四庫全書》55 册，第 12 頁。
⑧ 《尚書正義》，《十三經注疏》（上），第 126 頁。
⑨ 《書傳·虞書·堯典》，《四庫全書》54 册，第 493 頁。

告耳”，一切皆依常禮，即“蓋與類上帝爲一禮耳”。至於六宗，古來有衆多説法，《書傳》採用孔安國説：“六宗，四時也，寒暑也，日也，月也，星也，水旱也。對於祭法所載六宗之説，及‘鄭玄曲爲異説，而改宗爲禜，不可信也。’”①

《大禹謨》：“朕宅帝位，三十有三載，耄期倦於力，惟汝不怠，總朕師。禹曰：‘朕德罔克，民不依。皋陶邁種德，德乃降，黎民懷之，帝念我。念兹在兹，釋兹在兹，名言兹在兹，允出兹在兹，惟帝念功。”②

《尚書正義》	《書傳》
《孔傳》邁行種佈降，下懷歸也。言己無德，民所不能依。皋陶佈行其德，下治其民歸服之。兹，此釋爲廢也。念此人在此功廢；此人在此罪，言不可誣……言皋陶之德以義爲主，所宜念之。［疏］皋陶佈行於德，德乃下治於民，衆皆歸服之。可令皋陶攝也。我所言者，帝當念之哉！凡念愛此人在此功勞，知有功乃用之。釋廢此人在此罪釁，知有罪乃廢之。言進人退人不可誣也。名言，談此事必在此事之義而名言之；若信實出見，此心必在此心之義而出見之言，己名言其口出見其心，以舉皋陶皆在此義，不有虚妄，帝當念録其功以禪之③。	邁，遠也。降，下也。種德者，如農夫之種植業，衆人之種德也近，朝種而暮獲，則其報亦狹矣。皋陶之種德也遠，造次顛沛，未嘗不在於德，而不求其報也……聖人之德必始於念，故曰“帝念我”。念兹者固在兹矣，及其念之至也，則雖釋而不念，亦未嘗不在兹也。其始也念仁而仁，念義而義；及其至也，不念而自仁義也。是謂“念兹在兹，釋兹在兹”。名言者，其辭命也。……名之以仁固仁矣，名之以義固義矣，是謂“名言兹在兹”；及其念之至也，不待名言而情實，皆仁義也，是謂“允出兹在兹”。此帝念念不忘之功，故曰“惟帝念功”④。

此爲堯帝於耄期之年，欲讓位於大禹，禹謙讓，舉皋陶有功有德，可攝位。“君臣無可艱畏，則易事而簡賢，賢者遁去。”這是堯舉皋陶而與舜的一段對話。但是《疏證》與《書傳》的解讀卻有不同，前者爲詮釋經文原意，後者直接道出經文所闡之“義”，對四個“兹在兹”交待得很清楚。林之奇《尚書全解》就有不少觀點採蘇氏之説，其《大禹謨》“惟帝念功”句，言“念仁而仁，念義而義，及其至也，不念而自仁義也”，頗有好評⑤。從此觀之，東坡《書傳》在南宋時代還是獲得好評，並一再爲士子引用，或據此而闡發又一新意。

《書傳》仍有敗筆，對以往的疏注一概不採，摒棄有餘，嚴謹不足，在宋代就被士子抓住不放，“譏書”之事，因之而起。《尚書·胤征》篇言夏代第二位帝王太康“盤於游田，不恤民事”，爲其大臣羿所逐。子仲康即位之時，掌管天文的曆官“羲、和湎淫，廢時亂日，胤往征之，作胤征”篇。⑥

《書傳》在以下若干問題上與注疏提法相異：

羲、和衹是夏朝卿大夫爵的王室曆官，何勞羿命胤國之侯率六師往征，何以至於達

① 《書傳·虞書·堯典》，《四庫全書》54 册，第 494 頁。

② 《尚書正義》，《十三經注疏》（上），第 126 頁。

③ 《尚書正義》，《十三經注疏》（上）卷四，第 23 頁。

④ 《東坡全傳》，《四庫全書》54 册，第 502 頁。

⑤ 《尚書全解》卷四，《四庫全書》55 册，第 88 頁。

⑥ 《尚書正義》，《十三經注疏》（上），第 157 頁。

到“殺無赦”的刑責；雖《書傳》仍言羲、和“貳於羿、蓋忠於夏也”[①]。此説把胤侯當成了劊子手，《胤征》也就這樣被塞進《尚書》，立爲一篇，與堯、舜、禹、文等帝王並列，孔子也未删掉此篇。事實上，應是羲、和直言羿僭越之罪，而招來殺身之禍。《朱子語類》言：“然亦疑羲、和是個曆官，曠職，廢之誅之可也，何如此誓師。大抵古書之不可考，皆此類也。”[②]

關於孔子爲何不删《胤征》篇，蘇軾説：“《書》固有非聖人之所取而猶存者也。”他引證孟子所説：“盡信《書》，不如無《書》……《胤征》之事，孔氏必有師傳之説也，久遠而亡之耳。”[③] 林之奇説：“夫以《春秋》爲經，爲褒貶而作也，故有非聖人之所取而存之，以示刺者。至於《書》，則記載帝王之實迹，録其典謨訓誥誓命之文，以爲萬世法，豈容有所不取而猶存者哉?”[④]

關於“胤”是人名、抑或地名，《書傳》直言“胤侯”，是夏時胤國的諸侯，並肯定“胤，國名”。《尚書注疏》言：“胤，臣名”，“時羿亦爲夏啓臣”。

關於《書傳》言羿“挾天子以令諸侯”，林之奇謂：“考《左氏傳》所載，羿雖廢太康而立仲康，然其簒也，乃在乎相之世”，“惟仲康肇位四海，胤侯命掌六師”[⑤]。仲康尚能掌控軍權，並在即位之初，即命胤侯爲皇家六師統帥，並有“徂征之意”。但此段記載有模棱之處，蘇軾有疑，情有可原。

三　蘇轍《春秋集解》

蘇轍就在這些大前提下，於放逐二十年之歲月，以孫覺（明復）《春秋》之學爲依托，以《左傳》解經爲主，參以《公》、《穀》，取諸家之説而裁之以義，撰成《春秋集解》，爲後世研究《春秋》者，鋪墊了一個十分重要中間平臺。蘇轍對王安石“斷爛朝報”説更爲反感，痛心疾首，以爲“孔子之遺言而淩滅至此”[⑥]，不僅在放逐時決心爲《春秋》正名，自慰“可以無憾”。此即張萱所言：“轍以時人治《春秋》，多師孫明復，盡棄《三傳》。後王安石解經，至《春秋》漫不能通，則詆以爲斷爛朝報，致學者不能復明《春秋》。故著此書，取諸家之説，而裁之以義。”[⑦] 此前，解《春秋》經者《三傳》，以《公羊》問答“文繁語複”，《左傳》則文長義隱，而《穀梁》又文義割裂，故對《三傳》皆有異議，争論著述不下

① 《書傳·夏書·胤征》，《四庫全書》54 册，第 536 頁。
② 《朱子語類》（五）卷七十九，第 2028 頁。
③ 《書傳·夏書·胤征》，《四庫全書》54 册，第 536 頁。
④ 《尚書全解》卷十三，《四庫全書》55 册，第 243 頁。
⑤ 同上。
⑥ 蘇轍《春秋集解》引，《四庫全書》148 册，第 2 頁。
⑦ 朱彝尊《經義考》卷一百八十二，中華書局《四部備要》本，“經部”，第 920 頁。

百種，取捨皆難。今仍按《十三經注疏》本漢唐間注疏來探討《三傳》解經優缺。例：

《經》：［隱公］"元年，春，王正月"。

《左傳》①	《公羊傳》②	《穀梁傳》③	蘇氏《春秋集解》
隱公之始年，周王之正月也。凡人君即位，欲其體元以居正。故不言一年一月也。隱雖不即位，然攝行君事，故亦朝廟告朔也。［疏］以王字冠之言，是今王之正月也……因以建子爲正，則周之二月、三月皆是前世之正月……王二月言我王之二月，乃殷之正月也。王三月者，言我王之三月，乃夏之正月也。	［疏］元年者何？［解］云：凡諸侯不得稱元年。王者孰謂？［疏］云：謂文王也。公何以不言即位？成公意也［解詁］據文公言，即位也。何言乎王正月？［疏］凡十二公即位皆在正月，是以不問有事無事，皆書王正月，所以重人君即位之年矣。	隱公之始年，周王之正月也。［疏］注，隱公至月也。釋曰：何休注《公羊》，取《春秋》諱，皇帝受圖立五，始以爲元者，氣之始。春者，四時之始，王者受命之始。正月者，政教之始。公即位者，一國之始。王者同日并見，相須而成……言文王之正，非也。正者，直方之間語。直其行，方其義。人君當秉直心，仗不義，欲其常，居正道，故月稱正也。	不書即位而書正月，何也？言朝正於廟，於是始成君也。隱公雖長，庶子也；桓公雖幼，適子也。適子當立而不能自立，庶子不當立而能自立矣。然則桓公之立否在隱公也。隱立而以奉桓，其志可也，而禮則不可。……雖然自立以俟其長，亂之道也，蓋亦立桓而己爲政乎？

這句《經》文的歷史背景是："魯惠公四十六年（前723），惠公卒，長庶子息攝當國，行君事，是爲隱公。初，惠公適夫人無子，公賤妾聲子生子息。息長，爲娶於宋，惠公奪而自妻之，生子允，登宋女爲夫人，以允爲太子。及惠公卒，爲允少故，魯人共令息攝政，不言即位。十一年（前712）冬十一月，允揮使人弒隱公於蔿氏，立子允爲君，是爲桓公。"④《春秋》經文第一句，即引起後世如此重大分歧。如："正月"與"直"之異；"即位"與"攝"之别；"文王"與"平王"之差，等等。《三傳》尚能互補，注疏水火不容，此也是研究《五經》的最大難點。而蘇轍《集解》，排除枝節争議，應視爲上策。但蘇轍仍堅持宗法制度，隱"自立以視其長，亂之道也"。且隱公"朝正於廟"嚴重違背《周禮》等同於已登君位，所以《春秋》經衹書隱公"元年，春，王正月"，即周王正月之時，隱公登攝政大位，最後以庶奪嫡而被殺。經學家皆强調禮治，《三傳》亦未明確表態，衹有杜預注所言："桓弒隱，簒位，故喪禮不成。"⑤ 一代魯國賢君隱公息爲其弟所殺，且"不書葬"，"不成喪"，真是死得冤。這種兄弟相殘，臣弒其君、子弒其父之例不勝枚舉，靠周公、孔子"禮治"之説，能制止嗎？

其兄蘇軾有《論魯隱公》一文，大意爲隱公是"攝"，而非即位，稱魯隱公是因魯國國

① 晋杜預（元凱）注，唐孔穎達疏。

② 漢公羊壽傳，何休解詁，唐徐彦疏。

③ 晋范寧集解，唐楊士勛疏。

④ 《史記·魯周公世家》卷三十三直排本，第1529頁。

⑤ 《春秋左傳正義》卷四，《十三經注疏》，第35頁。

君薨，“故稱公，史有謚，國有廟，《春秋》獨得不稱公乎”。“曾子問：‘君薨而世子生，如之何？’孔子曰：‘卿大夫，士從攝主，北面於西階南。’何謂攝主？曰：‘古者天子、諸侯、卿、大夫、士之世子未生而死，則其弟若兄弟之子當主者，爲攝主；子生而女也，則攝主立；男也，則攝立退。此之謂攝主。’”① 二文互補研習《春秋》心得，雖直指經義而發，但仍有令人心服的考證，以補不足。再舉一例：

［莊公］經十有三年，春，齊侯、宋人、陳人、蔡人，邾人會盟於北杏。夏六月，齊人滅遂。秋七月冬，公會齊侯，盟於柯。

《左傳》	《公羊》	《穀梁》	蘇氏《春秋集解》
《傳》十三年春，會於北杏，以平宋亂，遂人不至。夏，齊人滅遂而戍之。冬，盟於柯。［注］宋有弑君之亂，齊桓欲備霸業。［疏］宋萬已誅，宋新立君，其位未定，齊桓欲備霸業爲會，以安定之，非欲平除新君，故宋人聽命來，列於會也。始及齊平也，宋人背北杏之會②。	十有三年春，齊侯、宋人、陳人、蔡人、邾人會於北杏。夏六月，齊人滅遂。［注］齊桓行霸，約來諸侯，尊天子，故爲此會也。桓公時未爲諸侯信，而歸鄉之，是以諸侯皆使微者會……莊公將會於桓，曹子進曰：君之意如何？……於是會乎桓，莊公升壇，曹子手劍而從之……請汶陽之田……管子曰：君許諾③。	十有三年春，齊人、宋人、陳人、蔡人、邾人會於北杏。［解詁］北杏齊地。［疏］孔子云：九合諸侯北杏之會。是齊侯、宋公也。其四人，何也？始疑之。何疑焉？桓非受命之伯也，將以事授之者也。曰：可矣乎？未乎，舉人衆之辭也。夏六月，公會齊侯於柯。曹劌之明也，信齊侯也④。	齊桓始會諸侯以平宋亂，自是遂得諸侯，故四國皆稱人……好會則稱人，兵會則稱師。……《公羊》於此言曹沫手劍劫桓公，以求汶陽之田，管仲許之。要盟可犯而桓公不欺，曹子可讎而桓公不怨，桓公之信由此著乎天下。予以爲此春秋之後好事者之浮説，而非其實也……故《公羊》不足信也⑤。

經十三年條仍有衆多分歧：首先對“人”的解釋，各國參與會盟者除齊侯外，皆身分“微”者，蘇轍言“好會則稱人，兵會則稱師”；“北杏”之盟是魯莊公欲平宋弑君之亂而召開，有説是齊桓公欲圖霸業而領銜，有説欲謀“汶陽之舊”而劫持桓公。蘇轍認爲事實不符，是後世“浮説”。齊爲姜太公封地，魯爲周公封地，兩地祖先曾助武王滅紂，功蓋衆侯國，同時受封於齊魯。後世兩侯國之間關係時好時壞。但在魯桓公被齊襄公指使彭生戕殺後，兩國結下深仇大恨，魯莊公時干預齊公子糾立君之争，又屢敗齊師於長勺。“北杏”之盟欲釋前嫌，但唱主角的齊桓公，欲借此次會盟，“欲備霸業”。果然，在魯莊公十五年（前679），“齊始霸也”。齊國通過管仲的治理，在軍事上、商業上、農業上都取得突破性的進展，成爲中原最爲發達的諸侯國，前後並吞三十餘小國。這年爲齊桓公七年，會盟於鄄，參盟者除魯莊公外，尚有宋公、陳侯、衛侯、鄭伯等東方大國，齊桓公在盟會上强調要尊奉

① 《蘇東坡全集》（續集）卷八，第251頁。
② 《春秋左傳正義》，《十三經注疏》（下），第1770頁。
③ 《春秋公羊傳注疏》，《十三經注疏》（下），第2233頁。
④ 《春秋穀梁傳注疏》，《十三經注疏》（下），第2385頁。
⑤ 《春秋集解》，《三蘇全書》（三），第40頁。

周室。

《春秋集解》有以下幾點可以提倡：首先是糾正王安石妄言。陳弘緒在跋言中説："是王介甫以《春秋》爲斷爛朝報，不列學官，故頴濱矯俗而作此書。"其次，糾正孫明復《春秋經解》"盡棄三傳"之非，主張解《春秋》應以《左傳》爲主，强調"凡春秋之事當從史。《左氏》，史也；《公羊》、《穀梁》皆意之也。蓋孔子作《春秋》亦略也，非以爲史也，有待乎史而後足也。以意傳《春秋》而不信史，失孔子之意矣。十二卷中類皆發明此旨。"[①]《集解中》就是《三傳》並用，以《左傳》爲主得到體現，也是孔子"有待乎史而後足也"的願望得到實現，較鄭玄以"名物"、"詮釋"、"考據"仍採《三傳》的手段要高出一籌。對《春秋》的探討在兩宋以後，因程、朱理學的加入，更顯得欣欣向榮，二程、朱熹貢獻最顯。

四　蘇軾《論語説》

蘇軾貶黄州後擬撰《易傳》、《論語》心得，直至放逐海南纔有定稿本，仍如《易傳》、《書傳》交與好友錢濟明，由錢資助付梓，在南宋初就已問世。但到明萬曆二十五年（1597）焦竑《兩蘇經解》本，已未録《論語説》，可能其書已佚。後人有輯數條、十數條，直至現今纔輯得百餘條，拼湊成東坡《論語説》20篇。幾百年内，後人陸續輯存，真僞難剖，難以東坡先生灼見告之讀者，衹能説明蘇軾有撰《論語説》一事，説明他群經皆通，是巴蜀一大奇才。

雖《論語説》多爲後人輯佚，但是《朱子語類》所言各條，應是蘇軾原作，還有楊士奇編於明正統六年（1441）的《文淵閣書目》及《明書·經籍志》亦有著録，故今本楊士奇所加評語各條，也是蘇軾原作，是應該可信的。而其弟蘇轍所作《論語拾遺》一書，前人及《四庫全書》都有收録，其《提要》引蘇轍言："予少年爲《論語略解》，子瞻謫黄州爲《論語説》，盡取以往，今見其書者所解十二三。大觀丁亥（1107—1110）間，居頴州，爲孫籀、簡、筠講《論語》，子瞻之'説'意所未安者。時爲籀等言之凡二十有七章，謂之爲《論語拾遺》，恨不得一質子瞻也。"[②]這裏出現《論語説》與《論語拾遺》之間的關係，軾與轍《略解》十之二三而去，果屬實，則《論語説》中有其弟的見識，應是不争的事實。《拾遺》在成書前曾見過《論語説》，並對某些條目提出異議。《拾遺》衛靈公條："其顯駁軾説者凡三條，請討陳恒一章……子見南子及齊婦女樂二章……泰伯至德一章。"[③]這裏可以看出兄弟二人對《論語》的體會小有差異，不以親情而附會，這種治學態度值得肯定。

《論語》與猶太教《新約全書》、基督教《舊約全書》、佛教《心經》、伊斯蘭教《古蘭

① 《經義考》卷一百八十二，第942頁。

② 《論語拾遺提要》，《四庫全書》196册，第45頁。

③ 同上，第45—46頁。

經》都是問答形式的典籍，故有“四大宗教”之稱，這當然是對儒家經典的誤解。《論語》也言神，有“祭如在、祭神如神在”之類的話，但没有把孔子神化，而以“聖人”尊之。《論語》主要是教育世人必先修身，即忠、孝、仁、義的自我教育，也是《學而》所問答諸條做到後，纔能“齊家”，使一家、一族人能寬以待人，行善宣德，和睦鄰里，匡正去邪，然後纔能“治國平天下”。《論語・八佾》言：“‘管仲之器小哉’！或曰：‘管仲儉乎？’曰：‘管氏有三歸，官事不攝，焉得儉？’‘然則管仲知禮乎？’曰：‘邦君樹塞門，管氏亦樹塞門；邦君爲兩君之好，有反坫，管氏亦有反坫。管氏而知禮，孰不知禮？”[①] 此段言管仲相齊，助齊桓稱霸，然而管仲自我修養差，並有些跛扈，所行等同諸侯禮，所以孔子暢述己見。朱熹説：“孔子譏管仲之器小，其旨深矣。”[②] 蘇氏《論語説》有其獨到之處：

自修身正家，以及與國，則其本深，其及者遠，是謂大器。揚雄所謂“大器猶規矩準繩，先自治而後治人”者是也。管仲三歸，反坫，桓公內嬖六人而霸天下，其本固已淺矣。管仲死，桓公薨，天下不復宗齊[③]。

管仲器量小，不節儉，而其最大失誤是“違禮”，故齊侯很快失去霸主地位，五公子之亂，齊國一蹶不振。朱熹採蘇軾之説於其《論語集句》之中，並證明《論語説》在南宋已在流傳，並爲朱熹所引用。又如《公冶長篇》，孔子曰：“伯夷、叔齊不念舊惡，怨是用希。”《論語注疏》云：“不念舊時之惡而欲報復，故希爲人所怨恨也。”[④] 這是講古孤竹國之二子伯夷、叔齊互讓國君的故事，太史公讚美“此義人也”，他們對武王未葬文王而伐紂，認爲是不忠不孝，“不食周粟”，寧可雙雙餓死在首陽山上。此舉，亦博得後世士子贊賞。蘇軾説：

夷，齊之事遠矣，《傳》失其辭，意其出也，父子之間有間言焉。若申生之事與？不若是，則又何惡之可念哉[⑤]？

蘇氏“父子有違言”之説，後學多有微言。朱熹説：“蘇氏父子違言之説，恐未穩否？”在《答方賓王》一文中，方問：“不念舊惡一章，不知舊惡爲何事？怨是用希，不知是人怨己，或己怨人？”如蘇軾説，則指意皆明，又不知何以爲據否？程子不明説舊惡，竟未知此章之所指歸也。”朱曰：“舊惡是他人前日之過，如其冠不正之類。前日雖已望望然去之，然今日正冠而末，則取其改過而不念前日之過矣。”[⑥] 蘇氏“父子違言”之説，引發後世諸多議論，故蘇氏直指經文之研經方法，因行文過簡略，難免有疏漏之處，給人以把柄，糾纏不休。類似上述語病或缺失，在《論語説》中還有多處，是否爲後來好心輯録者的疏忽，亦不

① 《十三經注疏》（下），第2468頁。
② 《四書章句集句・論語集句》，《四庫全書》197册，第24頁。
③ 《論語説》，《三蘇全書》（三）第180頁，語文出版社2001年版。
④ 《十三經注疏》（下），第2475頁。
⑤ 《論語説》，《三蘇全書》（三），第189頁。
⑥ 《晦庵集》（二）卷五十九，《四庫全書》1144册，第694頁。

得而知。

《論語説·雍也篇》有一段作者己見，引發後世一切大争論。《雍也篇》中有載："子曰：回也，其心三月不違仁，其餘則日月至焉而已矣。"《論語正義》稱："此章稱顔回之仁，三月爲一時，天氣一變，人心行善，亦多隨時移變。唯回也，其心雖經一時復一時而不變移，違去仁道也。其餘則蹔有至仁時，或一日或一月而已矣。"① 此爲一般解釋顔回"三月不違仁"較爲統一的共識。而蘇軾《論語説》言：

> 吾之於人也，誰毁誰譽？如有所譽，心有所試。其於顔回，試之如熟而觀之也審矣。蓋嘗默而察之，閲三月之久，而察其顛沛造次，無不一出於仁者，是以知其終身之弗叛也。君子之觀人也，必於其所不慮觀之。其所慮者容有僞也，雖終身不得其真。故三月之久，則必有備慮之所不及者。僞之與真無以異，而君子賤之，何也？有利害臨之，則敗也。孟子曰："堯、舜，性之也；湯、武，身之也；五霸，假之也。久假而不歸，安知其非有也？假之與性，其本亦異矣，豈論其歸與不歸哉？使孔子視之，有終日而決，不待三月也，何不知之有?"②

蘇軾對顔回"三月不違仁"産生疑問，並牽出孟子一段話，是故引起對"仁學"的一場争論。

程頤説："回，三月不違仁，得善則服膺，弗失也。其餘則日月至焉。至謂心存於仁，非能至於仁也。"③ 有弟子問朱熹："久假不歸，惡知其非有？舊解多謂使其能久假而不歸，惡知終非其有？曰：諸家多如此説，遂引惹得司馬温公、東坡來辟孟子。"④ 南宋王若虚説："東坡曰假之性亦異也，使孔子觀之，不終日而決，何不知有？嗚呼！孟子豈誠不能辯此乎？蘇氏幾於不解事。"⑤《尊孟續辨》又説："孟子之言久假不歸者，進人之與爲善也。謂五霸本假仁而行，時期行之又行之，而終始焉。則雖未能如堯、舜性之，亦可與湯、武身之相比矣，其可謂之非仁乎？故言焉，知其非有也。不謂東坡之學識而爲是辨也。"⑥

對《孟子》"仁學"思想的評論，漢唐以來均有異議，尤其是對趙岐"注"評價不高，"漢儒注經，多明訓詁、名物，惟此注箋釋文句，乃似後世之口義，與古學稍殊"⑦，對孫奭"疏"亦有微言。其疏皆敷衍語氣，如鄉塾講章，且其中所述諸事，"如斯之類，益影撰無稽矣！以久列學官，姑乃舊本録之爾"⑧。紀昀等明知《孟子》一書注疏都有瑕疵，但憚於"久列學官"，也衹得將其收入《四庫全書》。

---

① 《十三經注疏》（下），第 2478 頁。
② 《論語説》，《三蘇全書》（三），第 193 頁。
③ 《程氏經説》，《四庫全書》183 册，第 129 頁。
④ 《朱子語類》（四）卷六十，第，469 頁。
⑤ 《滹南集》卷八，《孟子辨惑》，《四庫全書》1190 册，第 321 頁。
⑥ 《三蘇全書》（三），第 194 頁。
⑦ 《孟子正義》，《四庫全書總目提要》，《十三經注疏》（下），第 2659 頁。
⑧ 同上，第 2659 頁。

《孟子》一書缺失，北宋以來司馬光、蘇軾等人都有發現。故有蘇軾《蘇批孟叙録》問世，當然也受到擁孟學派的反駁。不管如何評價《孟子》一書，其明顯的錯誤是不容否認的。也正因爲《孟子》一書收輯工作的不够嚴肅，後世補佚文章、考證甚多。清乾隆年間，四川翰林李調元革職以後，潛心研經，就撰有《逸孟子》一書，後世評價也還不錯。可見，《孟子》一書還有不小的容納空間。當然，現在更不會修訂《孟子》了。

五　蘇轍《詩集傳》

蘇轍自 20 歲起，作《詩集傳》的起步工作，定稿應在潁州（今許昌）養老之時，前後費時約五十年。其孫蘇籀說："公自熙寧謫高安，覽諸家之説，爲《集傳》十二卷。紹聖初，再謫南方，至元符三易其地，最後卜居龍川白云橋，《集傳》乃成。歎曰：'此十載絶學也。'既而俾坡公觀之，以爲古人所未至。"①

《詩集傳》可貴之處，祇採《詩序》首句，其餘皆毛萇、衛宏所輯録，非孔子《詩序》之原意，一律不取，得到後世研習《詩經》諸行家讚賞，並依而行之。朱熹首表讚同，認爲："《詩序》多是後人妄意推想詩人之美刺，非古人所依也。"② 所以他論《詩》亦不取"小序"。《詩經》當中有很多詩是針對各國時政而言，如《國風·鄭·將仲子》篇："將仲子兮，無逾我里，無折我樹杞。豈敢愛之？畏我父母。仲可懷也，父母之言亦可畏也。"③ 這一組是諷刺鄭莊公的詩歌，叙述莊公與其弟叔争奪鄭國政權的鬥争。莊公不聽大臣祭仲的諫告，執意尊母命封弟叔於京，並自信"多行不義必自斃"。後叔欲率兵攻鄭，莊公命子帥兵車二百乘"以伐京而逐之"。此事見於《左傳》隱公元年（前 722）條："鄭武公娶於申，曰武姜。生莊公及共叔段。莊公寤生，驚姜氏，故名曰寤生，遂惡之，愛共叔段，欲立之，亟請於武公，武公弗許。及莊公即位，爲之請制。公曰：制巖邑也。……祭仲曰：都城過百雉，國之害也。……姜氏欲之焉。"④ 後，莊公逐段，段逃奔共。孔疏引《正義》說，"是段驕慢作亂之事也。……叔多才而好勇，是段勇而無禮也"⑤。蘇澈說："由是觀之，莊公非畏父母之言者也，欲必致叔於死耳。"⑥ 其指詩意核心問題，方可謂"刺莊公也"。《集傳》做到了這一點。

又，《叔于田》、《大叔于田》詩三首，《毛詩傳》皆言刺莊公。"叔于田，巷無居人？不如叔也，洵美且仁。"⑦ 蘇澈祇引"叔于田，刺莊公也"，其後"叔處于京，繕甲治兵，以出

① 《欒城遺言》，《四庫全書》864 册，第 173 頁。
② 《朱子語類》（六）卷八十，第 2077 頁。
③ 《毛詩正義》，《十三經注疏》（上），第 337 頁。
④ 《十三經注疏》，《左傳》隱公元年條。
⑤ 《毛詩正義》，《十三經注疏》（上），第 337 頁。
⑥ 《詩集傳·將仲子》，《四庫全書》70 册，第 355 頁。
⑦ 《十三經注疏》（上），第 337 頁。

于田，國人説而歸之”等溢美之辭，皆“毛萇之學，衛宏之所集録也”，皆不採。且在《叙録》中言：

……叔之出田也，民皆從之，至於巷無居者。夫豈誠無居者乎？莫如叔之信美而又仁者，是以作《叔于田》、《大叔于田》之詩，非人惡段而刺莊公者。言莊公力能禁之而不能禁，俟其亂而加以大戮也①。

今觀《叔于田》三首鄭國歌謡，皆刺莊而褒叔，叔表面上親民而實際上驕横自大，常思去莊而自立。廢嫡而搶奪君位，有違《周禮》，是東周列國最忌誨的事。而此時正是“禮崩樂壞”之時，且呈多米諾骨牌之勢。叔擬奪嫡，事不爲怪；怪衹怪莊公設陷阱，屢拒臣下殿諫，一味以母親之命不可違，讓其弟叔野心一步步暴露，然後大加撻伐。蘇轍《詩集傳》評語，頗有洞察力。

又《國風·王城譜·揚之水》：“揚之水，刺平王也。……揚之水，不流束薪。彼其之子，不與我戍申。懷哉懷哉，曷月予還歸我！”《毛詩正義》解：“激揚謂水急，急而飛揚，波流急之意也……懷，安止也……役人所思……願早歸而見之，其實所思之甚，在於父母妻子耳。”② 差役長期爲平王舅氏申國戍守，諸侯國不予派役接替，故思念鄉土家人，而作出《揚之水》三首歌辭。《詩集傳》言：

揚之水非自流之水也，水不能自流而或揚之，雖束薪之易流，有不流矣。水不能自流物斯從之，安在其揚之哉！周之盛也，諸侯聽役於王室，無敢違命。及其衰也，雖令而不至。平王未能使諸侯宗周，而强使戍申焉，宜諸侯之不從也。其曰：“彼其之子，不與我戍申”，周之戍者怨諸侯之不戍之辭也。“懷哉懷哉”，“曷月予還歸哉”，久戍而不得代之辭也③。

《詩集傳·揚之水》前段言與《正義》有别。《正義》疏注以訓詁考據之學，詮釋《毛詩》文字何解，而《詩集傳》則直指《揚之水》詩義而言，有獨到之處，而又不違經旨，未改詩意，鋪陳己見，應視爲研究《四書》、《五經》一種先進的方法，不拘泥於“飣餖”古文字之考釋。

再引《小雅·十月之交》：“十月之交，朔月辛卯，日有食之，亦孔之醜。彼月而微，今此下民，亦孔之衰。”周幽王末期（前776—前771）不僅發生日食，也發生地震。其時“燁燁震電，不寧不令。百川沸騰，山冢萃崩。高岸爲谷，深谷爲陵。衰今之人，胡憯莫懲”④。攻《毛詩》者，一般皆言《小雅》爲諷刺周幽王之詩，鄭玄改爲諷刺周厲王之詩，從此至《小宛》皆被改。蘇轍《詩集傳》説：

---

① 《詩集傳·叔于田》，《四庫全書》70册，第356頁。

② 《毛詩正義》（上），《十三經注疏》（上），第331頁。

③ 《詩集傳·揚之水》，《四庫全書》70册，第352頁。

④ 《毛詩正義》卷十二之二，《十三經注疏》（上），第445頁。

> 《小雅》無周厲王之詩，鄭玄以爲《十月之交》、《雨無正》、《小旻》、《小宛》皆厲王之詩也，毛公作訓詁傳而遷其第，因改之耳。其言此詩所以非幽王者，曰師尹、皇父不得並政，褒姒、艷妻不得皆寵，番與鄭桓不得同位，此其所挾爲厲王者也。使幽王之世，師尹、皇甫番與鄭桓先後在事，褒姒以色居正位，謂之艷妻，其誰曰不可？且漢之諸儒異師相攻，甚於仇讎，苟毛公誠改詩第，則他師將不肯信，而《韓詩》之次與《毛詩》合，此足以明其非厲王也[①]。

此蘇轍力證《十月之交》等四首均言周幽王時事。事實上在幽王二年（前780）發生了日食，又在陝甘或蜀西地區發生一次大地震，皆言“王政不善”所至，是老天爺對現政權的懲罰。以後，歷朝發生的自然突發事件，當政皇帝無不自譴或下“罪己詔”，並大祭天地，以求消灾免禍。現在看來，當然是牽强附會之説，不足爲信。

蘇轍以陰陽之説解自然界突變現象，言“十月爲純陰，故謂之陽月。純陽而食，陰弱之甚也；純陰而食，陽狀之甚也”，此解不甚科學。日食地震發生在周幽王暴政時代，是一種巧合，非天神懲罰其殘暴。事實上周幽王時代，苛求索，重差役，强征伐，傷民生，故百姓無不哀怨。即蘇轍所言：“君子知國之將亡，國亡則民首被其患，是以衰之也。”一個“首”字，道出蘇氏關心民間疾苦的高尚情操。其《詩集傳》也反應了作者愛民之情。

六　《蘇批孟子叙録》

明中葉以來，坊間刻有《蘇洵批孟子》一書，各種《增補本》紛紛行於市，而形成“莫能堪正”之勢，後世學子皆莫能辯。民間愛讀《蘇批孟子》，是因爲欣賞蘇洵“善爲文”、“善點睛”。但這本《蘇批孟子》到底爲何人所撰？爲何在四百多年後突然顯現於坊間？今姑妄從之，名之爲《蘇批孟子》，也未嘗不可。且批點文字精煉，切中經文，含義深刻，回味更長，有畫龍點睛之妙，可作爲初學《孟子》的參考書。

現引證數段，以證蘇洵筆下之功力。《告子章句上》公都子問“性善”諸事。孟子説：“富歲子弟多賴，凶歲子弟多暴，非天之將才爾殊也。其所以陷溺其心者，然也。……故曰：“口於味也，有同耆焉；耳之於聲也，有同聽焉；目之於色也，有同美焉。至於心獨無所同然乎？心之所同然者何也？謂理也，義也。聖人先得我心，之所同然耳。（蘇批：應聖人同類）故理義之悦我心，猶芻豢之悦我口。”[②] 蘇批：

> 反復比喻，如駿馬下峻坂，高屋建瓴，勢不可遏。衹“至於獨無所同然乎”一句，斡轉及正意，筆力萬鈞[③]。

---

① 《詩集傳·十月之交》，《四庫全書》70冊，第426頁。

② 《孟子注疏》，《十三經注疏》（下），第2749頁。

③ 《三蘇全書》（十九）“别録”，第85頁。

此段批語文筆簡略而文義深邃，不愧爲文壇大手筆。但其他批語皆甚短，皆夾在正文之中，起“點睛”之功，細嚼慢咽，其味無窮。一般蘇批皆短小精幹之語，能通前後正文之妙接，揚孟子答問之靈活。

又如：下引《公孫丑》兩段，蘇批文采更加動人。其一：“孟子曰：矢人（製箭者）豈不仁於函人（製鎧甲者）哉？矢人唯恐不傷人，函人唯恐傷人……不仁不智，無禮無義，人役也。人役而耻爲役，由弓人而耻爲弓，矢人而耻爲矢。如耻之，莫如爲仁。仁者如射，射者正己而後發，發而不中，不怨勝己者，反求諸己而已矣也。”①

蘇批：“活潑變幻，不可端倪，若遊龍，若迅雷。”

其二：孟子去齊三段，欲會齊王而求擇賢而用。而齊人尹士“語人曰，不識王之不可以爲湯武，則是不明也”。孟子說：“知予哉，千里而見王，是予所欲也，不遇故去，豈予所欲哉，予不得已也。予三宿而出晝（齊地），於予心尤以爲速，王庶幾改之。王如改諸，則必反予。夫出晝而不予追也，予然後浩然有歸志。……”② 春秋戰國時期，諸子百家周遊列國，推薦自己，以求一官半職，贍養家室，廣其學説。孔子率弟子遊説列國亦然，但口氣鏗鏘，不似孟子如此低三下四、没完没了，不似“亞聖”口氣，疑後人輯《孟子》時語句。《蘇批孟子》對此三段批語：

> 憂形於辭意之表，整而不整，亂而不亂，纏綿懇惻，《離騷》似之③。

屈原數諫楚襄王而不納，作《離騷》留哀怨於世，投汨羅江以殉，千古爲之動容，萬人爲之傷痛，以此比喻孟子被齊王拘見留下的創傷，亦是一種高見。故明清坊間喜讀《蘇批孟子》並屢加翻刻傳播，表達對昏君的憎惡，對賢良的尊敬。但對“蘇批”有意見者說：“其評語全以時文之法行之，詞意庸淺，不但非洵語，亦斷非宋人語也。”④ 這也衹能以見仁見智之法處之。

蘇轍還撰有《孟子解》一書，是否與《蘇批孟子》有關，尚待行家論證。其孫籀言：“公解《孟子》二十餘章，讀至浩然之氣一段……五百年無此作也。”⑤《孟子解》爲《四庫全書》收入，其《提要》言：“《孟子解》一卷，宋蘇轍撰……實少年作也，凡二十四章。”⑥ 第五章所論“浩然之氣”一段，頗有見地：

> 子思言聖人之道，出於天下之所能行，而孟子言天下之人皆可行聖之道。
>
> 子思言至誠無敵於天下，而孟子言不動心與浩然之氣，誠之異名也。誠之爲言，心之所謂誠然也。心以爲誠，然則其行也安。是故心不動而其氣浩然，無屈於天下。此子

① 《孟子注疏》，《十三經注疏》（下），第 2691 頁。

② 《孟子注疏》，《十三經注疏》（下），第 2699 頁。

③ 《蘇批孟子·公孫丑章句下》，《三蘇全書·别録》（十九），第 43 頁。

④ 《蘇批孟子》，《三蘇全書·别録》（十九）“附録”，第 111 頁。

⑤ 《欒城遺言》，《四庫全書》864 册，第 172 頁。

⑥ 《孟子解》，《四庫全書》196 册，第 53 頁。

思、孟子之所以爲師弟子也[①]。

子思、孟子對浩然之氣的解説，各有側重，蘇轍所論，更具新意：

子思舉其端而言之，故曰“誠”；孟子從之。其一，論養心以致浩然之氣；其次，論心之所以不動；其三，論君子之所以於義，達於義所以不動心也。不動心，所以致“浩然”之氣也。三者相須而不可廢[②]。

此書第二十一章，孟子言，“形色，天性也，惟聖人然後踐行。形色者，所强於外也，中雖無有而尤知强之，孟子以是爲天性也”[③]，以“形色天性爲强飾於外，皆未免駁雜”[④]。蘇轍有獨立的思考能力，且少年時作品，誠樸自然，無所顧忌，較其晚年著作夾雜佛老思想，純净而有新意，並直指經義，不受前人注疏的束縛；所有解説是否正確無訛，都留待後世評説，而其勇氣可嘉，值得後輩青年效法。

三蘇詩文，皆含儒家經學的乳汁，包括“策略”、“策别”、“策斷”、“大臣論”、“歷代人物論”等，甚至“書”、“啓”、“銘”、“奏議”、“狀”、“劄子”都在宣傳儒家價值觀、宇宙觀、道德觀，所述内容以批評變法爲多，皆能引經據典，自圓其説。蘇氏對民間疾苦亦很關心，勸諫當道實施仁政，是西蜀具有憂患意識的大家族，且自身清廉，亦爲後世所樂道。特别是他們創立“蜀學”門派，敢於與洛、溯諸派一争高下，極大地發揚了巴蜀文化，並將這種傳承融入中華文化大格局之中，推動了巴蜀諸大名家接踵而出，巴蜀再也不是“蠻荒”之地。應該説自眉山三蘇出，其詩文、經學、史學充實了“天府之國”的文化内涵，使四川達到全國上乘水平。

作者單位：四川省社會科學研究院

① 《孟子解》，《四庫全書》196册，第55頁。
② 《孟子解》，《四庫全書》196册，第55頁。
③ 《孟子解》，《四庫全書》196册，第61頁。
④ 《孟子解》，《四庫全書》196册，第54頁。

度正學術交遊考

黄　博

度正（1166—1235），字周卿，號性善，合州人。他出生於今重慶地區，一生大部分時間是在重慶和四川度過的，是南宋中期巴蜀地區比較有名的學者，也是將理學傳入四川的重要人物。關於他的情況，目前學界雖然關注不多，但已有一些研究成果①。本節嘗試從交遊的角度，梳理出度正的交遊圈子，考訂他的交遊活動，可以進一步瞭解其人生歷程以及巴蜀學者的學術、政治生態，從中或許可以窺探出南宋中期今重慶和四川地區的士人生活及其社會交往的一般情況。

度正一生主要活動在官場和學術圈，兼具官員和學者的雙重身份。和他相交者衆多，主要也可以分爲兩類：一是他在官場上的同僚，包括上司、同事、下屬等，他們在公事上和公務之餘或因政見相同，或因興趣相似而關係融洽；二是他在學術圈的同道，他們因爲共同的學術追求而相識相交，在學術上互相激勵，也相互影響。由於度正一生的重心都在學術界，因此本文僅就他的學術交遊略作考證。

度正自紹熙元年（1190）中進士之後邁入官場，前期一直在巴蜀地區爲官，先後任資州司户參軍、遂甯府司户參軍、利州教授、成都府學教授、知成都府華陽縣、通判嘉定府、知懷安軍（治今四川金堂）、知重慶府兼夔州路提刑，直到寶慶二年（1225）纔結束地方官生涯，入朝爲官，先後任國子監丞、太常少卿、禮部侍郎等②。度正一生雖然爲官三十多年，但其真正的生活重心卻不在官場而是在學術圈，他一生所追求的目標也是獲得學術的真諦。

① 粟品孝先生可能是較早關注到度正在學術史上的意義的學者，他先後在其兩部專著中從不同方面對度正的學術情況有所介紹。此外關於度正的生平情況和文學成果，近期學界也有專文予以討論。參見胡昭曦、劉復生、粟品孝：《宋代蜀學研究》，巴蜀書社 1997 年版，第 177—179 頁；粟品孝：《朱熹與宋代蜀學》，高等教育出版社 1998 年版，第 173—175 頁；黄博：《宋代蜀中理學家度正生平考述》，《西華師範大學學報》（哲社版）2009 年第 5 期；張志全、譚會敏：《巴渝理學家度正詩文的思想內容與藝術特色》，《重慶社會科學》2010 年第 4 期。

② 關於度正的仕宦經歷，參見黄博：《宋代蜀中理學家度正生平考述》，《西華師範大學學報》（哲社版）2009 年第 5 期，第 33—35 頁。

因此，他在學術上的交遊更爲活躍和積極，其交遊者包括老師、同學、同門、學友等。

一 初涉理學：度正早期在蜀的學術交遊

度正生長的巴東山區，社會經濟較之川西平原大大落後，學術文化資訊也相對閉塞，他的求學經歷可謂相當曲折。度正在學問上的引路人據他自述應當是度伯兼。度伯兼，字善甫，定居夷陵（峽州，治今湖北宜昌），是度正的遠房親戚。度正自述他們二人的相交情況頗爲詳盡：

> 始正爲程氏之學，未得其門，誦其書若迂闊於事，其甚者又若謬於聖人。正心不敢慢，益敬以信，久之其言稍稍若可曉者。會舉進士，貢行在，欲訪程氏徒黨傳其學，至則頤正郭氏、南軒張氏已相繼殂謝，獨晦庵朱公無恙。當其時，朱又去國，莫知可問。歸至夷陵，我宗人伯兼善甫訪舟次，舊聞名德，齒以兄之，察其舉動果異。比往謝，拜其母於堂，道家世外，問所學，則曰："吾鄉郭先生，程氏的孫也。受兼山之學，篤於《中庸》，隱長楊山。晚年道益尊，濟幸得登其門，聞誨言一二。"正聞頤正久矣，恨不見，聞善甫説大喜，願請益，出《論語》一篇，皆善甫手筆記其師説者，因舉《吾與點也章》，又舉《鄉黨》篇，其説宏博，若決江河東注之海，雖百川紛紜，往復曲折，經營天下，無一勺凝滯。爲留二日，又出《易》、《中庸》贈行，曰："子歸求之，郭氏之學盡在是矣。"於是慨然太息，悼舊學之謬，放黜異説，非聖人之道不存，優遊於斯，卒得之於孟子之性善，自是卓卓始有可立之地[①]。

據此可知，度正自小就對二程的理學有着濃厚的興趣，雖然二程的學問自北宋末年以來已經很有影響，但遠在合州鄉間的度正卻祇有靠自學體會，頗爲吃力，直到紹熙元年（1190）參加進士考試時仍未得其門而入。期間他想在臨安拜訪名師，但心儀的"頤正郭氏"、"南軒張氏"、"晦庵朱公"都不得相見。考試結束回鄉經過三峽地區時，他在夷陵與族人度伯兼相遇，在此機緣巧合之下纔開始間接地得到了二程學問的真義。度伯兼自言曾經跟隨隱居於本地長陽山的著名學者頤正郭先生求學，這個郭先生就是孝宗朝頗爲有名的前輩學者郭雍。

郭雍（1103—1187），字子和，號白雲先生。他是程頤後學兼山學派的創立者郭忠孝（？—1128）之子，也是兼山學派最主要的代表人物，程頤的再傳弟子。郭忠孝，字立之，河南洛陽（今屬河南）人，以父郭逵（1022—1088）爲大將蔭補右班殿直。神宗元豐年間舉進士。徽宗宣和間，爲河東路提舉。欽宗靖康初爲軍器少監，改永興軍路提點刑獄，反對與金議和。高宗建炎二年（1128），金人犯永興，郭忠孝與經略唐重分城而守，城陷死之，朝

① 《性善堂稿》卷十《省齋記》。

廷贈太中大夫。郭忠孝是程頤晚年的親傳弟子，在《周易》和《中庸》的研治上成就頗高。郭忠孝戰死後，其子郭雍隱居於峽州的長陽山，繼承家學，授徒講學，聲名遠播，他在學術上主要是以易學和醫學爲世人所知，著有《郭氏家傳易説》、《傷寒補亡論》等。宋孝宗對他的學問頗爲看重，先後賜封他爲“沖晦處士”和“頤正先生”[①]。度伯兼爲郭雍的弟子，不見於史籍，《宋元學案》亦失載。度正聽聞他有這一機緣後，極爲高興，從他那裏問學，與自己的體會相印證，最後，度伯兼還將自己在郭雍門下學習的筆記送給度正帶回去慢慢參研（詳上引文）。度正在這一機緣之下，纔算是初窺了程朱理學的門徑。

一年後，度正在潼川府（治今三臺縣）遇到了自己在學術上的另一位重要的引路人和學術上的知己——劉光祖。劉光祖（1142—1222），字德修，號後溪先生，簡州陽安人（治今簡陽）。乾道五年（1169）進士，歷殿中侍御史、起居舍人，出知襄陽、江陵、潼川等府，官至顯謨閣直學士[②]。劉光祖是南宋中後期的名臣，剛介有守，正直敢言，在學術上認同以朱熹爲首的理學，《宋元學案》將他歸爲“晦翁同調”[③]，他是以維護道學和朱熹的地位而聞名朝野的，朱、劉二人在道學的旗幟下結下了深厚的友誼。朱熹與劉光祖交往頗多，先後三次將自己刊印的著作托人轉交給劉光祖[④]。劉光祖在甯宗朝以維護理學地位著稱，人稱道學諍臣、蜀中奇士。在劉光祖的影響下，度正更加堅定了對程朱理學的信念。度正與劉光祖初識在紹熙二年。據度正自述：“紹熙二年，（度）正始來見劉公德修（光祖）於漕使者之第，公辱館之門。”[⑤] 據史料記載，就在度正考中進士的紹熙元年，劉光祖被任命爲潼川路轉運判官回到四川爲官[⑥]，故而度正稱其爲“漕使者”。度正與劉光祖定交後，終生保持着深厚的感情。慶元五年（1199），劉光祖因爲維護理學、反對朝廷迫害理學人士而被罷官，流放房州，路過利州時，利州官員都避嫌不敢送迎，衹有度正和知州唐德輿挺身不避，前往迎接。度正後來追述此事道：

> 往年後溪謫房陵時，寺丞唐德輿文爲益昌，正爲教官，前之攻後溪者爲蜀帥，後之攻後溪者未下坡。後溪至益昌，總使、漕使皆不敢出，寺丞獨攜酒菓，挈正謁之於所寓館，從容終日而後歸。明日總使、漕使以正嘗登後溪之門，遂各使其屬洎正往餞之。又明日，送者至百堂寺，皆辭，正獨至三泉。正不欲入城，留龍門。會其日中秋月夜，三泉使君訪後溪，後溪曰：“吾有客在此，可共坐否？”使君至，使人見招。平明，使君去，正過金牛，别後溪[⑦]。

① 參見孫勁松：《兼山學派考》，《中州學刊》2005年第9期。

② 粟品孝：《簡州劉光祖家世源流考述》，鄒重華、粟品孝主編：《宋代四川家族與學術論集》，四川大學出版社2005年版，第322頁。

③ 黄宗羲原著，全祖望補修：《宋元學案》卷七十九《丘劉諸儒學案》，中華書局1982年版，第2630頁。

④ 朱熹三次贈書劉光祖，分别在紹熙二年（1191）、四年（1194）和慶元五年（1199），參見粟品孝：《朱熹與宋代蜀學》，高等教育出版社1998年版，第169頁。

⑤ 《性善堂稿》卷十《四先生畫像記》。

⑥ 李之亮編：《宋代路分長官通考》（下册），巴蜀書社2003年版，第1249頁。

⑦ 《性善堂稿》卷十五《書東坡與元明帖後》。

在劉光祖落難貶謫途中路過利州時，度正自始至終都相伴左右，迎來送往，可見二人感情深厚。度正在送劉光祖到三泉縣時，留宿龍門，在這裏又寫《送後溪先生龍門賦别》一詩相贈，結尾不忘叮囑劉光祖要爲學術事業而愛惜自己的身體，“君王舊學非終捐，願言珍重勤加餐”①。

嘉定三年（1207），韓侂胄敗死，甯宗立榮王儼爲皇太子，召天下名士入朝，劉光祖自潼川路提點刑獄奉召入朝②。度正爲此致信劉光祖，在祝賀他即將獲得大用的同時，也在信中反復討論了治學的方法和次第，信中寫道：

夫六經之義，浩如淵海，學者所造，當有先後。孰先而始？孰後而終？是不可不知也。夫聖人之立言，語其精者，固未嘗遺其粗，語其末者，亦未嘗遺其本。本末精粗，本自一貫。然其親切著明，造之而易入，講之而易明者，莫若《論語》。是以明經之序，當先《論語》，次七篇（按指《孟子》），次而《大學》，次而《中庸》，次而《詩》，次而《書》，次而《禮》，次而《春秋》，而終之以《易》焉。夫《易》，窮理盡性之書，而《論語》者，切問近思之書也。學者必先切問近思而後可以窮理盡性，則不躐等，不陵節，聖人之道爲可得，聖人之事業爲可有矣③。

儘管度正比劉光祖小二十多歲，但他在信中一心關注的是學術問題，故而不避嫌疑，以晚輩的身份向自己老師輩的劉光祖反復講説爲學之道，此種學術上的真摯是相當難能可貴的，同時也表明二人之相交也是建立在共同的學術愛好基礎之上的。嘉定十五年（1222），劉光祖病逝。度正得到這一噩耗後十分悲痛，寫下了“平生知己淚，今日爲公傾”的挽詩④和情辭懇切的祭文⑤。

此外，度正與劉光祖之子劉靖之曾經同在成都爲官，二人也有交往。劉靖之，字思恭，劉光祖子，出繼伯父。開禧中監成都糧料院，制置使吴獵嘗薦之。官至承議郎、軍器監兼樞密院檢詳官⑥。劉靖之在監成都糧料院時，度正正好在成都擔任成都府學教授，兩人還同時得到過當時的四川制置使吴獵的推薦。據當時他們的蜀中同鄉李心傳記載：

吴德夫爲帥，薦李仲可（嗣文，依政人，知雅州）、何仲弼（德彦，綿竹人，通判成都府）、度周卿（正，巴州人，知華陽縣）、何從叔（應龍，昌元人，西川簽判）、劉思恭（靖之，陽安人，監成都糧料院）、李思行（鳴鳳，陽安人，隆州教授）。何李皆類省試第一人。思恭，德修子。仲弼已選知黎州。四人皆召。仲可得旨與監司差遣，俟命一年餘，乃除利州路轉運判官。周卿嘗謁朱晦翁於建陽，從之彌月。德修每爲之延譽，

① 《性善堂稿》卷二《送后溪先生龍門賦别》。
② 《西山先生真文忠公文集》卷四十三《劉閣學墓誌銘》。
③ 《性善堂稿》卷七《通劉侍郎書》。
④ 《性善堂稿》卷三《奉挽近故安撫侍郎龍學劉公》。
⑤ 《性善堂稿》卷十三《劉左史祭文》。
⑥ 粟品孝：《劉光祖家世考》，《西華大學學報》（哲社版）2004年第2期。

德夫又力薦之，乃進一官。曾君錫舍人論之，命遂寢[①]。

此處謂度正巴州人，當是巴川人之誤。從這段記載中可知，吴獵推薦的蜀士大多得到朝廷召見和升遷，祇有度正一人雖然有吴獵和劉光祖的極力讚揚，最終卻因爲被人攻擊而没有得到提升。據度正自述，原因是有人刻意羅織陷害、散佈謡言，攻擊度正當年往朱熹門下求學是處心積慮之舉。度正自述此事道："中蒙連帥之薦揚，遂被邇言之横及，但知忮其私忿，遂並毁其平生。謂其問道於僞學禁錮之時，乃是要名於正論既明之後。"[②] 這個奇怪的理由完全是欲加之罪，何患無辭了。度正與劉靖之可謂既是世交，又是同僚，還一起作爲蜀中人才獲得推薦，二人的交往應相當深。劉靖之英年早逝，度正爲此寫了非常沉痛的挽詩，感歎好友死後，自己從此衹能過着"握手悲無日，臨風涕泗横"[③] 的日子了。

除了劉光祖之外，度正和蜀中的一些前輩學者也有不少交流。《性善堂稿》卷三收有《謁新漢州范文叔》詩一首，此范文叔就是華陽范氏出身的范仲黼。范仲黼出身於蜀中學術世家[④]。淳熙五年（1178）進士，以通直郎爲國子博士，兼皇侄許國公府教授。他長期從蜀中學者李石遊學，後往湖湘從學於張栻，杜門十年，無意仕進。朱熹、吕祖謙等名儒皆雅敬其人。光宗紹熙三年（1192），除秘書郎。五年（1194），擢著作郎、知彭州。晚年與范蓀、范子長、范子該、虞剛簡、薛紱、宋德之、程遇孫、鄧諫從八人講學於成都滄江書院，時號爲"二江九先生"。自是，南軒之學大行於蜀中，實爲仲黼開啟之功，學者稱其月舟先生[⑤]。范仲黼可以説是張栻湖湘學派在四川的代表人物，在巴蜀學界有相當的學術影響力。從詩的題名上看，二人相識應在范仲黼知漢州之時。事實上，度正與范仲黼相交並非偶然，據學者研究，南宋中晚期在四川學術圈一度形成了一個以范仲黼、虞剛簡爲核心的"二江九先生"學術交遊圈，他們爲理學在蜀中的廣爲流傳及追上發達地區的水準作出了重要貢獻。此外，與度正過從甚密的同僚張方，也是"二江九先生"學術交遊圈中之人[⑥]。

張方，字義立。資陽人，慶元五年進士，類省試第一人。開禧中爲普州教授。宣撫使程松嘗薦之[⑦]。後歷任國子監正、太常博士。嘉定五年知嘉定府，改知果州。再轉夔路、利路、成都路提點刑獄兼四川制置司參議官。著有《亨泉遺稿》100卷[⑧]。張方是當時四川的

---

① 《建炎以來朝野雜記》乙集卷十《淳熙至嘉定蜀帥薦士總記》，第664頁。

② 《性善堂稿》卷八《通任樞密啓》。

③ 《性善堂稿》卷三《挽劉大監思恭》。

④ 華陽范氏興起於北宋中期的范鎮，再由范百禄、范祖禹、范沖發揚光大，據統計，該家族在宋代先後有二十七人中進士，四人官至翰林學士，七人列名《宋元學案》，是一支興盛長達兩百年，在政治上和學術上都有重要影響的大家世族。參見胡昭曦：《宋代"世顯以儒"的成都范氏家族》，鄒重華、粟品孝主編：《宋代四川家族與學術論集》，四川大學出版社2005年版，第113頁。

⑤ 胡昭曦等：《宋代蜀學研究》，第137頁。

⑥ 鄒重華：《士人學術交遊圈：一個學術史研究的另類視角（以宋代四川例）》，鄒重華、粟品孝主編：《宋代四川家族與學術論集》，第434—437頁。

⑦ 《建炎以來朝野雜記》乙集卷十《淳熙至嘉定蜀帥薦士總記》，第662頁。

⑧ 陸心源：《宋史翼》卷二十二《張方傳》，中華書局1991年版，第233頁。

青年才俊，度正與之相識，有《賀張義立弄璋》詩一首，恭賀他喜得貴子[①]。其後張方擔任四川制置司幹辦公事，不久獲得四川宣撫使程松的推薦入朝選官，臨行前，度正賦詩一首相贈，在詩中度正爲他的風采所折服，“襟懷灑落志慷慨，風格俊爽材疏通”，並鼓勵他“支持大廈要梁棟，努力自愛毋匆匆”[②]，期望他此行入京能够有所作爲。

除了與四川本地學者交遊之外，度正在四川爲官期間，與當時理學湖湘學派的重要人物吴獵也過從甚密。吴獵是度正在成都爲官時的頂頭上司。吴獵（1142—1213），字德夫，學者稱爲畏齋先生，醴陵（今湖南）人。著名學者張栻的弟子，後又受教於朱熹。淳熙十六年（1189）進士。張栻經略廣西，辟爲静江府教授。旋知無錫縣。經陳傅良奏薦，召試守正字。紹熙五年（1194）十月，甯宗即位，相繼遷校書郎、監察御史。韓侂胄專權，罷朱熹等人官職。吴獵上書請留朱熹，出爲江西轉運判官。嘉泰三年（1203），起爲廣西轉運判官。開禧元年（1205）授户部員外郎，總領湖廣、江西、京西財賦與湖北、京西軍馬錢糧。開禧二年（1206）知江陵府，主管荆湖北路安撫司事，三年，加寶謨閣待制，湖北、京西宣撫使。屢挫金兵入犯。嘉定元年（1208），授敷文閣直學士，四川安撫制置使兼知成都府[③]。吴獵在當時士大夫中的聲譽極高，在學術上是湖湘學派的代表人物，在政治上是屢挫金人的封疆大吏[④]。他到四川後極爲重視人才，是度正的老師輩，度正對他自稱“門生”。他對度正有知遇之恩，到任後向朝廷推薦度正爲蜀中人才[⑤]。度正自中進士後，二十年來，在官場上多不得志，直到吴獵到四川後纔有了起色。此時，度正已到成都任府學教授，吴獵到任四川制置使兼知成都府後的謝表就是由度正代寫的[⑥]，表明二人一開始就關係密切。嘉定三年（1210），度正擢知華陽縣，這年三月，蜀中士人爲吴獵立生祠以表彰其在蜀的政績，度正親自爲其生祠撰寫了祠記，高度評價了吴獵在蜀中三年的政績：

> 勸農桑，興孝悌，黜奸惡，掩骼埋胔，養老恤孤，嚴教閲，振軍伍，修官寺之壞，通溝洫之廢，凡可以爲根本之計，久遠之慮者，無不爲，爲之無不至，其可書者，蓋甚衆[⑦]。

除此之外，度正對吴獵大力興學崇教的做法更爲推崇，專門予以了闡揚。四月，吴獵任滿還朝，臨行前，度正又作《送别序》一篇爲其送行，在文中度正對吴獵的仕途寄予了遠大的期望，認爲他回朝後可能拜相執政，並給出了當今朝廷之急務在於振作士氣的建議[⑧]。遺憾的是，吴獵回朝後不久就一病不起，於嘉定七年（1214）病逝。度正接此噩耗後悲痛地爲吴獵

---

① 《性善堂稿》卷三《賀張義立弄璋》。

② 《性善堂稿》卷二《送張義立制干赴闕探韻得東字》。

③ 魏了翁：《鶴山先生大全文集》卷八十九《敷文閣學士吴公行狀》。

④ 全祖望於張栻門人中對他極爲稱讚，“得於宣公求仁之學，而施之於經綸之大者，非區區迂儒章句之陋。而其好用善人，則宰相材也。”參見《宋元學案》卷七十一《岳麓諸儒學案》，第2379頁。

⑤ 《建炎以來朝野雜記》乙集卷十《淳熙至嘉定蜀帥薦士總記》，第622頁。

⑥ 《性善堂稿》卷五《代吴侍郎到任謝表》。

⑦ 《性善堂稿》卷十一《敷文閣直學士安撫制置使長沙吴公生祠記》。

⑧ 《性善堂稿》卷九《送吴侍郎序》。

撰寫了《祭文》和《挽詩》，在《祭文》中回顧了吴獵的一生，高度評價了他在學術和政治上的成就，表達了自己對吴獵的崇敬之情①；在《挽詩》中則表達了自己痛失導師的心情，“斯文真不幸，海內失儒宗”②。

二　朱門師友：度正與南宋中後期理學家的交遊

在與前輩學者劉光祖和范仲黼相交之後，度正終於親往福建拜見了朱熹。度正對理學有着長期的學術追求，在經過多年的學習和思慮之後，終於下定決心到當時理學集大成者的朱熹門下求學，“故聞其風而思見其人，讀其書而思識其言，味其言而思得其心，蓋如是者又十餘年，於是慨然內斷於心，以決其行”③。度正拜見朱子的情況，從現存的一些相關記述中可以確定在慶元三年（1197）夏天④。其理由大致有以下三點：

一是度正拜見朱子的背景。攻擊度正的人說他是“問道於偽學禁錮之時，乃是要名於正論既明之後”，他自述其拜見朱子時也是“蓋是時偽學之論方熾”⑤，可見不論是他人評説還是度正自述，都是朱子及其學術遭到朝廷打壓被定爲偽學之時。慶元二年，在政治鬥争中宰相趙汝愚失敗，且在流放途中病逝，權臣韓侂胄完全控制朝局，開始打擊趙汝愚及其支持的理學，朱熹及其門人遭到迫害，其學説被指爲偽學。慶元三年十二月，朝廷還出臺了一個五十九人的所謂偽學逆黨的名單。此後幾年，理學的政治環境一直相當惡劣，直到慶元六年朱子病逝。所以，度正拜見朱子初步可以確定在慶元年間。

二是據度正詩中所言拜見朱子前後的情況，可以推知度正此行是先往臨安調官，然後再去福建尋訪朱熹。詩曰：

> 乃趨光範門，所志在升斗，明日益昌學，有旨除度某，是時京宰相，來者無不受。殷勤獻三策，風化略開剖。維南有真儒，奮起光前後。六月冒隆暑，願聞道樞紐。一見晉其門，妙語得親手。歸來歡有餘，俯仰對穹厚⑥。

“光範門”是唐代大明宫含元殿之西的一處宫門，靠近中書省所在的宣政殿，爲唐代宰相上下朝所必經之地，韓愈就曾經在此地等候下朝的宰相上書⑦。“趨光範門”在宋代已成上書宰相的代稱，詩中所講的正是度正到臨安上書當時的宰相京鏜一事，並且得到了“利州

① 《性善堂稿》卷十三《吴侍郎祭文》。

② 《性善堂稿》卷三《奉挽近故制置吴侍郎畏齋先生吴公》。

③ 《性善堂稿》卷七《上任尚書伯起》。

④ 粟品孝先生在其著作中已指出度正拜見朱熹爲慶元三年，此事在該書爲末節，故未予以論證，本文在此略加論證，以補其未盡之意。參見粟品孝：《朱熹與宋代蜀學》，第174頁。

⑤ 《性善堂稿》卷八《通任樞密啓》。

⑥ 《性善堂稿》卷一《奉别唐寺丞丈》。

⑦ ［宋］程大昌撰，黄永年點校：《雍録》卷四《光範門》，中華書局2002年版，第70頁。

教授”一職。“益昌學”指的就是益昌的學官，益昌是利州的舊稱。從詩中可見，度正拜見朱子之前曾在臨安調官，然後在盛夏的六月前往福建尋訪朱子。而度正在另一篇文章《掩馬記》中提到他在慶元三年正月曾經因調官而赴闕下①，可見慶元三年度正確實離開過蜀中前往東南一行，因而得以有機會親自“觀光王國，講業閩中”②。

最後也是最有力的證據，就是度正拜見朱子時，曾拿出自己收藏的《伊川先生帖》給朱子鑒賞，朱子在觀帖後寫有跋文：

> 傅君周旋周程師弟子間，知所主友，而伊川先生手刺謁謝，爲禮亦恭，則其人之賢不問可知。度君求訪之勤，意欲甚美。濂溪先生往還遺跡，計其族姻閭里之間猶有存者。度君其廣詢之，當可得也。嘗讀明道先生《顔樂亭詩》，其卒章曰：“井不忍廢，圃不忍荒。”嗚呼！正學其何可忘？然則熹之所望於度君者，又不專在於此也。度君其益勉之哉！慶元丁巳七月二十二日朱熹書③。

朱子的這篇跋文應當是寫在度正前來拜見他，並出示這幅程頤的書法作品給他鑒賞之時，落款所寫的時間“慶元丁巳”即是慶元三年，“七月”也正好符合度正詩中所說的夏天酷暑之時。綜合以上的材料，我們可以斷定度正拜見朱熹、成爲朱子門人的時間就在慶元三年的夏天。

度正求學於朱子門下的具體情況則比較清楚，他在自述中說：

> 蓋是時僞學之論方熾，士怵於利害，畔而去者，往往而有。先生察其來之遠，壯其志之高，灼其中心之無所畏，而外行之無所遷也。於是接之加異焉。窮其所已知而後告之，以其所未知極其所已到而後語之，以其所未到及其言之有會於心，則欣然而與之言，之於人而稱之其所以博而約之者，蓋無所不至，而正亦退而自謂有得於先生焉④。

處於僞學之禁下的朱熹，對於不遠萬里從蜀中來到閩中求學的度正是極爲讚賞的，對他有很高的期望。不過，度正在朱子門下求學的時間並不長，從事後朱熹曾致信劉光祖談到度正來訪一事來看，度正應該在慶元三年夏拜見朱子後不久就啟程回蜀了。朱子致劉光祖的信中說：

> 某屏處如昨，近以鄉邑不静，挈家入城，擾擾逾月，今且歸矣。間讀邸報，幸復聯名。而賤跡區區，乃先衆賢，爲不稱耳。側聽久之，未有行遣，勢不能免，姑静以俟之耳。度君周卿來訪，志趣不凡，知嘗出入門牆，固應如此，雖已不敢隱其固陋，然磨礱浸潤之功，尚不能無望於終教之也⑤。

---

① 《性善堂稿》卷十一《掩馬記》。

② 《性善堂稿》卷八《通利州唐寺丞啓》。

③ 朱熹：《晦庵先生朱文公文集》卷八十四《跋度正家藏伊川先生帖後》，朱傑人等編：《朱子全書》（第24册），第3949頁。

④ 《性善堂稿》卷七《上任尚書伯起書》。

⑤ 朱熹：《晦庵先生朱文公别集》卷一《劉德修》，朱傑人等編：《朱子全書》（第25册），第4852頁。

從信中所言“幸復聯名，而賤跡區區，乃先衆賢”的話來看，此信應當寫於慶元三年十二月以後，這句話指的就是當年十二月朝廷頒佈的僞學黨籍名單，朱熹列待制以上官之首，而劉光祖則列餘官之首，所以稱之爲聯名。此外，度正回蜀後的第二年十月，朱子致信度正關心他的學問進展，信中寫道：

十月十六日熹頓首：去歲暮何幸辱遠訪，得遂少款爲慰、爲慰。頃客舍語别，忽忽期年又兩三閱月矣。不審何日得遂舊隱，官期尚幾何時，比來爲況如何？讀書探道亦頗有新功否耶？歲月易得，義理難明，但於日用之間，隨時隨處提撕此心，勿令放逸，而於其中隨事視理，講求思索，沈潛反復，庶於聖賢之教，漸有默相契處，則自然有得，天道性命，真不外乎此身。而吾之所謂學者，捨是無有别用力處矣。相望數千里，無由再會面，因書涯略，不覺縷縷，切勿爲外人道也。此書附建昌包生去，渠云自曾相識，且欲求一異書，不知果有之否？刻舟求劍，似亦可笑，然亦可試爲物色也。所欲言者，非書可悉，燈下目昏，草草不宣。熹再拜，周卿教授學士賢友①。

朱熹這封信對於瞭解度正親自拜見朱子求學的情況有極大的説明。不過，此信現存有三個版本，一是流行最廣的《答度周卿》一文，收入朱子的文集。該文去頭去尾，以至没有了明確的時間，不利於這一問題的討論②。另外有《朱子與周卿書》一文作爲涪州北巖石刻的一篇收入《八瓊室金石補正》一書中，此一版本錯字、漏字甚多，特别是後半部分從“無由再會面”到“不知果有之否”之間一大段文字全部遺漏，致使文義不連貫③。在此，我們引用的是朱子此信最完整的版本，即同治《重修涪州志》中收録的《與周卿教授學士書》一文。④

此信寫於十月，而朱子謂與度正訪學相距一年零二三個月，可知度正離開之時當在慶元三年七八月間，看來度正在朱子身邊待的時間並不長。度正回蜀後不久朱熹就病逝了，二人没有再次相見。他没有辜負朱子的期望，此後數十年一直以傳播朱子理學爲己任，成爲理學在蜀中傳揚的中堅人物。

度正回到四川後，因爲分屬同門且又是同鄉的關係，他與朱子的另一蜀中弟子晏淵開始結識並成爲學術上的摯友。晏淵（？—1229），字亞夫，號蓮蕩（蓮塘），涪州人。終身布衣，專心學術。先從蜀中著名史學家李燾遊學，紹熙末年前往建陽求學於朱子門下，在朱子身邊學習了三年，是朱子晚年最爲看重的弟子之一，現存《朱子語類》由他提問的多達四百多條，返回四川後潛心治學，對《孟子》和易學都有很深的造詣⑤。度正辭别朱子返回四川時，朱子特意給晏淵寫了一封信讓度正捎回，信中説：

---

① ［清］吕紹衣等修，王慶元等纂：《重修涪州志》卷十四《藝文志》，同治九年刻本，第9—10頁。

② 此文見朱熹：《晦庵先生朱文公文集》卷六十《答度周卿》，朱傑人等編《朱子全書》（第23册），第2898頁。

③ 見陸增祥：《八瓊室金石補正》卷一百一十二《涪州北巖石刻·朱子與周卿書》，文物出版社1985年版，第793頁。

④ 這篇文章的完整版本在《涪州志》上，爲筆者撰寫本文時由粟品孝老師提示所得，在此致謝。

⑤ 參見李勝：《晏淵事迹徵略》，《重慶師範大學學報》（哲社版）2006年第4期。

長沙之别，忽忽累年，都不聞動静，深以爲念。度周卿來，略知還家已久，不審比日爲況定何如？德門尊少，計各平安，家居爲學所進復如何也？熹連年疾病，今歲差勝，然氣體日衰，自是無復强健之理，所幸初心不敢忘廢，亦時有朋友往來講習，僞學污染，令人恐懼，然不得辭也。周卿相見必能道此間事與所商榷之曲折，因其歸謾附此紙，相望之遠，會面無期，唯以慨歎耳①。

度正既然應朱子之托將信交給夏淵，而夏淵在涪陵，度正回川沿江而上，也是比較順路的，二人會面的可能性很大。夏淵在朱門的地位和學術造詣比度正要高得多，度正對他是非常欽佩和讚賞的。嘉定十四年（1221），度正在知重慶府權領夔州路提點刑獄任上接到朝廷要求保奏本地"士人有節行才識，學術素爲鄉里所重，不求聞達者"一二人的通知，遂上書推薦了夏淵。在書中度正對夏淵的學術、人品都讚不絶口，尤其是欽佩他在易學上的造詣：

伏見涪州布衣夏淵，性資沈静，履行清修，深明經學，頗通世務。少從故禮部侍郎李燾游，燾愛其志。中年又往建寧從故侍讀朱熹，熹亦愛之，留之門，使與諸孫校書。熹之門人衆矣，惟淵從之爲最久，聞其言爲最詳，記其説爲最備，故其得之爲最精。今建陽書坊所刊朱熹經説，淵之所録《易》説，實居其首。故江東提舉李道傳所集《朱熹語録》，淵之所録亦附載其中②。

儘管這次推薦朝廷並没有破格任用夏淵以官職，但此事表明度、夏二人相交極深，度正對夏淵的生平和學術經歷都非常瞭解。

辭别朱子，度正回到四川後對理學的傳播有着很高的積極性。嘉定元年（1208），度正因爲想刊佈朱子語録，他在成都與當時蜀中學術界的後起之秀魏了翁開始了交往。魏了翁（1178—1237），字華父，號鶴山先生。邛州蒲江人，官至端明殿學士、同簽書樞密院事、督視京湖軍馬。魏了翁一生在學術上成就很高，在宋明理學上，一般認爲他是繼張栻和朱熹之後的又一高峰，在學術上會通蜀、洛，主講鶴山書院，廣傳理學，是將理學樹立成國家學術的主要人物③。從年紀上講，其實他是度正的後輩，比度正小十多歲，他在慶元五年（1199）纔中進士，之後歷任簽書劍南節度判官廳公事等職，嘉定元年（1208）前後正在知嘉定府任上。度正與他在成都相見，此時的魏了翁在學術上已經成爲朱子的信徒。魏了翁並没有親自見到過朱子，但在嘉泰、開禧年間爲官臨安時，因爲與朱子的弟子輔廣、李方子等人相交而得到朱子的許多著作，回到四川後講學授徒，傳播程朱理學。度正與他在成都會面後，提出將魏了翁帶回的朱子語録予以刊刻印行，二人爲此發生了争論：

嘉定元年，予留成都，度周卿請刻本以幸後學，予曰："予非敢靳也，所爲弗敢傳者，恐以誤後學耳。"周卿艴然曰："奚至是！"予曰："子知今之學者之病乎？凡千數百

---

① 朱熹：《晦庵先生朱文公文集》卷六十四《與夏亞夫書》，朱傑人等編《朱子全書》（第23册），第3050頁。

② 《性善堂稿》卷五《權夔憲舉夏亞夫遺逸奏狀》。

③ 參見胡昭曦等：《宋代蜀學研究》，第143—162頁；蔡方鹿：《魏了翁與宋代蜀學》，《社會科學研究》1992年第5期。

年不得其傳者，今諸儒先之講析既精，後學之稡類亦廣，而閩浙庸蜀之鋟刻者已遍於天下，若稍捐貲用，則立可以充廚牣幾，苟有小慧，纖能涉其大指，則亦能以綴説輯文，或以語諸人，則亦若稍嘗從事焉者，奚必誦先聖書而後爲學乎，亦取諸此而足矣。且張宣公以程子之意類聚孔孟言仁，而文公猶恐長學者欲速好徑之心，滋入耳出口之弊，脱是書之行，其無乃非公所云云者乎！吾甚懼焉。”周卿繇是姑徐之。後數年，竟從予乞本刊諸青衣，彼不過余所藏十之二三耳。然予且謂周卿曰：“子其以此意著於篇端，俾學者毋襲是弊也。”[①]

在魏了翁的記憶中，看來二人的初次相見，並不太愉快。度正對於理學有着熾熱的求知欲，同時也希望把理學傳播給所有向學之人，但在學術上的思慮卻並不多，而魏了翁則是一個在學術上很有主張的人，故而不讚成將朱子的語録廣爲傳播，他擔心這樣做的後果是好心辦壞事，使那些心術不正的人得到通往終南捷徑的法寶。由於見解有異，度、魏二人後來似乎少有聯繫。

事實上，嘉定年間，與度正在學術上相交最深、關係最好的並不是他的同鄉魏了翁，而是他的同門曹彦約。曹彦約（1157—1228）[②]，字簡甫（簡夫），南康軍都昌人。淳熙八年（1181）進士，歷漢陽軍、湖南安撫使兼知潭州等，曹彦約比度正大十歲，比起度正來入朱子之門甚早，學習的機會更多。他最初在朱子講學白鹿洞書院時（1180 年前後）曾經在朱子門下學習過一段時間，十四年後又在岳麓書院跟朱子相見。他才兼文武，曾於漢陽擊退金兵，又在湘南剿平盜匪。在朱門弟子中，曹彦約是“經濟大略第一人”[③]。嘉定八年（1215），曹彦約調任利州路轉運判官兼知利州，此時度正通判嘉定府，二人同在四川，有了相互接觸的機會。作爲同門，二人都有在四川傳播朱子理學的願望，於是在嘉定九年，二人將自己所收藏的兩個版本的朱子講學問答語録和麻沙版語録匯輯校正，在利州州學刊刻印行了《延平答問》一書。此事曹彦約有頗爲詳細的回憶：

《延平答問》一編，始得當塗印本於黄巖趙師夏致道，攜度劍閣，以示石照度正周卿，因得周卿所藏臨川鄒非熊宗望録本，與麻沙印本刊其誤而闕其疑，可以傳矣，鋟本益昌學宫，與四蜀之士共焉。嘉定丙子（嘉定九年）冬至日後學曹某謹識[④]。

在同門二人的通力合作之下，語録刊印的工程進行得很順利，二人也因此建立起深厚的學術情誼。儘管曹彦約在四川待的時間並不長，但度正此後與他一直保持着十分緊密的聯繫。約在嘉定十年（1217），曹彦約在利州的任期結束，調知甯國府，度正親自撰寫了一篇序文爲他送行，文中譽稱曹彦約是當今天下的“材略智謀之傑然者”。度正認爲他之所以如此，是跟從朱子學習和自我磨煉的結果，“本朝大儒，實始於遺經，得之五傳而至文公朱先

① 魏了翁：《眉州刊朱子語類序》，《朱子語類》，第 8—9 頁。
② 關於曹彦約的生平，參見魏了翁《鶴山先生大全文集》卷八十七《曹公墓誌銘》。
③ 黄宗羲原著，全祖望補修：《宋元學案》卷六十九《滄州諸儒學案上 · 文簡曹昌谷先生彦約》，第 2273 頁。
④ 曹彦約：《昌谷集》卷十七《跋延平答問》，《四庫全書》本。

生。博學詳説，於是大備。侯少從先生遊，親受大義，故其見於經綸運用者，章章如此”①。同時，曹彦約對於度正崇重理學、信守師説、一心學術的精神也很讚賞，二人可謂惺惺相惜。寶慶元年（1225），度正將自己所著的《性善堂後集》寄送給曹彦約，曹讀後寫下了一篇簡單的跋語，正好是對他們二人十年相交的一個總結：

> 論交於度周卿者十年，識其爲人矣。守師道如守孤城，持正論如持盤水。蓋嘗爲識者言之，其爲文操縱捲舒，真得巨儒心法。非拘拘泛泛，襲紙上已成之説，架屋於屋下者。今觀《性善堂後集》，則其平日所作，固已磊落於歌行而諄複於書序記跋，反復於宏議而微妙於至理以爲未足，悦晦庵先生之道，南學於考亭，孟子所謂豪傑之士，不是過也。黄西甫亦生合陽，信周卿之學而師友之久，而益確是皆天下之善士，非止一鄉一國而已也。因《性善堂集》之見遺也，敢書以告。寶慶改元歲，晚生匯澤曹某書於吴山寓舍②。

從文中可以看到，曹彦約對於度正也是非常看重的，認爲他是得了朱子的真傳心法，且有所發明，並非因襲陳言。可見二人相識相交，相知甚深。曹彦約晚年辭官後，曾上表極力推薦度正接替自己的官職：

> 準令：侍從官授訖三日，舉官一員自代。臣蒙恩授前件職已於今月十三日望闕謝恩，祗受訖須至奏聞者。右臣伏睹朝散郎、前知重慶軍府事度正，以孝事親，以廉處己，履行端慤，講學精詳。分教則士得師承，宰邑則民推善政。兩爲州郡，益見慈祥。已試之效見於蜀帥所薦，皆有可紀，作爲文章，出入經傳，見於諸書序引皆有據依，臣實不如，舉以自代。謹録奏聞，伏候敕旨③。

曹彦約的極力引見，對於度正的仕途有着相當的助力，度正自中進士後在巴蜀地區擔任中下級地方官長達三十年，直到寶慶二年（1226）前後纔由重慶知府奉召入朝擔任國子監丞，而這一任命很有可能就是曹彦約推薦的結果。從前面的論述可知《性善堂後集》可能完稿於寶慶元年，而現存的《性善堂稿》也基本上没有收録寶慶以後的文章，此後度正的交友情況也不太清楚了，所以曹彦約大概是度正晚年相交最深的知己，也可能是他最後一位學術上的良朋益友了。

除了上述師友之外，度正還有不少學生，可以説也是他學術交遊的一部分。度正一生，教導生徒，頗爲勤力。度正從福建訪學歸來後，先後擔任過利州、成都府等地官學教授，在職期間，自然以朱子思想浸潤諸生。他在利州教授任上，便以“正心誠意”開導學生，“入侍夫子，儻精義妙道之或聞；出領諸生，則誠意正心而願學”④。他還主張教育應該因勢利導，引導學生使其成材，“先王之所以教也，皆因人心之有而順導之，非有所强之於外也。

① 《性善堂稿》卷十《送曹簡夫序》。

② 曹彦約《昌谷集》卷十七《跋性善堂後集》。

③ 《昌谷集》卷八《舉度正自代狀》。

④ 《性善堂稿》卷九《贄見利守唐德輿啓》。

故其爲教也易，而成材也衆”[①]。其學生衆多，最著名的有陽枋、趙景緯二人。陽枋是度正的同鄉，幼從其學，在學術史上，“陽枋是晚宋朱學嫡傳，蜀學奇葩”，學術造詣頗高[②]。趙景緯，字德父，臨安府於潛縣人。崇尚朱學，“恨不及登朱熹之門”，後來朱熹門人葉味道對他說：“度正，吾黨中第一人。”於是趙景偉便登門求教，度正“首誨以求放心爲本”[③]。這一教導也是當年朱熹對度正的教誨。趙景緯後來中淳祐元年進士，官終顯文閣待制[④]。

綜上所述，作爲一個在學術上並不出衆、在官場地位又不高的人來説，度正的交遊經歷或者頗能代表當時一般士人的學術發展道路。度正的交遊圈重心在學術界，而學術上的交遊又影響了他的學術取向。在宋代，四川學者一般都有蜀學的底子或興趣，不過度正卻是一個例外，他自始至終都篤信程朱理學，特別是求學於朱熹，將朱子的學説傳播到四川，爲理學在四川的發展奠定了重要的基礎。他的交遊圈中人物多數是朱學或傾向朱學的人。度正接觸程朱理學得益於與族人度伯兼的偶遇，這或許是一種偶然，但他後來的交遊取向則與其一心弘揚朱熹學術於蜀中的志趣密不可分。

作者單位：四川大學中國藏學研究所

① 《性善堂稿》卷十《中江縣重修縣學記》。

② 參見《宋代蜀學研究》第六章第一節《陽枋的學術思想》，第185—192頁。

③ 《宋史》卷四百二十五《趙景緯傳》，第12673頁。

④ 趙景緯的學術思想可參見《宋代蜀學研究》，第196頁。

論李調元的易學成就[①]

金生楊

李調元出身於官宦世家，從小就受到良好的學術薰陶，拜師求學、入仕爲官後，交遊甚衆，其學益進。他編纂《函海》，保存了大量蜀中文獻，同時在文學、經學等方面有着突出成就，對易學也有一定的研究。學界對李調元及其學術成就雖然有了一定的研究，但還遠遠不够深入。在此，筆者主要就其易學成就略作梳理，以求教於方家。

一　李調元的生平與學術

羅江李氏與丹棱彭氏齊名，一門出李調元、李鼎元、李驥元，皆以文名，史稱“羅江三李”。其中李調元於《易》亦有研究，故僅就其世系、生平、學術而論之。

（一）李調元先世

李氏家族世居羅江，於明代“頗稱繁盛”，張獻忠之亂，僅其先祖攀旺一人得存[②]。攀旺生文彪、士逵、文彩，文彩生化楠，即調元之父。

李化楠（1713－1769），字廷節，號石亭。少穎異，喜讀書，尤好經義。乾隆六年（1741）舉人，七年（1742）進士。十七年（1752），充浙江鄉試同考官。次年（1753），選授浙江餘姚知縣。二十一年（1756），復充浙江鄉試副考官。歷秀水、平湖知縣，滄州、涿州知州，天津府海防同知，霸州、薊州知州，宣化府、順天府北路同知。嘗“以川中書少，遍購古今書籍數萬卷，以舟載至家，造萬卷樓以藏之”。所著有《治姚紀略》2卷、《醒園

---

① 基金項目：本文係四川省哲學社會科學“十一五”規劃2007年度“元明清巴蜀易學研究”項目的階段性成果。
② ［清］李化楠：《李石亭文集》卷三《族譜序》，《叢書集成初編》第2514册，商務印書館1939年版，第23頁。

録》不分卷、《萬善堂集》10卷、《李石亭文集》6卷[①]。化楠"學問文章，豪情逸興，大有不可一世之概"，"故人謂先生之優於學，熟於史，詳於天時人事"[②]。

（二）李調元生平與著述

李調元（1734—1803），字羹堂、鶴洲、贊庵，號雨村，別署童山蠢翁，綿州羅江縣（今德陽羅江縣）南村壩李家灣人。調元幼好學，五歲入鄉塾，授《四書》、《爾雅》輒成誦，七歲能詩。二十歲時與弟譚元同赴餘姚父之任所，二十五歲歸蜀。乾隆二十四年（1759），肄業於成都錦江書院，鄉試第五名。乾隆二十八年（1763），會試中第二名，殿試中第二甲十一名，御試以第五名選入一等，欽點翰林院庶吉士。三十一年，散館改吏部文選司主事。三十二年，實授考工司主事，仍兼文選司事。三十九年，充廣東鄉試副考官。四十一年，升考功司員外郎。次年，年届京察，以"浮躁"解官，擬買書南歸，奉旨復官。八月，提督廣東學政。四十六年（1781），入京述職，補授直隸通永道道臺。次年，奉旨送《四庫全書》至盛京，以途中黄箱沾濕，查究中與永平知府弓養正對訐，落職下獄。四十八年，部判發伊犁，充當苦差，賴直隸總督袁守侗代奏，以二萬金贖免。五十年，由通州返蜀閑居。嘉慶七年（1802）十二月卒於家，年六十九[③]。

李調元"少聰敏好學，父化楠宦浙中，調元往省，遍遊浙中山水，遇金石即手自摹搨，購書萬卷而歸，由是益奮於學"。其家萬卷樓貯經史子集40櫥，內多宋槧，抄本尤夥，爲"西川藏書第一家"。他幼承家學，狂放不羈，性"愛奇嗜博"，"自經史百家，以及稗官野乘，靡不博覽"，通經史、文字、音韻、方言、金石、地理、風俗、博物、飲食、詩文、書畫文藝、戲曲諸學，當世稱爲通儒，著述尤富，多達五十餘種。"蜀中撰述之富，費密而後，厥推調元。"在經學上，他著有《易古文》3卷、《尚書古字辨異》1卷、《鄭氏尚書古文證訛》11卷、《童山詩音説》4卷、《周禮摘箋》5卷、《儀禮古今考》2卷、《禮記補注》4卷、《夏小正箋》1卷、《月令氣候圖説》1卷、《春秋三傳比》2卷、《春秋左傳會要》4卷、《左傳官名考》2卷、《逸孟子》1卷、《十三經注疏錦字》4卷等，小學類著作《剿説》4卷、《蜀雅》12卷、《通詁》2卷、《六書分毫》3卷、《古音合》2卷、《奇字名》12卷、《方言藻》2卷。其他著作有《蜀碑記補》10卷、《諸家藏書簿》10卷、《諸家藏畫簿》10卷、《南越筆記》16卷、《尾蔗叢談》4卷、《制義科瑣記》4卷、《然犀志》2卷、《出口程記》1卷、《卍齋璅録》10卷、《淡墨録》16卷、《井蛙雜記》10卷、《樂府侍兒小名》2卷、《羅江縣志》10卷、《賦話》10卷、《詩話》2卷、《詞話》4卷、《曲話》2卷、《唾餘新拾》10卷、

---

① ［清］李調元：《童山文集》卷十八《誥封奉政大夫同知順天府北路事石亭府君行述》，《續修四庫全書》第1456冊，上海古籍出版社2002年版，第611—618頁。

② ［清］劉天成：《李石亭先生詩集序》，（清）李化楠《李石亭詩集》（一名《萬善堂集》）卷首，乾隆中綿州李氏萬卷樓刊嘉慶中重校《函海》本。

③ ［清］李調元：《童山自記》，賴安海《李調元文化研究述論》附録，現代教育出版社2008年版；（清）李調元：《童山自記》，《蜀學》第四輯，巴蜀書社2009年版，第259—281頁；（清）楊懋修：《李雨村先生年譜》，同治四年（1865）《續修羅江縣志》卷二十四《藝文志》。

《續》16卷、《補》12卷、《童山選集》12卷、《粵東皇華集》4卷[①]、《童山詩集》42卷、《蠢翁詞》2卷、《童山文集》20卷及《補遺》1卷。輯有《粵風》4卷、《全五代詩》100卷及《補遺》1卷、《雨村詩話》16卷、《五代花月》1卷、《骨董志》12卷、《雠林冗筆》4卷、《客話》3卷、《弄話》2卷、《使粵程記》1卷、《嶺南視學册》26卷、《觀海集》10卷、《粵東視牘》2卷、《童山自記》1卷、《西域圖志》30卷、《梓里舊聞》30卷、《冰清玉潤集》、《張獻忠降生記》等書[②]。這些著作大多收入他所編輯的叢書《函海》中。《函海》收書150種，分爲40集，凡821卷，多“蜀中先賢著述，自漢迄明，罕傳秘本”，極爲宏富，“其表彰先哲，嘉惠來學，甚爲海内所稱”[③]。

（三）李調元經學總論[④]

李調元二十歲開始隨父遊學江南，受業於李祖惠、徐瑋、查梧岡、錢陳群、陸宙沖、沈德潛、秦蕙田等學者。他交遊廣泛，視野開闊，與畢沅、祝德麟、王文治、趙翼、程晉芳、袁枚、紀昀、姚鼐、蔣仕銓、陳琮等名士詩文唱和，感觸到了乾嘉時吳派、皖派考據之學。受時代學風的影響，李調元的著述也多具考據性，其中解經之作又佔了很大的分量。綜合來看，李氏於《易》、《書》、《詩》、《三禮》、《三傳》、《孟子》及群經、小學皆有撰述，可謂兼通諸經者。其著作也多有創見，如《易古文》、《尚書古文辨異》多集古本，互相考質；《儀禮古今考》“以小學、古文及校勘學，以校正原文之誤，及補注疏之遺，頗多精義卓識，足見作者於經文、小學研討之深，故能闡幽探賾，發前人所未發”[⑤]；《禮記補注》專補陳澔《集説》之略，間訂其誤，並及鄭注、孔疏，“頗可節取，在善學者之審擇焉耳”[⑥]；“以研究《左氏傳》自負”，其《春秋左傳會要》“舉《左傳》之要，闡幽發微，所論皆前人所未道，誠言《左氏傳》之創著也”[⑦]；其《春秋三傳比》，“誠研經考史者之一助”，“雖考三家之異同，然一人名、地名之微，非熟於三傳者不能道其隻字，其用力之勤，詢足欽矣”[⑧]；其於《孟子》，“獨具卓識，輯其散佚”，所著《逸孟子》，“昌明經學之功”，不在“輯佚補注”諸

---

① 按：李調元晚年所著《童山自記》記《易古文》2卷、《儀禮古今考》1卷、《周禮輯要》5卷、《三傳比》1卷、《春秋職官考》1卷、《十三經注疏錦字》2卷、《粵東皇華集》10卷、《賦話》12卷、《蜀雅》20卷，與現存略異。

② 李調元著作目録，參考佚名：《李調元著作總目》，《南充師院學報》1980年第2期，第27頁。

③ 王鍾翰點校：《清史列傳》卷七十二《文苑三·李調元》，中華書局1987年版，第5916—5918頁；（清）李桓輯：《國朝耆獻類徵初編》卷二百一十二《李調元》，周駿富輯《清代傳記叢刊》第158册，臺北：明文書局1985年版，第781頁。

④ 按：張力《試論李調元的經學》對李調元《禮記補注》、《儀禮古今考》、《周禮摘箋》、《春秋》三傳之學、《逸孟子》等有初步的論述，《蜀學》第四輯，巴蜀書社2009年版，第159—169頁。

⑤ ［民國］謝興堯：《儀禮古今考提要》，中國科學院圖書館整理：《續修四庫全書總目提要·經部》上册，中華書局1993年版，第508頁。

⑥ ［民國］胡玉縉：《禮記補注提要》，中國科學院圖書館整理：《續修四庫全書總目提要·經部》上册，中華書局1993年版，第558頁；胡玉縉撰，吴格整理：《續四庫提要三種》，上海書店出版社2002年版，第883頁。

⑦ ［民國］謝興堯：《春秋左傳會要提要》，中國科學院圖書館整理：《續修四庫全書總目提要·經部》下册，中華書局1993年版，第689頁。

⑧ ［民國］謝興堯：《春秋三傳比提要》，中國科學院圖書館整理：《續修四庫全書總目提要·經部》下册，中華書局1993年版，第761頁。

前儒下①。此外，其視角往往比較獨特，也對經學研究的進一步發展開拓了新的領域。不過，李調元經學雖有所長，但其文名蓋過經名，與同時代吴、皖諸派考據學家相比，還多有缺失，而未盡精微。

另一方面，李調元的經學諸作雖淺而不深，卻便於初學，諸書序論皆能述其源流大概及經義大旨與關鍵所在，有利於經學的推廣與普及。他以經爲萬世常行之道，不可一日而闕，更多地主張"由蒙訓而入經術"②，講求在習舉業、爲制義時也要作經學的訓練。他"作《周禮箋》十卷，簡明詳説，不但便於誦讀，而周官之制，大綱節目皆備焉，蓋讀之亦可曉然於朱子運用天理爛熟之言矣"③。其《周禮摘箋》雖意在"有志於古者之所必考"，但仍然是"以簡明之筆，釋奥頤之文，雖非專門，頗便初學"者④。其《儀禮古今考》一書，"博采群書，摘古今之參互者，悉心考訂，折衷於古，以補注疏之闕，以釋從今之非"，目的也在於使"讀經者一目瞭然，不致開卷而文公（朱熹）之所苦也"⑤。因此胡玉縉讚其"用意甚盛"，而"惜其學力殊未逮也"⑥。

二　主義理而不廢象數

李調元自幼習《易》，其《重過豐都廟有感余舊啟蒙塾也》詩回憶早年私塾讀《易》情景道："此是當年舊書塾，童蒙於此課初爻。"⑦ 其父稱："大司寇味經先生（蕙田），吾與汝同師也，嘗謂《謙卦》六爻皆吉，此一字可以奉之終身，戒之，戒之！"⑧ 秦蕙田（1702－1764）號味經，"少喜談《易》，謂易者，象也，先儒詳於言理，略於言象，故撰《周易象義日箋》若干卷"⑨。可見，李調元受到過父、師有關易學的薰陶。

李化楠建姚家書院，定課士條規，講求"究經史"，以爲"兩間義理，薈萃六經，千古成敗，炳列諸史"，"善讀經者，用朱子（熹）分年而課之法"，"善讀史者，用蘇子（軾）

① ［民國］謝興堯：《逸孟子提要》，中國科學院圖書館整理：《續修四庫全書總目提要·經部》（中華書局 1993 年版）下册第 917 頁。

② ［清］李調元：《禮記補注》卷首《禮記補注序》，乾隆中綿州李氏萬卷樓刊嘉慶中重校《函海》本。

③ ［清］李調元：《周禮摘箋》卷首《周禮摘箋序》，乾隆中綿州李氏萬卷樓刊嘉慶中重校《函海》本。

④ ［民國］胡玉縉：《周禮摘箋提要》，中國科學院圖書館整理：《續修四庫全書總目提要·經部》上册，中華書局 1993 年版，第 472 頁；胡玉縉撰，吴格整理：《續四庫提要三種》，上海書店出版社 2002 年版，第 888 頁。

⑤ ［清］李調元：《儀禮古今考》卷首《儀禮古今考序》，乾隆中綿州李氏萬卷樓刊嘉慶中重校《函海》本。

⑥ ［民國］胡玉縉：《禮記補注提要》，中國科學院圖書館整理：《續修四庫全書總目提要·經部》（中華書局 1993 年版）上册第 557 頁；胡玉縉撰，吴格整理：《續四庫提要三種》，上海書店出版社 2002 年版，第 881 頁。

⑦ ［清］李調元：《童山詩集》卷三十《重過豐都廟有感余舊啟蒙塾也》，《續修四庫全書》第 1456 册第 376 頁。

⑧ ［清］李調元：《童山文集》卷十八《誥封奉政大夫同知順天府北路事石亭府君行述》，《續修四庫全書》第 1456 册第 611－618 頁。李調元《雨村詩話》（十六卷本）卷七亦載："大司寇秦味經先生，余父子兩世會試，皆出其門，……先君牧涿州，曾攜余求訓。先生精於《易》，以'《謙卦》六爻皆吉'勉之。先生著有《五禮通考》，爲今大著作。"詹杭倫、沈時蓉校正：《雨村詩話校正》，巴蜀書社 2007 年版，第 167 頁。

⑨ ［清］錢大昕：《潛研堂文集》卷四十二《光禄大夫經筵講官太子太保刑部尚書秦文恭公墓誌銘》，陳文和主編：《嘉定錢大昕全集》第玖册，江蘇古籍出版社 1997 年版，第 713 頁。

'每讀書皆作數過求之'之法"[①]。究經學的辦法則在"講注疏",以爲"國家經學昭明,五經注疏各有御纂,而《周易折中》出自聖祖仁皇帝(康熙帝玄燁)睿裁,涵今茹古,苞乾握坤。當日見而知之者,安溪李文貞(李光地)也。其所發明,殆前代儒臣所未有"[②]。李化楠以《周易折中》課士,其課子自不例外,而其主張則在義理上。

在父親的教育下,李調元也重視經學,其策論便論及五經,對易學有深入的分析。他說:

> 儒者日讀五經而不知其理,是猶日食五穀而不知其味也。夫經之爲言常也,言萬世常行之道也。人不可一日無食,又安可有一日無道哉?士不通經,果不足用,則經學之原宜講也。《易》自焦贛述灾異之言,不類聖經;授之京房,兩傳而廢。費直古文自馬融、荀爽爲之傳,鄭玄、王弼等作《易注》,皆主爻象。陳摶作卦象圖,授穆修、李之才、邵康節,則又象數兼言。程子作《易傳序》,則又專主義理。至朱子《本義》出,而始定矣。夫《易》遭秦火,以卜筮得存,則爻象固不可廢,然當時若衛元嵩《元包》、關朗《易傳》,已屬僞作,而說《易》者如圜金、㝵月之類,又深晦不可解,則固不如兼理說之爲長也。用九、六,不用七、八者,老變而少不變。然考諸《左氏》,亦有占遇七、八,如穆姜遇《艮》之《隨》之類,又或參用夏、殷之《易》,又或一卦中四、五爻皆變,則從其不變者占之。"數往"之"順","知來"之"逆",來往之義,見於《圓圖》、《方圖》。《蠱》言"甲",甲前三日爲辛,辛者新也;後三日爲丁,丁者丁寧也。巽前三日爲辛,後三日爲癸。癸者,揆度也。"八月"謂自《臨》至《遁》。"七日"謂自《姤》至《復》。其餘爻詞取象,各有出入,原不如後世《五行》、《繁露》諸書,必一一爲之牽合也。……嗟乎!五經之不可一日而闕,猶五味之不可一日而廢也。區區晰其源流,辨其真僞,詎足稱經生乎哉[③]?

可以看出,李調元以經爲常道,士人經生必須晰其源流,辨其真僞,明其道理,以致其用。就易學而論,李調元認爲西漢焦贛、京房以灾異言《易》,非儒經的本旨,不表讚同。《易》實兼含象、數、義理三個方面,馬融、荀爽、鄭玄、王弼等以爻象爲主,宋代圖書學派的陳摶、穆修、李挺之、邵雍等兼言象數,程頤專主義理,衹有朱熹著《周易本義》,兼三者而論之,易學大義始確定下來。很顯然,李調元以王弼與馬融、荀爽、鄭玄之徒的易學混而一之,未爲妥當,因爲王弼畢竟多以老莊玄言論《易》;但也有合理之處,即王弼言《易》時大量繼承發揮了馬、荀、鄭氏的爻象說。李調元又進一步分析了象數二者,認爲爻象不可廢,但多有不可解者,不必一一爲之牽合,當兼義理而論,始得其要。就數而論,《易》以九、六爲變,七、八爲不變,但據《左氏春秋》來看,也有以七、八爲占者,還有參用《連山》、《歸藏》,或者《周易》一卦四、五爻爲九而皆變時,亦從其不變的七、八爻爲占。可

① [清]李化楠:《李石亭文集》卷一《姚家書院志略序》,《叢書集成初編》第2514册,第13頁。
② 同上,第14頁。
③ [清]李調元:《童山文集》卷二《策一》,《續修四庫全書》第1456册,第500頁。

以看出，九、六、七、八之數不可劃一而論。此外，《説卦傳》“數往者順，知來者逆”，其義見於《先天圓圖》、《先天方圖》，是宋代圖書之學亦不可廢。至於《蠱卦》“先甲三日，後甲三日”，以十天干爲論；《臨卦》“至於八月有凶”之“八月”、《復卦》“七日來復”之“七日”皆就十二消息卦爲論，有一定之理，不必他作牽强之解，是漢儒十二消息卦説有其合理之處。綜合來看，李調元兼宗象數、義理，認爲各有攸當，不可偏廢，象數皆有不可確定甚至不可解者，必輔以義理。他對易學中的一些基本的象數加以分析，就是指其原本不過如此，不必如《五行傳》、《春秋繁露》等書，一一牽合附會。

李調元還就《左傳》一書對變卦説作了一定的梳理，認爲變卦起於《左氏》。他説：

> 《易》説變卦起於《左氏》，如鄭伯廖論曼滿自《豐》上六變爲《離》，晋師救鄭自《師》初六變爲《臨》，子產論楚自《復》上六變爲《頤》，蔡墨論龍見自《乾》初九變爲《姤》之類，其説皆指一爻以立論耳。若筮法則諸爻變動，原無一定，乃《左氏》所載悉不出一爻之變。敬仲之《觀》六四變《否》，畢萬之《屯》初九變《比》，季友之《大有》六五變《乾》，伯姬之《歸妹》上六變《睽》，卜偃之《大有》九三變《睽》，棠姜之《困》六三變《大過》，穆子之《明夷》初九變《謙》，婤姶之《屯》初九變《比》，南蒯之《坤》六五變《比》，晋救鄭之《泰》六五變《需》，此十事更無變重爻者。惟晋之遇《復》以全卦言，而魯之《艮》之《隨》以六二不變爻取義。豈春秋二百餘年，遂無遇兩爻以上之變卦也？《左氏》失誣，此可見之[①]。

《左傳》一直是歷代易學家考察《周易》筮法、占法的重要依據，朱熹《易學啟蒙》中的筮占論就多以《左傳》爲論。李調元此説雖言變卦，實就《易》之占法而論。他綜合分析《左傳》所載諸易占，發現衹有一爻變、以全卦言、以不變一爻論三種情況，就變卦、筮法、占法而論，與揲蓍求卦，“諸爻變動，原無一定”，有不變、一爻至六爻變等多種實際情況不相符合。因此，李調元對《左氏》的記載持懷疑態度，以爲范甯“《左氏》豔而富，其失也巫”之説可信[②]。需要指出的是，李調元此説看似就《左傳》的統計分析而得出了可信的結論，而實則是以後世對《周易》的認識來反思、批判《左傳》的記載。歷史真實究竟如何，需另當别論，而他不考察《國語》等其他先秦諸書，不參究諸儒之説，又多沿襲宋朝戴埴之論[③]，則未免粗疏簡單。

李調元於學宗尚樸學，對漢代易學有所偏好。他説：“竊思漢儒注經，去古未遠，俱有家法，隻字片言，不肯苟作，考古者所必窮也。”因此，“王應麟裒集群籍，爲《鄭氏易》一卷”，不僅爲鄭玄之幸，亦爲學術之幸，“故《周易》一書，前明胡震亨曾刊附資州李氏傳

① ［清］李調元：《春秋左傳會要》卷三《變卦起於左氏》，乾隆中綿州李氏萬卷樓刊嘉慶中重校《函海》本。

② ［晋］范寧：《春秋穀梁傳序》，（晋）范甯集解、（唐）楊士勳疏《春秋穀梁傳注疏》卷首，（清）阮元校刻《十三經注疏》，中華書局 1980 年版，第 2361 頁。按：范甯原本爲“失之巫”，但自宋儒以來，多改爲“失之誣”，有時意義也有變化。李調元所取在“失之誣”。

③ ［宋］戴埴：《鼠璞》卷上《左氏筮易》，宋咸淳《百川學海》本。

（李鼎祚《周易集解》）後，近惠定宇（惠棟）以所集尚有遺漏，重采諸説，增爲三卷，德州盧氏（盧文弨）爲之梓行"[①]。對於漢學，李調元也絶非完全崇吝。他主張辨别經典真僞，還其本來面目，而不必調停於經典與僞書之間。朱彝尊經《經義考》以爲《僞古文尚書》"久頒於學官，其言多綴輯逸書成文，無大悖理。譬諸汾陰漢鼎，雖非黄帝所鑄，或指爲九牧之金，則亦聽之。且如小戴氏禮《王制》、《月令》、《緇衣》諸篇，明知作者有人，參出於漢儒，非《禮》之舊，顧士子誦習，守而不改。至於《易》之《序卦傳》，李清臣、朱翌、王申子皆疑焉，要不得而去也"[②]。李調元稱"其言折衷和平，一時翕然推爲定論"，但他不盡同意其説，以爲"愚則謂不若分而區之，以消紛紛之訟，完伏生之本，以綿二帝三王之舊澤，判孔書成編，以揚道學之鼓吹，化爲楚漢之鴻溝可矣"[③]。可以看出，李氏是主張對《周易》經傳真僞及相關問題作客觀的考察，分辨其本真，使各得其所，各有攸歸的，而不必礙於儒家倫理綱常等的束縛。

三　集古文以明孔經

李調元認爲《周易》古經並没有亡佚，歐陽修因王弼之《易注》，而謂孔子古經已亡佚，並不正確。因爲"劉向以中古文《易經》校施、孟、梁丘經，或脱'無咎'、'悔亡'四字，惟費氏經與古文同"，而"東京荀（爽）、劉（表）、馬（融）、鄭（玄）皆傳費氏易學，王弼最後出，亦祖費氏"，至於"唐郭京撰《周易舉正》，稱京家藏王弼手鈔《周易》本及石經校正一百三十五處二百七十三字"，"蓋以繇與《彖》相證，有闕漏處可推而知，故托言如此耳，實非别有確證也"。因此，李調元"從講《易》之餘，多集古本，互相考質。其有文字異同之處，隨時筆記，久且裒然"[④]，成《易古文》3卷。李氏《童山自記》稱其書輯於乾隆四十八年（1783），而楊懋脩《李雨村先生年譜》則認爲是李氏於乾隆二十七年（1762）在庶常館中所輯，似更爲可信。

《易古文》分上中下三卷，以通行本《周易》次第爲序，以他本及古書引文爲據，先摘録經典句子，然後列出他書異文，每句爲單獨的一則，另起行時則低一格書寫。卷首自序一篇，卷上、卷中分别爲上下經，以六十四卦卦名爲篇次，然後摘句、列異文，《彖》、《象》、《文言》有異文者亦按序摘録，除偶録"象曰"外，不列"彖"、"文言"名。卷下列《繫辭》、《説卦》、《序卦》、《雜卦》爲篇名，然後分别摘句、列異文，且不分章，末則"附逸語"3事。全書摘句列異文者凡471則，於卦名、篇名有異文者凡5則，加逸語3則，共計479則。其中據山井鼎、物觀《七經孟子考文補逸》者，稱"考文"、"考文考異"、"考文補

① ［清］李調元：《童山文集》卷三《鄭氏古文尚書序》，《續修四庫全書》第1456册，第512頁。
② ［清］朱彝尊：《經義考》卷七十四《古文尚書》條按語，文淵閣四庫全書本。
③ ［清］李調元：《童山文集》卷十二《古文尚書考》，《續修四庫全書》第1456册，第578頁。
④ ［清］李調元：《易古文》卷首《序》，清乾隆中綿州李氏萬卷樓刊嘉慶中重校《函海》本。

遺”，凡 100 則，據陸德明《周易音義》者最多，他所據有《史記》、《漢書》、《説文》、《左傳》、《爾雅疏》、《禮記》者僅爲極少數。

《易古文》各篇次異文數（含篇名異文）

乾	15	坤	10	屯	8	蒙	8	需	7	訟	4	師	3
比	3	小畜	5	履	2	泰	6	否	3	同人	1	大有	3
謙	7	豫	7	隨	6	蠱	1	臨	1	觀	3	噬嗑	6
賁	4	剝	4	復	5	無妄	3	大畜	6	頤	5	大過	4
坎	7	離	9	咸	6	恒	4	遯	3	大壯	4	晉	2
明夷	5	家人	3	睽	4	蹇	3	解	3	損	5	益	3
夬	6	姤	7	萃	7	升	5	困	7	井	6	革	2
鼎	4	震	6	艮	6	漸	5	歸妹	5	豐	12	旅	6
巽	2	兑	2	渙	4	節	2	中孚	4	小過	1	既濟	3
未濟	1	繫辭	116	説卦	39	序卦	10	雜卦	7	附逸語	3		

對於李調元輯《易古文》之粗疏，吴承仕作過詳細的分析與嚴厲的批評。他首先梳理其輯録的情況，説："今尋其所集文字異同計四百五十餘事。本之陸氏《周易音義》者約三百五十餘事，當全書百分之七十九有奇。本之《七經孟子考文補遺》者約八十餘事，當全書百分之十七有奇。此外採自《左傳》、《禮記》、《史記》、《漢書》、《説文》者，不過十餘事而已。”其次，對其輯録方式也不讚同，一則“不訊其端末，不考其後先，一有異文，即見採録”；二則“援引《釋文》，全不注明出處，似孟、京、荀、虞云云，皆彼而親見者”，甚至如《蒙卦》“‘蒙亨，以亨行，時中也’，‘時’上有‘得’字”，《繫辭傳》“‘是故卦有小大，辭有險易’，‘辭’上有‘而’字”，“‘是以出而有獲’，下有‘何’字”，“衹出異文，不著一語，更不審其何據”；三則“《釋文》所稱一本作某，本或作某者，不悉甄録，取捨任意”；四則“如欲廣集逸義，旁考舊文，則李氏《集解》、郭氏《舉正》及宋元人書，並宜博採”。再次，李調元取名“易古文”，意義不明，“此所謂古文者，果費氏古文原本邪？抑馬、鄭所傳，輔嗣所據之費氏本邪?”綜合而論，吴承仕批評道：“統觀李氏是編，妄名《古文易》，一蔽也；所録僅及二家，二蔽也；於《釋文》妄有去取，三蔽也；引書不注出處，四蔽也；自不下案語，五蔽也。”除“所録僅及二家”説未周密外，吴氏之論皆擊中李調元《易古文》一書粗疏淺陋之要害，深中其弊。吴氏還借題發揮説：“蜀人好爲文詞，不明經學法式，蕪雜淺陋，不蹈於大方，李氏殆其一邪?”① 此種評論未免偏激，一則《易古文》不能代表李調元經學，二則李調元經學也不能代表整個蜀中經學，但此説確也指出了蜀中經學的部分流弊。

---

① ［民國］吴承仕：《易古文提要》，中國科學院圖書館整理：《續修四庫全書總目提要（稿本）》第 24 册，齊魯書社 1996 年版，第 496—497 頁。

從《易古文》全書看，其所謂的“古文”主要還是指先秦漢唐間的《周易》異文，而不是他所謂的“孔子古經”。朱熹曾說：“字晝、音韻是經中淺事，故先儒得其大者多不留意。然不知此等處不理會，卻枉費了無限辭説牽補，而卒不得其本義，亦甚害事也。非但易學，凡經之説，無不如此。”① 很顯然，李調元關注《周易》古文、異文，對於理解研究《周易》本義是有積極意義的，也是研究經學的一種基本的方法。不過，較之同時代人，就過於粗疏。對於《易》之古文，惠棟《九經古義》稱“自唐人爲《五經正義》，傳《易》者止王弼一家，不特篇次紊亂，又多俗字”，並以“《釋文》所載古文皆薛、虞、傅氏之説，必有據依。鄭康成傳費直《易》，多得古字。《説文》云‘其稱《易》孟氏皆古文’，虞仲翔五世傳孟氏易”，三家之説“皆卓然無疑當改正者”，故多採之，述列七十餘字。對於“擅易經字數十餘條，不幾近於僭”的質疑，則以“據漢魏以來數十家傳《易》字異者而折衷焉，思以還聖經之舊，存什一於千百耳”作答，對此外的衆多異同，則以“漢《易》已亡，改之無據，是用闕疑，以竢來哲”。他又説“《易經》古文僅存者，今人皆未之省，或有失讀者”，贊成司馬光“凡觀書者，當先正其文，辨其音，然後可以求其義”之説“可謂知言”②。惠棟採取慎審的態度，以陸德明《經典釋文》、鄭玄《易注》、《説文》所載孟氏《易》爲據，改訂《周易》經文，而對其他諸説，則多用闕疑來處理。顯然，其研究已十分精深嚴謹了。儘管如此，阮元對此仍不贊同。他説：“《易》之爲書最古，而文多異字，宋晁以道《古文易》捋撦爲之，如郭忠恕、薛季宣《古文尚書》之比。國朝之治《周易》者，未有過於徵士惠棟者也，而其校刊雅雨堂李鼎祚《周易集解》與自著《周易述》，其改字多有似是而非者。蓋經典相沿已久之本，無庸突爲擅易，況師説之不同，他書之引用，未便據以改久沿之本也，但當録其説於考證而已。”③ 王鳴盛也注意到惠棟《周易述》據他本“增改經字頗多”，而多指增改爲非④。丁壽昌更説：“惠氏多讀古書，而未免穿鑿，即所舉《易》古文，純駁參半，學者分别觀之可也。”⑤ 李調元見《七經孟子考文補遺》而爲《周易》“多集古本，互相考質”，其識見值得其肯定，其考究雖遜於同時大儒，但不擅改經文，不妄下斷語，也是值得認可的。

四　摘錦字以爲詞章之助

李調元長於樸學，好類輯資料。他以蜀揚雄多識奇字，楊慎亦有《奇字韻》之纂輯，乃

---

① ［宋］朱熹：《晦庵先生朱文公文集》卷五十《答楊元範（大法）》，朱傑人等主編：《朱子全書》第22册，上海古籍出版社、安徽教育出版社2002年版，第2289頁。

② ［清］惠棟：《九經古義》卷一《周易古義》，文淵閣《四庫全書》本。

③ ［清］阮元：《揅經室集》一集卷十一《十三經注疏校勘記序》，中華書局1993年版，第253—254頁。

④ ［清］王鳴盛：《蛾術編》卷三《説録三·惠氏易》，商務印書館1985年版，第66頁。

⑤ ［清］丁壽昌：《讀易會通》卷一《總論·易古文》，成都古籍書店1988年版，第98頁。

博稽載籍，凡字之奇而名不經見者，依類録之，爲《奇字名》12 卷。他又嘗輯經書中名言警句、俗諺成語，所謂“標新領異之語”的“錦字”，纂成《十三經注疏錦字》4 卷，類別體例，與《奇字名》相似，“實似類書詞典”①。所謂“十三經”者，首《周易》，次《尚書》、《毛詩》、《禮記》、《周禮》、《儀禮》、《左傳》、《公羊傳》、《穀梁傳》、《孝經》、《爾雅》、《論語》、《孟子》。其中於《周易》所輯凡 13 則，即“渾沌”，“水土二行，兼信與知”，“磁石引針，琥珀拾芥，蠶吐絲而商弦絶，銅山崩而洛鐘應”，“有德司契”，“禍從口出，患從口入”，“鼫鼠五能，不成一伎”，“井中蝦蟆”，“大夫蘭”，“天苑地符”，“車劇”，“隆眇”，“烏號弓”，“阪上走丸”。在諸則錦字下，李調元又作了小注，首先是注明出處，即是注還是疏；對於內涵豐富，有待作解者，又進一步詳細注明了注疏的原始出處及更爲全面的語句，以便於瞭解其語境。通觀這些“錦字”及注文，確皆“標新領異之語”，而極有益於詞章，雖有關於經義，但意多不在此。

李調元稱：“訓詁之文非詞章之學也，而深於訓詁者，詞章亦不外是焉。漢唐儒者一生精力悉耗之注疏中，至有一字一言之微，累千百言解之而不能盡者。學者病其繁重，兼謂治經之外無所復施，幾於高閣庋之，不知其詮釋名物，研芳擷豔，洵屈（原）、揚（雄）、班（固）、馬（司馬相如）無以過，豈專講經而已乎？……或者謂訓詁之文不宜與詞章作料，是猶未得忠恕而語一貫，宜乎其茫然也。”② 很顯然，李調元少習舉業，長受乾嘉考據學影響，留意從經典訓詁之文中尋其於詞章有用的資料，試圖將訓詁之文與詞章之學貫通起來，使經學與制義、詞章相資互進，用意尤善。以經學而論文學，從獨到的角度發現經學著述的文學價值，確發前人所未發，而對唐宋以來效法經典的復古式詩文創作無疑作了新的詮解。此外，李調元於《春秋左傳會要》卷三《繇詞》分別輯録了《左傳》中的卜詞和筮詞，亦與易學有一定的關係。

明清之際，巴蜀學術文化遭受現實政局動盪、人才凋零、文獻絶滅的沉重打擊，傳統易學不絶如縷。李調元繼承了巴蜀易學的優良傳統，重視象數義理，講求以經注經疏爲學術之本，獨立思考，探求自得之學，又傳承了李鼎祚、房審權、熊過、楊慎等蜀學者好古求博之風，而其《易古文》編輯粗疏，資料來源有限，又顯示出蜀中易學文獻亡佚嚴重，易學文化底蘊喪失殆盡的現失困境。李調元席父、師、宦友之資，從小研習《周易》，長而涉獵有得，重視從象數義理、樸學、詞章中探究《周易》內涵，多有自得之見，爲蜀中易學開闢了新的天地，成爲蜀地樸學易的代表。但從全國學術文化來看，李調元的探索雖廣博而不够精深，視域雖開闊而粗疏有餘，較之同時代惠棟之樸學、桐城派以詞章論經義，皆有所不及，未能爲蜀學易的深入發展樹起典範，争得全國易學的一席之地，實爲憾事。

作者單位：四川西華師範大學

---

① ［民國］謝興堯：《十三經注疏錦字提要》，中國科學院圖書館整理：《續修四庫全書總目提要·經部》上册，中華書局 1993 年版，第 1152 頁。

② ［清］李調元：《童山文集》卷四《十三經注疏錦字序》，《續修四庫全書》第 1456 册，第 516 頁。

李調元詩歌體式嬗變論初探①

鄭家治

李調元是清代四川三大才子之一，有三種《雨村詩話》計二十二卷，其餘文集與詩集中有時也論詩。他的詩學除了詩歌本質論、審美論、創作之外，還有豐富的詩歌體式論。他的詩歌體式論常常與發展論緊密結合，其中不少發人所未發，值得注意。李調元的詩歌體式論主要在二卷本《雨村詩話》中，其他地方也有散見的論述。二卷本《雨村詩話》卷上先追溯詩歌的源頭，從更爲廣遠的角度論述了詩歌體式的發展嬗變歷史，接着則論述評價漢魏六朝、唐宋以及元明的詩歌，其他地方也有不少論述，這都體現了他鮮明的詩歌體式發展變化觀念。下面擬作簡要論述。

一　古代詩樂一體且淵源於“天地自然之樂”

他說：“三代以前，詩即是樂，樂即是詩。若離詩而言樂，是猶大風吹竅，往而不返，不得爲樂也。故詩者，天地自然之樂也。有人焉爲之節奏，則相合而成焉。”② 上古三代時的詩歌，主要是先秦歌謡和《詩經》，它們都是詩樂（還應包括舞）一體的，這是詩論家公認的觀點。如《吕氏春秋》云：“昔葛天氏之樂，三人操牛尾投足以歌八闋：一曰載民，二曰玄鳥，三曰遂草木，四曰奮五穀，五曰敬天常，六曰達帝功，七曰依地德，八曰總萬物之極。”③《禮記》云：“詩，言其志也；歌，詠其聲也；舞，動其容也。”④ 李調元認同這個觀點，認爲：“三代以前，詩即是樂，樂即是詩。”他將詩與樂的關係比爲大風與竅：“若離詩

① 本文爲四川省哲社規劃項目《清代四川三大才子道德文章研究》前期成果。編號：SCLLE024。

② 二卷本《雨村詩話》卷上，郭紹虞編《清詩話續編》，上海古籍出版社 1983 年版，第 1517 頁。

③ 《吕氏春秋 · 古樂》，《諸子集成》本。

④ 《禮記 · 樂記》，阮元刻《十三經注疏》本。

而言樂，是猶大風吹竅，往而不返，不得爲樂也。”認爲離詩而言樂就像“大風吹竅”一樣，其結果是所謂“往而不返”，探不到樂的本源；反之，離樂而言詩也如此。應該説他已經隱約認識到上古詩歌，包括古歌謡與《詩經》都是詩樂一體，且採用“樂隨詩傳”這樣一種詞曲配合方式，與後世據詞譜曲及倚聲填詞有本質的區别。他進而認爲詩淵源於“天地自然之樂”。所謂“天地自然之樂”是指天地自然中如風吹竅、鳥蟲鳴唱等自然之聲本身便具有一定的節奏韻律與美感，聽來令人愉悦，於是先民便有意無意地在勞動或者休息的時候模仿之，發出“哦哦，啊啊，呼呼”以及“杭唷、嘿喲”之類的呼聲以表達人簡單的情意。這種呼聲吆喝聲最初衹表情而不表意，是有聲無義的詩歌，到語言日益豐富，先民便將這種吆喝呼喊聲部分轉换成能够表達情感思想的詞語及句子，如“候人兮猗”[①]，或者全部轉换成能够表意的詞語及句子，如“斷竹，續竹；飛土，逐肉”[②]，於是就有了有聲有義的詩歌，即最初的詩歌，這種最初的詩歌當然是詩樂舞一體的。這個時候還没有脱離呼喊吆喝聲的專門的樂曲，所以便“詩即是樂，樂即是詩”。所以説先有天地自然之聲，因爲先民逐步具有一定的審美能力與模仿能力，便欣賞之模仿之，於是便有了天地自然之樂；這種樂音表現了人的感情，進而表現了一定思想意義，於是便有了詩歌；這種詩歌與“天地自然之樂”相合，所以它也是天地自然之樂。

李調元認爲詩歌是上古先民對天地自然之樂的模仿的結果，其本身便也是所謂“天地自然之樂”，所以他論詩便强調自然，重視天然平易之美。根據古代音樂學的實際，上古詩樂一體，而且樂隨詩傳。這種天地自然之樂是隨意的、自由的、不規範的，後來便有富有樂感的人根據天地自然之樂的節奏韻律來規範之，即他所謂“有人焉爲之節奏，則相合而成焉”，也即據詩而作曲，詞曲相合而成歌曲，也就是漢樂府常用的據詞譜曲法，以人工的節奏聲律來補足完善詩歌天然的音樂美。

二　從詩樂聯繫角度闡述古近體詩詞的發展嬗變

他説：“詩有比興不能盡，故被之聲歌，使抑揚以畢其意。自漢以後，《郊廟》、《房中》析而爲二，古詩、樂府遂分。”[③] 認爲上古之人的詩歌是爲了抒發情意，還經常使用比興手法來表意，“比興不能盡，故被之聲歌，使抑揚以畢其意也”，就是《尚書·堯典》“詩言志”而不能儘便用“歌永言”來補足申發之的意思。“自漢以後，《郊廟》、《房中》析而爲二，古詩、樂府遂分。”這話頗不好理解，因爲《房中》也屬於《郊廟歌辭》，都是後世所謂漢樂府。大概是《郊廟》即《郊祀歌》，據《漢書·禮樂志》所説，是“武帝定郊祀之禮，祠太

① 《吕氏春秋·音初》，《諸子集成》本。

② ［清］沈德潛《古詩源》卷一，中華書局 1974 年影印本。

③ 二卷本《雨村詩話》卷上，郭紹虞編《清詩話續編》，第 1517 頁。

乙於甘泉，祭后土於汾陰。乃立樂府，采詩夜誦"[①]，所以便是樂府。而《房中》，即《安世房中歌》，據《漢書·禮樂志》載，漢高祖時"又有《房中祠樂》，高祖唐山夫人所作也。周有《房中樂》，至秦名曰《壽人》。凡樂，樂其所生，禮不忘本。高祖樂楚聲，故《房中樂》楚聲也。孝惠二年，使樂府令夏侯寬備其簫管，更名曰《安世樂》"[②]，是"高祖唐山夫人所作也"，是先有詩後來纔譜曲演唱的，所以便是古詩。這話說明了由上古詩樂一體的古體發展到了供演唱的樂府與不能演唱的古體並列的階段。

李調元對古代樂府的譜曲演唱情況的論述推測頗有新見。他說："古人樂府，非如今人有曲譜而後填詞也。然亦照定十二律賦爲詞，付之樂工，叶以音律。但樂工知清濁高下，而不通文，故先分章段，爲之鉤勒，亦讀樂府入門之一法。"[③] 區別了樂府與詞的詞曲配合方式的不同：詞主要是倚聲填詞，而樂府則主要是據詞譜曲，但作詞的人也要懂一點音樂，不能隨便寫詞，而是要"照定十二律"再"賦爲詞"，然後"付之樂工，叶以音律"，共同完成歌辭與樂曲的創作。後面他又說樂工"知清濁高下，而不通文，故先分章段，爲之鉤勒"，即不通文的樂工將文人"照定十二律"而作的詞分爲章段，再依其"清濁高下"而"叶以音律"，其實就是選詞配樂。因此，大概祇有少數真正的音樂家纔能自由地據詞譜曲。這一描述與推測應該是合理的。他又說："樂府者以其詞付樂工，其中工尺之抑揚，乃樂工事。五季變爲詞，將所留樂工之虛字盡填滿，較古法更嚴密，不能馳騁才華，不若古樂府之鬆矣。"[④] 認爲漢魏六朝以詞配合"工尺之抑揚，乃樂工事"，與作詞之人無涉。到了唐末五代，人們便將"所留樂工之虛字盡填滿"，即朱熹所謂泛聲、合聲、虛聲變成實字[⑤]，使歌辭與樂曲配合更爲緊密，這便是詞。他認爲後世的填詞"較古法更嚴密"，是其長處，但也有短處，即詞的詞曲配合緊密，不如樂府的詞曲配合自由寬鬆，因而作者便難以"馳騁才華"。這裏已經將詩歌的發展變化從樂府延伸到詞了，不過他對詞的產生論述太簡單而又不大確切。

三　以五言爲正宗來論述近體詩的發展

他還進而以詩歌的五字配五音、七字配七音來解釋詩歌的韻律美，認爲詩歌當以五言爲正宗。他說："天然之音，止有五字。今笛中之五六工尺上，配合宮商角徵羽之五音，猶琴之五弦。加文弦、武弦而成七，所謂變宮變徵而成七調也。故南北正調，原止有五，唐律之

---

① ［漢］班固《漢書·禮樂志》卷二十二，百衲本二十四史。

② 同上。

③ 二卷本《雨村詩話》卷上，郭紹虞編《清詩話續編》，第1517頁。

④ 同上。

⑤ 宋代朱熹說："古樂府祇是詩，中間卻添許多泛聲。後來人怕失了那泛聲，逐一聲添個實字，遂成長短句，今曲子便是。"朱熹《朱子語類·詩文下》卷一百四十，上海古籍出版社1992年影印本。

五言是也。若七字則爲變調，而名變宫、變徵矣。七言難於五言十倍，以其雜變調故也。故雖變調，必須排蕩而成，不可輕易下筆。蓋八句不出起承轉收，神而明之，存乎其人爾。”[①]説天然之音衹有五個，以配五音與五言，後加變徵、變宫而爲七，則以七音配七字，此説是李調元條石破天驚的創新，就中國音樂五音之説——輔以加上變宫、變徵的七音，而斷然論定五言爲詩之正宗，七言爲詩之變調，原原本本，就樂言詩，似乎很確切，也很有意思，但卻有附會之嫌。因爲中國古代詩歌體式的發展變化，由古歌謡的二言、三言到《詩經》的四言，再到五言及七言，還有大量的雜言詩歌，由簡潔到繁富，其原因是很複雜的，既有音樂化與詩化的影響，也有俗化與雅化、齊言化與雜言化、格律化與自由化等方面的影響，還受時代及社會生活發展的影響，不能簡單地以五音七音來比附五言及七言[②]。

照常理説，既然愈早的詩愈合乎天然之樂，但《詩經》作者爲何採用了那麽多的四字句，還有不少三字句？因此五七言正變之説，亦啟人疑竇。這是一家之説，可供參酌，不宜偏信。其實中國古代詩歌與音樂結合爲一體，最早的詩歌並不是五言，而是二言，前面引述的《彈歌》“斷竹，續竹；飛土，逐肉”即是顯例，今天看來最可靠的《易經》中的歌謡也是證明：

如：

《周易·屯卦·爻辭六二》：屯如，邅如；乘馬，班如；匪寇，婚媾。

《周易·屯卦·爻辭上六》：乘馬，班如；泣血，漣如[③]。

《周易·賁卦·爻辭六四》：賁如，皤如；白馬，翰如；匪寇，婚媾[④]。

以上的這些歌謡既可點作二言四言交錯的二言詩，也可點作四言詩，還可點作二言詩。如果點作二言詩，其意思也是通達的，每句衹有一個節奏，或者爲一個詞，或者爲一個省略主語的句子，它非常簡潔，每句難以表示一個完整的意思。

《歸妹·爻辭上六》：女承筐，無實；士刲羊，無血。

《艮卦·卦辭》：艮其背，不獲其身；行其庭，不見其人。

《中孚·爻辭九二》：鳴鶴在陰，其子和之。我有好爵，吾與爾靡之[⑤]。

這三個例子都是雜言詩，或者二三言相雜，或者三四言相雜，或者四五言相雜，顯示出當時的歌謡除了二言外，也有三言、四言及五言句，三言以上的句子每句有兩個節奏，能表示一個相對完整的意思了，顯示了表意的周密性，是一個表意完整的句子，且由此奠定了中國詩歌以句爲單位的基本格局。此後發展至《詩經》，就成了以四言爲主的詩歌，但其中三言句不少，據筆者初步統計共有一百多句，包括三言句及句尾爲不是韻腳的語氣助詞的四字句，它是除了四言句之外最多的句式了。再次便是五言句，也有百句以上。這説明古代詩歌

① 郭紹虞編《清詩話續編》，第1517－1518頁。
② 參見鄭家治《古代詩歌史論》，巴蜀書社2006年版，第197－199頁。
③ 《周易正義》卷一，阮元刻《十三經注疏》本。
④ 《周易正義》卷三，阮元刻《十三經注疏》本。
⑤ 《周易正義》卷五，阮元刻《十三經注疏》本。

的表意逐漸周密，而句子也隨之加長，語言也由質樸而趨於繁富，包括雙聲疊韻等連綿詞及疊音詞的修辭手法的運用，使詩歌更爲生動形象，也更具有韻律美。因此可以説初始詩歌由二言、三言到四言，句子逐漸加長，最終形成了以五言、七言爲主的格局。二言、三言是基礎，由此組成各種句式，即兩個二言組成四言，二言、三言組成五言，四言、三言組成七言，也有三個二言組成六言者，詞曲中有一些八言、九言等長句子，但都可以分解成有二、三、四、五、七言組成的句子，如蘇軾的“多情應笑我早生華髮”①，便可分解成“多情應笑我、早生華髮”。詩句的節奏主要是雙音節奏，但每句也多有一個單音節奏，一般而言雙音節奏在前，單音節奏在後，單音節或在句尾，或在倒數第三字，位置不定，增加了詩句的靈活性，符合這種句式的就是詩化句，否則便是散文句，或者拗句。因此詩句的字數與音樂的五音與七調没有多大的關係。而後世以五言比附五音、七言比附七調不過是一種附會罷了。

他説：“樂歌必要短長相接，長取其聲之婉轉，短取其聲之促節。律詩則與管弦無涉，而天然之樂自存於中。唐以五言七言爲句，此定式也。間有六字成句者，與宫商不協，不必作也。”② 認爲樂歌要短長相接（此所謂長聲是指吟誦或者演唱時能够自然延長的平聲，短聲則指吟誦演唱時不能或者難以延長的仄聲，包括上聲、去聲與入聲），使長聲（即平聲）的婉轉與短聲（即仄聲）的促節相輔相成，纔能優美動聽。他認爲律詩不合樂，“與管弦無涉，而天然之樂自存於中”，即以其特有的押韻與平仄造成一種聲韻之美，以便在吟誦時自有音樂之美，這是中的之説。他還認爲六言律詩之所以不盛，很少人作，是因爲其“與宫商不協”，言下之意是六言詩既不合五音，也不合七調，所以難以發展。這種説法有一定道理，但最重要的原因是六言詩歌缺少一個單音節奏，因而其聲律便成了仄仄平平仄仄與平平仄仄平平兩種句型的重複，顯得單調少變化。而五言、七言律詩則有四種句式，且其中必然有一個單音節節奏，比六言詩顯得靈動多變。下面擬補述一下有關五七言近體發展定型的相關内容，以説明李調元所説六言不盛與“宫商不協”無關。

從整個詩歌史看，漢代以前的詩歌，包括四言、三言、五言及雜言詩與騷體詩，除屈原有部分不演唱的徒詩之外，其餘都是歌詩。但東漢末至劉宋時期，文人五言詩開始發展並興盛，詩歌與音樂逐漸分離，促使一部分作家開始從詩歌語言本身來探討聲韻和諧的規律。至齊永明年間出現了律詩的前驅——永明體，或稱齊梁體。錢木庵《唐音審體》説：“齊永明中，沈約、謝朓、王融創爲聲病，一時文體驟變。謝玄暉、王元長皆没於當代，沈休文與是時作手何仲言、吴叔庠、劉孝綽等並入梁朝，故謂之‘齊梁體’。自永明以迄唐之神龍、景雲，有‘齊梁體’無‘古詩’也。”③ 齊梁體的產生除了詩歌形式内因的影響外，還有社會原因，即齊梁皇族與士族愛好詩歌，但思想貧乏，内容空虚，於是專門在形式上下工夫，使

① ［宋］蘇軾《念奴嬌·赤壁懷古》，唐圭璋《全宋詞》，中華書局 1965 年版，第 282 頁。

② 二卷本《雨村詩話》卷上，郭紹虞編《清詩話續編》，第 1517 頁。

③ ［清］丁福保《清詩話》，上海古籍出版社 1963 年版，第 78 頁。

詩歌工於對偶與聲律，創造出一種有别於古體的新的格律詩，建立了初步的詩律學，成爲古體向近體詩過渡的詩體。永明體的詩律特徵除了對仗之外，更重要的特徵是將沈約“一簡之内，音韻盡殊；兩句之中，輕重悉異”① 的原則結合五言詩的節奏而具體化，在齊梁以前自然聲律的基礎上造成律句及律聯。所謂律句，即根據漢詩多雙音詞、雙音頓的特點，有意識地使二三句式的五言詩句前四字的雙音頓平仄相間、二四字異聲，造成三個節奏（二三節奏，可再分爲二二一或二一二節奏，兩個雙音節奏，一個單音節奏）的律句四種：1. 仄起仄收式：仄仄平平仄；2. 平起平收式：平平仄仄平；3. 平起仄收式：平平平仄仄；4. 仄起平收式：仄仄仄平平。所謂律聯，即上下句平仄相對（特别是二、四字及尾字相對）。上述律句可構成如下律聯：1 與 2、3 與 4 分别構成押平聲韻的律聯，2 與 1、4 與 3 分别構成押仄聲韻的律聯。前者形成平韻詩，後者形成仄韻詩。所謂齊梁體，在聲律上主要是各以一種律聯反復重疊成篇的格律詩，即對式律，它講究一句之内的平仄相間，兩句之間的平仄相對，造成一種錯綜平衡之美。齊梁體律聯以押平韻爲主，押仄韻的很少見，但它亦是由律句組成的律聯，也應算是齊梁體。後世仄韻詩不發達，根本在於押韻的末字是仄聲，發音時間較短且有較大的升降變化，不如平聲和諧、悠揚、平暢，可以延長而顯出餘味。

齊梁聲律論及講究聲律的齊梁體，經過百餘年發展，至初唐隨着聲韻學、修辭學的進一步發展，有嚴密格律與固定形式的近體詩出現了，對其貢獻最大的是沈佺期、宋之問。故王世貞在《藝苑卮言》卷四中説：“六朝之末，衰颯甚矣。然其偶儷頗切，音響稍諧，一變而雄，遂爲唐始（詩），再加整栗，便成沈、宋。”② 趙執信在《談龍録》中也説：“聲病興而詩始有町畦，然古今體之分，成於沈、宋。”③ 唐近體詩是在中國傳統五言、七言古體詩，尤其是八句以下短詩的句式和用韻習慣的基礎上，再加上對齊梁體詩歌的改進和補充而定型下來的。即篇制上，首有定句及定聯（排律除外）、句有定字（六言詩除外）及定韻；對仗上，律詩二三聯必對，其餘之聯自由；聲律上，字有定聲，分必平必仄與可平可仄兩類，形成既錯綜變化又有平衡整齊之美的標準格律詩。

近體詩對齊梁體的改造主要有以下三點。一是對齊梁聲律規則加以改造簡化。齊梁聲律論以漢語四聲來彌補誦詩音樂美的不足本意很好，但一句詩四聲完全不同（即沈約所謂“一簡之内，音韻盡殊”）卻難以實踐，因爲樂曲也不能要求實現一個節拍中五音不同，且漢字平聲字數量約等於上、去、入三聲，寫詩時還要照顧詩意。故遭到劉勰與鍾嶸等人的批評與糾正，連沈約自己也覺得爲難，説“宫商之聲有五，文字之别累萬。以累萬之繁，配五聲之約，高下低昂，非思力所舉。又非止若斯而已也，十字之文，顛倒相配，字不過十，巧歷已不能盡，何況復過於此者乎”④。唐代近體詩對齊梁聲律論的改變即是將四聲二元化，以平聲爲平，以上去入三聲爲仄，將四聲簡化爲輕重、低昂爲特點的平仄兩大類。這樣既避免了

---

① 《宋書·謝靈運傳論》，《宋書》卷六十七，百衲本二十四史。

② ［清］丁福保《歷代詩話續編》，中華書局 1983 年版，第 1007 頁。

③ ［清］丁福保《清詩話》，上海古籍出版社 1963 年版，第 310 頁。

④ 《答陸厥書》，《南齊書》卷五十二《文學傳·陸厥傳》，百衲本二十四史。

齊梁聲律的繁瑣難行，又保持了聲律之美。二是對律聯聲律規則加以發展。齊梁體聲律衹解決了一句內的錯雜平衡與一聯內的對比平衡，但聯與聯之間完全重複，顯得單調板滯。唐近體詩聲律除講一聯內上下句的“對”，還講聯與聯之間的“黏”，如：仄仄平平仄，平平仄仄平。平平平仄仄，仄仄仄平平。如此便實現了一句之內錯綜而平衡，一聯之內對比而平衡，聯與聯之間相應而平衡，使四句詩至少出現三種不同平仄句式，八句則各種句式一般重現兩遍，顯出錯綜、平衡、對比、變化、和諧之美。三是對用韻、對仗及篇章加以定型，所謂首有定句，四句者爲絶句，八句者爲律詩，十句及以上者爲排律；句有定字、定韻，定字即每句五字或七字（六字例外），定韻即通首押平聲韻、雙句押韻，第一句可押可不押，使朗誦時可以吟出餘味，造成一種回環悠永的韻律美；定對仗，即律詩中二聯一般必須對仗，造成一種對比呼應嚴整平衡之美，絶句及律詩首尾二聯對仗與否視情況而定，一般不對仗。

唐近體詩除在格律形式等方面規範發展外，還在詩句詩化及追求凝煉美、意境美等方面下工夫，使近體詩詩句以音頓爲單位，在平仄音韻之美外另有一種節奏美，即五言詩句爲二三句式，可分爲二二一或二一二句式；七言詩句爲四三句式，可分爲二二一二或二二二一句式。這種節奏句式與漢語以雙音節詞爲主單音節詞爲輔大致相配合，既有雙音音頓的整齊平衡（尾三字以前部分），又有單音音頓（三字尾）的活潑，還與平仄律相配，注重雙音頓節奏點及單音頓平仄（倒數第三字或末字）的重要性而將其固定，詩中儘量避免同字（尤其是對仗句），使詩歌容量加大，且在此基礎上追求意境美和凝煉美，使近體詩在形式與風格上與古體詩有明顯的區别，對後世詞曲的語言風格尤其是文人詞曲產生了直接而巨大的影響。

近體詩都可稱律詩，即廣義的律詩，狹義的律詩則專指五七言律詩。絶句與律詩雖然都是在古體詩歌與齊梁聲律論的影響下產生發展成熟的，但絶句相對產生較早。據葛曉音《論初盛唐絶句的發展》[①] 中考證，五言絶句的篇制源於漢代五言四句民間歌謡，經魏晉南北朝發展而來。絶句又名“斷句”，名稱始於南朝梁時，是與“聯句”（數人作詩，一人一聯，每聯五言四句，内容相關，又大體獨立）相對比而來，截取聯句中的四句而成。絶句分古絶、齊梁調、律絶三個發展階段，也是三種形式。古絶指用仄韻，有不對不黏聲病的絶句，多是漢魏晉南北朝五言四句清商樂府民歌；受齊梁聲律論影響押平韻、講聲律卻又不盡合律（有水渾病、木枯病、三平調及不黏四者之一）的絶句爲齊梁調；律絶指完全符合近體詩格律的絶句。七言絶句亦可分爲古絶、齊梁調、律絶三個發展階段及三種形式，唯起源較晚：國內外學者一般認爲其篇制是從北朝七言四句的樂府民歌發展而來，葛曉音認爲始於西晉民歌。七絶律化始於梁中葉，較齊代開始律化的五絶晚，但律化速度因受五絶影響而較五絶快。後世所謂絶句指唐代成熟的近體詩絶句，即律絶，唐代律絶盛行，但古絶與齊梁調亦有創作。可以説絶句主要是南北朝文人模仿以五言四句爲主、七言四句爲輔的清商樂府（即古絶），並講究聲律而成齊梁調，又再於此基礎上律化，而終成律絶，其產生、發展、成熟都早於律詩。律絶的盛期在盛唐，王維、王昌齡、李白、杜甫都是絶句大家，而完全定型卻遲至中晚

---

① 見《文學評論》1999 年第 1 期。

唐到宋代。故元明時期流行的絶句爲“截律詩之半”的説法是根據近體律詩與絶句的實際格律關係而生，雖符合格律實際，卻不是追本探源之説。

律詩之“律”指聲律嚴如法律，即宋張表臣在《珊瑚鈎詩話》中所謂“沈宋而下，法律精切，謂之律”①。律詩之律包括篇制、對偶與聲律。篇制即每篇五言八句或七言八句，對偶即中二聯必須對仗，聲律即必講平仄黏對。律詩之中，五言律詩因文人五言詩產生成熟較早，它也相應產生成熟較早。五言律的篇制源於漢末文人所創的五言八句詩，至齊梁時其篇制、中二聯對偶及聲律的對式已初具規模，形成篇制一定、對偶以中二聯爲主、以對句重疊爲主要聲律特點的齊梁調。據統計，南北朝有五言八句詩八百餘首，符合對仗規矩者占近一半，但完全合律者僅張正見《關山月》、庾肩吾《侍宴》、庾信《詠畫屏》等十餘首。初唐時期，五言律經楊炯、駱賓王、杜審言、李嶠等人的發展，到沈佺期、宋之問而終至成熟，至盛唐已完全定型並進入極盛階段，王維、杜甫是五律大家。文人七古創作晚於五古，相應七律也晚於五律。七律篇制發軔於梁簡文帝時的七言八句古詩，至南北朝末年及隋代，北周庾信的《烏夜啼》、隋煬帝楊廣的《江都宫樂歌》（揚州舊處可淹留）等詩篇制、對偶及聲律等要素同時出現在一篇中，雖不盡合律，亦可稱七律的雛形。從初唐至開元前，經上官儀、許敬宗、崔日用的發展，到李嶠、蘇頲、李適、宋之問、沈佺期創作出對偶及黏對完全合律的七律，開元前後十年所作七律約占前九十年的一半，蘇頲、沈佺期的七律都超過十首，沈的《古意》爲音韻與意緒渾成之作，標誌着七律的基本成熟。七律的篇制當源於梁時的七言八句古體，但聲律當受五律影響，即在五律每句前面增添二相反聲調的字。不過初唐七律數量大大少於五律（僅 130 首），且多宫廷應制之作，風格多富麗堂皇，完全成熟要到盛中唐之交的杜甫。杜甫是唐代大量創作七律的第一人，且使七律題材與風格多樣化，體式成熟並定型化。與絶句及五律相比，七律的極盛期在晚唐，李商隱、許渾等纔是專事七律的大家。至於排律，其遠源可追溯到西晉陸機及六朝詩人重俳偶的五七言古體，其篇制與對偶是重俳偶的長篇古體的嬗變；其聲韻則源於初唐成熟定型的五七言律詩，是八句律詩聲韻的加長。五律成熟較早，五排亦然；七律成熟較晚，七排亦然。因其難寫，故唐代除杜甫有較多較成功的排律外，名家不多，對後世的影響也遠不如八句律詩。

近體詩萌生發展於六朝，尤其是齊梁。齊梁時重緣情的短詩（四句及八句）與聲律論相結合而產生的齊梁調是古體到近體的過渡體式，至初唐後期到盛唐，五種近體詩全部成熟並定型。以講究格律與否看，可以説先秦《詩經》至初唐是古體詩大盛的時期，盛中唐是古近體並盛的時期，而晚唐至清以至今是近體詩及詞曲的盛期，其中近體詩又最盛。其原因，一是近體詩的格律形式極其精美、規範，其篇制、對仗、韻律及平仄將漢語由建築美、音樂美、對比美、整飭美融合而成的和諧美發揮到極致，有古體詩及詞曲所難以比擬的形式美。二是近體詩的格律比起詞曲易於掌握。也許有人要説近體詩格律嚴密如律，是作詩的鐐銬，古體比它自由，詞曲亦比它靈活而易於掌握。其實這話似是而非。古體雖比近體詩自由，利

① ［宋］張表臣《珊瑚鈎詩話》，何文煥《歷代詩話》，中華書局 1981 年版，第 476 頁。

於用多種手法表現重大題材與複雜情思，以意蘊的豐厚複雜與氣勢磅礴見長，但没有近體的韻律美和精粹美；而詞曲看似句子有長有短，押韻可平可仄，平仄聲律也似不如近體嚴密，但它卻似寬而實嚴。一個詞曲名家也衹能掌握一二十種常見的詞牌、曲牌，且極易忘記，而一個稍具近體詩常識的人卻可以在極短時間內掌握近體詩格律，且不易忘記。通過上面的論述，讀者想必已經知道了近體詩各體式的篇制、押韻及對仗規律，其最難的聲律（即平仄）規律也是常識，極易掌握。本文不擬詳細介紹格律常識，衹介紹一些聲律規律，供大家參考。

五七言近體詩衹要記住五言近體的四種基本平仄句式，其餘就可依規律全部掌握。五言近體以第二字及末字爲標準可分爲四種律句：a. 仄起仄收式：仄仄平平仄；b. 平起平收式：平平仄仄平；c. 平起仄收式：平平平仄仄；d. 仄起平收式：仄仄仄平平。每種句式都符合一句之內平仄相間、二四字異音的規律，其中仄收句是不入韻句，平收句是入韻句。四種句式衹有 a 與 b、c 與 d 纔分別相對，所謂律詩聲律上下聯的“對”即指此，首句入韻則 b 與 d 可互爲對句（齊梁體多無這種對句）；衹有 d 與 a、b 與 c 纔分別相似，所謂律詩聲律前後兩聯之間的“黏”即指此。分别以四種句式開始，可成四種絶句及律詩聲律格式：一聯之內相對、兩聯之間相黏，兩律聯相黏即成標準絶句格律；四聯相黏，即成律詩格律；再加長，即成排律格律。例如：以仄起仄收的 a 句式爲首句，abcd 四種句式依次排列即一首仄起仄收式五絶聲律，再重複一遍即一首仄起仄收式五律聲律，再順延即成五言排律。仄起平收式五言絶句及律詩，衹需將首句的 a 句式換成 d 句式即成。記住了五言格律，七言格律則根本不須記，衹在五言四種句式前面添上與前面兩字不同的平仄即成，即前二字是“平平”則添“仄仄”，是“仄仄”則添“平平”，衹不過句式名稱不一樣，五言仄起仄收的 a 式前面添上兩個平聲，就成了七言平起仄收的 a 式：平平仄仄平平仄，其黏對規律與五言一樣。至於可平可仄的規律亦極簡單，一是每句末字入韻必平、不入韻必仄而不能改變，二是入韻句不能出現“孤平”（即除韻腳的平聲外另外衹有一個平聲，“仄仄仄平平”句式天生如此，可不管），亦不能出現“三平調”（即末尾三字全是平聲），另外不入韻句末尾最好不要出現三仄。其餘一、三便可不論，即俗話所謂“一三五不論，二四六分明”。另一中方法更簡單：一是五七言近體詩的尾三字都不能改變，因爲句尾的三字腳是一個相對穩定的單位，末字入韻或不入韻不能改變，四字或六字亦不能改變，五言的三字與七言的五字亦不能改變，三字腳的標準平仄格式是仄平平、平仄仄、仄仄平及平平仄，如改變倒數第三字則可能成三平或三仄，既不合律，又缺少變化，還可能成爲平仄平、仄平仄，變化太多太頻繁；二是五言句式中前列“平平仄仄平”的 b 式的第一字不能改變，其餘第一字都可改變；三是七言的可平可仄，後五字與五言律一樣，第一字都可平可仄。至於仄韻律詩及拗救等規則，可參看有關書籍。其實可不必爲此多費腦筋。因爲今所謂詩律是根據唐宋作品總結歸類出來的，多數人如此寫便是正體，出現少的便是變體、別體、拗體及講了拗救。其實古人及今人寫詩都講內容與形式的完美結合，但如發生衝突則多以形式遷就內容；寫詩時也多從內容入手構思，最多先確定一下起收格式，如遇不能就律處則能救則救，不能救則不救，後人就將這類作品解釋成別體、變體及拗救。要言之，詩歌關鍵在有詩的韻味、意境，格律方面能做到一句之內平仄大致相間（五言最好有兩仄聲，七言最好有三仄聲）、一聯之內大致相對、兩聯之間大致相黏，不犯大的格律錯誤，如能使雙字處合律、避免“孤平”與“三平調”，即可算是合格的律詩或好律詩。

真正弄清了五七言近體詩的格律，尤其是平仄規律，就會明白李調元所說的六言律詩之所以不盛的原因，不在它“宫商不協”，而在它的格律單調少變化，即五七言律詩與絶句每首講究一句之內平仄相間，有四種詩句；上下聯平仄相對，有四種相對句式；兩聯平仄相黏相似，有四種句式；且有三字尾，其中的單音節奏或者在末尾，或者在倒數第三字，非常靈活，因此整首詩的格律就既有規律可尋，又靈活多變，每種律詩（包括五絶、五律、五排、七絶、七律、七排）形成四種體式。而六言詩則不然，一是它没有單音節奏，便顯得呆板；二是它的句式少，衹有仄仄平平仄仄、平平仄仄平平兩種，且一句内或平聲過多，如平平仄仄平平，或者仄聲過多，如仄仄平平仄仄；三是五七言律詩有四種對句，而六言詩則衹有一種，即仄仄平平仄仄對平平仄仄平平；四是它不能講究黏，仄仄平平仄仄、平平仄仄平平一聯，如果講究黏，則成了平平仄仄平平、仄仄平平仄仄。

李調元認爲詩歌以五言爲正宗，這種觀點來源於鍾嶸的《詩品》：“五言居文詞之要，是衆作之有滋味者也，故云會於流俗。”[①] 鍾嶸的話在當時理由充足，因爲：一是五言詩當時正方興未艾，處於繁盛期，不僅民歌樂府多五言，而且文人也大寫五言樂府，同時漢末無名氏文人還創作了引領潮流享譽後世的以《古詩十九首》爲代表的五言古體，文人自曹植以後也大量創作，自鍾嶸時五言詩已經成了最爲流行成就也最大的詩體。二是五言詩有《詩經》四言體、騷體及三言詩難以企及的長處，即五言詩比三言詩、四言詩多一個節奏，便表意豐富而又富於變化，比騷體規範而易於掌握，且騷體不過是地方性詩體，而五言詩則是流行全國的詩體。三是五言詩正處於發展變化之中，在不久的將來在它的影響之下產生了五言律詩與絶句，而七言律詩與絶句的產生也部分受它的影響。到唐代，七言詩歌發展而至成熟，且七言詩歌，包括七言律絶及古體的數量與成就也逐漸趕上甚至超過五言，且越往後越甚。五言詩與七言詩相比較，在風格上應該各有特色，但七言比五言多一個雙音節奏，在表意的豐富與生動形象方面應該勝出一籌，所以直至今日，七言詩歌比五言詩多，且成就較大，名篇較多。因此處於清代的李調元仍然認爲詩歌當以五言爲正宗，則在詩歌體式發展變化上顯得有些保守了。他之所以仍然認爲詩歌當以五言爲正宗，其原因大概是唐代以後朝廷的各種詩歌考試仍然爲五言，所以便如此說。

另外還有一個原因是他認爲七言的寫作偏難，所以他以五言爲正宗。他說：“七言難於五言十倍，以其雜變調故也。故雖變調，必須排蕩而成，不可輕易下筆。蓋八句不出起承轉收，神而明之，存乎其人爾。”[②] 説“七言難於五言十倍”有些誇張，説難寫的原因是因爲

---

① 鍾嶸《詩品序》，何文焕本《歷代詩話》，中華書局 1981 年版，第 3 頁。

② 二卷本《雨村詩話》卷上，郭紹虞編《清詩話續編》，上海古籍出版社 1983 年版，第 1518 頁。

“雜變調故”也屬於附會，但説七言難寫是有一定道理的。因爲七言詩比五言詩多了兩個字一個雙音節奏，符合格律便相對困難一些，如果是七言律詩，平仄格律與對仗要兼顧，便相對更困難一些，所以歷代詩人創作五言排律的較多，成功之作也較多，而創作七言排律則較少，成功之作也較少。總之，七言詩比五言多兩個字，其在表意的豐富複雜程度、描寫的生動形象、氣勢磅礴等方面比五言應該有一定的優勢。例如杜甫的《登高》前半首云：“風急天高猿嘯哀，渚清沙白鳥飛回。無邊落木蕭蕭下，不盡長江滾滾來。”① 首聯十四個字全是主語謂語，描寫了從天上到江面的六種景物，含有八層意思，有聲有色，有動有静，有鳥獸也有渚沙風雲，内容十分豐富，十分凝練概括而又有氣勢，意境宏闊高遠而又蒼涼蕭疏，蘊涵着作者複雜的情意。頷聯則衹有兩個主語和謂語，即木下、江來，其餘十字都是修飾語，“木（葉）”前面修飾以“落”，以“無邊”，“下”字前面修飾以疊音詞“蕭蕭”，“江”修飾以“長”，以“不盡”，“來”前面修飾以疊音詞“滾滾”，寫盡了落葉的蕭疏與長江的氣勢，蘊涵着自然與人生的深刻哲理，氣勢磅礴，蒼涼而又蒼勁。李調元文中所謂排蕩，語出杜甫《八哀詩・贈秘書監江夏李公邕》的“衰俗凜生風，排蕩秋旻霽”②，即排除滌蕩之意。李調元的“故雖變調，必須排蕩而成，不可輕易下筆”可以理解成寫作七言律詩應該排除變調因素，而不可輕易下筆，也可理解成七言雖然是變調，但必須追求氣勢的排蕩，而不可輕易下筆。不過他又認爲七言律詩創作也没有什麽了不起，不外講究起承轉收等基本規律與法則，將這些規律與法則“神而明之”，自由運用，誠如岳飛所謂“陣而後戰，兵法之常，運用之妙，存乎一心”③，即詩法之變，存乎一心，關鍵在作者的“神而明之”。

四 有關詩歌體式的其他專門論述

一是他認爲近體難於古體

他説：“今人易言近體，難言古詩，真乃不知甘苦者。殊不知古詩可長可短，近體限定字數，若非具大手眼，便如印板，何足言詩！故唐律之聖者，間於八句之中，别有五花八門之妙，自成黄鐘大吕之音。”④ 這一條比較論述古體近體的特點與難易，認爲近體難於古體，因爲古詩是古代的自由詩，不僅不拘格律，而且可長可短，所以寫作較爲容易。而近體（除開排律）則字數有限，短者二十字，長者也不過五十六字，則拘於格律及對仗，拘束限制太多太嚴，如果不是“具大手眼”者，便處處受制，寫出來的詩歌“便如印板”，格律對仗雖然無誤，但了無特色，情感内容與意境風格都趨於雷同，可謂千篇一律，面目呆板可憎。但他同時又認爲律詩也可以寫得變化多端，即他所謂“别有五花八門之妙”，成功表現重大的

① ［清］楊倫《杜詩鏡銓》卷十七，上海古籍出版社 1980 年版，第 842 頁。
② ［清］楊倫《杜詩鏡銓》卷十四，第 684 頁。
③ 《宋史》卷三百六十五《岳飛傳》，百衲本二十四史。
④ 二卷本《雨村詩話》卷上，郭紹虞編《清詩話續編》，第 1518 頁。

題材與深厚複雜的思想感情而成爲名作大作，即他所謂“黄鍾大吕之音”，成功的關鍵在要如“唐律之聖者”一様“聖”於律詩，“聖”於詩律，即對律詩的藝術表現手法“神而明之”，達到爐火純青得心應手的地步，當然也應該包括思想境界等。李調元的這種觀點有一定道理，即律詩短而多拘束，古體長短自由而少拘束，前者即俗語所謂“螺螄殻裏做道場”，難以施展手脚，一字不對、一音不諧便留下瑕疵，後者便容易一些，即便稍有瑕疵也不失爲名篇。但這種難易是相對的，即短篇古體叙事、寫人、抒情、寫景、議論都容易成篇，而長篇古體，如屈原的《離騷》，杜甫的《自京赴奉先縣詠懷五百字》、《北征》一類，千門萬户，縱横捭闔，多種藝術手法綜合運用，其難度還是相當大的，因此短篇古體與長篇古體的難易不可一概而論。

二是論述除近體與常見古體之外的其他體式

他説：“六言、九言，詩家有作，獨未有爲八言者。查太史德尹云：‘賦八言詩，凡一句可兩讀者須禁之，以避四字古體。’當時諸公皆以爲然。時有貴州周起渭漁璜，自言此易耳，遂就悔餘所題《匡山讀書圖》九言後作八言，其起句云：‘吾不知廬山幾萬丈，但覺蒼蒼兮靄浮空。亦不知此山之廣袤，但見跨兩郡而稱雄。’一時推爲絶唱。然究詰曲聱牙，故從來作者頗罕，雖不作，可也。”[①] 他認爲“六言、九言，詩家有作”，而八言詩寫作者很少，其關鍵在要避免“一句可兩讀”，不能成爲兩句“四字古體”，這是對的。他認爲周漁璜的八言詩起四句雖然“一時推爲絶唱”，但仍然顯得詰曲聱牙，所以不能隨便寫作。其實這幾句有騷體尾巴與散文句式的八言詩自有一種奇崛之美，也有氣勢，不能算差，但這幾句詩除掉“吾不知”、“但覺”、“亦不知”、“但見”之類的襯詞、引詞與騷體標誌“兮”，便可縮短改寫爲簡練的五言詩：廬山幾萬丈，蒼蒼靄浮空。此山何廣袤，兩郡跨稱雄。於此可證中國古代詩歌以二言、三言、四言爲基礎，進而形成五言、七言爲主的格局，它較八言、九言詩凝練而又有韻味，琅琅上口，好讀易記，所以成爲主流正體。他説：“至如長句有九言至十三言者，九言雖始於鮑參軍昉（照），自高貴鄉公、沈隱侯、文湖州效之，中峰禪師用以詠梅，楊升庵從而和之，然詰曲聱牙，總非正體。”[②] 論述九言至十三言的長句，認爲九言這種長句雖然産生很早，“始於鮑參軍昉（照）”，其後至明代都有仿效者，但卻詰曲聱牙，總非正體，這也是有識的。但其論述卻欠嚴密。一是高貴鄉公曹髦（241—261）在前，曹髦“少好學，夙成”，時人多以爲望，鍾會認爲他“才同陳思，武類太祖”[③]。可惜他以此早卒，而他的“九言詩”也並没有流傳下來。鮑照（約 414—466）在後，他的《擬行路難》中有“念此死生變化非常理”、“洛陽名工鑄爲金博山”等九言詩，北朝民歌《木蘭辭》中“但聞黄河流水鳴濺濺”、“但聞燕山胡騎鳴啾啾”等。所以便不應該是鮑照影響，而是反之。二是查今存之詩，鮑照的九言詩僅僅是散見，不是真正的九言詩。據蕭統《文選序》載：“自炎漢中

---

① 詹杭倫、沈時蓉《雨村詩話校正》，巴蜀書社 2006 年版，第 260 頁。

② 同上，第 410 頁。

③ ［晉］陳壽《三國志・魏書四・三少帝紀》，百衲本二十四史。

葉，厥途漸異。退傅有在鄒之作，降將著河梁之篇，四言、五言區以别矣。又少則三字，多則九言，各體互興，分鑣並驅。”[①] 南朝宋謝莊（421－466）有《明堂歌》九首，依五行數，或三言，或五言，或六言，或七言，其中《歌白帝》爲九言，這可能是現在流傳的最早一首完整的九言詩。其詩曰：“百川如鏡天地爽且明，雲衢氣舉德盛在素精。木葉初下洞庭始揚波，夜光徹地翻霜照懸河。庶類收成歲功行欲寧，浹地奉渥罄宇承秋靈。”[②] 但這首詩雖稱九言，實際上每句九言都可以分爲四五兩句讀的，如“百川如鏡，天地爽且明。雲衢氣舉，德盛在素精”，這樣讀還順口些。所以從形式上來説，還算不上一首成功的九言詩。形式上較爲成功的九言詩是元代天目山僧人明本的《九字梅花》：“昨夜西風吹折中林梢，渡口小艇滚入沙灘坳。野樹古梅獨臥寒屋角，疏影横斜暗上書窗敲。半枯半活幾個擫蓓蕾，欲開未開數點含香苞。縱使畫工奇妙也縮手，我愛清香故把新詩嘲。”但此詩手法較爲笨拙，境界不高。是故明人楊慎乃以同題作九言詩曰：“玄冬小春十月微陽回，緑萼梅蕊早傍南枝開。折贈未寄陸凱隴頭去，相思忽到盧仝窗下來。歌殘《水調》沉珠明月浦，舞破山香碎玉淩風臺。錯恨高樓《三弄》叫雲笛，無奈二十四番花信催。”[③]

三是論述各種體式的對仗

他説：“詩有以干支、星宿、建除、字謎、八音、人名、藥名、離合之（對）及回文、聯綿、連環諸體，皆非大方家所爲，衹可入之稗官小説，皆詩家所忌也。惟隔句對如左太沖《詠史》五言詩‘習習籠中鳥，舉翮觸四隅；落落窮巷士，抱影守空廬’，及鄭都官七言隔句‘昔年共照松溪影，松折碑荒僧已無；今日還思錦城事，雪消花謝夢何如’，一時白樂天、李群玉、韓致堯皆有此體，亦不可不知。”[④]

這段話所説的“干支、星宿、建除、字謎、八音、人名、藥名”是指詩歌的表現物件或者内容，因爲詩歌主要是抒情寫景，融成意境美以感人，而在詩歌中寫上述内容或者嵌入上述術語則難以追求意境美，達到感人的目的，所以是詩家所忌。而離合之（對）及回文、聯綿、連環諸體則是一種對仗或者詩歌結構體式，是詩人逞才或者遊戲的手段，因爲它們也背離詩歌的抒情本質與對意境美的追求，因此同樣爲詩家所忌，而“衹可入之稗官小説”，不是詩歌的正體。李調元還説到隔句對，又名扇對，是詩歌以及對聯中不大常見的對仗方法，寫起來不大難，也自有其特殊的美感，所以前人多有作者。其實隔句對産生很早，是無意識的産物，著名者如《詩經・小雅・采薇》云：“昔我往矣，楊柳依依；今我來思，雨雪霏霏。”[⑤] 這個不甚嚴格的隔句對非常自然，也非常優美，可爲千古典範。這裏有必要補充一下有關對仗的常識。

對仗是受漢語漢字特色而成的特殊修辭手法，先秦詩文之中即有不少自然形成的對仗，

---

① ［梁］蕭統《文選序》，《四部備要》本。

② ［宋］郭茂倩編《樂府詩集》卷二，《郊廟歌辭二》，文學古籍刊行社 1955 年影印本。

③ ［明］楊慎《升庵詩話》卷一，丁福保《歷代詩話續編》，中華書局 1983 年版，第 636 頁。

④ 詹杭倫、沈時蓉《雨村詩話校正》，巴蜀書社 2006 年版，第 410 頁。

⑤ 《毛詩正義》卷九，阮元十三經注疏本。

但其多不嚴整，而屬於後世所説的寬對。至魏晉六朝時，文人在講究音韻的同時也有意追求對偶對仗，且成爲齊梁體的標誌之一。後來齊梁體發展成了近體詩，其對仗便嚴格而固定。詞也多對仗，但詞的對仗則相對放寬，表現爲位置不定，對與不對不定，不避同字對，出句與對句亦不講究近體詩對仗的平仄格律。散曲也講對仗，曲的對仗亦與詞的對仗大致相似，即對仗的位置及對與不對不定，但多數人在應對仗處是對仗的，因此對仗當是元曲的格律特徵之一，且大大豐富了對仗的方法。最早注意散曲對仗問題的大約是周德清的《中原音韻》，周氏在《作詞十法》的"對偶"中列舉出三種對仗方法，明朱權《太和正音譜》的"對式"中又增加了七種對仗方法，如去其重複者，主要有七種：一是兩句對，亦稱"合璧隊"，句式與詩詞近似，最常見。二是三句對，亦稱"鼎足對"或"三槍"，詞裏有這種對仗，散曲更爲普遍。如馬致遠《秋思》套數："紅塵不向門前惹，綠樹偏宜屋角遮，青山正補牆頭缺。"① 三是扇面對，或稱隔句對，詞中亦有，但曲中多見，如康進之《新水令·武陵春》套的："花片紛紛，過雨猶如彈淚粉；溪流滾滾，迎風還似皺湘裙。"② 四是四句對，亦稱"聯璧對"，詞中絶無，曲中亦不多見。如張可久小令《梧葉兒·第一樓醉書》之"歌斂翠蛾眉，月淡冰蟾印，花濃金鳳釵，酒灩玉螺杯"③。五是聯珠對，即多句對，五句以上連着對仗，很少見。六是重疊對，如張善鳴《金蕉葉·怨別》套中之"花影移，月影移，留花環月飲瓊杯。風力微，酒力微，乘風帶酒立金梯"④。一與二、四與五句分别相對，一二三句與四五六句又相對，實是所謂扇面對的加長。七是鸞鳳和鳴對，即曲的首尾兩句相對，較少見。元曲對仗的種類與數量遠遠超過詩詞，其特點是既有工對，也有寬對，還句中自爲對，以大量俗語入對，可以説是大大發展了漢語的對偶手法，是散曲的特徵之一。

四是論述各種用韻格式

他還論述詩歌的用韻，説："俗謂詩用韻有數格，一曰進退格，一曰轆轤格，一曰葫蘆格，皆以用韻而名也，《類編》王昌會謂始於鄭谷與僧齊己共訂《今體詩格》。進退韻者，一進一退；轆轤韻者，雙出雙入；葫蘆韻者，前二後四，失此則謬。鄭谷雖定二體，而俱未有詩，昌會因引李師中《送唐介謫英州詩》云……大抵詩非一格，各隨筆勢所到，而後人硬分爲某格某體，以便學步耳。如白樂天詩有三韻律、三韻排，亦興會適然，豈前有一定章程乎？亦可笑。"⑤ 文中所説的用韻格式都是鄰韻通押的特殊格式，主要有進退格、轆轤格、葫蘆格。所謂進退格亦稱"進退韻"。嚴羽《滄浪詩話》説："有轆轤韻者，雙出雙入。有進退韻者，一進一退。"⑥ 魏慶之《詩人玉屑》引《緗素雜記》説，唐代鄭谷與僧齊己、黄損等共定今體詩格云："凡詩用韻有數格：一曰葫蘆，一曰轆轤，一曰進退。"⑦ 進退格是兩韻

① 隋樹森《全元散曲》，中華書局1964年版，第269頁。
② 同上，第455頁。
③ 同上，第846頁。
④ 同上，第1286頁。
⑤ 詹杭倫、沈時蓉《雨村詩話校正》，第414頁。
⑥ ［宋］嚴羽《滄浪詩話·詩體》，何文焕《歷代詩話》，第691頁。
⑦ ［宋］魏慶之《詩人玉屑》卷二，乾隆刻本。

間押，即第二、第六句用甲韻，第四、第八則用與甲韻可通的乙韻，如“寒”、“删”或“魚”、“虞”等，一進一退，相間押韻，故稱。所謂轆轤格亦稱“轆轤韻”。轆轤韻者，雙出雙入。即律詩第二、第四句用甲韻，第六、第八句用與甲韻可通的乙韻，如先用“七虞”，後用“六魚”等，雙出雙入，此起彼落，有似轆轤，故稱。葫蘆格亦稱“葫蘆韻”。葫蘆韻者，先二後四。如“東”、“冬”通押，先二韻“東”，後四韻“冬”。先小後大，有似葫蘆，故稱。然後對其進行評價，他認爲“詩非一格，各隨筆勢所到”，應該格隨詩意而定，筆勢到處成什麽格就是什麽格，即所謂“興會適然”，没有必要强行劃分而模仿學步。後面他還説到白居易的另類詩歌體式三韻律、三韻排，認爲衹要是“興會適然”，表現了作者的真情實感，具有真正的詩歌美，就是好詩，不一定一定要效仿某種章程格式。這種觀點應該是較爲通達的，有利於詩歌内蘊的表現與藝術水準的提高。

以上從詩歌體式的發展演變方面論述了李調元的詩歌體式發展觀，他認爲詩歌淵源於“天地自然之樂”，因而古代詩樂一體，進而從詩樂相聯繫的角度闡述古詩、樂府到近體詩詞的發展嬗變關係，且以五言爲宗而不廢其他，既持“詩亦愈出而愈工”的觀點，反對復古與厚古，又宗唐而不廢其他等觀點都是較爲正確的，符合詩歌創作實際與發展實際的，在其他方面也有不少創新，論述切實有據，體現了巴蜀詩人詩論家的實事求是、注重創新而又不倡極端之論的一貫治學風格。

作者單位：西華大學人文學院

《碧雞漫志》續劄

彭東煥　王映玨

拙文《〈碧雞漫志〉劄記》，已刊《蜀學》第六輯，今又整理卷三至卷五部分劄記，匯爲一篇，謹爲“續劄”。

隋唐法曲

卷三《霓裳》條謂《霓裳》爲法曲。按文獻史料中稱《霓裳》爲法曲的記録頗多，除文中所引元白詩外，另如顧況《聽劉安唱歌》“即今法曲無人唱，已逐霓裳飛上天”，王建《舊宫人》“霓裳法曲渾拋卻，獨自花間掃玉階”。白居易《和微之霓裳羽衣歌》注云：“凡法曲之初，衆樂不齊，惟金、石、絲、竹次序發聲。《霓裳》序初，亦復如此。”《樂府詩集·法曲》下舉法曲名亦有《霓裳》一曲等等，《霓裳》爲法曲可確定無疑。然而對於法曲這一概念的含義，隋唐時期的史料中皆無明確記載，僅中晚唐文人詩文筆記如白居易、元稹《法曲》詩、《樂府雜録》等略有提及。近代以來，對法曲的研究成爲一個重要的學術課題。其中尤以邱瓊蓀先生《燕樂探微》“法曲”一章的考述最爲全面，對法曲的源流、性質、樂曲、樂調、樂器等各個方面均有考證①。此後學者大多在邱先生的基礎上展開討論，並對邱先生研究中出現的一些未妥之處作出了補充考證，使我們對隋法曲與盛唐法曲各自的音樂屬性可以得出一個明確的判斷：隋代之初以清樂爲法曲，到盛唐，則以華夷融合的新俗樂爲法曲。清樂是漢魏時期的相和歌和清商樂爲主體的漢族傳統音樂，主要興盛於魏晉時期；隋唐時期的新俗樂則是以漢族傳統音樂爲基礎，融合西域及其他少數民族音樂而形成的一個新的音樂體系。即是説，隋法曲與盛唐法曲屬於完全不同的兩個音樂體系。

---

① 邱瓊蓀：《燕樂探微》，《燕樂三書》，黑龍江人民出版社 1986 年版。

但是，隋代爲什麽提出法曲這一概念，它的意義是什麽，盛唐法曲演變的原因是什麽等幾個問題尚未能得到解決。從當今衆多的研究成果來看，在對待法曲的許多問題上仍囿於傳統觀念，難以揭示其真實面目。

從中唐開始，論者往往從維護音樂的華夏正統地位出發，一味地排斥盛唐法曲中的胡樂成分，致使模糊了隋唐法曲各自的音樂特性。如中唐白居易詩中謂法曲"夷夏交浸"，詩注中則謂"法曲雖似失雅音，蓋諸夏之聲也"[①]。白詩中實際上明確地反映出了法曲的兩個階段：隋代法曲爲"諸夏之聲"，盛唐法曲爲"夷夏交浸"。白居易是從"聲與政通"的儒家禮樂思想出發，强調音樂的政教功能，把"胡人亂華"歸罪於"胡樂亂華"，而强烈反對胡樂，具有明顯的階級性。他的這一主張被宋人進一步確定下來，北宋陳暘《樂書》卷一八八謂："法曲興自於唐，南聲，始出於清商部……鄭衛之間。"北宋教坊法曲部兩首法曲均是三調樂，作爲盛唐法曲的代表作《霓裳曲》在當時教坊仍有演出，卻未能入法部，因其來源於胡樂。清人淩廷堪《燕樂考原》則稱："蓋天寶之法曲即清樂，南曲也，胡部即燕樂，北曲也。"至此，已完全將隋代法曲和盛唐法曲混爲一體了。這也使後來的法曲研究中，或忽略隋代法曲，或將隋代法曲的音樂現象附會於盛唐法曲之中，致使在法曲的認識上產生一些誤解。如"法曲"一名的來源，或認爲來源於法樂，或認爲來源於道曲。這種判斷，法曲的概念自然會模糊不清；另如法曲的風格，從五代開始，均判定爲"清雅"、"閒雅"，至今學者亦持此觀念。這同樣是將隋與盛唐法曲未作分判所至。

按白居易反對法曲"夷夏交浸"，一方面正説明盛唐法曲兼包華夷的性質，主張法曲回歸"諸夏之聲"，又反映出法曲的最初面貌，即隋代法曲產生之初是以清樂爲法曲的。直接記載隋法曲的文獻極少，僅《新唐書》和《通志》等略有提及。《新唐書》卷二十二《禮樂志》：

> 初，隋有法曲，其音清而近雅。其器有鐃、鈸、鍾、磬、幢簫、琵琶。琵琶圓體修頸而小，號曰"秦漢子"，蓋弦鞀之遺制，出於胡中，傳爲秦、漢所作。其聲金、石、絲、竹以次作，隋煬帝厭其聲澹，曲終復加解音。

鄭樵《通志》"梨園法曲"注云：

> 法曲本隋樂，其音清而近雅，煬帝厭其聲淡。

這兩條資料反映了幾個信息：其一，法曲始於隋；其二，隋代法曲音清近雅，所用樂器除鐃鈸外，其餘全爲中國傳統樂器，可見出確爲清樂無疑；其三，煬帝既"厭其聲淡，曲終復加解音"，説明這一批音樂非始於煬帝而是始於文帝。文帝以清樂爲法曲，而清樂最盛於魏晉時期，爲何法曲卻產生於清樂已衰微的隋代呢？這當從當時的歷史文化背景來考察。

---

① 白居易《法曲》詩："法曲法曲歌大定，積德重熙有餘慶。……法曲法曲合夷歌，夷聲邪亂華聲和。以亂干和天寶末，明年胡塵犯宫闕。（原注：法曲雖似失雅音，蓋諸夏之聲也，故歷朝引焉。明皇雖雅好度曲，然未嘗使番漢雜奏，天寶十三載，始詔道調法曲與胡部新聲合作，識者深異之。明年冬安禄山反。）乃知法曲本華風，苟能審音與政通。一從胡曲相參錯，不辨興衰與哀樂。願求牙曠正華音，不令夷夏相交侵。"

從西晉末年開始，胡樂大肆入華，對漢族傳統音樂造成極大的衝擊。《通典》卷一百四十六云："自周、隋以來，管弦雜曲將數百曲，多用西涼樂，鼓舞曲多用龜茲樂，其曲度皆時俗所知也。"當時朝野風氣可窺一斑。隋朝建國之初，雅樂亦雜用胡樂①，文帝對此極爲不滿。開皇九年平陳，始獲南朝舊樂，即清樂。

南朝清樂是晉室南遷傳至南方，並經宋、齊、梁、陳累朝積存的宫廷音樂，包括清商舊曲和流行於吴越荆楚之地的民間新聲。文帝將這一批音樂進行修訂，重新製造樂器，並專置清商署掌管。可見出其對清樂的重視程度。從《隋書》卷十五"音樂志"中的一段記載可看出隋文帝的音樂主張：

> 龜茲者……開皇中，其器大盛於閭閈。……新聲奇變，朝改暮易，持其音技，估衒公王之間，舉時争相慕尚。高祖病之，謂群臣曰："聞公等皆好新變，所奏無復正聲，此不祥之大也。自家形國，化成人風，勿謂天下方然，公家家自有風俗矣。存亡善惡，莫不繫之。樂感人深，事資和雅，公等對親賓宴飲，宜奏正聲。聲不正，何可使兒女聞也。"

文帝以胡樂新聲爲病，主張宴飲"宜奏正聲"，而清樂正是他需要的"華夏正聲"、"治世之音"，以清樂作爲正聲的標準，來規範王公大臣宴飲之樂。"法曲"的概念便是在這樣的前提下提出來的。文帝所實施的音樂政策也是與之相適應的。《隋書》卷六十七"裴蘊傳"載："初，高祖不好聲技，遣牛弘定樂，非正聲清商及九部、四舞之色，皆罷遣從民。"可以見出這一時期，漢族傳統音樂在宫廷音樂中佔有絶對優勢，多部樂不過"備四夷之數"而已。

法曲的產生，除了文帝的個人好尚之外，更重要的原因是出於政治的需要。從西晉末年以後，大批少數民族政權入主中原，造成了"胡樂亂華"的局面。隋從少數民族政權過渡爲統一南北的漢族政權，確立一個與漢族傳統文化相適應的清樂爲音樂規範，對於隋朝政權獲得漢族民衆的支持是有重要意義的。自周代確立禮樂制度以來，歷代的宫廷音樂均與政治息息相關。文帝以清樂爲法曲，將清樂作爲衆樂之標準，正是借此來强化自己的華夏正統地位。

文帝時的法曲就是專指清樂，是爲强調其"華夏正聲"而設。它是對南北朝以來胡樂興盛的一次反撥。也就是説，法曲這一概念本就是在與胡樂的對立中提出來的。中唐以後白居易等反對盛唐法曲兼採華夷、而强調法曲爲"諸夏之聲"，便源於文帝以清樂爲法曲這一史實。然而文帝以後，清樂於朝廷的地位每況愈下。《通典》卷一百四十六"清樂"條云：

> （清樂）先遭梁、陳亡亂，而所存蓋少。隋室以來，日益淪缺。……自長安以後，朝廷不重古曲，工伎轉缺，能合於管弦者，唯《明君》、《楊叛》、《驍壺》、《春歌》、《秋

---

① 《隋書》卷十四"音樂志"："開皇二年，齊黄門侍郎顔之推上言：'禮崩樂壞，其來自久。今太常雅樂，並用胡聲，請馮梁國舊事，考尋古典。'"

歌》、《白雪》、《堂堂》、《春江花月夜》等八曲。舊樂章多或數百言，武太后時《明君》尚能四十言，今所傳二十六言，就之訛失，與吴音轉遠。劉貺以爲宜取吴人使之傳習。開元中，有歌工李郎子。郎子北人，聲調已失，云學於俞才生。才生，江都人也。自郎子亡後，清樂之歌闕焉。

又云：

唯彈琴家猶傳楚、漢舊聲及清調、瑟調，蔡邕五弄、楚調四弄調，謂之“九弄”，雅聲獨存。非朝廷郊廟所用，故不載。

這兩段記載反映出，宫廷清樂的衰微，更多的是由朝廷對待清樂的態度决定的。

隋朝第二代皇帝煬帝即採取了與文帝完全相反的音樂政策：“括天下周、齊、梁、陳樂家子弟，皆爲樂户。其六品已下，至於民庶，有善音樂及倡優百戲者，皆直太常。是後異技淫聲咸萃樂府，皆置博士弟子，遞相教傳，增益樂人至三萬餘。”[①] 煬帝喜好倡優百戲，異技淫聲，南北音樂齊聚宫廷。清樂於“隋室以來，日益淪缺”，就是從煬帝開始的。入唐以後，統治者更是一反文帝華夏獨尊的心態，對外族人民及其文化均採取了前所未有的包容態度。唐太宗就明確地説過“自古皆貴中華，賤夷狄，朕獨愛之如一”[②]，這種華夷兼重的觀念，便决定了初唐時清樂的地位。因此在初唐時期，清樂不可能再被視爲規範之樂，這就是法曲於初唐銷聲匿跡的根本原因所在。唐太宗以華夷兼融的《燕樂》爲十部伎之首部，其餘“清樂”與諸部夷樂並列，這正充分體現了唐太宗華夷一家的觀念。至盛唐，玄宗則更進一步打破了清樂與各胡部樂之間的界限，將華夷各樂部完全融入坐立二部樂之中，並從制度上加以確立[③]。因此在玄宗時期，清樂在宫廷音樂的地位更是無足輕重了[④]。所謂玄宗雖酷愛法曲，所愛者並非清樂之法曲，而是志在改造華夷之樂，以華夷融合的新俗樂作爲新的規範，遂産生了盛唐法曲。玄宗的目的，就是對純粹的胡樂和清樂進行改造，使之納入新俗樂範疇之内。

綜之，從隋初到盛唐，法曲即經歷了以上三個階段：隋文帝以清樂爲法曲，隋煬帝於清樂後“復加解音”，對法曲作了初步改造，盛唐玄宗以新俗樂爲法曲。那麽與之相適應的法曲風格，亦會隨之改變。邱瓊蓀先生輯録出唐代法曲所用樂器大多屬清樂系，以證明法曲與清樂風格相近的觀點。從樂器組成來考察法曲的源流及風格，這一角度非常好。樂器是構成

---

① 《隋書》卷六十七《音樂志》。

② 《資治通鑑·貞觀二十一年》。

③ 十部樂首部“燕樂”由四部樂舞組成，多爲初唐産生的新俗樂，樂器組成則雅、胡、俗兼備。二部伎與十部伎的關係並非樂部上的更替，而是音樂思想上的繼承和發展。二部伎將“燕樂”部華夷融合的思想用之於整個坐立二部，並在新俗樂中進一步吸收了胡樂的表現手段。十部樂首部以宫廷燕享用樂的總名——“燕樂”作爲樂部名，並廣泛用於各種燕享儀式場合，實際上反映出初唐時統治者已確立了宫廷燕樂的基本模式，這也是玄宗整理二部伎並進一步改造整個宫廷燕樂的思想基礎。

④ 上文引《通典》謂玄宗時“自郎子亡後，清樂之歌闕焉”，玄宗對清樂的態度可見一斑。玄宗時的“清樂部”已完全形同虚設了。

樂曲風格的重要因素，是判斷音樂源流的重要依據。這一點在宫廷音樂中表現尤爲突出。宫廷各樂部的基本内容就是由特定的樂器演奏特定的樂曲，一個樂部代表的就是一個音樂品種，同時也代表一定的音樂風格。下文即對法曲於不同時期的不同風格進行分述。

上文已明確，《新唐書·禮樂志》中所載的“音清而近雅”的法曲，是隋文帝修訂後的清樂。因此鐃、鈸、鍾、磬、幢簫、琵琶，是隋文帝時法曲所用樂器，與盛唐法曲無涉。隋文帝以清樂爲法曲，其目的是爲强調清樂的華夏正統地位，那麽此時的法曲，同樣會强調與胡樂鏗鏘鼓舞完全不同的清雅風格。

煬帝的音樂好尚與文帝完全不同，如上文所言。煬帝不喜歡清淡的清樂，曲終既加解音，則樂器必有增加，風格亦不復清淡了。陳暘《樂書》卷一六四釋“解”云：

> 凡樂，以聲徐者爲本，聲疾者爲解。自古奏樂，曲終更無他變。隋煬帝以法曲雅淡，每曲終多有解曲，如《元亨》以《來樂》解、《大風》以《移都師》解之類是也。及太宗朝，有入破意在曲終，更使其終繁促。然解曲回龜茲、疏勒夷人之制，非中國之音，削去可也。

解曲在速度上一定是快速激烈的，與清樂的從容雅緩完全相反，其風格就決不會是“清淡”、“清雅”了。陳暘《樂書》卷一百五十九的另一條記載可作一補充：

> 隋大業中，煬帝分爲九部，以漢樂坐部爲首，外以陳國樂舞《玉樹後庭花》也。西涼與清樂並，龜茲、五天竺國之樂並，合佛曲、法曲也；安國、百濟、南蠻、東夷之樂並，合野音之曲、胡旋之舞也。

西涼等諸樂合併“合佛曲、法曲”，其意是指選擇西涼、清樂、龜茲以及天竺各部的樂器來演奏佛曲、法曲。則此時法曲的樂器可分爲兩部分：清樂與西涼樂合併、龜茲樂與五天竺樂合併，這與清樂加解曲的法曲形式是相應的。因此，煬帝時的法曲是清樂加解曲的複合體，其風格亦可描述爲清雅加繁促。

煬帝雖於清樂後加解音，然法曲的主體部分仍然是清樂，玄宗時的法曲則完全打破了清樂胡樂的界綫，而兼包古今華夷。邱瓊蓀先生所考得的二十五名法曲，絶大部分都可確定爲玄宗時的法曲。從其音樂品種來看，有清樂、胡樂、民間新聲、宫廷創作的新俗樂等等，這樣一批源於不同品種的音樂是否可能同時具有“清雅”的風格呢？

這裹需要先厘清法曲對於盛唐宫廷音樂的意義。所謂法曲爲“規範之樂”、“樂之標準”，是針對宫廷宴享儀式樂之燕樂而言。“對親賓宴飲，宜奏正聲”，文帝時的法曲便是直接針對這樣的燕飲場合而規定的。玄宗時的梨園法部是從二部伎而不是教坊選拔樂工，並在太常寺成立梨園别教院教習法曲，同樣反映了它的適用物件是宫廷燕樂。法曲的音樂來源是俗樂，法曲與教坊樂又密不可分。《舊唐書》謂盛唐法曲“雜用胡夷里巷之曲”、“詞多不經”，而

《舊唐書》又是針對太常用樂情况而説的①，這正反映了盛唐法曲的一體兩面：俗樂的來源和燕樂的功用，它是教坊俗樂和太常燕樂的集中體現。法曲既聯繫了宫廷俗樂和燕樂，因此就不可能自成一體，獨立於二者之外。反之，教坊俗樂和太常燕樂亦會從不同角度與法曲保持一致性。這也是隋唐法曲產生和存在的根本意義所在。因此單純地從法曲曲目的音樂現象來認識法曲，不如將之放入整個宫廷音樂背景之下，更能準確地揭示其本質。

盛唐時期，教坊是與民間音樂聯繫最爲緊密的音樂機構，"胡夷里巷之曲"多是通過教坊進入宫廷的。教坊樂在一定程度上反映了整個社會的音樂面貌，也是最能代表玄宗音樂好尚的一批音樂。其見載於《教坊記》内數百曲目中，以新俗樂爲主，兼有胡樂和清樂，表現了與法曲音樂成分的一致性，可見出二者的淵源。《舊唐書》謂盛唐時孫玄成輯録的法曲歌詞有七卷之多，且多有胡夷里巷之曲。則當時法曲曲目的數量相當可觀，遠不衹我們今天所考得的二十五曲。這些曲目無疑大多來源於教坊。

最能代表玄宗音樂思想的是二部伎。它的樂曲組成以初唐以來的新俗樂爲主；樂器組成雅、胡、俗兼備，尤以龜茲樂爲重；具有龜茲樂風格的樂曲占了一半以上；舞蹈表演亦加入了外族成分，如《安樂》的舞蹈姿態"舞蹈姿制猶作羌胡狀"，《太平樂》採用了源於西域的獅舞形式，"服飾作昆侖象"等等。胡樂成分被强調，這與以龜茲樂爲重的樂器組成是一致的。十部伎中以胡樂爲重的特點在二部伎中得到了繼承，不同的是十部伎中華夷樂曲並列代之以二部伎華夷融合的新俗樂。而此時的新俗樂又更多地採用胡樂的表現手段。

聯繫開天間的一系列音樂措施："開元二十四年升胡部於堂上"，是將胡部升於堂上代替西涼樂②；天寶十三載"詔道調、法曲與胡部新聲合作"③，是將胡部新聲納入法曲和祭祀老子的道曲内。同年太樂署改諸樂名，大量的胡樂改名爲漢樂名、佛曲改名爲道曲名，是它的具體實施。這幾個事件皆反映出重視胡樂的傾向，與二部伎所體現的音樂思想是完全一致的。换言之，玄宗的音樂思想已從二部伎推廣至宫廷各種燕樂樂部。法曲的制訂，就是爲此提供音樂上的依據。華夷之樂的改造，具體包括樂曲的選擇、樂器的組合、音樂表現手法等諸多方面。

總之，法曲與教坊樂的聯繫，決定了它俗樂的音樂屬性；法曲的樂工組成，即已表明了它的樂器組成——雅、胡、俗兼備，將胡部升於堂上，是它的具體實施；法曲的風格則可從太常燕樂和教坊俗樂中得到結論。從幾個法曲相關的實例來看：二部伎中《大定樂》、《破陣樂》二曲入法曲，《大定樂》屬立部伎，《破陣樂》則坐立二部均有。立部伎中《破陣樂》、

① 《舊唐書》卷三十《音樂志》："時太常舊相傳有宫、商、角、徵、羽燕樂五調歌詞各一卷，或云貞觀中侍中楊恭仁妾趙方等所銓集，詞多鄭、衛，皆近代詞人雜詩，至緆又令太樂令孫玄成更加整比爲七卷。又開元已來，歌者雜用胡夷里巷之曲，其孫玄成所集者，工人多不能通，相傳謂爲法曲。今依前史舊例，録雅樂歌詞前後常行用者，附於此志。其五調法曲，詞多不經，不復載之。"

② 有關二部伎的情况可參考下文"二部伎"條。

③ 元稹《立部伎》詩注："太常丞宋　傳漢中王舊説云：玄宗雖雅好度曲，然而未嘗使蕃漢雜奏。天寶十三載，始詔道調法曲與胡部新聲合作，識者異之。明年，禄山叛。"

《大定樂》“皆雷大鼓，雜以龜茲之樂，聲振百里，動盪山谷”[①]。坐部伎中《破陣樂》亦用龜茲樂。則法曲中的《破陣樂》無論出自坐部或立部，基本風格應是一致的。《明皇雜録》卷下載：“又令宫女數百，飾以珠翠，衣以錦繡，自帷中出，擊雷鼓爲《破陣樂》、《太平樂》、《上元樂》。”其聲勢與“聲振百里，動盪山谷”相去亦不會太遠。

又二十五名法曲中有十一曲爲大曲，如《玉樹後庭花》、《霓裳》、《赤白桃李花》、《春鶯囀》等，單這十一名大曲用某一風格都是無法概括的。以《霓裳》爲例，《霓裳》曲本爲胡曲，玄宗則又爲其加上清雅的散序。散序“金石絲竹以次作”，中序輕歌慢舞，入破後則“繁音急節”[②]。《霓裳曲》的改造代表了胡樂改造的一般情況，同時反映了新大曲産生的一個典型過程。也就是，當清樂改造成以散慢快急爲特徵的大曲時，它們實際上也組合了華樂和胡樂。法曲中有《五更囀》、《飲酒樂》等清樂入羯鼓曲，而羯鼓“其聲焦殺鳴烈，尤宜促曲急破，戰杖連碎之聲，又宜高樓晚景，明月清風，破空透遠，特異衆樂”[③]，這可從一個側面反映出當時清樂的狀況。實際上，北宋教坊法曲恰恰可以真實地反映這一時期清樂法曲的音樂特點。《宋史》卷一四二《樂志·教坊》條載：

> 法曲部，其曲二，一曰道調宫《望瀛》，二曰小石調《獻仙音》。樂用琵琶、箜篌、五弦、箏、笙、觱栗、方響、拍板。

北宋沈括《夢溪筆談》的一條記載可作補充。《夢溪筆談》卷五云：

> 今樂部中有三調樂，品皆短小，其聲噍殺，唯道調、小石調法曲用之。雖謂之三調樂，皆不復辨清、平、側聲，但比他樂特爲煩數耳。

兩條資料結合起來看：北宋教坊兩首法曲均屬清樂曲，然而所用樂器除琵琶和箜篌不能確定爲漢制或胡制之外，餘下六種樂器中胡樂器和新俗樂器就占了四種，與《樂府雜録》中所記載的胡部樂器大體相同。此時清樂的特徵亦很明確，爲“噍殺”、“煩數”，與“繁手淫聲”、“繁音促節”屬同一類。在樂器組成上强調胡樂器和新俗樂器，在音樂上强調與傳統清樂完全不同的“噍殺”和“煩數”的特徵，這正是玄宗的音樂思想的具體表現。北宋法曲與盛唐法曲顯然有直接淵源，它在一定程度上反映出盛唐清樂型法曲的面貌。“比他樂特爲煩數耳”，這句話還暗含着一層意思：盛唐時期吸收胡樂後的清樂，較之中唐以後南北融合的新俗樂，包含了更多的胡樂成分在内。

“不復辨清、平、側聲”，表明清樂已從調式調性上發生了改變，清樂同樣被納入隋唐俗樂二十八調體系之内。胡樂的情況應同樣如此。那麽，將盛唐法曲中源於清樂與胡樂的這一批音樂都統歸於新俗樂名下是合理的。總之，盛唐時期的法曲，無論樂曲組成還是樂器組成均是華夷兼備，樂曲風格豐富多變，不能一概而論。某一種風格僅存在於某一樂曲中或某一

---

① 《舊唐書》卷二十九《音樂志》。

② 白居易《霓裳羽衣歌》詩及注。該詩詳細記録了憲宗時宫廷《霓裳曲》的表演過程。

③ 南卓《羯鼓録》。

樂曲的局部，這也是區别於隋代法曲最爲顯著的特徵。

晚唐法曲樂器則見於《新唐書》卷二十二“禮樂志”的另一條記載：

> 文宗好雅樂，詔太常卿馮定採開元雅樂制雲韶法曲及《霓裳羽衣》舞曲。雲韶樂有玉磬四虡，琴、瑟、筑、簫、篪、籥、跋膝、笙、竽皆一，登歌四人，分立堂上下，童子五人，繡衣執金蓮花以導，舞者三百人，階下設錦筵，遇内宴乃奏[①]。

文宗好雅樂鄙鄭衛，故而此時的法曲樂器組成是形制類於雅樂的雲韶樂。《樂府雜録》“雅樂”條中記載了晚唐法曲的使用情況：登歌皆奏法曲，而郊天、御殿、内宴等皆“登歌先引”。這便是文宗改造後的法曲，廣泛用於各種儀式場合。

綜上所述，“法曲”這一概念不是音樂品種名，更不是音樂體裁名，它是宫廷燕樂的一個“標準”，在它名下集合了一批可代表這個標準的曲目，以作爲宫廷燕樂的範本。從這一意義來説，法曲的實際存在時間僅隋文帝和唐玄宗這兩個時期，後世不過因盛唐法曲的盛名而沿稱“法曲”，沿用盛唐法曲的曲目而已。如宋教坊法曲，在觀念上繼承了隋代法曲，而音樂體制上卻繼承了盛唐法曲，此時的“法曲”已完全失去了作爲“燕樂標準”的這一意義，不過是作爲音樂品種名而已。

二部伎

卷四《萬歲樂》引《新唐書》云：“明皇分樂爲二部，堂下立奏謂之立部伎，堂上坐奏謂之坐部伎。”

此條資料見載於《新唐書》卷二十二《禮樂志》：

> 初，帝賜第隆慶坊，坊南之地變爲池，中宗常泛舟以厭其詳。帝即位，作《龍池樂》……又分樂爲二部：堂下立奏，謂之立部伎；堂上坐奏，謂之坐部伎。太常閱坐部，不可教者隸立部，又不可教者，乃習雅樂。

新唐志没有明確稱“分樂爲二部”的是“明皇”，但從其語意來看，是認爲二部伎始於唐玄宗時期，王灼即因此明確謂“明皇分樂爲二部”，宋末元初馬端臨《文獻通考》同持此觀點[②]。但早於新唐志的《通典》和舊唐志兩書中則有不同的記載。《通典》卷一四六：

> 燕樂，武德初，未暇改作，每燕享，因隋舊制，奏九部樂。至貞觀十六年十一月，宴百寮，奏十部。先是，伐高昌，收其樂，付太常。至是增爲十部伎，其後分爲立、坐二部。

---

① 《新唐書》的這條記載有誤，已詳拙文《碧雞漫志劄記》“雲韶樂”條。該文載《蜀學》第六輯。

② 《文獻通考》卷一百四十六“俗部樂”云：“元宗時，分樂爲二部：堂下立奏，謂之立部伎，堂上坐奏，謂之坐部伎。”

《舊唐書》卷二十九《音樂志》：

> 高祖登極之後，享宴因隋舊制，用九部之樂，其後分爲立坐二部。

據《通典》的記載，二部伎似乎產生於唐太宗貞觀十六年十部伎之後；而舊唐志的記載則又認爲於唐高祖武德時期已有二部伎。

對於二部伎的產生時間，三條記載造成三種看法，究竟孰是孰非，當今學界亦衆説紛紜。鄭祖襄《"增其事、省其文"難免疏漏——〈新唐書·禮樂志〉若干記載討論》一文[1]，亦就這一問題對這三條記載作了詳細的分析，認爲較之兩唐志，《通典》的記載更爲可信。筆者認同鄭説。結合其他相關記載，初唐已有坐立部伎，是可以肯定的。舊唐志、《唐會要》同載高宗儀鳳二年，議立部伎內《破陣樂》等三大樂舞修入雅樂事；中宗神龍二年有"立部伎舞人不得改補入諸色役敕"[2]。這兩條資料即可説明高宗、中宗時代，立部伎是獨立的樂部，有專屬的樂人和曲目，坐部伎亦當同此，二者是相對而命名的。舊唐志又載儀鳳三年，高宗與臣下宴集，觀《破陣樂》時謂："不見此樂，垂三十年……"則《破陣樂》從高宗即位始到儀鳳三年，停廢了三十年。那麼儀鳳二年所説的立部伎內《破陣樂》，當在太宗時就已入立部伎。唐高祖時的燕樂"未暇改作"，"因隋舊制"。唐王朝"制禮作樂"，是從太宗開始的。製作雅樂，整理九部伎，並制《燕樂》，增爲十部伎，幾個事件均發生在太宗時期。此時成立二部伎是完全可能的。綜合以上分析，二部伎的成立時間當如《通典》所載，是在貞觀十六年十部伎完成之後。

然二部伎的完成則在玄宗時期。初唐時二部伎時有興廢，曲目繁多，並無定則[3]。史志所載的十四部二部伎樂，唐前二部、太宗時三部、高宗時三部、武后時三部、玄宗時三部。因此，岸邊成雄《唐代音樂史的研究》謂"二部伎之制度，必在十四部全部完成之玄宗朝代纔能成立。此種情形實與隋文帝時之七部伎、煬帝時之九部伎，到貞觀年代纔成立十部伎之情形同"。當是玄宗時對初唐以來的樂曲進行整理，重新制訂二部伎，規定了曲目、樂工、器服等，作爲制度確定下來。新唐志的記載或即是源於此。中唐以後二部伎開始衰微。白居易《立部伎》詩謂立部伎樂包括有散樂百戲[4]，《樂府雜録》所載中晚唐樂部中數次提及坐、立部之名。如"雅樂"條云："凡奏曲，登歌先引，諸樂逐之。其樂工皆戴平幘，衣緋大袖，每色十二，在樂懸內。已上謂之'坐部伎'。八佾舞則六十四人，文武各半，皆著畫幘，俱在樂懸之北。文舞居東，手執翟，狀如鳳毛；武舞居西，手執戚。文衣長大，武衣短小。其

---

① 該文載《音樂研究》2001年第4期。

② 《唐會要》卷三十三"燕樂"條載："神龍二年八月，敕立部伎舞人，以後更不得改補入諸色役。"

③ 如上文舊唐志所載高宗的時《破陣樂》停廢了三十年，又如《通典》"二部伎"文末注云："自武太后、中宗之代大增造坐立伎諸舞，隨亦寢廢。"

④ 《全唐詩》卷四百二十六，白居易《立部伎》詩云："立部伎，鼓笛喧。舞雙劍，跳七丸。嫋巨索，掉長竿。太常部伎有等級，堂上者坐堂下立。堂上坐部笙歌清，堂下立部鼓笛鳴。笙歌一聲衆側耳，鼓笛萬曲無人聽。立部賤，坐部貴，坐部退爲立部伎，擊鼓吹笙和雜戲。"下文引《樂府雜録》謂"俗樂亦有坐部、立部"，當即是白詩中所説的散樂百戲入立部伎的情況。

鐘師及磬師、登歌、八佾舞並諸色舞，通謂之'立部伎'。"又"胡部"條云："《奉聖樂曲》，……遇内宴，即於殿前立奏樂，更番替换；若宫中宴，即坐奏樂。俗樂亦有坐部、立部也。""坐部"、"立部"顯然是作爲演奏形式、演出場所的一種泛稱，其性質與盛唐二部伎完全不同，雅、燕、俗各部樂按照演出形式，皆可稱之坐部或立部，曲目則雅樂曲、宴樂曲、散樂百戲，各隨所需。因此，二部伎的制度存續時間主要在開元、天寶間，中唐以後僅存其名而已。故下文亦僅針對盛唐二部伎作進一步的討論。

岸邊先生推測玄宗制訂二部伎的時間在開元初年，當今學界基本認同這一觀點。那麽是否史志中所載的曲目、樂器、工衣就定型於此時呢？因《新唐書》中的一則記載，使得這一問題又顯得撲朔迷離。《新唐書·禮樂志》載："開元二十四年，升胡部於堂上。"吉聯抗輯譯《隋唐五代音樂史料》中譯爲："開元二十四年，把民族和外來的樂部提升爲堂上的坐部伎。"並注："前文説'堂上坐奏，謂之坐部'，這裏的'升於堂上'，即從立部伎升爲坐部伎。"鄭祖襄認爲："從行文上看，吉聯抗的解釋是合理的"，並以此推測"……這是説坐部樂的六部中有四部是用龜茲樂的。……似可推出坐部伎中用龜茲樂不是一開始就有的，而是在西元 736 年後纔有的"[①]。也就是説史志中所載的二部伎是在開元二十四年升胡部於堂上之後纔最後完成的。吉聯抗與鄭祖襄均是將"堂上"認定爲坐部伎。

在宫廷音樂中，坐奏或立奏、堂上或堂下，是其基本形式。唐前應已有"坐部"、"立部"之稱[②]，登歌下管的形式，則早於周代禮樂中就普遍採用了。而我們所討論的唐代坐、立二部伎，不僅是堂上坐奏、堂下立奏的演出形式，而且有專屬的曲目、樂工、一定的演出場合和演出程式，是兩個獨立的樂部。坐部伎是在堂上演奏，但"堂上"並不等於坐部伎。新唐志並未將"升胡部於堂上"這一事件列於二部伎内，而是列於"法曲"之後、"太常音聲人"之前，與天寶樂曲以邊地爲名、"詔道調法曲與胡部新聲合作"二事件相提並論，用以説明胡樂亂華的嚴重後果——導致了邊地的淪陷。因此，單憑這一條記載，是很難將"堂上"視爲坐部伎的。事實上，在初盛唐間，置於"堂上"的除坐部伎、登歌外，清樂和西涼樂亦採用堂上堂下的形式。《通典》卷一百四十四"樂懸"條敘初唐樂懸體制時云："大唐造蓬萊宫成，充庭七十二架。……登歌工人坐堂上，竹人立堂下。殿庭加設鼓吹於四隅。燕享陳清樂、西涼樂。架對列於左右廂，設舞筵於其間。"這時的清樂與西涼樂亦當陳於堂上或堂下，用於燕樂。十部伎中"清商伎"與"西涼伎"皆有編鐘編磬，正好與此照應。開元初期劉貺《太樂令壁記》中，"正樂"除雅樂外，二部伎與清樂、西涼樂並列[③]。這説明，開

① 《全唐詩》卷四百二十六，白居易《立部伎》詩云："立部伎，鼓笛喧。舞雙劍，跳七丸。嫋巨索，掉長竿。太常部伎有等級，堂上者坐堂下立。堂上坐部笙歌清，堂下立部鼓笛鳴。笙歌一聲衆側耳，鼓笛萬曲無人聽。立部賤，坐部貴，坐部退爲立部伎，擊鼓吹笙和雜戲。"下文引《樂府雜録》謂"俗樂亦有坐部、立部"，當即是白詩中所説的散樂百戲入立部伎的情況。

② 陳暘《樂書》卷一五九："煬帝分爲九部，以漢樂坐部爲首"，又云："古之坐部伎，唐之胡部樂也"。坐部與立部是兩個相對的概念，既有坐部，則必有立部。

③ 《玉海》卷一百零五引《太樂令壁記》。據考證，劉貺任太樂令是在開元九年之前，則《太樂令壁記》亦是撰於此前。

元初期燕享並用二部伎與清樂、西涼樂。那麽，“升胡部於堂上”則可能是針對於坐部伎，亦可能是針對於清樂與西涼樂。

對於這個問題，以往的研究者均忽略了一個關鍵點：“胡樂”與“胡部”是兩個不同的概念。在唐人以至後世的用法中，胡樂往往泛指四夷樂，“胡部”與“龜兹樂”都包括在“胡樂”的範圍內。而作爲唐代宫廷的樂部，“胡部”與“龜兹樂”是兩個並列的樂部。二部伎中所使用的是龜兹樂，既是將“胡部”升於堂上，則顯然與二部伎無涉。那麽“升胡部於堂上”，衹能是針對於清樂與西涼樂。《樂府雜録》所列中晚唐樂部中有“清樂部”、“龜兹部”、“胡部”等，而無“西涼樂”。由此推知，開元二十四年將胡部升於堂上，是以胡部代替西涼樂。胡部與西涼樂産生的地域大體相同，但西涼樂代表的是舊樂，胡部則是河西地區的民間新聲。崇尚新聲，是盛唐宫廷音樂最爲顯著的特徵，胡部新聲又是其中最活躍的一部分[①]，胡部新聲廣泛進入宫廷音樂的各個領域：入教坊曲、入法曲、入道曲。“升胡部於堂上”，是將胡部樂用作燕享並從制度上予以確立。上文所引《樂府雜録》載“胡部”用於宫廷宴享，正是它的具體實施。初唐十部伎之首伎“燕樂”爲新俗樂，樂器雅、胡、俗兼備，餘則“清樂”、“西涼樂”與各胡樂部並列，表明初唐燕享樂中胡樂占了一大半。玄宗整理二部伎，打破華夷各部的界限，幾乎全採用初唐以來的新俗樂，樂器以代表胡樂的龜兹樂爲主則在情理之中。因此，坐部伎中六部樂有四部樂使用龜兹樂，應在二部伎完成之初即如此，不必等到開元二十四年。

當今學界在二部伎的研究中還有一個争論極大的問題，就是對於二部伎的性質，一種觀點認爲二部伎曲目既爲俗樂，二部伎的性質亦當爲俗樂。另一種觀點則認爲二部伎爲雅樂。這一觀點以岸邊成雄先生爲代表，其在《燕樂名義考》以及《唐代音樂史的研究》中認爲唐代燕樂“係宫廷儀式方面上演燕饗的一種雅樂”，稱二部伎爲“新燕享雅樂”。今學界亦有不少學者認爲二部伎爲雅樂。這一類的研究均忽略了兩個重要環節，一是忽略了唐代宫廷音樂的分類標準，二是忽略了對“雅樂”涵義的考察，致使“雅樂”這一概念的使用極爲混亂。

在唐代，尤其盛唐，禮樂與俗樂是截然分開的，教坊與太常寺分離，教坊掌俗樂，太常寺專常禮樂，即足以説明這一點。燕樂既是宫廷燕享儀式樂，屬禮樂，則燕樂與俗樂顯然是不同的兩個音樂品種。在唐代，燕樂與俗樂也是作爲兩個並列的概念來使用的。如徐景安《樂書》中的“俗樂”是與“九部伎”並列的一個條目[②]。《樂府雜録》“胡部”條所謂“俗樂亦有坐部、立部”，俗樂亦是相對於燕樂而言。從這裏可以明確，唐代宫廷音樂是以功用而不是以作爲分類標準的，與音樂來源無關。儀式性是禮樂最重要的屬性，也是區别於俗樂的重要標誌。反之，俗樂是不入儀式、不列部伍的純娱樂性音樂。二者本質性的區别就在於儀式性和非儀式性的區别。那麽作爲唐代宫廷燕樂代表之一的二部伎，掌於太常寺，用於燕

① 《通典》卷一百四十六“四方樂”云：“又有新聲自河西至者，號胡音聲，與龜兹樂、散樂俱爲時重，諸樂鹹爲之少寢。”《新唐書》卷二十二亦謂：“有新聲自河西至者，號‘胡音’，龜兹、散樂皆爲之少息。”

② 《玉海》卷一百零五。

享儀式，同樣是屬禮樂範疇，它的性質與音樂來源無關。同一曲目，入教坊爲俗樂，入二部伎則爲禮樂，音樂與儀式是一個有機整體，不能分割開來看待。

二部伎非俗樂，這一點可確定無疑。但將之歸入雅樂又是否合理呢？岸邊先生判定二部伎爲雅樂的依據大致有如下幾點：其一，周禮中“燕樂”用途廣泛，祭祀、饗射、賓客等場合皆用到燕樂。“就燕樂用於祭祀饗射一點言，它具有雅樂的性質”，由此而稱燕樂爲“燕饗雅樂”、“作爲雅樂的燕饗樂”等等；其二，二部伎堂上坐奏、堂下立奏，是模仿雅樂堂上登歌堂下樂縣的形式制訂的；其三，二部伎三大舞入雅樂，“二部伎是作爲雅樂採用的”。

但是在岸邊先生的討論中常常出現自相矛盾的地方，比如謂“雅樂爲基於儒教的禮樂思想，舉行郊祀廟祭的儀式音樂，俗樂則包括自宮廷饗宴時的大樂伎至民間之俗歌俚謠，以及一切藝術性的或娛樂性的音樂在內”，這裏將宴享樂歸入俗樂，雅樂僅限於祭祀儀式樂；又謂“它（指俗樂）在被用於祭祀、燕饗、燕射後，始被稱作雅樂”，“……燕樂遂被編爲雅樂的一部分”，這裏又將燕樂歸入雅樂，“雅樂”則泛指“禮樂”。但在論及同爲“禮樂”的九、十部伎與二部伎時，卻又分别將九、十部伎歸入燕樂，將二部伎歸入雅樂。從這裏可以很明顯地看出岸邊先生的疏漏之處：音樂分類的標準不一，“雅樂”的含義含混不清，以致燕樂時爲俗樂，時爲雅樂，或將燕樂包括在雅樂内，或將燕樂與雅樂作爲兩個並列的品名。因此要解決二部伎的性質問題，不僅設及到唐代“燕樂”這一概念是否成立，同時對於“雅樂”的界定也是必不可少的。

“雅樂”一詞有兩個基本用法，一是作爲審美範疇的概念，與俗樂、鄭衛之音相對，雅俗、雅鄭成爲音樂審美批評的一對標準。其次是作爲音樂品名，指朝廷用作祭祀、大朝會等大型典禮儀式的音樂。“雅樂”的這兩種用法均是以形成於先秦儒家的雅樂觀念爲基礎分化而來。

“雅樂”一名源於先秦時期“雅”、“夏”二字相通，周人以“夏人”自稱，周室王畿之地的語言爲“夏言”，亦即“雅言”，那麽王畿之地的音樂則爲“雅樂”。這裏的“雅”是基於地域區分而產生的一個概念。進而以王畿之地的音樂爲正統、典範的音樂，由此確立了“雅”爲“正”這一觀念。後世“雅”成爲文學、藝術等審美活動中重要的批評術語，以至人格修養、人生價值評判的標準之一，皆是源於“雅”爲“正”這一觀念。又因“雅”、“夏”相通，“夏”也同時取得了“正”的含義，成爲後世以漢族文化爲正統、以“諸夏之聲”爲正聲的思想來源。

“雅”從一個地域概念成爲一個倫理概念，是在一定的歷史背景下產生的。春秋戰國時期，隨着周王室的衰微，西周的禮樂制度遭到破壞，出現“禮崩樂壞”的局面。所謂“禮崩樂壞”，包括禮和樂兩方面，等級制度的破壞與不合禮制的音樂廣泛流行於諸侯王公貴族間。這一時期的儒家主張禮樂治國，並以西周的禮樂作爲典範，“雅樂”的含義也從周王室的音樂擴展爲合於禮制的音樂。以“雅”爲“正”即是在這一時期從尊周的角度而形成的。但在春秋戰國時期，諸侯國各自爲政，周王室名存實亡，恢復周代禮樂制度已無現實意義，論者轉而從禮樂的德教和音樂自身的規律方面進行探討，“雅樂”從而獲得了多方面的含義：以合乎禮樂規範的音樂爲雅，以“先王之樂”爲雅，以“德音”爲雅，以“古樂”爲雅；以與之對立的不合於禮制的音樂爲俗，以聲色娛樂爲目的“鄭衛之音”、“世俗之樂”爲俗，以“新樂”爲俗。後世音樂審美活動中往往不加説明地使用“雅正”、“中正”、“鄭衛之音”、“靡靡之音”等等批評術語，即是從不同角度使用了“雅樂”、“俗樂”的含義。作爲音樂品名的“雅樂”也同樣包含了以上一系列的含義在内，以周代遺留的音樂或參照周禮製作的音樂作爲雅樂，並形成了樂器、樂律、樂調、音樂風格等等各種“雅”的規範。

宫廷音樂品種明確以“雅樂”爲稱的最早見於《後漢書》所載“漢樂四品”中，“雅樂”與“大予樂”、“黄門鼓吹”、“短簫鐃歌”並列，分别用於不同的典禮儀式。“雅樂”已作爲一個獨立的門類，並設有專門的“雅樂郎”一職[①]。漢魏以還，各代的郊廟等大型典禮儀式音樂無論是否以“雅樂”爲稱，皆要求以“雅”爲規範，且往往以是否合於“古制”作爲判斷“雅”的標準而排斥胡俗樂。漢武帝時的郊廟樂“頗雜嘔謡”，周隋雅樂“多涉胡戎之技”而爲後世所訾病。

唐代的雅樂是參照“三禮”制訂的樂縣、登歌、旋宫之法，作《十二和》樂，有規定的名稱和使用場合，初唐名爲“大唐雅樂”，盛唐名爲“大唐樂”，“用於郊廟、朝廷，以和人神”[②]。可見唐代的雅樂無論製作手段還是適用場合，均與其他音樂界綫分明，是一個獨立的音樂品種，即是説唐代的雅樂是按“雅”的要求來製作的。換言之，燕享樂的製作不合乎“雅”的規範，在稱謂上也不包括在雅樂内，適用場合也各有所别，雅樂與燕享樂是並列的兩個品種。岸邊先生所謂“燕享雅樂”的這一稱法是不恰當的。唐代雅樂有專稱，同樣，“燕樂”一名，唐人也已明確地用來作爲燕享樂的稱謂了。如《通典》卷一百四十六“坐立部伎”條：“燕樂，武德初，未暇改作，每燕享，因隋舊制，奏九部樂。至貞觀十六年十一月，宴百寮，奏十部。……其後分爲立坐二部。”又卷一百四十七《郊廟宫懸備舞議》：“時太常舊相傳有燕樂五調歌詞各一卷，或云貞觀中侍中楊恭仁妾趙方等所詮集，詞多鄭、衛，皆近代詞人雜詩。”這裏的“燕樂”，均是概指燕享樂，並不如岸邊先生所言，“唐代‘燕樂’之名是絶不存在的”。事實上早在初唐就已採用了“燕樂”的這一用法。高宗時曾就《破陣樂》、《慶善樂》用作文武二舞的具體安排下詔，文末又云：“其宴樂内二色舞者，仍依舊别設。”[③] 其意是指作爲“燕樂”的《破陣樂》與《慶善樂》仍依照原來的體制，不作改動。這裏“燕樂”的含義亦是很明確的。

至於《周禮》中的“燕樂”，它與唐代的“燕樂”是兩個不同的概念，分類標準不同，適用場合不同。《周禮》中的“燕樂”是與“縵樂”、“散樂”、“夷樂”並列的品種，“燕樂”、“夷樂”等均同時用於祭祀和燕享場合，音樂的分類與典禮類型並無直接的對應關係，説明

---

① 《後漢書》卷九十五“禮儀志·朝會”載漢樂四品：一曰大予樂，典郊廟、上陵、殿諸食舉之樂。二曰《周頌》雅樂，典辟雍、鄉射、六宗、社稷之樂。三曰《黄門鼓吹》，天子所以宴樂群臣。四曰短簫鐃歌，軍樂。蓋《周官》所謂‘王師大獻則令凱樂，軍大獻則令凱歌’也。《三國志·魏書》卷二十九“杜夔傳”謂“（杜夔）以知音爲雅樂郎”。

② 《新唐書》卷二十一。

③ 《舊唐書》卷二十八《音樂志》。“宴”與“燕”相通，“宴樂”即“燕樂”。

它們並不是按音樂的功用分類，大概是以音樂來源或音樂自身的某些特徵進行分類的。見於《儀禮》中的“正歌”和“無算樂”，則是儀式樂和非儀式樂二分。“漢樂四品”中的四類音樂是以典禮類型分類的，與唐代相同。這説明歷朝各代的音樂品種分類標準不同，不能一概而論。周代的“燕樂”與唐代的“燕樂”雖名稱相同，實質卻是不同的。

對於三大舞修入雅樂，從雅樂製作的角度來説，是音樂素材的選擇，《破陣樂》、《慶善樂》修入雅樂僅截取其中的部分段落，樂器工衣均與燕樂内的二舞不同。從音樂曲目自身來説，則是一曲多用，《唐聲詩》引《大唐故三藏玄奘法師行狀》謂《破陣樂》“上備宗廟之樂，下入閭里之謳”，就是最典型的例子。周代“燕樂”亦可視作一曲多用的例子，而不應當理解爲“燕享樂”用作雅樂，這裏的“燕樂”並不等於“燕享樂”。

綜合以上分析，“燕樂”在唐代宫廷音樂中是獨立的一個音樂品種，二部伎作爲盛唐“燕樂”的代表樂部，二部伎的性質爲“燕樂”是無庸置疑的。二部伎所規定的曲目、樂器、工、衣和使用場合，都是二部伎的組成部分。一但脱離這些基本要素，就不再屬二部伎樂了，其性質自然發生改變。如《破陣樂》用作郊廟儀式，是雅樂；由内廷宫女表演或民間表演，是俗樂。它們皆不是作爲二部伎樂演出的，完全與二部伎無涉。

唐宋和聲與疊句

卷四《何滿子》引白居易《何滿子》詩有云：“一曲四詞歌八疊”，王灼謂“一曲四詞”是指“五言四句”，“歌八疊，疑有和聲，如《漁父》、《小秦王》之類”。

《小秦王》、《漁父引》、《何滿子》三曲均見載於《教坊記》“曲名”内，爲盛唐教坊曲。任半塘先生《教坊記箋訂》及《敦煌曲初探》、《唐聲詩》對諸曲之辭、樂、歌、舞均有詳考。

王灼謂《何滿子》“歌八疊，疑有和聲”，是認疊句爲和聲。《唐聲詩》對於唐代疊句與和聲皆有詳細辨析，其謂疊句與和聲非一事。和聲有兩種類型，一爲純粹紀聲，不可訓詁，如漢鐃歌《朱鷺》之“路訾邪”、《有所思》之“妃呼狶”等和聲；一爲聲義兼備，如唐《破陣樂》之“秦王破陣樂”、皇甫松《採蓮子》之“舉棹”、“年少”等和聲辭。疊句則爲重疊某一句，如皇甫松《拋毬樂》辭“輕毬墜越綃”後疊“墜越綃”。敦煌辭《臨江仙》“不如歸去”後疊“歸去也”。

從任先生的分析來看，和聲與疊句的區别主要表現在辭式上的差異。由於無唐代辭樂合譜傳世，和聲與疊句表現在曲調中各自有何特點已無從詰考。從現存宋代姜白石歌曲辭樂合譜來看，文詞與曲調所使用的换頭、合尾、合頭等手法往往無對應關係。如《鬲溪梅令》，詞没有换頭，但曲調採用了换頭。另如《翠樓吟》，曲調上片末幾音與下片首幾音完全相同，但詞並未採用疊句。大概宋人在處理和聲與疊句時亦如同此法，唱和聲時，重複前一句旋律；反之，唱疊句時，曲調卻作稍許變化。這樣於同中求異，於異中求同，從而造成特殊的聲情效果。宋人視和聲與疊句爲一事，或即是源於此。王灼所謂“歌八疊，疑有和聲”，揣其語意，正是指和聲辭採用疊唱法①。《何滿子》“歌八疊”如何歌法，於宋代即已失傳，後世每加揣測，不知究竟。近代發現的敦煌卷子內有《何滿子》辭四首，其同卷前後所列皆大曲。四首《何滿子》亦當屬大曲辭，王昆吾《隋唐五代燕樂雜言歌辭研究》判爲中序排遍。“一曲四詞”，據任半塘分析應是指這四首辭，而非王灼所謂一首辭有四句。“歌八疊”，則是四首辭每首歌兩遍，共八遍，然後“一曲”告成。那麽此處“疊”理解爲大曲之“疊、遍”之“疊”更爲恰當，而非曲子歌唱的和聲或疊句。

羯鼓催花

卷五《春光好》引録《羯鼓録》關於玄宗“羯鼓催花”事，有云：“或曰：夾鍾宫屬二月之律，明皇依月用律，故能判斷如神。予曰：二月柳杏坼久矣，此必正月用二月律催之也。”依月用律，即七聲十二律旋向爲宫爲調，總八十四調，分月律屬之。如《禮記》卷五“月令”載：“孟春之月律中太簇，仲春之月律中夾鍾，季春之月律中姑洗，孟夏之月律中仲吕，仲夏之月律中蕤賓，季夏之月律中林鍾，孟秋之月律中夷則，仲秋之月律中南吕，季秋之月律中無射，孟冬之月律中應鍾，仲冬之月律中黄鍾，季冬之月律中大吕。”

王灼云：“今夾鍾宫《春光好》，唐以來多有此曲”，夾鍾宫與“仲春之月律中夾鍾”正相合。王灼認爲應是“正月用二月律催之”，猶言該曲作於正月，而用二月之律夾鍾。

按《羯鼓録》明言玄宗作此曲是於“二月初”，“柳杏將吐”之時，入太簇宫。則“孟春之月律中太簇”，應是二月用正月之律，如何能催之。下文又云玄宗作於秋天的羯鼓曲《秋風高》，入太簇商②。三秋之律應爲夷則，南吕或無射，與太族商相去甚遠。則玄宗作此二曲並未按月用律，結合該書二例前後文更可一目瞭然：

> 上洞曉音律，由之天縱……嘗遇二月初……柳杏將吐，而歎曰：“對此景物，豈可不爲他判斷之乎！”左右相目，將命備酒，獨高力士遣取羯鼓。上旋命之，臨軒縱擊一曲，曲名《春光好》。神思自得。及顧柳杏，皆已發拆，上指而笑謂嬪御曰：“此一事不唤我作天公，可乎？”嬪御侍官，皆呼萬歲。又制《秋風高》，每至秋空迥徹，纖翳不起，即奏之，必遠風徐來，庭葉隨下。其曲絶妙入神，例皆如此。

顯然文中言玄宗洞曉音律，作曲高妙，以此二例證之，與依月用律毫不相干。在唐代，八十四調，依月用律，衹行用於雅樂。《唐會要》“雅樂”條有明載：“（祖孝孫）斟酌南北，考以古音，而作大唐雅樂。以十二律各順其月，旋相爲宫。”但這種情況到宋代逐漸發生了

① 王灼所稱“和聲”，是指和聲辭而言。卷五《楊柳枝》條中謂《楊柳枝》“每句下各增三字一句，此乃唐時和聲，如《竹枝》、《漁父》”，很明確是指和聲辭。

② 南卓《羯鼓録》所列羯鼓“諸宫曲”內，《春光好》入太簇宫，《秋風高》入太簇商。

變化。比如《宋史》卷一百二十九："大晟府言，宴樂諸宮調多不正……今依月律改定"，北宋劉昺《燕樂新書》、南宋張炎《詞源》均以"八十四調爲宗"，楊守齋《作詞五要》主張詞樂要按月用律等例，説明宋代"雅"的觀念和樂律理論，已廣泛施用於宮廷雅樂燕樂和詞樂中。據研究，姜夔詞調曲譜所用音階爲雅樂音階，"初率意爲長短句，然後協以律"亦是宋人所謂的古法①。宋人這種尚雅的觀念正是導致詞樂"失傳"的直接原因。雖然詞是由隋唐曲子辭發展而來，卻一爲俗，一爲雅。唐五代的曲子辭或俚俗、或香豔、或諧謔，均不脱"俗"的範疇，與曲子的俗樂性質是相一致的。薛能《枝柳詞五首》注中謂劉禹錫、白居易的《楊柳枝》辭"雖有才語，但文字太僻，宮商不高"。所謂"宮商不高"，是指劉白之辭太過典雅，與俗曲不相諧調。從今存的代表民間的敦煌曲子辭、代表文人曲子辭的《花間集》來看，薛能這種以俗相尚的觀念在唐五代是具有普遍性的。入宋以後，曲子更爲"繁聲淫奏，殆不可數"，而作爲附屬其下的詞則日趨雅正。宋代詞樂的失傳，正是由於這種雅與俗的矛盾中，文人主動拋棄詞樂。詞樂失之宮廷，失之文人，而存於民間，故有後來的南曲。至清人輯録的《九宫大成》、《金石碎編》中仍存有大量的唐代教坊曲及宋代詞調。雖不能肯定其爲唐宋樂曲原貌，然亦是在繼承了唐宋音樂的基礎上而發展演變的。

《楊柳枝》曲的源流

卷五《楊柳枝》條主要考察《楊柳枝》的曲調源流及辭格變遷。

對於《楊柳枝》的源流，研究者極多，其中以任半塘《唐聲詩》與日本學者村上哲見《〈楊柳枝〉詞考》② 的考述爲最詳，觀點亦最具代表性。二位先生主要針對以下兩個問題有分歧：一是盛唐《楊柳枝》的由來；二是白居易與中唐《楊柳枝》的關係，白居易是改編曲調或僅是作辭等等。玆就二位先生的觀點結合筆者的看法作一梳理。

《楊柳枝》曲，見於文獻記載的共有六種，《樂府詩集》録有六朝以前的漢横吹曲《折楊柳》、梁鼓角横吹曲《折楊柳歌辭》及《折楊柳枝歌》、相和歌辭《折楊柳行》、清商曲《月節折楊柳歌》四種，以及中唐《楊柳枝》，即劉白等諸人相唱和的《楊柳枝》。另有盛唐教坊曲《楊柳枝》，見載於《教坊記》"曲名"中。

對於盛唐《楊柳枝》的由來，任半塘認爲創於隋，與王灼的觀點相同。即隋煬帝將幸江都，開河種柳，而制此曲，則與本書所考《水調》、《河傳》、《安公子》等曲爲同時期作品。《教坊記箋訂》中將此曲歸入"清樂"。村上哲見則認爲盛唐《楊柳枝》爲梁鼓角横吹曲之遺，屬胡歌。其判斷的主要依據是唐代清樂衰微，燕樂十部中僅存"清樂"一部，餘皆胡樂。又"燕樂曲又是以胡樂爲始祖的"，而梁鼓角横吹曲，"因爲是與清樂系的樂府異質的東

① 王灼於本書卷一多次提及先曲後辭非古法。

② 王水照、保佳昭選編《日本學者中國詞學論文集》，上海古籍出版社 1991 年版。

西，所以它們傳到盛唐而被采入燕樂曲中的可能性是很大的”。而對於《鑒戒録》所載煬帝幸江都制此曲，因其謂“亡隋之曲”、“亡吴之曲”云云，爲附會之説，由此認爲《鑒戒録》所載不足爲信。實質上這正如《安公子》“宫聲往而不返”則“帝必不返”，《涼州》“宫離商亂”則有“播遷之禍”。“宫聲往而不返”、“宫離商亂”是樂曲中實際存在的現象，“帝必不返”、“有播遷之禍”則是人們對這種現象的理解，是屬兩方面的問題。理解的正確與否，並不會防礙現象的真實性。“亡隋之曲”雖爲附會之説，然煬帝幸江都制《楊柳枝》，則應是真實存在的歷史史實，從現存資料亦無法否定此説，因此應以《鑒戒録》記載爲確。

其次，關於中唐《楊柳枝》曲是由白居易改編還是白居易據已有的新聲填辭的問題。《唐聲詩》中認爲王灼云“‘後來始變新聲’，甚確，稱其‘别創辭’，則不確。因《樂府雜録》謂‘白傅閒居洛邑時作’，是作曲，非作辭”，認爲中唐《楊柳枝》是由白居易改編爲新聲。村上哲見則認同王灼的觀點。

實際上衹要將村上哲見所徵引的幾條資料相互對比便可一目瞭然：

一、白居易《楊柳枝二十韻》詩注云：“《楊柳枝》，洛下新聲也。洛之小妓，有善歌之者，詞章音韻，聽可動人，故賦之。”詩中有云：“樂童翻怨調，才子與妍辭。”

二、白居易晚年寓居洛陽後所作的追憶之詩《追歡偶作》有云：“石樓月下次蘆管，金谷風前舞柳枝。”自注云：“蘆管柳枝以下，皆十年來洛中之事。”

三、盧貞《和白尚書賦永豐柳》詩序云：“永豐坊西南角，園中有垂柳一株，柔條極茂，白尚書曾賦詩，傳入樂府，遍流京都。近有詔旨，取兩枝填於禁苑，乃知一顧增十倍之價，非虚言也。”

四、薛能《楊柳枝》五首注云：“劉白二尚書繼爲蘇州刺史，皆賦《楊柳枝》詞，世多傳唱……”

一、二例白居易詩自注中僅指其爲“洛下新聲”，毫無自翻新聲之意。“樂童翻怨調”，新聲當出自樂工之手。“才子”爲之所作的“妍辭”、“聽可動人”，也非白居易己作。三、四例則明稱白居易所作爲《楊柳枝》詞，因白辭“世多傳唱”、“遍流京師”而傳入教坊。《樂府詩集》卷八十一《楊柳枝》題注云：

《楊柳枝》，白居易洛中所制也。《本事詩》曰：“白尚書有妓樊素善歌，小蠻善舞，嘗爲詩曰：‘櫻桃樊素口，楊柳小蠻腰。’年既高邁，而小蠻方豐豔，乃作《楊柳枝》辭以托意曰：‘永豐西角荒園裹，盡日無人屬阿誰？’”

則傳入教坊的是“永豐西角荒園裹”這首辭。該辭以楊柳枝喻樊素，“盡日無人屬阿誰”，當是指遣放樊蠻事。白居易於開成四年遣歸二伎，劉、白均有詩詠此事，曰：“往年江外拋桃葉，去歲樓中别柳枝”、“春盡絮飛留不得，隨風好去落誰家”、“柳老春深日又斜，任他飛向别人家"①。因此白居易"永豐柳"辭當作於此事前後，即開成四年、五年間。而在該辭寫就之前，樊素早因擅唱《楊柳枝》而聞名洛下，説明該曲盛傳已久②。因此《樂府雜録》所載是針對傳入教坊的"永豐柳"一辭而述，原與制曲、翻曲無關。

任半塘先生《敦煌曲初探》論及敦煌曲辭中"曲"、"雜曲"、"曲子"、"曲子詞"等各名稱的關係時曾言："蓋曲指音樂，詞指文字，在樂曲歌辭中，二者原爲一物之兩面，不可分離。……習慣上'曲'之一字，除指樂節歌聲之外，並可代指曲詞或歌辭，'詞'或'辭'字，便可省略不用。"這段話或可幫助我們正確理解《樂府雜録》記録的真正含義。並非所記有誤，而是後世的理解有誤。要之，以"曲"代指"辭"，是由主聲的觀念所致。曲子辭至宋代雖發展爲摛藻一體，但在稱述上仍緣襲唐人這一用法，制"詞"亦往往稱制"曲"。本書卷二即不乏此例。王灼認爲《樂府雜録》謂白居易作《楊柳枝》，不過是"别創詞"而已，即是深知唐人的用詞習慣，而作出的客觀判斷。

封舜卿

卷五《麥秀兩岐》條引《文酒清話》："唐封舜臣性輕佻，德宗時使湖南……""封舜臣"，岳珍《碧雞漫志校正》爲"封舜卿"，其餘諸本均作"封舜臣"。今存金刻本《文酒清話》原文即作"封舜臣"，此處王灼既引《文酒清話》，自當作"封舜臣"③。此事又見《太平廣記》，然人名地點及事件過程均有出入。《太平廣記》卷二百五十七引《王氏見聞録》謂朱梁封舜卿使聘於蜀，路出全州，索聽《麥秀兩岐》云云。據任半塘與岳珍的考證，唐五代時期並無"封舜臣"其人，衹有"封舜卿"，爲封德彝六世孫，由唐入梁，任禮部侍郎知貢舉。另《蜀檮杌》卷上記："通正二年正月，梁遣使來聘。"五代前蜀無通正二年，當爲通正元年之誤。吴任臣《十國春秋》卷三十六《前蜀·高祖本紀》"通正元年正月"引録了《太平廣記》"梁祖使封舜卿聘於蜀"事。幾種記載均相合，因此此事當繫於五代朱梁封舜卿爲確。

另外此一事件中有一細節需要注意，封舜卿嘲諷山民不合聞"大朝"音律。"大朝"一詞衹有大國與小國、上國與屬國之間纔可能使用，中央與地方間不可能使用"大朝"一詞。五代十國時期，南方九個政權中，除蜀國之外，均向中原政權稱臣或投附於中原政權，稱中原政權爲"大朝"。故有封舜卿仗"大朝"之勢的可能，以致於同爲大朝的蜀國自取其辱。若此事在德宗朝，湘南蜀西無論如何偏遠，其地皆屬"大朝"之地，其民皆屬"大朝"之民，封氏何以敢拒之於"大朝"之外。此一點，亦可作爲事屬五代的一個旁證。

作者單位：四川省社會科學院

① 白詩《對酒有懷寄李十九郎中》、劉詩《楊柳枝》、白詩《前有〈别柳枝〉絶句，夢得繼和云春盡絮飛留不得，隨風好去落誰家，又復戲答》。

② 白居易《不能忘情吟并序》。

③ 《續修四庫全書》卷一千二百七十二收載俄羅斯彼得堡東方研究所分所藏《文酒清話》金刻本。

李源澄辦學與治學

李守之

李源澄（1909—1958）先生去世已逾半個世紀，隨着歲月的流逝，人們對他或已淡忘，但我對先生卻難以忘懷，昔日受教情景，時刻浮上心頭。我隨侍先生達四年之久，1946年初，我去灌縣（今都江堰市）靈巖書院師從先生。1947年夏，書院因經費困難停辦，先生受聘於雲南大學和五華學院，隨赴昆明的有先生二弟李源委（後名端升），學生廖定芳、錢松偉、藍見龍、張正愷和我。五華學院給我們五人各辦了文學系的學生證，作爲學院學生。1948年夏，梁漱溟先生聘先生任勉仁文學院教務長兼教授，隨去的有李源委，學生廖定芳、藍見龍和我，錢松偉留昆明就業，張正愷返家。我們作爲勉仁書院的學生留住學院，直至1949年底重慶解放後，先生去四川教育學院任教，我纔離開了先生。

光陰荏苒，轉眼之間64年過去了！

近期，學界興起了對上世紀三四十年代蜀學的研討，兩岸出版了一些當時的學術論著，源澄先生的專著和論文也得再度面世，欣喜之餘，更加深了對先生的懷念，謹以此文，追思往事，緬懷恩師李源澄先生。

一　李源澄先生創辦的靈巖書院

李源澄先生是蒙文通、廖季平、章太炎、歐陽竟無四位經史學、佛學大師的弟子，曾先後任職任教於無錫國專、四川大學、浙江大學（遵義）、雲南大學、勉仁文學院、西南師範學院等院校，有過幾次辦學的經歷，唯靈巖書院是其獨立創辦，最能體現他的辦學精神。

1945年初，李先生在其師友鼎力幫助下創辦了靈巖書院。從灌縣出北門不遠即靈巖山麓。靈巖山山勢雄奇，有石板小路蜿蜒登山；道路兩旁，樹木森森，野花雜草叢生，蜂蝶飛舞，鳥鳴啁啾，空氣清新，令人心曠神怡。上行六七里，路漸寬闊，迎面有一大的寺廟，名曰“靈巖寺”，莊嚴肅穆，時有鐘磬之聲傳出。左行百米許，有一大的院落，鄉人稱它爲“東嶽廟”，其實除了進門兩邊各有兩尊泥塑的“四大天王”外，已無任何廟的迹象。大門右邊竪挂着一塊大的木匾，上面龍飛鳳舞地寫着“靈巖書院”四個大字，落款“无量”是當代書法家謝无量先生的手筆，此即書院所在地了。

初見源澄先生使我大爲吃驚的是他那樣年輕，看來不過三十許。他體態豐盈，戴一副有框的淺度近視眼鏡，穿一襲灰布長衫，手裏拿着一支一尺左右的葉子烟杆，説話帶着犍爲鄉音，對人和藹可親，平易近人。

前排左至右一爲傅平驤先生，二爲李源澄先生，第二排左至右三爲唐至中先生（唐君毅先生之妹），其餘爲書院學生，此照拍於 1946 年 5 月

李先生爲什麽放着現成的四川大學不受聘，卻到這深山老林勞神費力地來辦書院呢？他没有專門説過，衹是有一次他與同學們一起喝茶閑談時曾説：“我這個人脾氣不好，與有些人合不來，自己辦個書院，結識些朋友，以後年老了，坐茶館也有人擺龍門陣嘛。”這些是否是他辦書院的原因不得而知。所説的與人不合，是指什麽“不合”呢？想來怕是辦學的觀點、方法的不合吧。至少自辦書院可以免除許多人事糾紛，可以實現自己辦學的理想，可以自由講學，可以安静地讀書、寫書。

書院由李先生主持院務兼教學，並約請了傅平驤先生來院教學。教師有寬裕的宿舍，還有客房，學生可一人或兩人住一間。有教室可供講學。最讓人滿意的是有豐富的圖書，圖書室有一部完整的《四部備要》，一部完整的《萬有文庫》，還有一些經、史、子、集的單行本、類書、工具書和其他雜著，這些書都是從省圖書館借來的。另外還訂了幾份報紙雜誌。這些書報已足敷運用。兩位先生及家人的伙食自辦。學生伙食，雇請了一名工人煮飯買菜，由學生輪流管理，兩人一届，每届一月，月末公佈賬目。

書院有學生二十人左右，來自四面八方，年齡差異較大，小的十七八歲，大的三十左右。程度不一，有讀過中學的，有大專畢業生，也有衹讀過私塾的。經歷各異，有單純的學生，有教過中小學的教師，也有從事過其他工作的。學生入學不用考試，先生同意即可，真是有教無類啊！

當時物價波動較快，入學交費以米折價計算，一學年繳米一石。山上夏天凉爽，不放暑假，冬天寒冷，放假時間較長。

來書院學習，不分年級，同堂聽講，既没有學籍，也没有畢業期限，既不發文憑，也不分配工作，目的就是爲了讀書求學。至於聽講能接受多少，那就要看自己的修爲了。教學安排：星期一至星期六上午聽講，下午自學，學習内容根據自己需要和愛好，晚上或挑燈夜讀，或同學自由交流，星期天休息。書院没有明文的院規，但師生關係融洽，團結和睦，無爲而治，從未發生逾越規矩的事件，先生給書院營造了一個安定和諧、自由講學讀書的環境。

李先生要求學生在學習上首先要打好堅實的基礎，認真讀好原著，使用的教材就是經書、子書原本。他採用逐篇逐句串講的教法，將其對書中一些問題的看法貫穿在講解中。他對書中微言大義詳加闡述，對個別辭句則不作糾纏。他給我們講經學在中國歷史上的地位和影響，講經學與子、史的區别與關係。他講儒家修齊治平之道和內聖外王之理。他講儒者對窮達的態度等。我聽過他講的經書有《尚書》、《周易》、《禮記》；子書有《論語》、《孟子》、《荀子》、《韓非子》、《莊子》、《墨子》。以上諸書除《四書》是全部講解外，其他的則重點選講，未講的篇章自學消化。

傅平驤先生給我們講過《詩經》和《説文》。傅先生記憶力驚人，講課能就近取譬，古人詩賦隨口引用，一字不差，連《昭明文選》李善注、《説文解字》段玉裁注都能背出。有同學説，先生連《儀禮》上那些寫典章制度的枯燥文字也能背誦，足見其功底之深厚。傅先生講課總是面帶微笑，教態安詳，從容不迫，聽者如沐春風。

李先生也常來學生住處看一看，瞭解我們的生活、學習情况，或坐下來抽着葉子烟隨便聊一會兒。他對我們的學習主要是引導，如研究某個問題還要讀哪些書，還應從哪些方面考慮等。很多同學都感到先生善於答疑解惑，對提問常是要言不繁，三言兩語就回答清楚了，使人心中豁然開朗。先生説話總是帶着建議和商量的口吻，使人感到親切，易於接受。

李先生要求學生廣泛閱讀，博聞多識，不局限於一隅。爲了使學生開闊視野，增長見識，在 1946 年夏天，他延請了一大批名重一代的學者來書院講學，內容廣泛，涉及古今中外文、史、哲諸方面。我記得來講學的主要有以下這些先生。

歷史學家、經學大師蒙文通（1894—1968）先生，曾任中央大學、河南大學、北京大學、華西大學、四川大學等校教授，四川省圖書館館長。他對靈巖書院的創辦給予了極大的幫助。他給我們講儒學。蒙先生美髯垂胸，講課聲音洪亮，邏輯嚴謹，言簡意賅，没有一句多餘的話。他性格開朗，講到得意處，攬鬚大笑，談到某些歪理邪説，則怒聲斥責，是非分明，毫不容情。當時蒙先生寫的《儒學五論》已出版，行文簡括，含義深遠，比較難讀，聽他講課後讀起來就好多了。

哲學家、哲學史家，現代新儒家代表人物之一的唐君毅（1909—1978）先生，曾任中央大學、金陵大學、江南大學等校教授、系主任、教務長。他給我們講哲學，説理清晰透徹，啓迪思路，引人入勝。他比較隨便，坐着講課，有吸烟的嗜好。每次講課我們都給他準備一包香烟放在桌上，他講一會兒拿一支出來抽一段，掐滅了放在桌上，等一會再拿一支抽一段後再掐滅了挨着放在桌子上，不停地講，不停地抽、滅、放，一包十支裝的烟（當時的烟一般都是十支裝）每支都抽過了，桌上攞了一排長短不齊的抽過的烟，然後邊講邊依次拿起來抽，又是邊抽邊滅邊放，爾後再從頭開始，直至講課結束。

歷史學家，被譽爲中國最後的國學大師錢穆（1895—1990）先生，曾任北京大學、西南聯大、華西大學等校教授。錢先生是由一位年輕的黄女士陪同上山來的。他將自己所寫的《近三百年學術史》作爲講課內容。錢先生講話帶着較重的無錫鄉音，聽起來有些吃力，好在語速不快，注意聽還能聽懂。他講課很細，評論各家得失與學術上的影響，有理有據，説理充分，令人信服。聽課後對近三百年各學派的發展及在學術上的成就，有了個大致的瞭解，再讀錢先生寫的這本書所得就更多了。

詩人、散文家朱自清（1898—1948）先生，曾任清華大學、西南聯大等校教授。朱先生是大家所熟知的，好多同學都在中學國文課本裏讀過他的《背影》、《荷塘月色》、《匆匆》等名篇，聽説他要來講學，都很興奮地企盼着。朱先生來了，輕快地步入講堂，穿着熨燙過的整潔襯衣和背帶西裝長褲，瀟灑自如。他從褲袋裏摸出一塊懷表看了看説："今天比較熱，我就給同學們講兩個鐘頭吧。"我悄悄看了一下表是九點整。他開始給我們講現代散文的閲讀與欣賞。講了什麽是散文，它和其他文體的區别、特點和長處，閲讀時應注意的問題，怎樣欣賞等等，邊講邊舉例分析，明白曉暢，引導着聽衆的思路隨着他走，給人以美的享受，不覺時間過得快，眨眼間就講完了，總覺還没聽够，看表，一分不差正是十一點。

英國文學專家謝文炳（1900—1989）先生，曾任武漢大學、安徽大學、厦門大學、四川大學等校教授。他給我們講外國文學。書院同學除少數對高爾基、莎士比亞、羅曼羅蘭、雨果等人的譯著略有所知外，多數人對外國文學都較陌生。但謝先生善於針對對象講學，講得淺顯明白，大家感到新鮮，仍聽得津津有味，尚能領會，增長了一些外國文學的常識。

希臘文學專家羅念生（1904—1990）先生，曾歷任北京大學、清華大學、武漢大學、四川大學等校教授。他給我們講古希臘的戲劇。講了希臘戲劇的特點、發展及對戲劇的影響；還結合着講了他在雅典時的所見所聞，希臘人的生活習俗與希臘戲劇的關係等。羅先生文質彬彬，輕聲慢語，娓娓道來，如聽美好的故事，輕鬆愉快。他談到與夫人的深厚感情，談到夫人身體欠佳不時生病，他在夫人病榻前一邊守爐熬藥，一邊翻譯希臘劇本時的情景，我們似乎也聞到了藥香，感受到家庭的温馨。當時市面出售的希臘劇譯本，幾乎全是羅先生所譯。

新月派詩人、外國文學研究專家饒孟侃（1902—1967）先生，曾任四川大學、中國人民大學、北京外語學院等校教授。他給我們講但丁《神曲》。他知道聽衆與"子曰"、"詩云"接觸較多，對但丁瞭解少。爲了讓大家容易懂一些，他講得比較仔細，儘量多用比喻，邊講邊在黑板上繪圖示意，畫了一個圈，又在圈外套上一個圈，一層又一層，用教鞭指着每層注明的字説："這一層是地獄，這一層是煉獄……"饒先生講得好，大家學得用心，還是能知其大概，聽得興趣盎然，各有所獲。

饒先生回成都時，李先生派廖定芳和我去送（來講學的先生走時，一般都要派人送）。我們陪着下山，買好車票，在車站旁茶館閑談候車。饒先生對人和藹可親，有長者之風。廖定芳拿出烟來抽，並請饒先生抽，饒先生婉言謝絶了。他見廖身體瘦弱，力陳抽烟的危害，勸廖戒烟，言辭懇切。定芳對長輩的教導難於拒絶，就説："恶習難改，想法慢慢戒吧。"饒先生説他過去也抽烟，而且抽得很多，一天要抽一聽烟（一聽烟有 50 支），後來接受了醫生的勸告戒掉了，衹要下决心是能戒掉的。長輩的關心教導，令人感動。

還有哪些先生來講過學，我已不復記憶。聽過這些先生的講授，開闊了視野，確信學海無垠，知也無涯，産生了對知識尊重之心，培養了謙遜之情。"山不在高，有仙則名"，靈巖山上名重一代的學者雲集講學，更增加了靈巖的靈氣和名氣。

除了讀書、聽講，李先生還組織了幾項活動來調劑課餘生活：

（一）同樂會　即師生聚集同樂之意，類似文藝演出。書院同學不多，文藝愛好者不少，同樂會由同學主持，通常安排在星期六下午，屆時師生圍坐在過廳裏，中間空出表演場地，節目多種多樣：有樂器獨奏或合奏，如口琴、笛子、洞簫、二胡、提琴；有唱歌、唱戲；有自編自演的雙簧、相聲；有朗誦詩歌或講笑話；有小魔術或滑稽表演等。節目祇要不傷大雅，不在質量高低而重在參與，能達到同樂的效果即可。同樂會大概一兩個月一次，兩小時左右。

（二）讀書報告會　讀書報告其實是一種讀書的自我總結，也是讀書心得的交流活動。報告人自願參加，先向主持人報上報告題目，開會時師生都參加。每次報告安排一至二人，規定每人報告時間一般不超過兩小時，講完後由李先生或傅先生作簡短的點評，重在鼓勵，評完散會。這項活動也安排在星期六下午，每一兩月一次。李先生盡力鼓動同學報名參加，祇要求認真準備，不計較報告質量好差。我也報名參加過一次，記得題目是《戴東原的學術思想探討》，講了些什麽，已不復記憶。但我深刻地體會到參加這種活動對讀書的幫助極大：對聽者來説，可以從中瞭解報告人是怎樣讀書，怎樣發現問題，怎樣論證和闡明問題的等，因而從中得到啓發和借鑒。對報告人來説，得益不在報告本身，而在準備報告的全過程。準備時纔發現平時讀書有些問題是一晃而過，並没有弄清楚明白，爲了搞清要講的問題，就得查資料找根據，儘管最初是抄抄摘摘，七拼八凑，但哪些該抄，哪些該摘，怎麽拼，如何凑，就得大費一番思考，纔能言之成理，執之有故。經過這般工夫，對要講的問題就更加懂得了。參加這項活動，無形中指引我們更認真深入地讀書，先生對我們的教育培養，可謂用心良苦矣！

（三）旅遊　初夏，先生帶領同學作了一次青城山之遊。去者除先生與家人，自願參加的學生七八人，步行至青城山下，稍作休息後登山。那時入山不買門票，我們在山上轉遊了三天，遊遍景點，飽餐秀色，十分愉悦。我們發現先生與大多數道觀觀主都很熟悉，見面如老友相逢，談笑自若。印象最深的是在天師洞，道觀宏偉，十分氣派，持事爲我們安排好宿處，進餐時在食堂共餐的遊客較多，各桌菜肴豐富，且有肉類和兩瓶紅緑色的果酒，不知是道家不忌酒肉還是專門爲遊客所備？飯後在周圍遊覽，聽到一些與山景相關的張天師伏妖降魔的傳説，甚爲有趣。

是夜，皓月當空，月光穿過樹影，照得大地如同白晝。我們在寬敞的院壩擺上茶水及小食品，圍坐談天賞月。一會兒，觀主寇真人應邀而來。寇真人年若六十左右，步履矯健，紅顏白髮，道髻高挽，銀髯垂胸，一襲道袍，乾净利落，看去若神仙中人。李先生起身邀請就坐。寇真人對我們的到來表示歡迎，接着與先生如老友重逢般寒暄起來。一會兒，話題轉入對老子《道德經》的討論。移時，寇真人説："同學們終日在山上讀書已够疲勞，出來玩耍又聽我們談這些，豈不讓人悶倦，何不大家搞點娱樂活動？"於是同學們吹的吹洞簫、笛子，拉的拉二胡、提琴，唱的唱川戲……一時熱鬧起來。觀中道衆和留宿遊客圍觀者漸多。李先生提議説："寇真人精於劍術，何不請真人一展絶技，以飽我等眼福?"大家鼓掌歡迎。寇真人也不推辭，略一頷首，命道童捧來寶劍。真人鶴立場中，長劍出鞘，持劍爲禮，徐徐舞動，由慢而快，或進或退，或縱或跳，或劈或刺，或點或削，皆中規矩，衣袂飄飛，寒光閃耀，劍光人影，渾爲一體。舞罷肅立，氣定神閑，觀衆拍手歡呼叫好，人們興盡歸寢。次日返回書院。

此外，課餘還有些個人樂趣，頗不寂寞。

靈巖寺住持傳西法師，有一手製茶的絶技，善做紅、緑茶，有同學得到他的傳授，又互相傳習，於是大家都學會了製緑茶；紅茶製作較爲繁難，會的人較少。靈巖山産茶，每到採茶季節，就有大姑娘小媳婦用背篼背着摘下的生茶葉來賣，按質論價，價不算貴，兩三人合伙買幾十斤，經過幾小時的操作，便可製成可喝的茶葉兩三斤。製作質量好的，泡出來的茶碧緑清香，味似龍井。製茶雖然辛苦，但製作過程中也獲得不少樂趣，産茶期間大多數同學都被捲入了製茶活動，下午書院幾乎成了製茶作坊。李、傅二位先生無暇製茶，同學們做了選質量最好的送些給他們，傳西法師也給他們送茶，書院師生都養成了喝茶的習慣。

靈巖寺有兩個和尚年齡與廖定芳和我不相上下，暇時我們常在一起玩耍。大的法號燈常，愛下象棋，定芳亦有棋好，兩人常相對弈。定芳記憶力特强，棋藝亦精，能下盲棋，即弈者不看棋盤，請人根據自己口報幫助移動棋子，盲弈者必須記住雙方棋路進退，即是這種下法，燈常也常是睁着眼睛敗下陣來，他對定芳棋藝非常佩服。小和尚法號聖三，愛讀書，常找我們借書，看後和我們討論。我們愛聽他們講佛門故事，更愛聽他們梵唱，向他們學唱。梵唱其聲平和舒緩，悠揚婉轉，聽着雜念漸消，心生清净，有一種舒適安詳的感覺。這兩個和尚解放後都還了俗：燈常參加了公安工作；聖三改名周成，先在重慶三聯書店工作，後考入昆明師範學院，他上學途經瀘州還來看過我。

讀書倦了，山間漫步也是一種樂趣。書院右邊不遠有一小山岡名土地岡，是我們常去的地方。岡上俯瞰，雲靄繞樹，遠望重巒疊嶂。天氣晴好還可以遠眺雪山在陽光照射下發出閃閃的帶紅銀光，煞是好看。唐君毅之妹唐至中先生有詩讚土地岡風景云："一色江天萬象空，浮雲無意任西東。半天好鳥歸巢切，山外青山夕陽紅。"（《土地岡獨坐》）

二　李源澄先生的治學

李先生治學，由經而子而史，極爲嚴謹，絲毫不苟。他除了給同學講課，下午多是閉户專心苦讀或寫作。倦了，他就自捲一支葉子烟坐靠在書桌旁的一張竹躺椅上，邊抽邊休息，休息一會再讀再寫。我們每次去他住處問疑，總是見他桌上擺滿了閱讀的書籍和記的筆記。他不僅讀書極其認真，其讀書之多亦難以數計。經書、子書且不論，就史書而言，同學們相傳他《二十四史》就從頭到尾讀過一遍，有些斷代部分還不止一遍，《資治通鑑》通讀過兩遍。研究問題時還要反復查閲有關書籍，力求弄清問題，説他"讀書破萬卷"一點也不誇張。他對那種讀過幾本書，發表過幾篇文章就自詡爲專家者，甚不以爲然，曾說："這樣的'專家'有什麼了不起，我兩三年就可以培養一個。"先生前輩林山腴先生曾寫詩贈他，有"愛君經史讀爛熟，推隱鉤沈抉奥義"之句，確爲真實寫照。

先生寫的《秦漢史》在靈巖時已經完稿，開始着手爲寫《魏晋南北朝史》作準備。他在撰寫專著前，對所寫專著涉及的方方面面，都要一一弄清楚，如他見到别人未見到的，别人雖見到而未講明白的，或歷史上有争議的，或歷史上本身就是懸案的等等，他都要先寫一些有關的單篇文章，逐一考證，提出依據，絶不人云亦云，然後在此基礎上再着手專著的寫作。先生在《秦漢史》自序中有一段話很能説明其寫作態度，他説："故人所知者則不復言，即其關係甚大不能不言者，言之亦從簡略。若所關甚大而爲人所忽者，則言之從詳。其中引用原書處，多是人所忽略處，乃以爲徵信也。"《秦漢史》頁數雖不多，卻極具學術價值，史學家錢穆先生在該書序言中給予了很高評價。

前排左至右第三人戴眼鏡者爲李源澄先生，此照攝於1946年農曆十一月

先生有時寫完文章也叫我們去看，他興奮地說："你看，這篇文章我是用哲學的觀點來觀察歷史的。""你看，這個問題多少年來都是以訛傳訛，以非爲是，現在我把它考證清楚了，矯正過來了。""你看，這個很重要的問題竟被忽略了，没有人提起。""你看，這個問題應該從這個角度來探討，纔能説清楚。""你看……"先生的這種喜悦，很像農夫經過辛勤耕耘獲得豐收後的喜悦，他是多麼希望有人能分享他的喜悦啊！他的喜悦絶不是自誇，而是體現了他的充分自信。

李先生在靈巖期間寫的一些文章，多是交給我抄寫後發出，因此我有幸看到一些他的手稿。他寫文章不用有格子的稿箋，而是用白紙，以毛筆行書竪寫，行雲流水，一行接一行，每行略帶偏斜，似乎寫得很快，但手稿塗改的地方卻很少。可以想見寫以前已醖釀成熟，揮毫行文時思如泉涌、一氣呵成之狀。其摯友賴高翔先生描述他寫文章是"君鋭思深進，發揮旁通，其所論述，滔滔汩汩，一瀉千里"(《賴高翔先生《李源澄傳》》，其言不虚也。先生這一時期所寫文章，多發表在《東南日報》、《新中華》、《東方雜誌》上，這幾種報刊當時在國内皆具有極高的權威。先生短暫的一生，發表論著之多，已足驚人，計有專著4種，論文與文章199篇（據《李源澄先生著述目録》，文載四川大學出版社出版的王川先生選編《李源澄儒學論集》)。至於李先生在學術上的成就和貢獻，時賢已多評述，以我之魯鈍，則非敢妄加議論也。

三　李源澄先生的爲人與交友

李先生爲人，性情純厚，剛直不阿，敬重朋友。

一次與諸生閑談個人修養，談到他自己時説："雖説'人皆可以為堯舜'，但古往今來能成聖成賢的人畢竟極少。一般的人能在酒、色、財、氣四字上過得了關也就不錯了。"接着又説："我這個人，在前三字上還過得去，就是脾氣不好，在這個'氣'字上過不了關。"這是實話。先生生活簡樸，從不喝酒，在特殊情况下，偶爾喝兩口，立刻滿臉通紅，不敢再喝。唯一的嗜好是抽點葉子烟，烟杆常不離手。再奢侈一點就是進小館吃點小吃。他有個習慣，每寫文章就要買肉吃，同學們私下戲稱："先生的文章很有'油氣'。"一語雙關：既指文章是吃了肉寫出來的，也是暗喻文章的質量好。色更説不上，他長期不帶家眷，獨身在外工作，從未有過緋聞。至於財，他看得很淡，工薪和稿酬是他的經濟來源，除了生活用度，所餘無幾也資助了朋友或學生，對此別無所求。説到"氣"字就麻煩了！解放前他在一些學校教學、辦學，爲看不慣某些人事糾紛而生氣，爲與人意見不合而生氣，爲某些其他不順心的事而生氣，有時對家人也生氣……生氣起來難以抑制暴躁，有時也駡人，瞪着眼紅着臉指着對方駡："你笨"、"愚蠢"、"全不動腦筋"、"全不用心"。這些就是他最高級别駡人的話了。有時同學互相開玩笑，學着説對方"你簡直全不動腦筋"、"你簡直全不用心"。解放後，他感到一切都很新鮮，對新中國寄予極大的希望。他熱愛共産黨，熱愛社會主義，用最大的熱情一心一意想辦好學校，竟擱置了他心愛的學術研究，没有再發表過一篇論文。誰能想到他信而見疑，忠而被謗，在反右派運動中，被扣上一頂反黨反社會主義的帽子，以他剛直的性格，怎麽受到了這種不白之冤？怎麽不氣得發瘋、發狂？終於在 1958 年 5 月 4 日被氣死，一語成讖，没有過得了這個"氣字"關。

坐者爲王德宗，站者左至右爲藍見龍、李守之、李紹修，皆靈巖學生跟從李源澄先生至北碚勉仁文學院學習者，此爲王德宗大病初愈接他出院時所拍，1949 年暮春攝於北碚醫院門前

李先生儘管有點脾氣，但相識者多看重他爲

人誠實純厚，樂與相交，因而他交遊廣，朋友多，關係好，而他對朋友也很敬重。如他能邀請衆多國内知名學者上山講學就是很好的證明。靈巖寺主持傳西法師，對李先生辦書院給予了極大的幫助，大至房舍，小至桌凳，無不免費提供，凡是書院需要的他都盡力設法解決。傳西愛讀書，有較高的文化素養，與李先生友善，時相過從，談經論佛。傳西也寫書著文，當時他曾出版了一本書，書院有的同學得到贈送，我也有幸得到一本，一看書名《我的戀愛觀》，作者署名“萬西”（傳西俗家姓萬）。雖説“戀愛觀”也是人生嚴肅的主題，但作爲出家人來談這個問題，未免有點出格，看來此僧凡心已動，塵緣未了。

傅平驤先生是李先生的好友，寧肯捨棄待遇優厚的工作來書院教學，與李先生同甘共苦。後來李先生任勉仁文學院教務長，又約請傅先生去教中國古代史。

李先生與唐君毅先生一家友誼深厚，唐先生在書院講學的時間較長，他的母親也曾在山上小住，他的妹妹唐至中先生在書院住的時間最久。至中先生雖與李先生無師生之誼，但敬重李先生的道德文章，成爲了好朋友。至中先生善詩文，曾在重慶南開中學教國文，很受學生歡迎。她性格開朗隨和，喜與同學交往，大家對她也很尊敬，相處介於師友之間，假日常和同學下山逛街購物，或坐茶館閑聊。

李、傅、唐三位先生在書院毗鄰而居，讀書之餘常在屋檐下的走廊喝茶休息，或閑談，或争論，或開玩笑。一次，李先生和傅先生開玩笑説：“你搞那個《説文》有什麽用？翻來覆去就是認字，有什麽意思？”傅先生不以爲意，心平氣和地説：“怎麽没意思？你連字都認不得搞不清楚，還怎麽讀書做學問？”李先生説：“得魚忘筌嘛。”傅先生回答説：”你筌都没有，哪去得魚？”於是兩人相視而笑，莫逆於心。有時李先生與至中先生對有的問題也發生争論，唐先生善於言辭，辭鋒犀利，常常搞得李先生面紅耳赤，難於對付，連聲説：“詭辯，詭辯！完全是詭辯！”他們之間玩笑也好，争論也罷，絲毫不影響友誼，這種真誠友好的感情，使同學們欽羡不已。

還有一位唐述堯先生，是西南聯大畢業，學歷史的，英語很好，能順利閲讀英文歷史書籍。他在灌縣縣中教書，對李先生很敬重，隨時上山來看望，探討一些史學方面的問題。李先生很器重他，結爲朋友。唐先生與書院同學也相熟友善。後來我們在昆明，唐先生也在昆明一所中學（好像是培文中學）執教，亦時相往來。李先生到了勉仁文學院，又聘請唐先生去勉仁教西洋史。解放後唐述堯、傅平驤兩位先生都受聘於南充師範學院（現西華師範大學）任教，直至退休。

在勉仁文學院李先生與曹慕樊先生也有很深的交誼，以後李先生去西南師範學院（現西南大學）任副教務長，又聘請曹先生去擔任圖書館長兼教授。曹先生精研佛學，擅長詩文，著有《杜詩雜説》等書出版。

李先生與賴高翔先生爲至友，其往來友情，賴先生所撰《李源澄傳》中已作詳述。與吴宓先生的交往，《吴宓日記》亦有多處記載，這裏就不多説了。

四　李源澄先生之師德

教師之德，主要體現在對學生的愛護上，源澄先生對學生的愛是全方位的，其程度親如父子。

王樹椒是他在浙江大學（遵義）教的學生，聰敏好學，英年早逝，先生爲之痛哭，久難釋懷，盡收王生遺著，陸續送報刊發表，以爲紀念。同學們都說："王樹椒是李夫子的顏回。"

在昆明時，廖定芳、錢松偉和我住在五華學院，藍見龍、張正愷長於烹飪，爲了照顧先生生活，搬去雲南大學與先生同住。當時正逢"李、聞事件"（指愛國民主人士李公樸、聞一多在昆明相繼被國民黨特務暗殺事件）之後，時局動蕩，學潮起伏，我們也感到苦悶，静不下心來讀書，有時就約張正愷與藍見龍同去喝茶或看電影。每次張正愷出來都向先生謊稱去洗澡，次數多了，被先生察覺。先生批評道："不要光愛洗澡，借故貪玩，不愛讀書!"弄得很難堪。我們也説張："你看，你笨，全不動腦筋!"説罷大家哈哈大笑。有兩次我們在翠湖公園喝茶，被李先生碰見了，事後也受到責備。先生並不反對我們適當遊樂，主要是擔心日久成習，荒廢學業。其實他也喜歡旅遊，在昆明我們陪他遊過昆明湖、大觀樓、西山龍門和其他景點；去過金殿、黑龍潭；到過安寧温泉；遊遍了城内可參觀之處，還計劃去看洱海、蒼山，衹因没有時間未能成行。先生每次來五華上課後，總要來我們寢室坐坐，瞭解到大家在認真讀書就很高興，有説有笑。當時藍見龍在讀法家的一些著作，在他的指導下寫了篇關於商鞅論法内容的文章，他推薦給《東南日報》發表了，使藍見龍受到很大鼓勵，我們也受到一定鞭策。

李先生常創造條件，使學生多有機會見到名流學者，瞻仰其風采，聆聽其談論，開闊視野，以廣見聞。

書院出過一期《靈巖學報》，先生派王英偉（武大法律系畢業）同學和我去成都辦理印刷事宜，並代他去看望史學家繆鉞先生。我們辦完事即去華西大學看繆先生，他正忙着寫文章，聽我們説明來意，熱情接待了我們，親自爲我們沏茶，親切地詢問了李先生的近況和我們的學習情況，一點也没有大教授的架子。見他很忙，坐了一會即告辭，臨别他送我們至門口，再三叮囑代他向李先

靈巖書院跟隨李源澄先生去昆明讀書的五人，前排左起爲錢松偉、廖定芳，後排左起爲藍見龍、張正愷、李守之，此照於 1948 年暮春攝於昆明

生問好，並説，等忙過這陣要上山看望李先生。

在昆明，李先生帶我們去見雲南大學教授諸祖耿（章太炎弟子，教文學）先生，見面後兩位先生交談起來，我們在一旁静聽。廖定芳坐在諸先生書桌旁，桌上放着一摞本子，大概是學生交來的作文，廖定芳隨手拿起一本翻看，接着一本又一本地看起來。我見李先生一面談話，一面盯着他看，眼睛越睁越大，定芳看得專注，渾然不覺，我悄悄用脚蹬了他一下，他轉過頭來看了我一眼，又回頭看起來。李先生終於忍耐不住，怒喝："廖定芳你在幹啥？不要亂翻！"諸先生見狀忙説："没關係，没關係，可以看。"事後，李先生晚上把我們喊去，就此事批評説，做客没有得到主人的允許，不能翻動主人的東西，這是起碼的規矩，是有没有教養的問題，以後得注意。我們唯唯聽命。

當時，錢穆先生也住在昆明，李先生帶我們去見了他；還去訪問了五華學院教務長、學者余乃義先生。

勉仁書院名義上是梁漱溟先生負責，李先生説，你們作爲書院的學生應該去見見梁先生。一天下午李先生帶我們去金剛碑梁先生住所看他，梁先生正奮筆疾書，忙於寫《中國文化要義》一書，他放下筆接待我們。梁先生顯得嚴肅，不苟言笑，使我們感到拘謹。他簡單地問了一下我們的情况後説："我現在很忙，没時間照管你們，主要靠你們自學，聽課可以自選。學習、生活上有什麽問題，可以請源澄先生或亞三先生（陳亞三是梁先生弟子，學院副教務長，解放後第一屆中央文史館館員）幫助解决，學期末每人可寫一份讀書心得送給我看看。"返校後，我選聽了梁漱溟先生講授的《中國文化要義》和曹慕樊先生講授的"唐詩選"。兩位先生的課都講得很精彩，是精神上的最高享受。

謝无量先生來勉仁看李先生，李先生召書院的四個同學去見謝先生，謝先生很高興，將他自帶的好茶給我們喝。茶屬上品，色香味俱佳，越喝越想喝，來者都是茶客，有人提出："謝先生這茶太好了，從來没喝過這樣的好茶，可不可以給我們少許，帶回去仔細品嘗？"李先生忙喝道："謝先生也帶得不多，給你們喝已經够了，怎麽還好意思要？"謝先生笑道："没關係，可以分享。"我們知道謝先生不僅是知名學者，還是書法大家，見他興致甚好，就趁機求賜墨寶。李先生説："你們今天怎麽了？找你們來聆聽謝先生教誨，你們卻得寸進尺，要這要那！"謝先生很豪爽，説："難得今天高興，寫就寫吧！"我們歡喜得趕快磨墨展紙，謝先生揮毫給每個人寫了一張小的條幅。臨别謝先生用一個信封裝了點茶葉給我們帶走。那天既聆聽了謝先生教誨，又蒙厚賜，堪稱雙豐收了。

隨後，李先生還帶我們見過勉仁文學院院長熊東明先生，受到教益。熊先生研究外國文學，傳聞他曾爲印度名詩人泰戈爾來華訪問擔任過翻譯。我們還見過應聘來勉仁的古典文學研究專家，西南聯大教授羅庸先生，他的《鴨池十講》已出版，成爲暢銷書。可惜當時羅先生已在病中，未能給我們講課。

李先生對經濟困難的學生常給予幫助。在靈巖就有同學受到減免學費的照顧，鍾元靈同學當時連生活費也是先生資助的。還有一位鍾博約同學，曾師事葉聖陶先生，喜歡研究兒童文學，寫過一些這方面的文章，出版過一本名叫《藍鳥》的童話書。他跟隨李先生的時間最長，但經濟困難，先生愛其聰敏好學，辦事認真，常給予資助，還在灌縣縣中爲他謀了教師職位，讓他半工半讀。後來先生到勉仁，又找他去教務處工作，勉仁停辦前，又介紹他去北碚金剛碑小學當老師。新中國成立後，鍾博約調去西師附中教語文，成爲教學骨幹，多次受到獎勵，直至退休。

去昆明的同學中，錢松偉經濟比較困難，我們回川時，他願繼續留在昆明，先生設法介紹他去一所中學教書謀生，解除了他的困難。

李先生有喜吃小食的愛好。在靈巖書院逢星期天，他間或也和同學們一道上街購物，坐茶館聊天，進小食店品嘗美味。在昆明先生帶我們去找小食的次數比較多。有一天下午來我們處，談完我們的學習後他說："孔廟旁邊有個賣羊雜碎湯的，傍晚開賣，味道特別好，你們去吃過没有?"我們齊説："没有。"他就帶我們去嘗鮮。賣羊雜碎湯的就在公路邊擺了兩三張桌子，鐵爐熬了一大鍋羊雜碎湯，香氣四溢，味道確實鮮美。又有一次他來説，武成路有家小館，很有特色，要帶我們去嘗嘗。特色是每份菜都衹有一小盤，每餐可以要來多樣各式的菜，可以嘗到它有特色的各種菜肴。因每盤的分量少，價格也不高。先生叫了十多樣菜，我們遍嘗美味，果腹而歸。按理"有酒食先生饌"古訓有之，學生買單，天經地義，可是每次都是先生付賬，理由是我們還未獨立，不許我們付款。

我除了和其他同學一樣受到先生陽光雨露般的愛撫外，有幾件與我個人直接有關的事使我特別感動。

其一：先生對我個人愛好的關注。

錢穆先生在靈巖講完學的下午，李先生把我叫去介紹給陪錢穆先生來的黄女士説："你不是喜歡拉二胡嗎? 黄先生是學音樂的，二胡拉得很好，可以請她教你。"我拉二胡出於個人愛好，苦無師承，拉來全無章法。聽了先生的話，喜出望外，趕忙求教。黄先生也不推辭，要我先拉給她聽，她聽後接過琴去，轉軸調弦，拉了一曲。衹見她修長的手指在琴弦上或緩或速上下滑動，恰似彩蝶翻飛，琴聲優美，不同凡響。她教我拉琴應注意的坐姿，應如何持琴、换把、揉弦、運弓等，並逐一示範，還教我用絲綫拴千金，用厚紙捲琴碼，琴聲纔更柔美，還教我琴的維護知識。感謝黄先生給我上了一堂優質的音樂課，此後我按照她教的方法練琴，就顯得進步比以前快多了。在錢、黄兩位先生走後約一個星期，我收到黄先生寄來的一本二胡曲譜，是劉天華譜寫的《十大名曲》。譜是用中國古曲記譜方法"工尺譜"記的，全是些上、凡、工、尺一類的中文字，一點也看不懂。後來我想了個辦法，找了幾份同曲的簡譜來對照着辨認，纔逐漸弄清了"工尺譜"上哪些字表示音符，哪些符號表示節拍、指法、弓法。多加練習，由生而熟，又學會了讀一種樂譜。每想到學琴這件事，就會想到李先生對我課餘愛好的關注，他對學生的關愛真是無微不至啊!

其二，李先生對我學習的關注。

我們初到勉仁是住在學校"臨江樓"樓上，七八個人住在一起，樓下是教室，門口是公路，住了一段時間嫌不够安静，藍見龍和我就在北温泉"花好樓"租住了一間屋子，又在梅老板開的一家小館按月包了伙食，吃住條件的改善，有利於我們"兩耳不聞窗外事，一心衹讀聖賢書”了。寒假，見龍回家不再來書院，我就一個人留住北泉。當時勉仁環境複雜，學生中良莠不齊，魚龍混雜，進步勢力，反動勢力，明爭暗鬥，甚爲激烈，有人不明我們身份也暗中摸底。李先生很擔心我被捲入漩渦，荒廢學業。一天，我正在梅老板的小館喝茶等吃午飯，李源委帶着一個挑籮筐的工人來找我，見面就説：“大哥（指李先生）要你搬到松林坡學校去住！”事出突然，我不大願意，就説：“讓我考慮考慮。”他説：“不用考慮”，指着挑籮筐的人説：“你看，大哥要我把給你挑行李的人都帶來了。”師命難違，衹好喬遷大吉，李先生已在松林坡離他住所不遠的地方安排了一間屋子給我住下。第二天上午我正在窗前看書，忽覺窗前一黑，抬頭看見李先生抽着葉子烟站在窗前笑眯眯地望着我，他説：“該是嘛，搬上來多好，這裏讀書多安静！”説了幾句他滿意地走了。以後隔三差五他有空總要來看看，問問我讀書的情況，隨便聊聊。

當時我正在重讀《三國志》，發現官制與政治的關係很大，便從這方面作了些探索，將筆記整理寫成了一篇文章，題爲《曹魏官制》，送給先生看。先生看後指導我作了些修改，將其在《勉仁文學院院刊》上發表。學院衹出過這一期院刊，上面刊載的文章（我寫的那篇除外）都是國内知名的學者專家的大作。我看到後，心中的喜悦不可言喻，大大增强了學習的信心。但我也清醒地知道，這完全出於先生對我的愛護，對我的鼓勵與鞭策。遺憾的是由於種種原因，我没能繼續沿着這條路走下去，深負先生厚望！

其三，先生對我家人的關注。

我是重慶人，家住城裏。1949 年重慶解放前夕，戰雲密布，震驚全國的“九·二”大火灾發生後，謡言蜂起，社會秩序混亂。先生過去來往途經重慶，曾在我家小住，因而與我父母相識。他擔心我家人的安全，幾次囑我接他們到勉仁松林坡暫避，我轉達了先生的誠意，父母對先生的盛情難卻，携我兄嫂一起到了勉仁。先生在松林坡爲他們安排了住所，解決了一應家用什物，熱情接待，不時還親往看望。我的父母兄嫂在松林坡住了一個多月，重慶解放後纔遷回城裏。臨行與先生依依惜别，深感先生古道熱腸，對他們的關懷照顧，再三致謝！

五　結　語

重慶解放後，我離開了李先生去瀘州一所中學工作，從此開始了我的教書生涯。但仍時時想念先生，每逢寒暑假有時間回重慶都要去看他，記得 20 世紀 50 年代初去看過他三次。

第一次是在四川省教育學院。見面時他很興奮，談了很多話：詢問了我的工作情況，談到他對新中國成立後的種種美好感受，心情極爲舒暢。談話中他提出：“你能不能來我這裏工作？來給我當助教嘛。”當時黨提倡“到艱苦的地方工作”，“螺絲釘”精神，加上我已熟悉所從事的教學，不大想挪動，何况那時瀘州與重慶各是一個省區，調動手續十分繁難。先生見我有些猶豫，接着説：“你是不是覺得我脾氣不好，怕我駡人？”這些年先生對我批評有之，卻從未駡過我，當然我不會有此想法。他又說："還說我駡人呢，熊先生（熊十力先生）還要打人咧!"其實熊先生也不會打人，衹不過他性情開朗，曠達不羈，有時做做打人的樣子嚇唬人而已。對於是否去當助教，我說："讓我考慮考慮。"先生没有再就此話題談什麽，結束了這次談話。

第二次去，先生已在西南師範學院擔任副教務長兼教授，我找不到他的住處，是鍾博約陪我去的。他見到我們很高興，他說："你們就不要走了，師母從家鄉帶來了臘肉，味道不錯，就在這兒吃晚飯，我們好談話。"這是我第一次見到師母。先生當時正熱衷於讀馬列主義毛澤東著作，興致極好，大談其體會，對黨的一些治國方略，讚不絶口。他一再强調説："要認識瞭解共産黨，就要認真學習黨的政策，要多讀馬列主義的書。"他還舉了一些例子來説明。我們的談話一直進行到深夜，是夜我留宿西師。

第三次見先生仍是在西南師範學院。説話中先生談到有朋友勸他參加民盟更有利於工作，他有些猶豫，問我："是參加好還是不參加?"我想了想説："參加了組織，社會活動會更多，怕就没有多少時間來做學問了，先生可慎重考慮。"他説："朋友再三動員，不好推脱。"我説："參加組織是人生大事，自願的原則，不能衹從友情出發。"我又説："先生有心參加組織，何不申請加入共産黨?"他説："我自覺目前還没有這個條件，朋友説我這種情况暫時留在黨外，可能更有利於黨的工作，何况參加了民主黨派今後還可以入黨嘛。"我説："先生認爲怎麽更恰當，認真考慮後再作决定好了。"我們的談話被不斷來找他談事的人打斷，時斷時續，看來他很忙，我們没有繼續談下去。以後聽説先生加入了民盟。有文章説先生不僅參加了民盟，而且"早就參加了共産黨"。據我所知，先生並没有入黨的事。

此後寒暑假不是學習就是運動，没有機會回重慶，再也没有見到先生。先生狂疾發作，含冤而死的消息是鍾博約來信告訴我的，突聞噩耗，十分悲痛！先生逝世時還不滿五十，正當盛年，壯志未酬，如天假以年，先生將在學術研究上作出更大貢獻。

我從十八歲到二十一歲這四年跟隨先生，正是青少年求知欲最旺盛，人生觀、世界觀逐漸形成的時候，先生的教誨對我學習工作，爲人處世，有着深刻的影響。我一生從事中學行政和教學工作，敬業愛生，至今還有不少學生和我保持着聯繫，早的有20世紀50年代的。有時是他（她）們來看我，有時是邀請我參加他（她）們的聚會，師生相見，叙舊論新，無話不説，不勝歡愉。韶光易逝，轉眼他（她）們有的已是年逾古稀，白髮蒼蒼，兒孫繞膝的老人了！看着他們，我就不禁想到源澄先生，如果他還健在，我能陪他喝喝茶，擺擺龍門陣，那該有多好啊！可惜這種想法已是無法實現的了，衹能將它化作對先生永遠的懷念！

作者單位：瀘州高中

尊孔·弘道·經世：廖平的經學建構

楊世文

廖平經學複雜多變，離不開當時的社會環境、時勢變遷與時代風氣。正如他本人所言，多變之中，有不變存焉。作孔經的守護者，儒學辯護人，是他一生的追求。如果歸納“經學六變”，可以濃縮爲三個核心問題：今學與古學、小統與大統、天學與人學。“平分今古”解決兩漢經學的分派問題，學術意義自有定論。“尊今抑古”雖然説極力抬高了孔子的地位，但以古文爲僞經，容易造成儒學内部今古文之間的争訟互鬥，終有割裂六經、分裂儒學之嫌。晚清西學的傳播，使廖平這樣的中國儒生開闊了視野。他力圖使自己瞭解西方，理解西學。但是，作爲一位孔子的忠實信徒，他必須嚴守儒學疆界，站在儒家的立場上去解釋世界，將西學納入中國經典的知識體系。基於“合通群經”與“以經釋西”的考量，因而有“大統小統”説的提出，證明地球千奇百怪，世界千變萬化，不出孔經範圍。廖平認爲判斷文明程度的標準在於倫理，而不在於物質；中西之間的差異，在於文明程度的不同。人類社會的發展演進，孔子早已前知，孔子爲全球神聖，孔經爲世界大法。進而又有“天學、人學”的提出與完善，將經學涵蓋的範圍從“六合之内”擴大到“六合之外”。“經學六變”層層轉進，標志廖平完成了對經學的重構。經學不僅規劃了全球的過去、現在與未來，而且擴大到整個宇宙。孔子成爲教主，儒學變成孔教。

廖平特别强調“通經致用”。在批判漢學、宋學、清學的基礎上，提出經學的門徑在於“明經例”，根柢在於“推禮制”，核心在於“探大義，闡微言”，宗旨在於“宗經”、“尊孔”，表現出特有的弘道意識與經世情懷。面對儒學的危機，廖氏一生爲孔經辯護，希望通過自己的闡發，凸顯儒學的價值。廖氏經學，既是舊經學的終結，又未嘗不是20世紀新儒學的先聲。他所面對的問題，在當今依然存在。在“天下一家，中國一人”的全球化時代，如何延續自己的文化傳統，保持自身的文化特性，珍視固有的傳統資源，正確處理本土文化與外來文化的關係，都是需要認真對待的課題。而廖平所提出的解決之道，雖然“徒托空言”，也未嘗不值得我們研究反思。

"經世"是儒家文化最重要的傳統之一。從孔子"汲汲求用"、"爲東周"、"作木鐸"，到孟子"平治天下，捨我其誰"，可謂一以貫之。漢代以後，儒術獨尊，"通經致用"，"以經術飾吏治"，"致君堯舜上"，"以天下爲己任"，更是儒者的理想。儒學本質上是一種入世之學、治世之學。當然，從儒學發展的實際而言，既有"載之空言"的"理論型"儒者，也有"見諸行事"的"實踐型"儒者，但更多的情況是二者兼具。無論"載之空言"還是"見諸行事"，其"經世"、"資治"的特點則是共同的。所謂"經世"，内涵非常豐富，其應有之義可含以下幾個層面：一是積極入世的價值取向，二是經邦治國的用世理想，三是的追求正義的批判意識，四是悲天憫人的救世情懷，五是以天下爲己任的擔當精神。儒者有一於此，即可謂有"經世"情懷，近代四川經學家廖平即屬其中之一。

一　廖平經學的複雜性

廖平（1852—1932），四川井研人。初名登廷，字旭陔，號四益；繼改字季平，改號四譯；晚年更號爲六譯。廖平經學，以"六變"著稱，學界已耳熟能詳。事實上，廖氏經學多變，離不開當時的社會環境、時勢變遷與時代風氣。廖平生活的時代，中國面臨嚴重的内憂外患，僻處内陸的四川與全國没有兩樣。從學術文化上看，巴蜀自文翁啓化，蔚爲大邦，魁儒碩學，歷代繼踵。但至清世，達於國史、置之儒林文苑者實在少之又少。體現清代經學成就的正、續二部《經解》之中，竟不收蜀人之作。雖然不能據此否認四川學者之貢獻，但也從一個側面反映了清代蜀學不振的狀況。在張之洞創辦尊經書院（光緒元年，1875）之前，蜀中流行的是制義、帖括，有人甚至"畢生不見《史》、《漢》"。故學術不興，人才衰敝。

不過，這種狀況在光緒年間開始發生改變。張之洞督學四川（同治十三年至光緒二年，1874—1876），創辦尊經書院，以"讀書"相號召，刊行《書目答問》、《輶軒語》，提倡紀、阮兩文達之學，以"紹先哲"、"起蜀學"、"成人材"勉勵蜀士，"要其終也，歸於有用"，故數月之間，蜀中"文風丕變，沛然若决江河"。加上督部與督學的獎掖，"人人有斐然著述之思"。後來王闓運又以名士掌教尊經（光緒四年至十二年，1878—1886），治學重大義而略訓詁，講今文學，亦影響蜀中學風。廖平於光緒二年（丙子，1876）牌調尊經書院肄業。他曾自述早年治學經歷説：

> 予幼篤好宋五子書、八家文。丙子（1876）從事訓詁文字之學，用功甚勤，博覽考據諸書，冬閑偶讀唐宋人文，不覺嫌其空滑無實，不如訓詁書字字有意。蓋聰明心思，於此一變矣。庚辰（1880）以後，厭棄破碎，專事求大義，以視考據諸書，則又以爲糟粕而無精華，枝葉而非根本。取《莊子》、《管》、《列》、《墨》讀之，則乃喜其義實，是心思聰明至此又一變矣。

廖平在入尊經書院之前，受四川本地學術風氣的影響，喜讀宋人書，醉心於制義、時文，目的當然在於取科第。但丙子（光緒二年）入尊經後，始覺宋學空疏無實，故鑽研小學，從事樸學考據，學術興趣發生第一次改變。儘管他後來並沒有向樸學考據的方向發展，但早年在尊經書院打下了良好的基礎。廖平承認："予初從書院章程治小學、目録、金石、典故，後乃專心治經。今之所以治經雖與訓詁家有小别，而得力之處半在初功。"到庚辰（光緒六年，1880）以後，受王闓運影響，又覺訓詁考據破碎支離，於是轉求"大義"。不過，廖平治學不肯依傍，並没有按照張、王所指示的治學道路亦步亦趨。此後學術興趣不斷發生變化，形成廖氏經學獨有的特色。

在接下來的五十多年時間裏，廖平經學多變，使人應接不暇：一變"平分今古"，二變"尊今抑古"，三變"小統大統"，四變"人學天學"，五變"天人大小"，六變以《黄帝内經》"五運六氣"解《詩》、《易》。其學六變（如果加上初變之前的二變，甚至不止六變），重點實際在於前四變，五變、六變衹不過是四變的衍化而已。正如他本人所言，多變之中，有不變存焉。如果歸納"經學六變"，又可以濃縮爲三個核心問題：

1. 今學與古學

從"平分今古"到"尊今抑古"的第一、二變，其實都是針對經學今古文的問題而展開的。兩漢時期，有所謂今文與古文之分。但東漢末鄭玄"括囊大典，網羅衆家"，混合今、古，今、古文界綫漸泯。後世學者解經，不再區分今文、古文家法。即使有所分别，也"僅據文字主張今古門面"，從文字異同上立説。廖平認爲，這是不知今、古根源之所在。若就文字而論，不僅今文、古文之間有差别，即使今文、古文内部，也存在今與今不同、古與古不同的情況。他通過研究發現，今、古文之分的根本不在文字，而在制度。在廖平看來，有必要根據制度來區分今、古。他的看法集中反映在寫成於光緒十二年（1886）的《今古學考》一書中。其要點在於：不以文字而以禮制分今古；今學主《王制》、孔子，古學主《周禮》、周公；《周禮》爲孔子早年之説，主法古；《王制》爲孔子晚年之説，主改制。其他諸經制度，皆由《王制》、《周禮》二經推演。如此，則"兩漢今、古學派，始能各自成家，門户森嚴，宗旨各别"。但是，無論今文、古文，同出於孔子，"今、古兩家所根據，又多同出於孔子"，不分軒輊。這就是所謂"平分今古"。

廖平以制度分今、古，張明兩漢師法，的確是經學史上的一個卓識。不僅康有爲"引爲知己"，俞樾也稱之爲"不刊之書"。先後受到廖氏"平分今古"之説影響的，從晚清到民國，還有章太炎、劉師培、皮錫瑞、顧頡剛、周予同等，其在學術史上的地位衆所公認。對此，蒙文通等先生有的評，兹不贅述。

"平分今古"之説，解决了兩漢經學分派的問題，其學術價值自有定論。但是，同爲儒經，《王制》與《周禮》在典禮制度方面爲什麽會産生如此差異或矛盾？廖平以孔子早年晚年、法古改制作解釋，其實衹是假説，並没有確實的證據。因此，他繼續對該問題進行思考，發現"考究古文家淵源，則皆出許、鄭後之僞撰。所有古文家師説，則全出劉歆以後據《周禮》、《左氏》之推衍"，所謂古文家的傳授淵源和師説，都是出自僞造，與孔子並無關係。而且西漢以前，言經學者皆尊孔子，並無周公，六藝皆爲孔子所作新經，並非舊史。根據這些發現，廖平作《知聖篇》以尊今文學，又作《辟劉篇》以駁古文學，其經學思想進入“信今駁古”的“二變”階段。廖平還著有《周禮删劉》一卷，所删者爲九畿、九州、五等封諸條，與《王制》不合者，認爲是出於劉歆篡入。

尊今抑古、不信《周禮》，以《王制》遍説群經，主張素王改制，尊孔子、抑周公，這是廖平經學二變的核心内容。《知聖篇》意在闡發孔子“徒托其言”、“受命製作”、“作新經”、“爲素王”的微言大義，並認爲“素王一義，爲六經之根株綱領。此義一立，則群經皆有統宗，互相啓發，針芥相投。自失此義，則形體分裂，南北背馳”。由於《知聖篇》、《辟劉篇》持論與主流學界往往相左，成書後並没有立即刊行，但“東南士大夫因轉相鈔録，視爲枕中鴻寶，一時風氣爲之改變”。康有爲受其影響，作《孔子改制考》、《新學僞經考》，倡素王改制説，人們追溯其思想淵源，認廖平爲始作俑者。

對於廖的這些論説，張之洞非常不滿。光緒二十三年丁酉（1897）秋冬初，宋育仁爲述張之洞戒語，仍是那句老話：“風疾馬良，去道愈遠；繫鈴解鈴，唯在自悟。”並命改訂經説條例，不可講今古學及《王制》，並攻駁《周禮》。張之洞是廖平的恩師，二人關係非同一般，廖對張十分尊重，張對廖也愛護有加，張的意見，廖不能不加以考慮，據説廖平“爲之忘餐寢者累月”。廖先給宋育仁寫了一封信，重申自己的觀點，表示“國雖新立，固非可兵威迫脅而屈服者”，言語甚爲激烈。經過一番激烈的思想鬥争，這年十一月，他上書張之洞，情詞則較爲謙抑，解釋自己並非以《王制》强説群經，且表示近來正在對《周禮》進行重新研究，對九畿、九州、五等封諸條，“皆考其踪迹，有以通之”，最終力求將諸經“統歸一是”，則“不必更立今古之名”。從上書中可以看出，廖平關於今古之分、《周禮》的看法已經開始改變，向“合通今古”的方向發展。

2. 小統與大統

戊戌（1898）以後，廖平經説又發生重大變化，即以“大統小統”説取代“今古”説，從而泯滅今古界限，實現群經大同。廖氏經學的這一重大改變，與他以經學“經世”的情懷關係尤爲密切。19世紀末，中國發生了許多重大的事件。西方的科學技術、思想學説乃至歷史地理知識蜂擁而入，遠在西蜀的廖平也能讀到大量的西學書籍，西方的物質文明比中國發達，西方的制度具有優勢，如果不抱殘守缺、深閉固拒，不得不予承認。而進化論、地理學知識的傳入，也使廖平這樣的中國儒生開闊了視野。他們不得不承認，中國之外還有豐富多彩的世界。廖平的友人宋育仁曾遊歷歐洲，親身感受到西方世界在物質、制度上的先進。所有這些，無疑對廖平的思想發生過影響。在對待西學上，廖平並非食古不化之徒，他竭力使自己理解西學，瞭解西方。但是，作爲一位孔子的忠實信徒，他必須嚴守儒學疆界，站在儒家的立場上去解釋世界，力圖將西學納入中國經典的知識體系，將地理知識納入中國傳統的五服、九州、九畿的天下觀念之中，從而建立起基於儒家經典的世界圖式和解釋模式。

改“古今”爲“大小”，正是廖平上述“經世”情懷在理論上的建構。它既是廖平經學思想自然發展的必然結果，也是接受師友勸告而作出的必要調整。梁啓超所謂張之洞“賄逼”之説固然不成立，但也不能否認廖氏在一定程度上接受了張的意見（儘管廖氏之説始終未能令張滿意)。

廖平的好友楊楨曾批評："四益經學，美矣盛矣。惟三利未興，三弊未祛。三利者何？（一）有王，無帝；（二）有海内，無海外；（三）有《春秋》、《尚書》，無《詩》、《易》。三弊者何？（一）同軌同文，今古相軋，一林二虎，勢必兩傷；（二）六經不能自立門户，各標宗旨，叠規重矩，剿説雷同；（三）分裂六經，固傷破碎，合通六藝，則嫌復重。"經學分今古，尤其是信今駁古，雖然説極力抬高了孔子的地位，但以古文爲僞經，造成儒學内部今、古文之間的争訟互鬥，終有割裂六經、分裂儒學之嫌，實際上不利於尊經崇儒。廖氏經學"大統小統"之説，正是爲了興此"三利"、除此"三弊"。

對此，廖氏門人施焕《廖氏經學叢書百種解題序》於二變三變之故，言之甚詳。他觀察到："蜀中學人，海内老宿，其指瑕索瘢者，蓋不止盈篋，師悉寫而藏之，隨加訂正。急欲求通，不能遽化。卸官杜門，謝絶書札，忘餐廢寢，鬚白齒落，如此又十年，專治《詩》、《易》，至於戊戌乃得大通。"所謂蜀中學人，包括宋育仁、吴之英、楊楨等。因此，面對師友的批評，廖平不得不慎重思考如何使自己的經説做到"既無删經之嫌，又收大同之效"。所謂"大通"，據《三變記》説，戊戌以後，將《周禮》删改諸條陸續通解，乃定《周禮》爲海外大統之書，於是"以前所删、所改之條，今皆變爲精金美玉，所謂化腐朽爲神奇"。

廖平所作的《四益館經學目録序》，對大統、小統説的形成過程，也有自述，説二變期間，"在群經中惟力攻《周禮》立異數條，著爲專書，歸獄新莽。名師摯友，法言巽語，自詡精詳，未肯遂翻。丁酉秋，宋芸子同年述南皮師語，有云：'風疾馬良，去道愈遠，解鈴繫鈴，必求自悟。'爲之忘餐寢者累月。戊戌夏，因讀《商頌》，豁然有會，乃知三統之義，不惟分配三經，所有疆宇，亦列三等。求之《詩》、《易》而合，求之《莊》、《騶》而合，求之《周禮》，尤爲若合符節。因有前後《地球新義》二刻之作。"

《王制》屬王伯"小統"，治中國；《周禮》屬皇帝"大統"，治全球。以《易》、《詩》、《書》、《春秋》分配皇、帝、王、伯；皇、帝、王、伯之分，由所治疆域大小而出。這是"大統小統"説的核心。

廖平認爲，《周禮》中所講的"九畿"，《大行人》所説的"九州"，過去因爲其與《王制》不合，定爲劉歆簒入之説，其實是不對的。《周禮》爲專講大統禮制之書。惟其書專言海外，故九畿、九州、萬里，即鄒衍所説的"大九州"，皆與《王制》講中法小統不同。《王制》中國五千里，《周禮》海外萬五千里，廣狹不同，這在《詩》、《易》二經中也有依據。《詩》中有"小球"、"大球"之説，指地球而言。如《詩》之"海外有截"、"九有"、"九截"，《易》之"鬼方"、"大同"、"大川"、"大人"、"大過"，《論語》之"浮海"、"居夷"，《左傳》之"學夷"、"求野"，《中庸》之"洋溢中國"、"施及蠻貊"，鄒衍之"海外九州"，其實講的是海外大統，並非中國之事。《山經》、《莊》、《列》等書，尤屬專書。但歷代學人皆以中國之事解之，扞格不通，往往斥爲荒唐。而今海禁宏開，過去以爲荒誕不經之説，一一得以驗證。

"大九州"之説，出自鄒衍。但廖氏認爲，子爲六藝支流，源皆本於六經。子學皆出於四科：道家出於德行，儒家出於文學，縱横生於言語，名、墨、法、農皆沿於政事。孔子以前之黄帝、老、管、鬻者，皆出依托。如此，則諸子百家皆收歸孔門。而六藝皆出於孔子新作，海外大統，孔子早已前知。《三變記》説："以《周禮》爲根基，《尚書》爲行事，亦如《王制》之於《春秋》，而後孔子乃有皇帝之制，經營地球，初非中國一隅之聖。"由此可見，地球之事，孔子早已前知，地球千奇百怪，世界千變萬化，不出孔經範圍。孔子爲全球之聖，孔經爲世界大法，得以證明。

3. 人學與天學

廖平"大統小統"説泯滅今文、古文界限，實現經學統一，應該説尊經、宗孔的目的達到了，經學不再分裂，群經歸於大同，皆屬孔子制作，爲全球立法。到光緒二十八年壬寅(1902)，"先生因梵宗有悟，始知《書》盡人學，《詩》、《易》則遨游六合以外。於是始創天人之説，因據以改正《詩》、《易》舊稿"，逐漸轉向第四變，着重講天學、人學。

以孔子爲全球之聖，六經爲世界大法，所治不過於"六合之内"。順着尊孔宗經的思路，廖平將目光投身"六合之外"；不僅講人學，也講天學；不僅講聖人，也講至人、神人、化人。從而使孔子不僅具有人間聖人的身份，也成爲宇宙教主，孔子成爲神聖，孔子變成儒教。同時，《靈樞》、《素問》、《楚辭》、《山經》、《列》、《莊》、《穆傳》、辭賦、釋典這些曾經被儒生稱爲"詭怪不經"之書，皆得其解，皆可統攝於天人之學之中。

《戴記》中的《大學》、《中庸》二篇，最能反映天人之學之精微。廖平認爲，《大學》爲人學，《中庸》爲天學。《中庸》中動言"至誠"、"至道"、"至聖"、"至德"，於"聖、誠、道、德"之上别加"至"字，以見"聖、誠、道、德"有小大、至不至之分。後世儒者不講天學，遂以聖人爲止境，對於道家之所謂天人、至人、神人、化人，皆以爲屬經外别傳，無關宏旨。不識《中庸》之"至德"、"至聖"、"至誠"，《孟子》已言"神人"，《荀子》已言"至人"，《易》言"至精"、"至聖"、"至神"、"大人"。《中庸》曰："及其至也，雖聖人亦有所不知，所不能。"明見聖人之外，尚有進境。因此，"今故以經傳爲主，詳考至人、神人、化人、真人、神人、大德、至誠、大人，以爲皇王名號，而以《靈樞》、《素問》、道家之説補之，以見聖人、人帝之外尚有天皇。此天人學之所以分也。""人學爲六合以内，天學爲六合以外。"

廖平原以《春秋》、《尚書》、《詩》、《易》分配道、德、仁、義之皇、帝、王、伯，至此也有所改變，認爲《春秋》言伯而包王，《尚書》言帝而包皇。《周禮》三皇五帝之説，專言《尚書》；《王制》王伯之説，專言《春秋》。言皇、帝、王、伯，制度在《周禮》、《王制》，經在《尚書》、《春秋》。一小一大，此爲人學二經。至於《詩》、《易》，以"上征下浮"爲大例。《中庸》所謂"鳶飛於天，魚躍於淵"，爲上下察之止境，屬於天學。他承認："周遊六漠，魂夢飛身，以今日時勢言之，誠爲力所不至。然以今日之人民視草昧之初，不過數千萬年，道德風俗，靈魂體魄，已非昔比。若再加數千年，精進改良，各科學繼以昌明，所謂長壽服氣，不衣不食，其進步固可按程而計也。""天學"化境不屬於現在，而屬於未來科學進步、文明發展以後的情形，由此可見他對進化論有接受。

隨着“天學、人學”的提出與完善，標誌着廖平完成了對經學的重構，也實現了對儒學的改造，孔子成爲教主，儒學變成孔教。廖平將經學涵蓋的範圍從“六合之内”擴大到“六合之外”。經學不僅規劃了全球的過去、現在與未來，而且擴大到整個宇宙；人類文明的成果，未來發展的方向，都在孔經範圍之内，孔子早已製作，空言俟後，驗小推大即得。

此後到民國七年（1918），又有所謂“五變”之説，於六經分天人、大小，與《四變記》同而較爲詳備。歸重於六經皆孔作，孔作六經，必須造字。五變尤其强調六經皆爲孔子所作，凡經傳所稱引堯、舜、禹、湯、文、武、周公、帝德、王道、伯功，皆屬孔子一人之事。六經用以俟後，乃新經，非舊史。譯新經必須雅言，孔子乃創爲六等文字。自劉歆顛倒五經，謂以五經爲古已有之，僞造三代鼎彝，於是孔子以前乃有六書文字，於是六經乃爲帝王陳迹，孔子乃爲述而非作。

從民國八年（1919）開始，直到二十一年（1932）去世，爲學説六變期，主要以《内經》説《詩》、《易》。柏毓冬《六變記》説：“（民國八年，1919）先生得中風，聾瘖掌攣，而神智獨朗澈，優遊中得《詩》、《易》圓滿之樂，遂半生未解之結，於《靈》、《素》獲大解説。”其論《詩》本《樂記》歌《風》、歌《商》、歌《齊》、歌《小雅》、歌《大雅》、歌《頌》之六歌，而悟六詩之師説存於《内經》。訂四風、五運、六氣、小天地、大天地、二十八宿爲六門，以應《樂記》。又以《易》與《詩》例互相啓發，“合之則雙美，分之則兩傷”。其説迷離恍惚，可以看成是“天人之學”的進一步發揮。

以上是廖平經説的大體情況。廖平曾説：“爲學須善變，十年一大變，三年一小變，每變愈上，不可限量。（略）變不貴在枝葉，而貴在主宰，但修飾整齊，無益也。若三年不變，已屬庸才，十年不變，則更爲棄才矣。然非苦心經營，力求上進者，固不能一變也。”廖平經學以多變著稱，這無疑增加了研究其經學思想的複雜性。雖然如此，我們還是可以尋求其變化的脈絡。

二　學術批評與經學重構

廖平經學多變，時風與世風的影響固然不容忽視。而其經學體系的建構，是建立在對漢唐以來學術批評基礎之上的。廖平對漢唐以來的經學人物極少認可，多有針砭，無論漢學、宋學，皆予貶斥。

1. 詆程朱，攻漢學——對傳統經學的批評

清乾隆年間編纂的《四庫全書總目·經部總叙》對兩千年來經學流變有一個基本的勾畫：“自漢京以後垂二千年，儒者沿波，學凡六變。”並認爲“要其歸宿，則不過漢學、宋學兩家互爲勝負”，主張“漢學具有根柢，講學者以淺陋輕之，不足服漢儒也。宋學具有精微，讀書者以空疏薄之，亦不足服宋儒也。消融門户之見而各取所長，則私心祛而公理出，公理出而經義明矣”。儘管清代也存在漢學、宋學門户之爭，但這種看法長期以來實爲學界主流。

不過廖平卻不這樣看。無論漢學、宋學，都在批評之列。

對於宋學的弊病，廖平是有深刻認識的。他早年研求宋學，冥索枯想，終覺空疏無用，轉而鈎考典禮、制度、政治、疆域。綜觀廖平一生的治學取向，他對宋學的排斥應該説是一以貫之的。他對宋學的批評非常尖鋭：

> 古今之爲學者，皆學而不教；宋人之談經也，皆教而不學。自“六經皆我注脚”之説倡，學者於經傳皆如生徒之課藝，或得或失，或筆或削，由我自主。故其心一成不變，不能上進求深，積成一師心自用之世界。

他批評宋儒不明經義，徒事空談，“致使二宗、帝□北狩不還，端宗、帝昺求爲匹夫而不得。學術乖謬，其害至於如此”。元明以來，宋學更流爲八比、制義、帖括，庸墨濫調，獵功名，取利禄，於國家無用。清代顧炎武、毛奇齡、胡渭、閻若璩、戴震、阮元等人，都曾從不同的角度對宋學展開了批評，廖平的這些觀點與他們的看法比較接近。但清代學者多站在漢學的立場上批評宋學，提倡訓詁考據，這又與廖平異趣。嘉、道以來，由於考據學流弊漸顯，給程朱理學的“復興”提供了有利的時機。方東樹、唐鑒提倡宋學，批駁漢學。曾國藩以經世名臣，先主張“一宗宋儒”，後提倡“漢宋兼容”，於是談宋學、尊程朱蔚然成風，成爲晚宋學術思想界的一道風景。尤其是廖平的恩師張之洞，在光緒元年（1875）成都尊經書院撰的《輶軒語》一書中，明確表示應當漢、宋兼宗：

> 愚性惡聞人詆宋學，亦惡聞人詆漢學。意謂好學者即是佳士，無論真漢學未嘗不窮理，真宋學亦未嘗不讀書。即使偏勝，要是誦法聖賢，各適其用，豈不勝於不學者！

但廖平後來的學術取向實在是背師意而行。他對漢學、宋學皆肆口攻詆。署名“黄镕、胡翼等公擬”，實爲廖平自撰的《致箌室主人書》（作於庚子，1900）中説：

> 東南談時務者多放言高論，甚至倡言廢經。當世主持大教者，惡其離畔，托之防弊，乃推舉宋儒。帖括之毒深矣，積習重如泰山，今方知改，尚未損其毫毛，又復標舉舊學以桎梏天下。不知墨子宗旨首重擇務，重典輕典，因乎國勢；畸武畸文，關乎世變。宗社之危甚於累卵，即使家程、朱而人游、楊，何濟國事？亂世重功名而略行檢，自古英雄濟時變必須偉略奇士，腐儒不足以論國計、救危亡也。

在廖平看來，提倡宋學，希冀以程朱理學來濟時艱，無異於緣木求魚，於國事無補，於危亡無濟。

如果説廖平批判宋學、否定宋學主要從“論國計、救危亡”的經世角度着眼，他對清代經學的批判，則更多地從學術上考慮。這在《知聖編》中言之極爲明晰。他事實上是借學術批評來否定清學，從而另起堂構，“推到一世，開拓萬古”，作鄭玄以來第一人，甚至陵鄭玄而上之。

對於清代漢學家奉爲神明的東漢經學大師鄭玄，廖平的批評毫不客氣，認爲鄭學盛行千餘年，其人人品高，號爲經師完人，至細考其著作，實不見所長。《詩》、《書》二經，推

《周禮》以爲説，强四代經文以就其誤解之《周禮》，固無論矣。平生著述，三《禮》爲優，而於《周禮》、《儀禮》誤解甚多，已多不能通，而其混合今文、古文，致師法失傳，最爲其誤。總之，“鄭君空負盛名，實多巨誤。後生以之爲天人，望洋而歎，莫敢考索。由鄭學入手者，如入迷途，久而迂謬成習”。

廖平對清代經學史有一個基本的估價。在他看來，清代經學有四派，實際上即四個階段：

> 國朝經學，大約可分爲四派：曰順康、曰雍乾、曰嘉道、曰咸同。國初承明季空陋之弊，顧、黄、胡、姜、王、萬、閻、朱諸老，内宋外漢，考核辨論，不出紫陽窠臼，遊心文、周，不知有尼山也。惠、戴挺出，獨標漢幟，收殘拾墜，零璧斷圭，頗近骨董家，名衍漢學，實則宗法莽、歆，與西漢天涯地角，不可同日語。江、段、王、朱諸家，以聲音、訓詁、校勘提倡，天下經傳，遂遭蹂躪，不讀本經，專據《書鈔》、《藝文》隱僻諸書，刊寫誤文，據爲古本，改易經字，白首盤旋，不出尋文。諸家勘校，可謂古書忠臣，但畢生勤勞，實未一飽藜藿。二陳著論，漸别今古，由粗而精，情勢然也。李、張、龔、魏，推尋漢法，訟言攻鄭，比之莽、操，罪浮桀、紂，思欲追踪西漢，尚未能抵隙古文。咸、同以來，由委溯源，始知尊法孟、荀。開創難工，踵事易效，固其宜耳。綜其終始，窮則必通，以横詆縱，後止終勝。

清代學術以崇實著稱，這種學風由順、康諸老奠定，雍、乾時期臻於極盛，考據學如日中天。但在廖平眼裏，清初學術猶是宋學範圍，未免空疏之弊；而聲音、訓詁、校勘之學，則與古董、鈔胥無甚區别。道、咸以來著書，也多爲《經籍籑詁》、《五禮通考》子孫。至於常州今文經學，亦不詳師法，未知本源。

對清代學者，廖平於陳左海父子（壽祺、喬樅）及陳卓人（立）頗致推挹，稱“西漢長於師説，東漢專用訓詁。惠、戴以來，多落小學窠臼。陳左海父子與陳卓人乃頗詳師説”，故雖有“一偏之長”，卻“未贍美富”。

由此看來，廖平對漢學、宋學、清學的學術取向、治學方法、學術成果都是不認同的。他進行學術批評的目的是要另起堂廡，重構經學。

2. 明經例，推禮制——經學的根柢門徑

在批評舊經學的同時，廖平提出自己新經學的建構，首要在於“明例”，這看成是解經的出發點，由此而與舊經學相區别。廖平認爲每經皆有“義例”（又稱經例、條例、本例），在文字之外，治經應當先求“義例”。“蓋欲求義例，必先有師，不能得師，必先於各經先師傳説義例（略）至精至熟，然後可以讀經。”而“近人風尚，不蔽文字，則求瑣細，一衣一冠，考校累月；一草一木，説以數萬言；倘遇喪祭儀節，或考兵農今古，則茫然失措”。實際上自東漢以後，此法久絶，宇内老師宿儒，不知諸經本文之外，别有起例，必須詳加推考，無限推索，方能得其主旨。而僅僅以識字解義，詳其句讀，明其訓詁爲通經，不求其端，不竟其委，但能識丁，便可作傳。因此，“除《公羊》外，十二經注疏，一言以蔽之曰，望文生訓而已”。即使反映清代經學成就的阮、王二刻，在廖平眼中，也大都屬於“望文生訓”之作。如阮刻《學海堂經解》，多嘉、道以前之書，“篇目雖重，精華甚少。一字之説，盈篇累牘；一句之意，衆説紛紜”，因此“上半無經學，皆不急之考訂；下半亦非經學，皆《經籍籑詁》之子孫”。一言以蔽之，“國朝經學，初近於空疏，繼近於骨董，終近於鈔胥”，皆未通經學之三昧。

廖平曾對吴虞談到經學家與考據家的區别：“凡考據家不得爲經學家，真正經學家即當以經爲根據，由經例推言禮制。凡禮之條例，必由經而生，此乃爲專門經學。”廖平於光緒二十年甲午（1894）致康有爲信中説：“經學有經學之根柢門徑，史學亦然。”如果説“明例”是治經的門徑，那麽“禮制”則是經學的根柢與核心。儘管廖平經學多變，這一主旨則是他反復强調、始終堅持的。他的這些意見也可與早年之説互相印證：

> 《論語》因革、損益，唯在制度，至於倫常義理，百世可知。故今、古之分，全在制度，不在義理，以義理今、古同也。至於弟子之大義，經師之推衍，乃有取捨不同、是非異致之説。揆之於初，無此分别。

儒家的倫理規範歷久不變，經典中訓詁名物的解釋也較確定，但歷代制度有因革損益，隨時變化。因此宋學重義理，清學重名物，都没有真正找到經學的“根柢門徑”。“經學之要在制度，不在名物。”這是他揭櫫的與宋學、清代漢學的根本區别所在。正如廖宗澤所言，“分别今古之關鍵在此，通經致用之塗徑亦在此”。廖平一生經説雖有所謂古今、小大、天人之變化，但以《王制》爲制度之書，則無不同。他認爲，《王制》言爵禄、封建、選舉、禮樂、食貨、兵刑、職官之類，皆屬宏綱巨領，爲“一王之法”。他早年曾集尊經書院諸生撰集《王制義證》，以《王制》爲經，以《通典》及秦氏《通考》所引經、傳、子、史相證明，認爲“初學觀此，先具規模，不惟經學之本，經濟亦有裨益，與拘於名物者，得失何啻天壤”。“經濟”、“通經致用”，是廖平賦予經學的重要任務。在這一點上，廖平經學與晚清所謂經世思潮並無二致。

3. 探大義，闡微言——弘道意識與經世情懷

廖平經學儘管不囿於今文，但其治經方法是今文家的路數。因此，特别重視“微言大義”的闡發，是其經學的又一重要特徵。西漢末劉歆《移書讓太常博士》曾説：“夫子没而微言絶，七十子終而大義乖。”因此，“經學有微言、大義，有事文，有取義”。但何謂“微言”？何謂“大義”？劉歆並没有講清楚，歷代學者也含糊其辭。廖平認爲，魯、齊傳經有“微言”、“大義”二派，“微言者，言孔子製作之宗旨，所謂素王製作諸説是也；大義者，群經之典章制度、倫常教化是也”。這就非常清楚明白地解釋了什麽是“微言”，什麽是“大義”。前述廖平提倡治經從條例入手，以制度爲核心，即是重視“大義”的體現。在經學一變時期，廖平治經以禮制分今古，主要注重“大義”的探究。雖然這時也講孔子製作、素王改制，但並非重點。至二變以後，他在揭示“大義”的同時，更注重孔經“微言”的發揮。《知聖篇》説：

孔子受命制作，爲生知，爲素王，此經學微言，傳授大義。帝王見諸事實，孔子徒托空言，六藝即其典章制度，與今《六部則例》相同。“素王”一義，爲六經之根株綱領，此義一立，則群經皆有統宗，互相啓發，箴芥相投。自失此義，則形體分裂，南北背馳，六經無復一家之言。以六經分以屬帝王、周公、史臣，則孔子遂流爲傳述家，不過如許、鄭之比。

廖平把“素王”一義看成是群經統宗，六經綱領，由此可見他對“微言”的重視。“素王”語出《莊子·天道篇》：“以此處上，帝王天子之德也；以此處下，玄聖素王之道也。”廖平認爲“素王”即“空王”。《中庸》云“非天子，不議禮，不制度”，孔子不應以匹夫改時制。廖平解釋説，如果實爲天子，則當見諸施行，今但空存其説於六經，即所謂“不敢作”之意。孔子惟托空言，故屢辨作、述：

蓋天命孔子不能不作，然有德無位，不能實見施行，則以所作者存空言於六經，托之帝王，爲復古反本之説。與局外言，則以爲反古；與弟子商榷，特留制作之意。總之，孔子實作也，不可徑言作，故托於述。所云“述而不作”，自辨於作也；“不知而作，無是”，“天下有道，則庶人不議”，自任乎作也。意有隱顯，故言不一端，且實不作，又何須以述自明乎？

孔子自稱“述而不作”，不過是托辭。但作、述之辨，遂爲千古學派一大案。廖平對此作了分疏，認爲“主‘作’爲微言，主‘述’爲大義”，並由此劃分兩漢經學派别：“西漢主微言，東漢主大義”。又曰：“以爲‘作’者，《論》、《孟》、《公》、《穀》、《列》、《莊》、博士是也；以爲‘述’者，《左》、《國》、莽、歆、馬、鄭古文家是也。”在廖平看來，今文、古文二説偏至，皆有流弊。孔子爲素王，知命製作，翻定六經，皆屬微言；“六藝”本爲孔子新義，特自托之於“述”。譬如喪期，廖平舉例説，孔子製作定爲三年，三代通同之。《尚書》言“三年”者，非實事，新製也。宰我、子貢疑其事，孔子答以“古人皆然”。“古人”即指《堯典》“三載四海遏密八音”事，不明言改制。曾子問喪，亦有“夏后氏三年”之文，實際上是孔子改帝王以合己，並非上古時的真實情形。

孔子作六藝，托古改制，撰述微意，不能明説，因此，“微言秘密傳心，不足爲外人道”。因此廖平强調經、史之别，經非舊史，皆爲新創，如果以新代舊，變史爲經，則其病百出，這是他萬不敢苟同的。如果以爲“經爲古史”，則孔子不過如史公、朱子，六經不過如《史記》、《通鑑》，就不值得珍貴。

漢宋諸儒都承認孔子“立言”，“六經既曰言，則非已往史迹；既曰立，則非鈔録舊稿。經爲孔傳，專俟後聖，必非古有，而後萬世可師，空文垂教，而后天下足法”。經與史最重要的區别在於以言立教，垂法萬世。六經爲備，盡善盡美，後世不能踵事增華。若以史學讀之，是不知聖人神化。因反對“六經皆史”之説，並及經學與史學的區别：

經學與史學不同：史以斷代爲準，經乃百代之書；史泛言考訂，録其沿革，故《禹貢錐指》、《春秋大事表》，皆以史説經，不得爲經學。

言經必先“微言”，即素王製作，若以史學讀之，是不知聖人神化。故廖平强調“知聖”，反對“學聖”，“不求知聖，專於學聖，遂以庸言庸行、村學鄉願爲孔子，人人有自聖之心”，認爲聖人不可學，“必知生民未有，賢於堯、舜，生知前知，而後可以言知聖”。

由此可知，廖平力闡“微言”，弘道意識極爲明顯。他指出，自西漢以後，微言之説已成絶響，兩千年以來，專言大義。事實上，微言一失，大義亦不能自存，專講大義，不知“微言”，造成“六經道喪，聖道掩蔽”，延續至今，“統中外貴賤智愚老少婦女人人心意中之孔子，非三家村之學究，即賣驢之博士。故宋元流弊，動自謂爲聖人，信心蔑古。此不傳微言之害，彰明較著，有心人所傷痛者也”。

面對當時“人才猥瑣，受侮强鄰”、“守舊者空疏支離，維新者廢經非聖”的現實以及儒學危機，廖平主張必須保教，而保教必須尊孔、崇經。要達致此目的，就必須將孔子與普通著述家相區别，將六經與舊史相區别，尊孔子爲全球聖人，六經爲萬世大法。廖平經學辨今古，别大小，分天人，屢變其説，層層轉進，其最終歸宿，即在於是。

三　孔經與西學

近代中國的危機，正如張之洞所言，是如何“保聖教”、“保華種”、“保國家”的問題。此所謂“三保”，排列順序實有深意。對於廖平這樣的儒家知識分子而言，當時中國面臨的首要問題是如何“保教”。在他們眼裏，此問題不解决，就談不上“保種”、“保國”的問題。

面對來勢凶猛的西學衝擊，廖平並没有回避，有時甚至也不吝惜贊美之辭。但是，“尊孔”、“崇經”思想在他的腦海裏根深蒂固，他推崇和信守不移的是仍然是“華夏中心”和“夷夏之辨”。但是，隨着中國人對西方世界認識的增加，華夏之外還有其他文明的存在，是一個再也無法否認的客觀事實。西方的科學技術、政治體制、學説思想，亦有其自身的特點（姑不論是否比中國先進），傳統中國對西方的看法隨着接觸的增多，需要修正。廖平與其他某些持保守立場對西方“深閉固拒”的儒生有所不同，他試圖站在儒學的立場上去理解西方，詮釋西學。這在其經學三變（大統、小統）時期，尤其明顯。廖平通過借助於古代經典、諸子百家文獻（除儒家經典外，還包括鄒衍、《山海經》、《淮南子》、先秦諸子、讖緯、星宿分野等）和西方地理、歷史知識（如《海國圖志》、《出使四國日記》、《采風記》等等），倡言大統、小統，對傳統的天下觀作了重新詮釋，最終證明中國不僅是仍然是世界地理的中心，而且依然是人類文明的中心，從而從地理位置與文明程度兩個方面解釋了中國與世界的關係。對此，魏怡昱作了很好的總結，兹不贅述。

廖平對守舊、維新二派，皆有批評。大概在張之洞《勸學編》出版之後，廖平與門人對西學是下過一番工夫進行研究的，並有不少著述問世。“自中外通商，西書尤資講習”，他對此有清醒的認識。《井研藝文志》中著録了不少與西學相關的書籍，雖署名廖氏門人、子侄，實際上多出廖平之手或之意，反映了廖平的西學觀。其中如《四庫西書提要》二卷（署名廖師慎恭輯)，序云：

> 今天下言治者凡二派：曰守舊，曰維新。言教者亦分二派：曰孔子，曰天主教。夫政主維新，而教用孔子，此文質合中、禮失求野之説也。或乃厭故喜新，務求奇闢，於西學不無異同，而獨推崇其教，此君子過也。因於《四庫》著録存目中學、教二門西書提要編輯排印。分爲二卷：上卷言器諸書皆著録，下卷言學諸書皆在存目。上卷爲守舊者言之，以見西學可用，《四庫》於百年前已經著録，發明其精要，則非不可從之書。維新者不惟推其學，並甘心其教，以爲大公無我，遠在中國上。讀此編，然後知早經《四庫》駁斥，見絶於聖人，取與從違之間，宜知抉擇，而嗜奇好異，顛倒其説者，更可恍然。

顯然，編纂此書，主要針對維新變法而言。又如《海外借籌》四卷（署名曾子俊），根據西洋歷史著作，專門搜集材料揭露西國社會政治經濟的黑暗面，“以奢侈、民權、訟師、黨人、平權、廢倫、重斂、黷武、國債、傳教、刑罰等爲門目”，“考諸海報，弑君殺相不絶，自由黨、富貴黨君相不能約束，議院舉人多以賂行，各黨争持，互相傾軋”，以此證明“古無久强不敝之國”，西國同樣會蹈匈奴、吐蕃、回紇、蒙古之覆轍。

又如《經説求野記》二卷（署名廖平），以爲西人談天説地，學者群詫其奇怪，而不知中國先師如莊、列、鄒、墨具有其説。然其説散見古經傳記者，尚不止此數條。廖平撰此書，“凡西人諸説，皆求合於中書，不惟西説可收，古經更可因以征實而大明。孔子有言：‘禮失求野。’因取以爲名焉”，事實上表達了“西學中源”的觀點。此外如《全球古今政俗考》二卷（署名陳天澤），既“考古”，也“言今”，借五大洲分疆劃界，闡發“大九州”之説。此類尚多，茲不枚舉。

廖平的這些研究，目的不是要真正了解西學，而是要納西學入中學，用中學解釋西學。如光緒三十二年（1906）在青神縣漢陽壩講習，所命課題凡一百六十多道，大抵以天人、小大之説爲多，其有關時事的，如《左氏古派法補》、《輯荀子民權説》、《春秋撥亂世今證》、《孔子以前時勢略如今泰西考》、《海外無宗廟議》、《泰西各國官制異同表》、《泰西姓氏學考》、《西人政治學述意》、《引法意支那諸條以釋春秋穀梁傳》、《讀群學肆言分篇述義》、《五大洲女俗通考書後》、《天演論書後》，這些著作都與西學相關。由於可見，廖氏經學三變以後，“中西”問題實爲治學的重點。

西學範圍至廣，技術、制度、思想、宗教等等，可謂無所不包。梁啓超曾將西學分爲“學”（學説）、“政”（政制）、“教”（宗教）三大類。如果依張之洞之説，則還應當加上“藝”（科技）。藝、學、政、教構成西學的主要内容。張之洞《勸學篇》主要闡發“中學爲體，西學爲用”的觀點。無論中學、西學，張氏都强調“致用爲要”。張氏又説，如今言西學，“西藝非要，西政爲要”。在“設學”一節中具體指出：“大抵救時之計，謀國之方，政尤急於藝。”但張氏所講的“政”，顯然離“政制”還有一定的距離，主要應指政策、措施。廖平熟知張之洞之説，而於所謂“政”則提出自己的解釋：

《勸學篇》言學西藝不如西政。近賢聲訓之學，迂曲不適用，究其所得，一知半解，無濟實用，遠不及西人之語言文字，可俾實效。

近賢論述，皆以小學爲治經入手，鄙説乃易以《王制》，通經致用，於政事爲近。

西人語言文字之學，尚有實用價值，而清人治小學，卻無實用價值可言。而《王制》着重於講制度，從通經致用角度説，《王制》離政事更近一些，不如捨小學而講《王制》，“讀《王制》，則‘學西政’之義，政高於藝”，也符合張之洞的旨意。他批評段氏《説文注》、王氏《經傳釋詞》、《經義述聞》，即使全通其説，不過“資談柄，綉盤帨”，“語之政事、經濟，仍屬茫昧。國家承平，藉爲文飾休明之具，與吟風嘲月之詩賦，事同一得，未爲不可。若欲由此致用，則炊沙作飯，勢所不行”。因此，“以救時言，《王制》之易小學，亦如策論之易八比試帖也”。當然，廖平也聲明，這並不是要完成禁人治訓詁文字，“特不可錮没終身耳”。

以《王制》代替“西政”，當然與康、梁等提倡的變法改制相左。從根本上説，廖平對西方政治制度是拒斥的。

對西方的一些核心觀念，廖平也作了詮釋。如關於“平等”，廖平説，近人誤解平等，欲廢三綱，以三綱初見於《白虎通義》，爲漢儒所造。事實上，所謂“平等”，正謂君君、臣臣、父父、子子、夫夫、婦婦各有其道，爲對等關係，不過君必統臣，父必統子，夫必統婦，舉君則公、卿、大夫在，舉父則長子、次子在，舉夫則妻、妾在。而西人臣對於君當絶對服從，應盡忠實之義務，子對於父無正當防衛，謹遵父之訓命，妻對於夫無獨立能力，必受夫之許可。而中國經傳尚有君禮、父慈、夫義之説。“由此觀之，則西説反不如經説之平等也甚矣！”他對“三綱五常”的解釋，有一定的合理性，但對西人君臣父子夫婦關係的理解，未免郢書燕説。

關於“民權”，廖平承認路索（盧梭）、孟德斯鳩等“民爲主人、君爲奴隸”各學説，爲時勢所造，彼此是非，不能謂其偏僻。而禮有“夏尚忠，殷尚敬，周尚文”之説，“三尚”殊難實指。廖平以爲，以世界時局而言，則所謂忠、敬、文，即西人所謂專制、民權、共和三種政體，在孔子以前，中國已經此階段，湯武革命爲民權，降爲二伯之共和。孔子後則周而更始，爲二次之三統，原因複雜，本質不一。蠻野之三統，爲三者特異之原質。二次之君統，早已合三質而混化之。自其外貌觀，君不似君，民不似民，故不能謂之爲民權，亦不能謂之爲君權，蓋已變蠻野而文明。他的結論是：西人所謂“民權”，“有庶民，無君上，以亂世草昧辦法推行中國，勢成齟齬”。

此外，廖平對西人的選舉、議院、宗教、婚姻等問題，都站在儒家經典的立場上發表了看法。認爲選舉、議院與孔經中所言學校、養老制度相通，西方宗教程度較低，婚姻制度男女無别，皆不及吾國精善。

廖平對西學作了基本估價，主要有兩條：一是判斷文明程度的標準在於倫理，而不在於物質；二是中西之間的差異，在於文明程度的不同。

他非常佩服進化論，認爲人類文明“先野後文，進化公理，人事所必經，天道不能易”。因此他不讚成所謂堯舜三代“黄金時代”之説，認爲堯舜名詞有三：“古史之堯舜，已往者也；法經之堯舜，未來者也；學説之堯舜，隨更其所學而變異者也。”古史之堯舜文明草昧，程度極低，相當於非洲、澳洲。而經由聖作，《典》、《謨》中的堯舜，聖功神化，文明已達極高水平，是孔子所規劃的未來之堯舜，“蓋三代以前之文明，皆出經説空言，實無其事”。孔子未生以前，實爲一蠻野世界，所謂明堂、辟雍、郊社、壇坫、天神、地祇諸典制，百無一有，經中所言，都是孔子新作，托古改制。

廖平斷言，西方文明程度，相當於中國的春秋時代，始由禽獸進於野人的階段。理由是西人儀文簡略，上下等威，無甚差别，與中國春秋之時大致相同。孔子乃作《禮經》以引進之，設爲等威，絶嫌疑，别同異，撥亂反正。故《春秋》一書，於貴賤、差等斤斤致意。旅泰山、舞佾、歌《雍》、塞門、反坫、上下通行，孔子嚴爲決别，故《論語》譏之以起義，當日通行，並不以爲僭。又如西人以天爲父，人人拜天，自命爲天子；孔子經教則諸侯以下不郊天，帝王乃稱天子。西人君臣之分甚略，以謀反、叛逆爲公罪；父子不相顧，父子相毆，其罪爲均；貴女賤男，婚姻自行擇配；父子兄弟如路人；姓氏無别，尊祖敬宗之義缺焉。故孔子特建綱常，以撥其亂，反之正，“百世以俟”，正謂此耳。中土由海中成陸，在五大洲之先，文明亦占地球之先。草昧之初，其時人民程度尚未足與言禮義。至於春秋時代，飽食暖衣，大致與今西人等，孔子降生，以立經教，先就三千里設爲小標本，故中國當時之民可以言禮義，乃與之言禮義。至於今三千年，初由魯、衛以推九州，由九州以推外藩，由外藩以推海外，乘桴浮海，正當其時。

總之，孔經是拯救今日西方的良藥，《中庸》説“施及蠻貊”，天生孔子，垂經立教，由春秋推百世，由中國及海外，獨尊孔經，以撥全球之亂，推禮教於外人，所謂“凡有血氣，莫不尊親”，禮教固不囿於中國一隅。由此可見，廖平以孔經規劃世界的意圖極爲明顯。

四　徒托空言的“經世”

民國初年（1914）出版的《孔經哲學發微》，可以看成是廖平對自己經學思想的一個總結。其中説：

> 平畢生學説，專以尊經、尊孔爲主，兼采泰西科學之理而溝通之。其論孔學大要，在經、史之分，語、文之别。古史不傳，今所誦習六書文字之書，統出孔後，全屬經説。

這幾句話非常精煉地概括了廖平的經學取向。尊經、尊孔，作孔經的守護者，爲儒學辯護，是他一生的追求。他經學凡歷六變，著書一百餘種，究其核心，皆圍繞此一主旨而展開。

晚清中外攻孔、疑經、廢經之説甚囂塵上，其中“章氏著書尤横肆”（指章太炎）。廖平於光緒二十八年（1902）寫成的《知聖續編》説：“方今中外大通，一處士横議之天下，東南學者，不知六藝廣大，統綜六合，惑於中外古今之故，倡言廢經。中士誤於歧途，無所依歸，徘徊觀望，不能自信。”因此必須要“開中土之智慧，收異域之尊親”，推尊孔子，闡發微言。

民國元年壬子（1912），蔡元培任教育總長，下令“小學讀經科，一律廢止”；“忠君與共和政體不合，尊孔與信教自由相違”，必須從教育方針中剔除；公民道德的全部要旨就是“自由、平等、親愛”，提倡“以人道主義去君權之專制，以科學知識去神權之迷信”。

爲此，廖平作《中小學不讀經私議》，表達不同的意見。其大意謂“古分大學、小學。小節小義，即《周禮》之六藝；大節大義，即六經”。而讀經之效已見兩漢，不可否認其作用。而且小學讀經，易於成誦，故讀經貴在初年。

廖平以《莊子》“孔子有譒十二經”之説爲六藝、六經：“形而下者謂之器，六藝是也；形而上者謂之道，六經是也。”關於中小學讀經問題，在《孔經哲學發微》一書中有更明確的闡發。以學堂論，六藝爲普通學，所有工械、技藝、農林、商賈各學，言語、文字、算學，皆統於六藝。必先通六藝，而後具國民資格；國中無一不通六藝之人，即爲教育普及。六經則專設於法政高等大學堂。經、藝分途，而後中外學業優劣偏全可見。如此，則中小學堂讀經不讀經，問題非所急，唯當發明經傳小學、大學分科之區畫。大抵六藝爲小禮小樂，所謂小道小業；大學爲大禮大樂，所謂大道大業。大約修身齊家之事，中小學已有基礎，大學專科獨在治平。故三年之中，可以通經。通一經即爲人才，有政治經驗。

廖平在自己的經學著作中反復談及“通經致用”。他認爲前人所謂音訓之學、義理之學、典考之學、經制之學，其實皆不足以經世。要講致用，必須首先“發明《王制》、《周禮》皇王疆域小大之分，開拓心胸，使全球三萬里早在《周禮》經營已久，民胞物與，化其種族之偏見，排外之思想”。當然，通經致用，並非食古不化，死守經典，亦步亦趨，不知變通。他説：

> 古人通經致用，非爲按圖索驥，摹仿而行。（略）先就經以學，磨礪其心思，練習其閲歷，久之有得，遺貌取神，或從或違，或反或正，投無不利。此通經所以能致用，致用又不囿於經，人才興盛以此。

顯然廖平並不主張將《王制》、《周禮》制度完全付諸實踐。他的“開拓心胸”、“遺貌取神”的主張，較爲通透。

廖平對秦漢博士制度非常推崇：“博士弟子卒業，除文學掾、舍人、郎中、議郎，故秦漢大典大政，博士皆與議，以書生從政府諸巨公後，且議每定於微員後進，嗚呼盛矣！”博士通經學古，明習典制，廖平認爲如能用博士法，則二三年入學者皆可爲議員。

《王制》有所謂“養老於庠序”之説，廖平認爲實即古之議院附於學堂。《記》曰“養老乞言”，故秦漢博士皆能預聞朝廷大議。《記》又曰“養國老於上庠，養庶老於下庠”，又以東序、西序分，右學、左學分，即今上、下兩院之意。以經義與歐美較，則議院養老附學較爲精良；以議院附學堂，此博士所以多人才。而唐宋以後，博士制度失效，“學與仕別爲兩途，仕以吏爲師，而鄙儒爲迂疏寡效，儒別有所謂道德，天子不能臣，諸侯不能友，貧賤驕人，自謂樂堯舜之道。馴至勝朝，朋黨盛而宗社亡”。學、仕分途，儒者空言論道，缺乏經世之志，不爲世用，造成國家危亡，宗社丘虚，這是廖平所痛惜的。

由此可以看出，廖平作爲一個經學家、教育家，雖然一生並未從政，但他還是主張“通經”應當與“致用”。

成書於民國初年的《尊孔篇》，解釋“尊孔大旨”有四：一曰守中制（即保存國粹），二曰從微言，三曰尊經，四曰救世。歸根結底在於第四條“救世”：

> 近之學人，崇拜歐化，不一而足，攻經無聖之作，時有發表，動云中國無一人可師，無一書可讀。中國文廟既主尊孔，鄙意非發明尊孔宗旨，則愛國之效不易收。盡删古史舊説之罅漏，而後能別營壁壘。孔子生知前知，足爲天下萬世師表。六經中《春秋》治中國，《尚書》治全球，血氣尊親，同入圍範。新推尊孔子爲天人神化，迥非言思擬議所可及。若以平庸求之，則個人禮德，鄉黨自好者類能之。即如倫理學史畫界分疆，以教化始於孔子，故必盡攻聖廢經之敵情，而后可以立國。獨尊孔子，則文明不能不屬吾國，愛國保種之念，自油然而生矣。

所謂“愛國保種”，正是廖平經學建構中所體現出來的經世情懷。

廖平一生跨越晚清民國，所面臨的世變之亟，前所未有。因此其思想變化多端，新舊雜陳，極爲複雜，其女回憶説：

> 父親雖然一生尊孔、讀經，講求孝弟，對三綱五常、尊卑老幼等級觀念是根深蒂固的，但與當時一般士大夫比較起來，思想並不十分僵化，對新生事物還頗爲敏感。五四運動後，他首先令家裏的女孩子放足，比我大十歲的大侄女已是大足，這在井研是創舉。

雖然説他的學術思想以孔經爲歸，但晚年對新思想、新事物也能容忍甚至接受。廖氏經學，既是舊經學的終結，又未嘗不是20世紀新儒學的先聲。廖氏一生爲孔經辯護，面對儒學的危機，希望通過自己的闡發，凸顯儒學的價值，並努力使儒學與時代合拍。他所面對的問題，在當今依然存在。在“天下一家，中國一人”的全球化時代，如何延續自己的文化傳統，保持自身的文化特性，珍視固有的傳統資源，正確處理本土文化與外來文化的關係，都是需要認真對待的課題。而廖平所提出的解決之道，雖然“徒托空言”，也未嘗不值得我們研究反思。

作者單位：四川大學古籍所

吴之英與晚清蜀學

范 佳

蜀學在晚清得到了長足發展，主要表現在其學術進步和學人繁榮這兩個方面。蜀學至兩漢、宋直到晚清迎來了其高度發展的三個主要階段，其學術内涵在晚清時期被賦予了新的内容和意義。例如它的變革思想，“窮則思變”，蜀中學人在沉寂了多年之後，在晚清這個國衰民怨、動蕩不已的時代，在面臨國破家亡的深重灾難中，終將自己的滿腹經綸化爲對國家、對民族命運的思考。蜀中學者常戲言自己最喜閉門潛心造學，一旦出山則必驚世人，這在晚清蜀中學人的繁榮上得到了印證，由此，我們便很好理解爲何“戊戌六君子”其中兩人都爲蜀人了。

吴之英（字伯朅）先生是晚清蜀中頗具代表性的著名學者、尊經書院四傑之一，著名教育家。吴先生係雅安名山縣人，曾任《蜀學報》主筆，著名書法家，現成都人民公園内“辛亥秋保路死事紀念碑”係其親筆題寫。他還是蜀中少有的經學家，“之英字伯朅，博通群經，尤精《三禮》，所著有《壽櫟廬叢書》十種，《詩》、《書》、《易》、《春秋公羊講義》若干種。文行夙爲里黨重”。

之英先生學術思想中所體現的特質，正是晚清衆多蜀學學人所共同擁有的。其擔任《蜀學報》主筆期間連續發表了《蜀學報初開述議》、《蜀學講義》、《政要論》、《礦議》、《救弱當用法家論》、《法家善復古説》等一批針砭清廷政治、經濟時弊的文章，使得蜀中學人以《蜀學報》爲基地，在川内直至中央掀起了維新變法的高潮。此外，其穩健踏實的治學精神，也爲蜀中學人所共有。之英先生幼時便習讀經典，博覽群書，刻苦謙遜。因爲交通的閉塞，遠離中央，交流不便，使得蜀中學人更注重踏實穩健的學風和基礎知識的積累，更注重個人學養内涵的培養，蜀人雖則不喜與人辯，但其内心定是清晰明辨，妥妥當當的。再者，先生極力主張學而不腐、經世致用的學術思想。學術如果僅僅是爲學術而學術，學人如果僅僅是爲研究而研究，那麽二者都會顯得蒼白無力，猶如空中樓閣。之英先生研習政事，以國家、民族的命運爲己任，在政治、經濟、教育等方面都提出了自己的獨特見解，以所學爲所用，這纔是作爲一位學人所應有的。最後，先生不遺其所學，始終抱着益世的思想，致力於建學育才。先生在資州藝風書院、簡州通材書院先後任教八年，以治小學、通經術、習辭章三者啓迪後進，對學子潛樂教思，循循善誘，付出了艱辛的勞動。後又分别受聘於存古學堂、四川國學院，後因體弱多病回到名山，仍以多病之軀堅持擔任縣教育會會長直至卒於任上。

一 晚清蜀學的繁榮及其影響

（一）晚清蜀學的崛起

晚清以前，蜀學已經沉寂太久，據李朝正先生統計，“由譚正璧編《中國文學家大辭典》中搜集清代作家一千五百餘人，而四川籍作家衹有二十二人，占 1.5%；蔡冠洛編著的《清代七百名人傳》中，入傳的四川人衹有十八人，占 2.5%；清人張應昌編選《清詩鐸》一書，從清初迄同治共收詩人九百十一，四川人入選者衹有十人，占 1.1%；清代經學極盛，阮元、王先謙《皇清經解》正續編，搜集清初至嘉慶末凡一百八十年間的經學著作，共收録三百九十八部書，作者一百八十五人，一個四川人也没有”。

但後蜀學的發展崛起也確實令世人稱奇。據中央研究院《晚清四川地區經學家論著目録》，明清蜀人著作進入《四庫全書》及其《總目》、《存目》者，蓋寥寥焉，不經見也。而事隔不到兩百年，蜀人著作之進入《續修四庫全書總目提要》者，已突破至兩百餘種。再據楊世文教授的統計，《續修》有清一代巴蜀學人經部文獻共約 685 部、作者 285 人，其中道、咸以後作者爲 189 人、著作 514 部；同、光以後又居其大半，有作者 133 人、著作 409 部。屬於“晚清”時段者竟占 70%左右。尊經書院院長伍肇齡曾上書宣統帝，“教澤所及，全川化之。迄今學校大興，人才蔚起，文化之程，翹然爲西南各省最”。當代許多研究者都一致認爲蜀學至同治時期，在清末民初經歷了蔚爲迅猛的發展，“此時‘蜀學’在教育機構上位居全國前列，在人才培養上英才輩出，在學術造詣上更開拓了創新氣象”。可以列舉的知名學人更是信手拈來。如“戊戌六君子”之一，蜀學會創始人的楊鋭；“戊戌六君子”之一的劉光第；《蜀學報》負責人，尊經書院院長，四川國學校校長，著名教育家宋育仁；經學大師廖平；全國教育總長，著名教育家傅增湘；狀元駱成驤；史學家張森楷；思想家吴虞；革命家吴玉章；中央文史館副館長謝无量等等，都是具有廣泛影響力的著名學人。

（二）晚清蜀學崛起的影響

晚清蜀學的發展是蜀學在晚清這個特定時期，由社會經濟、政治、思想、文化、教育等多方面因素共同影響造就的，因此，其影響也是多方面的，此處主要就教育與思想兩方面談之。

一方面，創新教育模式，培養出一批頗具影響力的學術人才。同治末光緒初，張之洞來到四川擔任學政，揭開了近代四川教育史上的新篇章。張之洞擔任學政期間，鋭意改革，力主整頓四川學務和學風，他强調“欲治川省之民，必先治川省之士”，親手制訂書院的學規章程，又親撰《書目答問》作爲指南，並親詣課堂爲諸生教授。張之洞主張拋棄八股文古板迂腐的學風，從重視學術的角度出發，研習儒家經典，專攻經史。當時，在張之洞學術精神的影響下，尊經書院出現了一批在全國範圍内都很有影響的學者，例如廖平、張祥齡、毛瀚豐、楊鋭、彭毓嵩等。在張之洞任學政的幾年時間裹，四川學風大有改觀。

後經學大師王闓運掌教尊經書院，使得這一時期蜀學良好的治學精神得以鞏固和延續。王闓運來到尊經書院後，制訂了更爲具體、完善和嚴格的學規，實施也更加有力。王闓運對當時四川學術界有良好印象，他説："蜀士馴秀，虚心異於湘上"，"此邦人欣欣向學，可喜也"。王闓運在尊經書院當着士人的面燒掉八股試帖之類的書，表示與八股決裂，倡讀有用之書；專設舉貢班，以提高學術水平；以經、史、詞章來教化學生，爲提高學生的閲讀和理解能力，以抄助讀，能誦能寫；遴選精敏士子入尊經書院肄業，如戴光、張森楷、宋育仁等，培養學術帶頭人，以形成四川的學術中心。吴之英也正是王闓運在尊經書院任教期間突起的學者之一。

另一方面，開創了清代學術的新階段。其時蜀學的重要特徵是摒棄陳腐的"八股"時文，反對空疏繁瑣的學風、文風，注重對中國儒家經典的傳習和研究。同時，由於晚清動蕩多變的時局，"通經致用"、"中體西用"也得到提倡，成爲晚清"蜀學"的突出特徵。在晚清這個動蕩複雜的時期，打破陳舊迂腐的傳統思想，追求創新，勇於變革，已成爲學術進步的必然之勢，而蜀學更是很好地發揚了這種精神，開創了清代學術的新階段。

二　吴之英治學精神及主要思想

吴之英先生一生著述頗豐，以《壽櫟廬叢書》爲其著述代表，詩、詞、歌、賦、經學、史學、醫學、天文學及音韻訓詁學均有專著。

（一）吴之英主要詩文成就

之英先生的詩詞，主要收録於《壽櫟廬叢書·詩集·卮言和天》裹，共八十餘首，《蒙山詩鈔》中也有記録，兩者相加計百餘首。之英先生曾談到："李杜之體清剛，故罕有長篇；元白之詞鋪叙，故特乏勁氣。惟合二派而融化之，則大或千言，少或數百，兼二派之美，無二派之短矣。"之英先生正是汲取前人詩詞創作之精華，逐漸形成自己的特色，其思想也深深打上了時代的烙印。

其詩在藝術上汲取前人之所長而融合之，思想上具有明顯的時代特徵。《關山月》是先生以古樂府舊題所寫的一首七言古體詩：

孤城落日夕烟裊，寒蛩凄切鳴枯蓼。月到關山照人新，人在關山看月小。可汗初浴水晶盤，霞綺叠襲清光寒。舞鏡回鸞留不住，亭亭蜚度玉門關。鐵衣拼冷十年秋，一宵雪羽上烏頭。旄星怕向柳營落，漢月偏逐隴水流。試試霜鐔光瀲灩，腰際錚錚響雄劍。横吹鐵笛變徵聲，凉生刁斗銀河淡。采蟾無語共脈脈，空明千里海天碧。今夜洞庭秋色多，有情隨我度沙磧。邊草秋肥露采深，戍亭立傍蘆花陰。微聞賜環近賜玦，屢見當頭圓又缺。爲想緗簾學楚弄，雲鬢霜濕月華重！空閨看成塞外愁，邊人猶作歸鄉夢。年年夾襦寄手作，寧知秋窗羅衣薄。記得比目笑菱花，一樣開奩影不著。雨雪如絲柳如烟，可憐猿臂老征韉。憑傳消息與來使，莫憶鬢華寫少年！祇感君恩同挾纊，驥雖伏櫪心尚壯。泪汗頻瀝肝膽血，刀筆不肯侯老將。燕北胡兒解清笳，遼東小婦慣琵琶。緩吹低搊無休歇，聲聲譜出《關山月》！大陵隱耀積尸多，戰場鬼唱蒲梢歌。驃騎受代仍刻石，都護新來可奈何。此時對月還思故，旦日部曲將北渡。薦居水草逐蠻荒，明年收骨知何處①！

該詩運用樂府體裁寫成，鋪陳宏大，音節高昂，既對長期戍邊的將士之苦寄予深切同情，又熱情歌頌他們抵禦外侮、報效君主，甘灑熱血的精神，這在列强入侵、外患加深的時代很具有價值。同時，這首樂府詩也充分體現了先生吸取前人之所長而融合之的特點。先生認爲，李杜、元白的詩詞都有其長處與局限性，詩詞創作要想達到更高更深的境界，必須取前人之長而融合之。而先生對於自己的創作理論則是身體力行。

先生十分注重詩詞的思想性，其代表作長詩《哭楊鋭》也體現了這一特點：

女媧陰教補陽天，白狐闈夏姒陳編。《商頌》尚譚有娀國，周人祖廟配姜嫄。聿聞趙媪稱老婦，秦漢相沿決中蕃。二千餘年十八家，四代垂簾十八后。皇親七葉舊德純，驚逢辛螫毖懲。謳頌言歸側室子，兩宫聯幄助中興。豈識天心猶狎禍，弓劍更隨龍髯墮。聽説鄂杜客皇孫，且祝冥蛉同蜾蠃。東宫夢遠洞庭波，獨陪鳳輦追湘娥。右幾從此負中扆，喪服新裙拖素羅。御使連章請歸政，皇帝華年能忍性。村畽醵酒會月吉，譯館使節咨獻令。二十年來居攝圖，名器猶還六尺孤。忽辟寢殿傳中誥，再見乾侯徵褰襦。當時詔獄啓疑怪，鞫對未成文有害。倉卒太阿發新硎，當户芝蘭齊蕭艾。六人來伏一震威，鼉鼓初鳴碧血飛。如君風節跨時輩，不曾白首且同歸。嗚呼！……

這首七言長詩也是先生頗具代表性的作品。詩歌沈痛控訴了頑固派的暴行，謳歌了英烈爲國犧牲的不朽精神，氣勢雄渾，浩氣長存。這類詩在先生的作品中很多，在那個混亂而複雜的年代，像先生這樣對民族的命運痛心疾首，一心想拯救中華，爲國獻身的有識之士不在少數，但苦於無法實現自己的理想，祇有寄情於詩歌。先生非常痛恨帝國主義的侵略，也强烈反對清廷的賣國行徑，由此，先生的詩便更具有强烈的人民性和戰鬥性。

此外，先生的詩也揭露社會潛伏的危機，反映人民的疾苦，這是他詩作的另一特色。1882年他入京朝考時，途徑長江和沿海的大都會，所寫的《上海行》透過城市表面的繁華，揭示了社會潛伏的矛盾。又如《巫峽歸舟圖》：

遊人盡道巫峽險，年年歲歲有來舟。但見來遊不見歸，啼猿空爲游人悲。蜀國於今已瘠土，官商猶自説天府。艫舳千里闕夔門，趙王公子楚王孫。穿礦採珠棼跟趾，山靈

① 吴之英：《吴之英詩文集》，四川大學出版社2008年版。本文所引吴之英其他詩文同。

不淥江神死。竊得卓財又竊女，嬋媛久滯豪華旅。近肉遠絲酣舞筵，襄王一夢三千年。明月鄉心歸何處？鶯花屢新裘馬故。縱余資斧足纏腰，膏火相煎利倚刀。何況宦情繭紙隔，市死半是千金客。漆榆宛保奸俠民，更兼椎埋有薦紳。可憐琴鶴枉相待，升屋遥復若聞悔。君今扶櫬返苫廬，祖孫爲命甘粗蔬。高唐雲雨應排候，布帆安穩渡重岫。我愧家傳朝歌筆，擇言贈遠詒女后。白髮從此老園亭，莫向西風説錦城。試問旅魂歸骨處？蜀山何似故山青！

先生在這首詩中怒斥了官商和礦業主的貪婪荒淫，反映了民衆生活在水深火熱之中的狀況。

先生文章的著述也頗豐。他花很多心血研究《儀禮》一書，著文 54 卷，其原因是“禮可爲國”，“天理人情，今猶古也”。他把精深古奥的經術思想和關懷國計民生的意願結合起來，在辨通大義、闡發疑難方面作出了學術貢獻。他撰寫的散文，收録在《壽櫟廬叢書 · 卮言和天》裏的有 74 篇，包括叙跋、雜文、書信、碑、頌、贊、記、誄、祭等。叙跋如《儀禮奭固叙》、《周易寡過録叙》、《尚書信取録叙》、《詩以意録叙》、《宋芸子（育仁）問琴閣叢書叙》、《簡州傅潤生淡齊集叙》等，概括精當，評論恰當，言簡意賅，耐人尋味。

先生曾在《論文篇》裏闡述自己的文學主張：“文者，記道體以藏其用者，其以飾無質也。”即是説文章是記載道理，規範道德，提高修養的。他尖鋭批評了當時文壇上“僅能摩仿”和“徒知標榜，空疏膚淺”的弊病，指出要寫好文章，必須“識欲淫以豐其種，智欲約以貴其納，神欲嗇以寶其藏”，即作者見識要廣，文章内容要充實，精心選材，精密組織，感情真摯；同時要煉字煉句，做到“植血肉”，“滋神愛”，“無諂耳”，“無諂目”，“無諂心”。他評論文章的標準是“素”、“樸”二字。他的文學實踐，與他的文論是互相照應的。

先生對於其文學理論的發揮與踐行，最充分地體現在其雜文的創作。先生曾任《蜀學報》主筆，他在蜀學會上的講義和發表在《蜀學報》上的論文，以犀利的筆法剖析時弊，提出嚴法治政，着重理財，平衡賦税，獎勵農兵，啓迪民智，西學中用等一系列主張。這些雜文，鋒芒鋭利，言辭激切，散引中帶有駢偶，簡括中有鋪陳，汪洋恣肆，發揮了戰鬥性的政治功能。

先生的《蜀學會報初開述議》、《政要論》、《救弱當用法家論》、《賦役篇》、《礦議》等都是先生文章的代表作。

（二）吴之英主要思想述略

吴之英積極主張社會政治變革，宣傳並推廣維新思想。先生在政治思想上是反對清廷末期的政治主張的，他一直試圖在各方面尋找適合晚清中國社會政治變化的變革措施，並積極投身到變革維新的活動中去。

1898 年 5 月，先生與宋育仁等一道創辦了《蜀學報》，並付刊《蜀學叢書》。先生任主筆，撰文宣傳維新思想。當時人稱《蜀學報》爲“續《渝報》”，是四川第一家愛國報刊。先生先後發表過《蜀學會報初開述議》、《學會講義》、《礦議》、《政要論》、《賦役篇》、《救弱當用法家論》、《法家善復古説》等文章。

在政治方面，先生主張嚴法治政，《政要論》是這一思想的集中體現。他認爲國勢之所以越來越弱，外則是列强入侵，内則是官吏的遷、緩、罷、怠，衹知利身不顧君，利家不顧國所致。要振興政事，先生提出：第一，應有知人用人之術。選擇良吏與知人善任是政治的關鍵。選吏的標準：一德行，二忠誠。擇善而任，“善之善者專任之”，“惡之惡者必去之”。第二，還要進行嚴法治理。

此外，在經濟方面，先生也提出許多切實可行的主張。第一，先生主張平衡賦税的徵收；第二，先生提倡開礦，既增加社會財富，也可解除部分貧民流亡之苦。第三，先生提出“墾田以授農”，解决一些農民無田可耕的狀况。

吴之英先生作爲晚清頗具代表性的經學大師，博通經學，猶精《三禮》，但值得一提的是，先生將經學與社會思想相結合，主張“通經致用，以文載道”。先生所處清末時代，國家衰落，他雖然從小閲讀經典之學，研習文章，但卻一直苦於空有滿腹經學無處使用，他内心一直深藏着變革社會和維新變法的願望。先生研究《春秋公羊》，寫成《公羊釋例》，從“公羊三世説”中引申出發展的歷史觀，認爲當時中國還是“據混世”，西方各國已進入“升平世”，所以必須維新變法，然後進入“大同世”。他提出“政體因時新代故”（《壽櫟廬叢書·詩集·寄杜翰藩》），“相時勢而變通之，闕有新法之名”（《法家善復古説》），“納新吐故自春秋”（《卮言和天·烟生行》）等發展觀。在先生看來，學問再好再大但無法施展，於個人於社會都是無價值的，由此，先生積極參與社會政治變革的活動，並積極投身教育事業。

三　吴之英對晚期蜀學的影響

（一）倡導教育，爲蜀學培養了大量人才

先生不遺其所學，始終抱着益世救國的思想，致力建學育才。他説：“新法種種，時賢輩出”，“從教而得才，藉以支之”，把希望寄托在下一代身上。先生先後在資州藝風書院、簡州通材書院任教，又在灌縣任訓導，盡忠職守。《灌縣志·政績記》讚揚他説：“爲人和易而峻潔，學尤深邃，卓然成家，迥邁流俗。居官廉介，訓迪學子，文行兼備，獲益者多，蓋不徒以言教也。”先生不僅以廣博的知識教授學生，更以自己的思想和德行影響學生。他的學生，著名學者、教育家吴虞在《荃察余齋詩文存序》中説：“始予年二十歲時，常同陳白完、王聖游從蒙山吴伯朅先生遊，側聞緒論，始知研討唐以前書。”後先生又任教成都存古學堂，並於1912年秋任四川國學院第一任院正。先生爲培養蜀士，可以説是鞠躬盡瘁，嘔心瀝血。

（二）先生對古典蜀學發展具有深遠的影響

錢基博先生曾説：“（伯朅）熟精《（文）選》理，尤好誦説司馬相如、揚子雲之文，曰：吾蜀人，當爲蜀文爾。”先生去世後，其弟子吴虞挽聯之下聯云：“文學繼卿雲而後，玄亭重過，空悲一國失人師。”謝无量贈聯中有云：“後揚馬而起，有文章、有道德，算來今日一名山。”可見，先生文章上可繼司馬相如和揚子雲。

先生由於熟悉《十三經》注和疏，在《爾雅》、《小爾雅》和《廣雅》等書的基礎上，以自己的心得體會，寫成了《雅名奭固》一書，是仿《爾雅》之前三篇《釋詁》、《釋言》、《釋訓》的創新之作，所舉文字均在《五雅》之外。這在尊經學人和川中學者中間是無人見及的一個創造。

（三）先生對蜀學内容的拓展和對蜀學精神的弘揚

清末時期，蜀學衰微，振起無人，及張之洞爲四川學政，開通經學古的尊經書院於省垣，制藝非其常課，士子知讀唐以前之書，讀古經和注疏，於是“蜀學勃興矣”。尊經書院是蜀學勃興的陣地，而吴之英正是其中的先鋒。所謂“有清二百年，蜀學暗黮恒不逮他行省”，及光緒初葉，“先生與諸先生輻輳並出，頡頏上下，於是號稱極盛。而名山自郡縣以來，其以經術湛深，文章爾雅，蔚爲儒宗者，先生裒然一人”（黄崇麟《壽櫟廬叢書序》）。先生執教，引導學子研經悟入，開啓一地文風，不僅以言教，且以身教德教，曾任多處州縣和省垣書院主講，“請業者常數百人”，自足教成九軍。吴之英先生言傳身教，以其精神和思想深深影響了清末蜀學的發展。

作者單位：四川西華大學圖書館

鄭振鐸、李一氓藏書及古籍整理思想比較研究

李　軍

在文化界尤其是藏書界，鄭振鐸、李一氓素以盛名並舉，他們的印信“長樂鄭振鐸”、“成都李一氓”堪稱東西合璧，國家圖書館存有鄭、李遞藏的珍稀善本，更是近代藏書史上的一段佳話。兩位先生曾經都是新民主主義革命時期的文化旗手，是經受住了考驗的親密戰友。他們有着許多相似的經歷，如旅法求學、興辦進步期刊、翻譯革命文藝作品，都在國務院古籍整理出版規劃小組工作過等等。他們也有着共同的愛好，都是近代著名的收藏家、目録版本學家，他們在古籍版本學上的深厚造詣，以及爲古籍的保護和整理所作出的巨大貢獻，至今廣爲傳頌和推崇。從特定的視角，將兩位先生聯繫起來研究，也是一件有意義的事，如能深入思考，則兩位先生的藏書旨趣、獨特見解、突出貢獻及高尚品格愈發可圈可點、可親可敬，而研究者們從他們身上總能得到不同的啓示。

一　鄭振鐸、李一氓藏書旨趣的異同

1. 人棄我取、厚古不薄今的價值取向

鄭振鐸毫不隱晦自己的觀點：“大抵余之收書，不尚古本、善本，唯以應用與希見爲主。孤罕之本，雖零縑斷簡亦收之。通行刊本，反多不取。於諸藏家不甚輕意之戲曲、小説、與夫寶卷、彈詞，則余所得獨多。詩詞、版畫之書，印度、波斯古典文學之譯作，亦多入皮架。自審力薄，未敢旁騖。”鄭氏藏書四十載，僅綫裝古籍就有七千七百四十種，其中藝術類三百三十四種，小説類六百八十二種，詩餘（詞）類五百五十五種，曲類六百六十七種，彈詞鼓詞類二百八十九種，寶卷類九十一種，皆縮衣節食、集腋成裘所至。與其他藏書家不同的是，鄭氏藏書不惟善本，而專攻冷僻罕見之書。正所謂人棄我取，先生有意識地、系統地收集戲曲、小説、彈詞、版畫等書，甚至引領了當時新的藏書潮流。在民族危難的時刻，鄭振鐸四處奔走，

搶救性地保存了大量古籍，這種愛國精神令人肅然起敬。他以非常有限的財力，另闢蹊徑，披沙揀金，成就自己藏書的特色，無疑是十分正確的。事實證明，鄭振鐸最後捐贈給國家的這些藏書，很大程度上彌補了民族文獻收録上的不足，其珍貴價值無法估算。

李一氓的表達更加通俗，可以看作對鄭氏藏書觀的有力呼應："我在版本上，没有宋、元，四部分類上没有經、史、子，從小説到詞集，專爲了趕時髦。清藏書家頗重宋、元，就時間距離而論，弄點明本玩玩，也就等於清人重宋元本一様了。趕時髦也已來不及，小説、戲曲是很有限了；版畫偶有絶品；詞，放手收，可能是一堆有價值的文獻。"李一氓早年投身革命，多在地方工作，條件十分有限，所藏不以量勝，而取稀少精善之本存焉。且積積攢攢，屢藏屢捐，也没有詳實的書目著録。新中國成立後入京工作，李一氓便成了北京琉璃廠的常客，所得也頗豐，不少珍貴古籍漸入篋中。從紅色文獻、革命譯著到小説、戲劇、詞集、版畫，李一氓戲謔自己爲"趕時髦"，在輕描淡寫中，他實現了自己藏書質的飛躍。"文革"期間，李一氓藏書精粹 1729 種，被抄存進北京圖書館，後來他又將這些珍貴藏書捐贈給了北京圖書館。此後依舊聚書爲樂，没有幾年，家中藏書亦再次插滿書架。1988 年，李一氓的家鄉彭縣建圖書館，先生慨然相贈所藏四千二百餘册，此外，四川省博物館、成都草堂博物館收藏李一氓所捐書籍、字畫亦不在少數，四川省博物館甚至還爲他的捐贈舉辦過專展。還有一部分藏書則散落在民間，有的成爲私人藏書家的秘籍，有的則淪爲拍賣場的雪爪鴻泥。

值得一提的是，鄭振鐸和李一氓有許多冷僻的藏品驚人的相似。如國家圖書館整理出版《明代大統曆日彙編》，多爲李一氓、鄭振鐸所藏，且多爲國内孤本。據李一氓回憶，他收藏的曆日主要來自山西寺廟，而鄭振鐸則多得自北京的琉璃廠，這些曆日殊途同歸，相得益彰，實乃書林幸事。又如鄭、李二人均將自己珍藏的《明陳洪綬水滸葉子》影印出版，鄭本留有"黄肇初刻"字様，李本留有"徽州黄君蒨刻"字様，此書十分稀見，在兩位先生這裏，猶如花開兩朵，各表一枝，歎爲觀止。美術史家李之檀認爲："黄君初刻本大約要比黄肇初本早 25 年。"1958 年，鄭振鐸蒙難身故，李一氓爲《鄭振鐸紀念集》撰文兩篇，其中《明萬曆本海内奇觀》(抄配本)書後一文，就是三則題跋，回憶了借西諦藏本抄配此書的本末，而書未抄畢，西諦墮機遇難，作題跋以祭友人，其惺惺相惜之情，令人潸然淚下。

2. 不爲藏書而藏書的實用主義藏書觀

鄭振鐸訪書很多都是爲自己的研究找素材，他在《新鐫赤心子彙編四民利觀翰府錦囊》題跋中寫道："此明代坊間編刊的日用書之一，亦是建本而出於徽郡者。治秋爲之作合得之某君。此類書予收得不少，將作一綜合的研究。聞某君尚藏有小説書數種，想亦可見到。"①坊刻本一般不爲藏家所重，且内容爲日用類，俗不入方家法眼。而在鄭振鐸看來，這正是絶好的素材，專程托人周旋，終能如願。不僅如此，還惦記着人家的小説書，嗜書之態，躍然紙上。無論是日用書也好，小説書也好，一切爲了研究的需要。鄭振鐸從不以藏書家自詡，他在 1956 年《劫中得書記》再版時所作的新序中說："我不是一個藏書家。我從來没有想到

① 鄭振鐸：《西諦書目》(題跋卷)，北京圖書館出版社 2004 年版，第 11 頁。

爲藏書而藏書。我之所以收藏一些古籍，完全是爲了自己的研究方便和手頭應用所需的。”鄭振鐸很少去公共圖書館查閱資料，他認爲圖書館的藏書需要等待，也不能塗鴉點畫，不是很方便。他所依賴的是自己的藏書，數十年的積累，最終要發揮實際的作用，這一點他還是很自信的。就是在自己藏書的基礎上，鄭振鐸先後編著了《插圖本中國文學史》、《中國版畫史圖録》、《中國俗文學史》、《中國歷史參考圖譜》、《古本戲曲叢刊》、《中國古代版畫叢刊》等卷帙宏大、具有劃時代意義的經典文庫。古往今來，藏書家選編和刊刻自己藏書的亦不在少數，而以通史的體例、通俗的形式彙編浩瀚典籍，鄭振鐸是第一人。

李一氓藏書致用的觀念由來已久，李一氓曾是“左聯”發起人之一，負責編輯《巴爾底山》雜志，並從事翻譯革命理論著作的工作。這一時期他所收藏的紅色文獻很多都是以僞裝書的形式保存的，從某種程度上説，他已經習慣將這類藏書作爲工具和武器，以至於在和平年代，他擔任駐外大使期間，收到幾件馬克思、列寧的手迹，立馬交給國家。在一名共産黨人看來，此類藏品實乃國之重器。20 世紀 50 年代，李一氓點校《花間集》，十分重視其版本的搜集，力求學術上的精審，正如《花間集校》的後記及補記所説，他所參考的主要版本有八種，此外也對照了王國維輯本《二十一家詞》。《花間集校》成書後，他於偶然機會又得到《花間集》吴勉學刻本，未能物盡其用，深引爲憾事。他在《一氓題跋》後記裏堅持説：“我瞭解自己，原也不是做學問的胚子。”事實上他的《花間集校》，至今仍是學界公認的最重要的校本之一。其嚴謹謙遜，令人欽佩。此後李一氓收詞集多多益善，一發不可收拾，其他如版畫、戲曲、小説、書目等也多有精品。他又將自己重要的藏品拿出來影印發行，如《啓禎宫詞》、《北京風俗圖》、《西湖十景》、《避暑山莊三十六景》等，爲了後人能更好的參考和使用它們。

鄭振鐸和李一氓都爲自己的詞集收藏而自負，且都在詞學研究上造詣非凡。鄭氏藏詞“滿一小室”、“明清精刊不下數百”；有《碧雞漫志》、《李後主詞》等論文和《插圖本中國文學史》中詞史論著。李氏“放手收詞”，早已插滿書架。有經典著作《花間集校》，且時有填詞之作見諸報端。兩人在北京時，曾約定以兩家藏詞一較短長，而鄭先生因公罹難，李一氓痛失知己，詞學界也蒙受了巨大的損失。總體看來，鄭振鐸藏書的使用頻率更高，從他學術研究的成果和整理出版的書籍可以看出來，他是偏向於學者型的藏書家。而李一氓對於古籍整理的貢獻有目共睹，他把整理古籍當作“精神生産”、“文化建設”來抓，並爲之鞠躬盡瘁，是偏向於事業型的藏書家。他們共同的特點是將學術研究與革命文化事業完美結合，實現了平凡人生最偉大的價值。

二　鄭振鐸、李一氓對古籍保護與整理的影響

1. 藏書以爲公器，潛心整理國故，大開風氣之先

抗戰時期，鄭振鐸組織文獻保存同志會，在“孤島”上海强救性保護古籍，可謂功莫大

焉，他積極籌措，先後促成"玉海堂"、"群碧樓"、"風雨樓"、"韞輝齋"、"涉園"、"嘉業堂"、"海日樓"、"遠碧樓"、"泰華樓"、"五十萬卷樓"等著名藏書樓的舊藏善本收歸國有。"從1940年1月10日起，迄太平洋戰争爆發日止，同志會共徵集珍貴文獻4864部，其中善本古籍3800餘種，宋元刊本300餘種，相當於北平圖書館原藏善本的總數。"[①] 在此期間，鄭振鐸數十箱書籍毁於戰火，經濟也一度陷入困境，他一邊將自己收藏的一部分善本賣給公立圖書館，一邊用所得款項繼續藏書，很多書籍都是在最艱難時期得來的，包括他引以爲傲的國寶級的《脈望館抄校本古今雜劇》。他深信將來建國之業是需要文獻的，他所做的就是爲國家保存這些文獻。

爲了這些古籍的整理，他也耗費了畢生的心血。早在1923年，鄭振鐸就發表《整理中國文學的提議》，並以身作則，潛心研究。1932年，他的《插圖本中國文學史》出版，1934年，又出版了《中國文學論集》等。抗戰期間，他也參加了搶救下來文獻的整理，編選影印《中國版畫史圖録》、《明季史料叢書》等。1938年出版《中國俗文學史》，標誌着當時本領域研究的最高水平。1957年，國務院成立古籍整理出版規劃小組，鄭振鐸擔任文學分組的召集人，使他的整理與研究進入黄金時期。在整理方法上，鄭振鐸有自己的見解，首先是"無徵不信"[②]，即以科學的方法，來研究前人未開發的領域。他認爲前人的注釋不可盲從，研究中應採取"歸納的考察"，並注意"進化的觀念"，拿出有效的證據。二是"有機統一"，即打破孤立片段研究，通過追本溯源與溝通文史來進行整體的研究。這些方法對現在的古籍整理仍具有重要的指導意義。

李一氓關注古籍，始於革命戰争年代，其初衷也是爲了搶救文獻。戰士每攻下一城，就到地主老財家把字畫屏幅取來當席子睡覺，李一氓派警衛員將散落遍地的字畫、古籍收集起來，久而久之，卻也相當可觀，這部分收藏往往很快就繳納公庫了，卻爲李一氓的收藏積累了豐富的經驗。抗戰勝利後，李一氓任蘇皖邊區政府主席，曾有以名畫在淮安民間藏書家陳畏人手中换取《説詩牙慧》稿本的藏書軼事，此書現藏北京大學圖書館，以善本著録。新中國成立後，李一氓擔任駐外大使，也多從異邦搜集民族文獻和紅色文獻，包括前面提到的馬克思、列寧手迹。1984年，爲了《紅樓夢》研究，他甚至建議專家去列甯格勒争取清末流落至俄國的抄本。雖然此書没能回歸祖國，最終得以影印出版。日常生活中，每逢稀見之書，李一氓總是不遺餘力，保存了大量的珍貴古籍文獻，他又把這些文獻絶大多數捐給了國家。

1982年，經陳雲推薦，李一氓出任國務院古籍整理出版規劃小組組長。當時的李一氓早已年過古稀，卻以飽滿的熱情投入到整理古籍的工作，而且得心應手，很快就有了顯著的成果。僅1982年就整理文學類古籍113種，語言文字類22種，史學類66種，哲學類14

---

① 鄭春汎：《文獻保存同志會與"孤島"古籍搶救》，《雲南圖書館》2008年第3期。

② 李俊：《"整理舊文學"與"整理國故"——論鄭振鐸治學思想的形成》，《湖南廣播電視大學學報》2011年第1期。

種。李一氓認爲："不能把古籍限在明代以上。而且清人著作大部分没有經過整理；特别是他們的著作和近代和現代中國的文學、史學、哲學和其他經濟、政治、軍事等都有直接關系，所以整理清人著作，具有更大的現實意義。"① 李一氓對清代文獻的整理十分重視，對在《近代史資料叢刊》已編印11種的基礎上，他支持再出續集。文學方面，他積極推進《全清詞》的整理出版。在哲學方面，他曾經舉過一個典型的例子："比如編印一套《理學叢書》，衹不過是爲了研究宋明理學的方便，並不表示在哲學史範圍内，我們就主張朱王學説，爲唯心主義作宣傳。"② 在他的鼓勵下，古籍整理領導小組拋開意識形態的顧慮，實事求是地將宋明以來，尤其是清代理學的整理工作推進了一大步。李一氓甚至把古籍的下限放寬到民國，這樣的話，梁啓超、蔡元培、章炳麟、王國維等民國大家的作品也得到很好的整理。

鄭振鐸和李一氓都爲保護古籍作出過巨大的貢獻，他們有着開闊的視野，淵博的學識和崇高的思想境界，他們身體力行，窮畢生之心血，爲現代古籍整理奠定了堅實的基礎。首先，鄭、李兩位先生爲我們詮釋了什麽是"大愛"。鄭振鐸的藏書題記多次提到"建國文獻"，國家危難之際，鄭振鐸考慮的不是個人的得失，而是民族的未來，正所謂化小私爲大公，他問心無愧地做到了。李一氓的題跋，談到藏書去向，總愛用"公庫"一詞，實指歸之國家；《一氓題跋》所爲"杜集"者七則，皆爲成都杜甫草堂所有，亦造福鄉梓之舉。兩位先生並不刻意標榜什麽，拳拳之心躍然紙上。第二，鄭、李兩位先生"前仆後繼"的事業精神令人感動。李一氓十分敬佩鄭振鐸以個人力量編印《中國古本戲曲叢刊》，鄭先生因公殉職，編印工作尚缺第五、第六、第七、第八四集，且一擱置就是二十多年。李一氓從1982年起就開始努力籌措，繼續鄭振鐸的未竟事業，至1986年第五集編印出版，李一氓撰文以祭友人："我做爲接替鄭先生管理古籍整理規劃的職責和鄭先生很親密的一個朋友，現在可以放心了，可以算對得起他了。"③ 在這篇懷念文章裏，李一氓評價鄭振鐸："對於鄭先生，我認爲他是中國文化界最值得尊敬的人。"可謂一錘定音，成爲引用最廣的"春秋之筆"。第三，鄭、李兩位先生對版畫類古籍及敦煌文獻的整理實開風氣之先。在中國古代雕版印刷史上，版畫藝術已經達到很高的水平，卻没有得到足夠的重視和系統的整理，鄭振鐸和李一氓收藏版畫古籍各有千秋，整理出版此類古籍影響深遠。從1900年敦煌文獻的問世到20世紀末21世紀初敦煌學的興起，鄭、李兩位先生起到重要的推動作用。鄭振鐸日記裏説他1928年抄録倫敦敦煌文獻要目直至深夜，他最得意的藏書《脈望館抄校本古今雜劇》也是敦煌文獻，他還多次撰文評價整理此類文獻的意義。李一氓非常關心敦煌文獻的整理和研究工作，他也是中國敦煌吐魯番學會的顧問之一，他曾經提及"至於引回流散域外的古籍，目前應該著重敦煌部分，挖出許多材料，如今年編輯完備的《王梵志詩校輯》，可爲一例"④。他認爲敦煌文獻是古籍整理的一部分，也應該成爲古籍整理小組整理出版傳世文獻的重要參考。

---

① 李一氓：《論古籍和古籍整理》，《人民日報》1982年1月20日。
② 李一氓：《再論古籍和古籍整理》，《解放日報》1983年5月4日。
③ 李一氓：《懷念鄭西諦——兼談〈古本戲曲叢刊〉的出版》，《解放日報》1986年8月3日。
④ 李一氓：《古籍整理的幾個新問題》，《人民日報》1986年7月25日。

2. 重視目録索引，主張分類創新，强調研究成果

鄭振鐸十分重視目録的收集，他的藏書中目録類共二百九十五種，其中不少目録是珍貴的抄本，經他親手抄録的目録有：《寶禮堂宋元書目》、《佳趣堂書目》、《續查應毁各書名目册》、《違礙書目》、《奏準應禁書目》等。他充分認識到目録與學術研究之密切關係，在學術研究上也編寫了不少的目録，如《關於詩經研究的重要書籍介紹》、《關於文學原理的重要書籍介紹》、《佛曲敘録》、《關於俄國文學研究的重要書籍介紹》、《唐人文集目録》、《宋人文集目録》、《元人文集目録》、《明人文集目録》、《清人總集目録》、《清詞集〈附清詞話集〉目録》等。鄭振鐸也十分重視書目的考證，並將書目考證與内容研究相結合，成效顯著。"他將書目考證之法，運用於中國古代文學研究、小説研究和戲曲研究，因此取得了豐碩的成果。從他的《中國文學研究》，我們不難看出這一點。同時，鄭振鐸將目録學與版本學考證相結合。這體現了目録學研究中的一種新思路和新方法。"①

鄭振鐸在自己的著述實踐中積極倡導索引的編製，1924 年《俄國文學史略》出版，他在書後附録了"人名索引"。他的《插圖本中國文學史》也附有索引。1926 年，鄭振鐸在《文學周刊》發表《綴白裘索引》。1944 年，他在《清代文集目録跋》中說："綜計《清集索引》者，予已獲得十之七八，而溢出索引外者，則在四百八十種以上。他日當復可據予所得，編印索引續編也"②。在他看來，研究者們在著作中編製索引，將爲其他研究者們帶來極大的方便，也大大提高了研究者的工作效率。編製索引表面上看來平淡而繁複，這實在是一件嘉惠學林的重要工作。

李一氓在《談〈中國古籍善本書目〉的出版》一文中說："書目最大的好處就是可以查知以前有些什麽書，現在還有些什麽書，藏在什麽地方，搞研究工作的人一查便知，是很方便的。"③ 目録不僅僅是工具，其本身也是研究的對象，李一氓在點校《花間集》過程中，也研究過不少詞目，在《王静安收録詞曲書目》的題跋中就有對照此目查檢《花間集》版本的敘述。李一氓也經常强調索引在點校注輯古籍中的作用。鍾叔河先生主編《走向世界叢書》時，在每書之前都有評論，書中段落亦多有提要。且書後附有兩個索引，一個《人名索引》，一個《譯名簡釋》，使用起來十分方便。李一氓高度評價了這種形式，認爲這是"近年來所見到的整理古文獻中最富有思想性、科學性和創造性的一套叢書……推而廣之，可稱爲整理古籍的模範"④。對於以往人們忽視索引，李一氓認爲那是不完善的。過去整理古籍的重點衹是書籍本身，李一氓的眼光則擴大到了書前和書後。

李一氓認爲經史子集叢五分法雖然舊了點，倒還實用，衹是一些叢書的内容本身就是一個大雜燴，他主張將宋以來的叢書打散重編，實現分類上的突破與創新。設想總名爲《叢書專録》，下分《史事編》、《地理編》、《文藝評論編》等，這樣檢閲和使用起來，就會更爲方

① 平保興：《胡適、鄭振鐸目録索引學成就和思想比較研究》，《貴圖學刊》2009 年第 4 期。

② 鄭振鐸：《鄭振鐸文集》（第七卷），人民文學出版社 1988 年版，第 593 頁。

③ 李一氓：《存在集續編》，三聯書店 1998 年版，第 101 頁。

④ 同上，第 296 頁。

便，也更具有學術參考價值。孔凡禮先生的《增訂湖山類稿》，不爲汪元量《汪水雲詩》和《湖山類稿》所限制，從《詩淵》和《永樂大典》新輯得汪元量詩詞，用編年的方法，在原集的基礎上打散整編，書後並附有《汪元量事迹紀年》。這種做法得到李一氓的稱讚和推崇。他在談到古籍整理的基本要求時說："第一要標點，第二要校勘，有可能的話做點注釋工作，更好的是把所有資料打散重編，如已出版的汪水雲的《湖山類稿》、《楊守敬集》等。"① 分類也講創新，創新並不是重新創造，在一定範圍内打散重編未嘗不可。

鄭振鐸和李一氓不僅在藏書上講求實用，在整理古籍的過程中也注重實用的方法，通過編製目録和索引，大大提高了古籍使用的效率。這些看似不起眼的工作，實際上是學術研究的基礎，這項工作在國外漢學界，如日本、英國，就做得十分的紮實，兩位先生身體力行，積極倡導，實在是用心良苦。在分類上，《西諦書目》將小說、詞、曲、彈詞、寶卷在集部中重點單列，是爲大膽創新，也奠定了這些類别在古籍整理中的重要地位。李一氓則進一步主張分類的突破，甚至鼓勵打散重編，儘管推廣還有一個過程，我們相信經過反復的實踐，會有一個科學的結論。兩位先生都强調研究的成果，整理出版古籍，包括標點、校勘、注釋、箋釋、今譯等，没有紮實的基本功和良好的治學態度，是出不了成果的，要想學術上創新和有所突破，不下工夫則没有機會可言。鄭振鐸整理研究中國文學史，前後三十幾年，點點滴滴，方方面面，鑽研之深，用力之勤，天可憐見。他於詞學、戲曲、版畫藝術、文獻學、考古學等方面的造詣極深，是中國近代文化界屈指可數的全才。他整理古籍就是用淵博的學識和豐碩的研究成果來説話的。李一氓整理出版古籍，則深得識人、用人之道，且善於總結經驗和推廣。逯欽力編《先秦漢魏晉南北朝詩》，費時二十四年，廣搜博採，考訂精審且體例詳備，得到李一氓的推介，也爲李一氓指導《全宋詩》的出版提供了借鑒。在前面提到的學者孔凡禮，不僅在學術上得到李一氓的肯定，生活上也得到李一氓的幫助。也正是這樣一些勤勉的學者得其所用，李一氓的古籍整理工作取得了巨大的成果。

3. 不爲四庫充目，倡導搜逸輯佚，促成孤芳衆賞

鄭振鐸歷來重視四庫存目書和四庫禁毁書的收集，他在親手整理的《遠碧樓善本書目》題跋中這樣寫道："劉君以四庫爲準則，而忽於存目所著及未收録之圖籍，其溢出四庫目外者，亦每爲清人後出之著作，大是憾事，深感不足。且擇焉不精，所收每多下駟。龐雜無倫，僅知充目，誠非藏書家之藏書也，更不足以語讀書者之藏書。"② 這裏談及近代劉晦之的藏書，暗用清人洪亮吉藏書家分類的典故，指出不擇精善、僅知充目、待價而沽的藏書者，等次最低，實不可取。鄭振鐸認爲四庫全書的編纂過程也是一次令人痛惜的毁書過程，此禍不下於秦火，而每得燼餘之書，他往往喜不自禁。由於財力有限，鄭振鐸經常面臨一些選擇，他首先考慮的是研究之用，然後考慮的是此書是否常見。列入四庫之書的傳本甚多，除非研究所需，他會毅然選擇零散且價昂的逸書。

---

① 李一氓：《存在集續編》，三聯書店 1998 年版，第 76 頁。

② 鄭振鐸：《西諦書目》（題跋卷），北京圖書館出版社 2004 年版，第 4 頁。

事實上他所收録的小説、戲曲、版畫、寶卷等古籍，很多並不見於四庫，這樣也就愈發顯現其珍貴價值，所以他著手整理散逸文獻之深遠意義，也就不難領會了。1938 年，鄭振鐸在《魯迅先生的輯佚工作》中評價魯迅輯佚具備“周密小心的校勘和博大宏闊的披覽”①。在他看來輯佚的工作不僅僅是搜集文獻，而且在整理的過程中要有深入的研究，他自己也是這樣實踐的，20 世紀初《劉知遠諸宫調》出土問世，1930 年鄭振鐸從向覺民處得到手抄本一部，後又在趙斐雲處見到了原書的照片，面對這樣一部出土文獻，鄭振鐸没有孤立的去看待它，而是把它放在一個體系中作了深入的考證和研究。在《宋金元諸宫調考》一文中，鄭振鐸對諸宫調的曆史淵源、發展歷程、體制結構進行了考證，對諸宫調藝人、作者和作品進行了輯佚、敘録和全面的研究。後來《劉知遠諸宫調》又被輯録到《古本戲曲叢刊》，與更多世所罕見的戲曲古籍彙編起來，以方便後輩學人作進一步的研究。

李一氓作爲藏書家，也喜歡收集四庫未收或禁毁之書，然此類書籍流傳下來的實在不多，這也是藏書家們的憾事。李一氓整理出版古籍，數量龐大，成果顯著，其中也不乏大部頭之書，如《全唐文》、《大藏經》等，而《四庫全書》卻不在計劃之內。李一氓認爲《四庫全書》雖未影印出版，其所收之書十之八九已經刊印發行，到了 20 世紀 80 年代中後期，整理過有標點的刊印古籍，遠比《四庫》原書没有標點不易通讀爲好。再者，《四庫全書》收書共有 3461 種，禁焚也達三千多種，且删削、篡改嚴重，錯訛不可枚舉，其價值已經極大的削弱。此外，從經濟層面上考慮，一部《四庫全書》，價值不菲，大小機關、學校、文化單位爲争臉面，搶着去買，大把花錢，恐怕到頭没有幾個人認真去讀，豈不太浪費了有用的資金。儘管這個問題至今存在争議，李一氓的觀點卻是實事求是的，不管以後是否重印《四庫全書》，我們都應該正視這些問題。

關於整理佚書，李一氓認爲仍然是古籍整理的一項重要工作，他在《論古籍與古籍整理》中也着重提了“古人從許多叢書、類書中沙裏淘金似的，輯出了不少佚書，對學術貢獻巨大，如薛居正的《舊五代史》是從《永樂大典》中輯録出來的，今後還有許多工作好做”②。清末黎庶昌、楊守敬在日本搜集逸書，編成《古逸叢書》，在國内引起强烈反響，李一氓也十分讚賞這種做法，積極促成《古逸叢書三編》的出版。還有《中華大藏經》，堪稱現代古籍整理的一個典範，它“以絶世文物《趙城藏》爲底本，以《房山石經》、《磧砂藏》等八種版本參校，收書 1966 種、9970 卷，無論是版本價值上，還是在收録數量上，都將超越前代。爲此，李一氓傾注了不少心血”③。

鄭振鐸和李一氓都有着藏書家的慧眼，所見珍貴古籍不可勝數，對於四庫編撰本末他們也有自己的評判標準。不爲四庫充目，並不是貶抑和排斥四庫所收之書，而是從更廣闊的視野去選擇有價值的文獻。鄭振鐸爲研究而訪書，所得之書自成體系，且多有前人所棄的冷僻

① 鄭振鐸：《鄭振鐸全集》(第四卷)，花山文藝出版社 1998 年版，第 441 頁。

② 李一氓：《論古籍和古籍整理》，《人民日報》1982 年 1 月 20 日。

③ 周國林：《李一氓先生的古籍整理思想》，《華中師範大學學報》，2001 年第 4 期。

之書，自然不受四庫書目所限。李一氓是學者型革命家，他的審美標準有所不同，由於政治的原因，四庫的價值大打折扣，也是不争的事實。兩位先生着力於整理散逸之書和淹没在浩瀚典籍的佚書，是非常有意義的事，從兩位先生影印發行的版畫古籍，我們能看到端倪。讓古代藏之深閣、密不示人的珍本得到大衆的欣賞，讓百姓喜聞樂道卻不登大雅之堂的俗書得以重拾舊趣，讓傳載古人智慧和華夏文明的典籍能爲人所用，是兩位先生的最大心願。而兩位先生的未竟事業，則需要更多的人來關注和參與。

作者單位：四川省社會科學院

李劼人與民生公司及其實業思想探因

張　起

一　引　言

研究李劼人，不僅要研究作爲文學巨匠的李劼人，而且還要研究作爲社會活動家、實業家、翻譯家的李劼人，因爲不獨他的創作表現的内容，而且他的人生和社會經歷，就是一部生動的真實的近代史。

李劼人是地域符號特征鮮明的作家。成都地區自古就有重視生存發展的民間觀念，而這種人生之需要則來自特别明顯的農耕文化。自古羌出岷山出青衣水進入兩塊平原後，一爲以“建木”爲中心的川西平原，一爲以“若木”爲中心的漢嘉平原，蜀人就在這兩塊壩子上開始了艱辛勤勞的耕作。所以重視生存成了這一地區的傳統，而這是極爲私人性的勞動觀念。耕作，而後享受成果，天府之國的美譽就在無數輩人的勞作中漸漸形成了。風調雨順的自然環境，把寧静的生活打理得井井有條，加以又没有經過中原朝廷那種血雨腥風政治鬥争，故而蜀人的政治意識不强，“發展實業”就成了長輩教育子女的教條，人生在發家興業之外，似乎就没有其他可做了。故，對於在勞作之外還有其他想法（諸如參與政治，實現理想）的中原人來説，自然就有了“少不入川”的思想。

李劼人的實業人生實踐，以及進入民生公司，也來自於這種街坊鄰居似的大衆生存模式的影響。馬識途説：“他和郭沫若、巴金等一樣，都是受“五四”新文化的洗禮，走出舊社會，並且到外國去尋找救國救民之道的。然而他一直没有找到新路，走上社會革命的道路，回國參加革命，而是企圖用他的筆來唤醒民衆。他還做過振興民族工業、勞而無功的美夢。他一直徘徊在舊民主革命的思想中，這就限制了他在事業和創作上，都不能達到以他的聰明才智應該達到的水平。”[①] 雖然這段話還有意識形態評判的色彩，但筆者認爲這恰恰是李劼人不同於川中其他作家的地方，通曉成都，立足本土，這，使他成爲了新文學史上具有“唯一性”的作家。成也實業，敗也實業，但他百折不悔，終身致力於實業。筆者認爲無此精神，或也没有劼人先生的皇皇巨著。

二 李劼人與民生公司

1933—1935 年，李劼人受盧作孚之邀，進入民生公司。爲什麽 1933 年盧作孚要邀李劼人加盟民生公司？此一關節還未有人研究。原因是 1932 年冬二劉戰争結束後，盧作孚接手劉文彩長江新華輪船實業公司，在劉湘幫助下實現了川江航道的統一，實力大增。船運業務十分繁忙，爲實現自己的實業宏圖，他“開幕府”，延人才，1933 年春聘用原新華實業公司總經理崇州人張挽瀾，夏又聘賦閑成都的李劼人。把二人置於民生機器廠，負責公司船隻維修。

對此，伍加倫、王錦厚這樣叙述：

> 1933 年秋，他“看出國際局勢之不妙，感到長江一有阻礙，一切依賴漢口、上海的機器工業必然無法生存”的可能性。儘管 1925 年李劼人曾對盧作孚接受楊森之聘辦理成都通俗教育館有看法，但他認爲盧作孚現在實業救國是對的，於是欣然接受盧作孚的約聘，出任重慶民生機器修理廠廠長的職務，舉家遷至重慶，遂由文學創作、翻譯、教育轉向“實業救國”的道路。李劼人辦實業不是單純從賺錢出發，而是爲了發展民族工業，故贏利不多。1935 年五月，因在辦廠方針上受到資方的攻擊，李劼人憤而辭職[②]。

李眉的記載：

> 1934 年，43 歲。
>
> 年初，舉家遷入重慶江北青草壩民生機器廠後小山上工廠爲他修建的小院。
>
> 終年爲民生機器廠的事務而奔忙[③]。

民生公司内刊《新世界》28 期載有李劼人入廠的情況：“（1933 年）七月八日，民生機

---

① 馬識途：《應該研究李劼人》，《新文學史料》1992 年第 2 期。
② 伍加倫、王錦厚：《李劼人傳略》，《新文學史料》1983 年第 1 期。
③ 李眉：《李劼人年譜》，《新文學史料》1992 年第 2 期。

械廠廠長李劼人於今日正式接事。”筆者的祖父張挽瀾[①]此時爲民生公司船務襄理，受盧作孚委派，主理民生機器廠與總公司之協調溝通之事務。1933—1935年，張挽瀾與李劼人一起共事機器廠。由於都是川西壩子的人，交流溝通較爲方便。李劼人曾問張挽瀾名字之來歷，祖父告之川大讀書期間，立志於實業報國，乃改名張濤爲挽瀾，取韓愈“挽狂瀾於既倒”之意，不知與李劼人辭職後作《死水微瀾》的取名有否啓發關聯。

李劼人自1933年7月8日入機器廠至1935年6月20日離職，共兩年，那麽他在民生公司有何勞績呢？後來民生機器業的負責人張挽瀾於1937年在《民生實業股份有限公司十一周年紀念刊》[②] 上撰文《本公司之機器業》，詳述機器廠之發起與創立、發展。此爲筆者家藏舊書，中間十分具體介紹了李劼人任職廠長那一段的勞績。

（一）李劼人在廠第一年，擴大了工廠規模

張挽瀾説機器廠起步之初：“（民國）十八年，職工纔二十人，宿舍與辦公室，均不敷用，乃於江岸建屋五間。”到李劼人接廠後，第一年，（民國）二十二年李劼人就“購買廠西辰州會地，未幾又買原租之羅姓地方，並從事新工廠之建築。全廠工人藝徒，共達二百七十七名。是年春招收藝徒一班，秋間又招收學徒一班，以期訓練成未來之基本工人。機器亦大增加，計有車床十六部，鑽床四部，刨床三部，銑床一部，起重機兩部打風機三部，動力機七部，發電機四部”。

從上面可知李劼人所做之工作：（1）買地。擴大了工廠面積，爲次年建新工廠做準備；（2）培養工人。招收藝徒、學徒各一班（“李廠長接事之初，即派藝徒訓練班正副主任張成震、張伯勤二君前去教授工藝常識。”此事民生公司内刊《新世界》28期亦載)；（3）大量購置增加設備。

（二）李劼人在廠第二年，新建廠房，制定各項規章制度

據張挽瀾説，李劼人在廠第二年“二十三年三月，新翻砂間落成，並將舊機器間後面之石坡開成屋基八十餘方丈，於廠之左側砌就木工間屋基五十餘方丈。工人數量如前，惟四月至十一月間，爲建造本公司之民權輪，曾先後增加臨時工人三十餘名，迄權輪完成即行解約。又以公司各輪，船艙乏人，更先後調派工廠藝徒三十餘名到各船學習加油；又於事務股下，設訓練組，負責管理工徒之各種生活。機器方面，增加十二尺大刨床一部，五分之一噸冷風機一部，一百三十匹馬力柴油引擎一部，資産則由三十萬增加至三十八萬餘元”。

---

① 張挽瀾（1904—1974），本名張濤，求學期間深懷實業報國之志，後改名挽瀾，取韓愈句“挽狂瀾於既倒”。崇慶州人，川大機械科1930年畢業，新華實業股份有限公司總經理，二劉戰争後，加盟民生公司，負責民生機器廠，隨盧作孚陪同黄炎培訪北碚，事見《黄炎培日記 · 黄炎培與盧作孚》。一生積蓄，爲家鄉崇州創辦第一座水電站，後被地方豪强搶奪，事見《四川水電建設史略》。其他事略見《新史學叢書 · 劉文彩在宜賓的十年》、《解開盧作孚推遲宜昌搶運之謎》（黄振亞）、《崇慶縣志》。

② 民生實業公司十一周年紀念刊編輯委員會編：《民生實業股份有限公司十一周年紀念刊》，民生實業股份有限公司，1937年版。輯入文章8篇，有《本公司之航業》（鄭璧成），《本公司之機器業》（張挽瀾），《本公司之電氣業》（李育才），《本公司之染織業》（王萊山），《本公司之人事》（甘南引）等。卷首盧作孚撰《一樁事業的幾個要求（代序）》（此爲筆者家藏舊書）。

關於李劼人主持建造的新翻砂間，張挽瀾盛贊："惟其前面有比較整齊之一幢，乃係同年建成之新翻砂間，四周磚壁，上架鐵梁，面包鐵瓦，可容四五十人工作，頗具現代工廠之形式。"

機器廠還十分重視民生的勞工福利。張挽瀾以附記作了記載："機廠爲打破階級觀念，重視勞工之營養起見，自廠長以至力夫，其伙食之質料，烹調與數量，完全一致，並無厚薄之分。惟計時制外省工友，因不慣於四川口味，特允其回家自食。"

從上面材料可知，李劼人所做之工作：（1）在工廠大門處建新翻砂間，"頗具現代工廠之形勢"；（2）增招臨時工，補建民權輪人力之不足；（3）調派技術工支援公司輪務；（4）制定規章制度，加强工廠管理；（5）繼續大增設備；（6）關心勞工福利。

（三）李劼人在廠第三年，財務狀況

由於各項支出巨大，張挽瀾回憶李劼人在廠之第三年的財務狀況："（民國）二十四年，有兩項工作，頗值記載者：（A）公司及機廠之主幹人（李劼人），見於機廠生産情況，因祇限於修理輪船，一年營業，僅有三十萬左右，而機廠則以資産過巨，子金一項，年達五六萬元，加以一切銷磨折舊，及管理其間接費用，竟占成本百分之四十五以上，實難使製造品成本降低。"這也是李劼人不可避免的與各個股東之間存在的主要矛盾，在私利與公義之間，在現實金錢與事業發展之間不能平衡。張挽瀾也分析了李劼人以病告長假之事，"以川局不寧，機器事業，未能發展，重以力量有限，除修理自有船隻外，更無多餘能力，接受外來生意"，致業績不佳。在廠第三年他半年的時間用於各種申述，與股東針鋒相對，終無結果，告假而歸。

（四）李劼人在廠兩年，主持和完成的民生公司造船史上的重大項目

一是民權輪之建造。

據張挽瀾的機廠《八年來之重要工作》，把李劼人1934年主持修造民權輪置於首，文章說："此八年中，本廠所作之工程，可值報告者，約爲下述數端：一、民權輪之建造。二十二年，公司以五千元接收太古公司失吉之萬流輪船，由機廠在柴盤子救回建造（時間在十一月枯水季節，李劼人負責）。動工時間，係二十三年二月初間……因公司限於二十三年年内出川，（按：川江水位，不能遲至十一月後）故在修理期間，工作異常緊張。蓋以川省造船，實爲異數，况此修造者，又係空前巨輪，故不能不特加努力耳。是年十月十七日試車、三十一日試水。計其工程，内有十分之八，出自機廠，實開川廠空前未有之造船工程紀録也。"

這是民生公司之頭等大事，李劼人主持的民權輪功成，公司專在梁沱船塢舉行慶功會。據《新世界》58期載：十一月五日"在梁沱民權輪船開會，慶祝民權輪船建造完成，並祝賀兩方（按：總公司、機器廠）對民權工作之職工成功"。"主席鄭璧成[1]致開會辭。……主

---

① 鄭璧成（1889—1958），雙流人。歷任《國民公報》主筆、成都通俗教育館博物部主任、川江航務管理處航政科科長、民生公司船務經理。據冉雲飛"望族之勃興"考證，鄭家係藏書家，民生公司的鄭璧成及其兒子、著名作家鄭義均係此支。

席介紹督率有方的李劼人廠長。……此次建造民權，全係李廠長督率之力。”“李劼人從容發言，大意謂：……（公司）交民生廠修理，並期望着，若將民權建造成功後，外間人知道我們四川也能修造大船。雖然民生廠非常的幼稚，做起來有些吃力，但當時想祇要肯努力，或許也有成功的可能。果然今天的事實證明了。”講話中李劼人特別感謝了共事的同人：“倘若没有湯主任偉康的努力設計製圖，李大東利耀的努力機航修配，張工程師干廷的努力幫助，尤其張襄理挽瀾，天天不辭勞苦的來民生廠督促工程，轉輸公司與廠方之意見，恐也不會有這樣快的成功。至於大計，尤在公司。我除了慶賀公司民權輪成功之外，對於各位竭盡心力的人，敬致非常的感謝。至於個人，則無功可言。”

二是民選輪之改造。

關於李劼人在民生公司還有一事，今天各種研究資料均無詳載。據機廠《八年來之重要工作》，李劼人在 1934 年還主持改造過民選輪，張挽瀾把它置於八年重要工作之次，文章説：“民選輪原係瑞典廠制造之二行程柴油引擎，缺陷甚多，公司決計交機廠改修。自二十三年四月泊廠開工，迄二十四年八月完成試航。結果由渝至叙，需時 52 點 30 分，需油 8220 磅。較之未修改前渝叙需行 56 小時，需油 8960 磅，實爲公司增加莫大之便利。且以後之修理費，亦較前節省，一切皆達於預計之目的，實爲機廠設計上之一成功。”從時間上看，李劼人雖於六月二十日離開，没有看到改造後之良好結果，但無可懷疑，絶大部分工作是他在任時領導完成的。但股東似乎看不見劼人先生的這些貢獻。

至此，李劼人完成了他在民生公司的工作，《新世界》73 期報：“六月二十日，民生廠廠長李劼人長假。”“海事新聞：機廠李廠長劼人因病請給長假，公司特調曾任廠長之民主輪陶經理建中繼任。陶廠長已於十九日會同張襄理挽瀾，到廠辦理一切接收事宜矣。”李劼人離開前一日，筆者祖父參與了接收善後工作。

李劼人的實業强國夢，遭受重創。他初入民生，因爲“感到四川機器工業太不發達，很想以民生機器修理廠爲基礎，以三年工夫充實擴充爲一個製造工廠，首先能製造川江行駛的中型輪船，能一次修理兩艘大型輪船，能製造小型抽水機和製配木炭汽車”①。雖民生廠折戟，李劼人並未失去實業救國之志，他旋又續辦嘉樂紙廠。

通觀李劼人的實業行爲，從 1924 年留法歸來，即有辦紙廠之志，終在 1926 年初辦成。1930 年停辦，旋於當年暑期開辦“小雅”餐館。1933 年他受邀民生公司。1935 年解職民生廠長後，即再辦嘉樂紙廠。他踏踏實實、百折不撓與實業相伴大半生，應該是他除文學活動之外的人生主軸。

---

① 李劼人：《自傳》，《李劼人選集》第 1 卷，四川人民出版社 1980 年版，第 4 頁。

三　李劼人實業思想尋踪

與許多知識分子一樣，李劼人服務社會的實業思想，來自於時代進步大潮的影響，若要尋踪，還有他個人的經歷和巴蜀文化環境、家庭因素方面。

（一）時代進步大潮的激勵

李劼人這代知識分子是幸運的，比起晚清那些閉塞的知識分子，他接觸到了兩千多年來知識分子未能經歷的時代進步，辛亥革命敲響了舊制的暮鼓，又催醒了社會變革的晨鐘，無論人們怎麽評價辛亥革命，它畢竟開始了中國社會變革的序幕。

李劼人生於晚清，時當社會巨變之際，諸如鴉片戰争到洋務運動的圖强，中日海戰到戊戌變法維新失敗，義和團爆發到八國聯軍入侵北京，孫中山組建同盟會，廣州黄花崗七十二烈士死難，辛亥年武昌起義成功，袁世凱在京稱帝復辟，五四運動等等事件沈積於社會，也變革着社會，變革着内陸成都。他説："民智漸開，改良主義的維新運動已在内地勃興"[①]，學習西方，提倡科學，改革政治、教育制度，發展農、工、商實業等，是青年李劼人生活的近代社會潮流。這些社會變化震撼着李劼人，影響着他"實業報國"思想的形成。他的經歷本就是一部近代史，他雖處成都，卻也親歷和參與了保路事件、五四運動的洗禮。他加入同學王光祈和周太玄的"少年中國學會"，是因爲對學會宗旨"振作少年精神，研究真實學術，發展社會事業，轉移末世風氣"深表同意，植下了"發展社會事業"的實業思想。此間，他還接觸了具有實業救國思想的盧作孚。後來，他們幾乎同時走上實業道路。李劼人的嘉樂紙廠成立於 1926 年春，參加者有盧作孚；而盧作孚民生公司成立於同年 6 月 10 日，先後不足半年。

（二）勤工儉學法國時，法國工業革命景象的見聞影響

資本主義在西方徹底勝利後，旋即在英國發生工業革命，西方工業革命從 18 世紀 60 年代至 19 世紀末完成。法國 19 世紀中葉開始，曾經僅次於英國，居世界第二位。

在法國，李劼人接受的是火車、電車的現代交通；認識了西方近現代城市行政管理系統，諸如警察局與公共事業管理局之類完善的市政機構；電話、電報的便捷，無綫電擴張着生活能力，西方的世博會，人們的衣、食、住、行的巨變，新的生活習慣。皆出現於來自内陸成都的李劼人眼前。這對他實業思想的來源應有着深刻的影響。到法國次年，他就向《少年世界》介紹留法勤工儉學學生羅益增、羅學瓚兩人所寫在法國格魯普芒工廠作工的感受，冠以《法國格魯普芒工廠寫真》的標題[②]。

在法國期間他雖然仍舊學習文學，但實際上他的思想也在發生變化。"拉密爾給我的好

① 李劼人：《死水微瀾·前記》，《李劼人選集》第 1 卷，四川人民出版社 1980 年版，第 4 頁。

② 李眉：《李劼人年譜》，《新文學史料》1992 年第 2 期。

處，除此三者（療養、可在公立中學補習法文、物價比巴黎低廉——李眉《年譜》注）之外，還有最重要的幾點，那就是使我得有機會深入到法國的基層社會，看到法國工農階級的真正面貌和品德；也懂得法國在强鄰侵略之下，能够屢撲屢起的真正力量；也瞭解到在殖民地和在我們中國那些爲非作歹的家伙，也是善良法國人所深惡痛絶的社會渣滓。"①

法國時期，李劼人填寫過"少年中國學會"會員終身志業調查表，在"終身欲研究之學術"欄填"社會學"，在"終身欲從事之事業"欄填"公民教育、道路建築"；在"事業着手之時日及地點"欄填"二十年、四川"（"二十年"指1931年——《年譜》注）；在"將來終身維持生活之方法"欄填"勞工"②。這使得他1924年歸國後，即迫不及待籌辦嘉樂紙廠的行爲有着一以慣之的邏輯關聯。回國後，他致信表弟何魯之："關於四川的實業，我將來在社會上活動的初基"③，提到擬集資創辦紙廠，要何魯之代找造紙專家王懷仲回國辦廠。1925年9月4日，在少年中國學會《改組委員會調查表》的"事業"欄中，他再次明確地寫道："現在初入社會，尚無事業之可言。近正在成都方面集資組織造紙公司，擬作中國西南部文化運動之踏實基礎。"

可見，回國後李劼人是把辦造實業作爲首要，安身立命，爲社會服務之基礎。雖未放棄文學創作、翻譯，但他衹是傾向熱愛。他雖爲教育，並没有將之看做當務之急，更多的是養家糊口之打算。但筆者認爲，即使這樣，並不影響他的正直、勇敢，更不影響他進步的思想。這從他填寫的《"少年中國學會"調查表》中可見。如，他在"對於目前内憂外患交迫的中國究抱何種主義"欄内填寫"概括言之，可以説是'國家主義'，分析言之，是本於'愛鄉'的感情，推而及於'國'凡有害於'國'與'鄉'的惡勢力，不論在内在外，一概極端反對到底。"在"對於本會會務之改進究抱何種態度"欄内填寫"仍認本會是社會的學術集合團體；仍認以本會的行爲思想改善庸衆的觀感，使向於進步方向爲主旨。絶端反對與現在之一切惡勢力合作或假借之"④。

（三）巴蜀文化環境和個人家庭負擔的必需

巴蜀文化環境雖閉塞落後，但卻養成了一種脚踏實地、年年有耕獲的務實文化。筆者認爲巴蜀由於地理條件不同，川西壩子的人更重視興業，此一"業"，或爲祖業，有"業"纔能固本，纔有成都人的悠閑生活；巴渝山區，地理不平，擴張了巴渝地區的人戰勝自然的心理，養成人們更多的是憑勞動和體力吃飯，故更爲辛勤勞苦，碼頭文化是也。

成都是座消費型城市，但並不回避興業，生活在這裏的人們從小就從長輩那裏接受了這樣的教育，一個人要有一份産業，長大了要興家業，要供家養口。這種"業"更多是田業的詮釋。正因爲有田業，纔使得成都這座内陸城市，過着優哉遊哉的天府般滋潤的自足生活。雖無工業，但農耕文化環境下的實幹，仍然使川西壩子的人們養成勤勉興業的性格。生活於

---

① 李劼人：《回憶在法國勤工儉學時的片斷生活》，《李劼人選集》。

② 李眉：《李劼人年譜》，《新文學史料》1992年第2期。

③ 李劼人：《1924年11月20日致留法朋友何魯之書信手稿》。

④ 李眉：《李劼人年譜》，《新文學史料》1992年第2期。

其中的人們，纔能體會到中間的甘味，有業纔能安居。李劼人處身其間，必然也認識到了這種興家興業之於人生的重要。如他在 1935 年轉向長篇小説創作後，生活有了改善和節餘，在 1938 年買下菱窠的行爲，就是這種思想的實現。他寫道：

我在成都已經有了一個固定的、自己的住處，這就是成都外東沙河堡菱角堰的茅草房“菱窠”。這個房子是 1939 年春日本開始轟炸成都時趕修的所謂“疏散房子”。開始時，幾間茅草房比較簡陋，但在我李家來説卻是破天荒的一件事。因爲自我八世祖入川定居以來，從未有過自己的房子，搬一次家，東西失散不少，特別是書籍。我有了房子後，可以不再擔心我在數十年置備的幾千本中國書籍（現在已達兩萬多册）和積存的報紙、雜誌的散失了。沙河堡的房子面臨菱角堰，爲了信件投遞方便，我在門楣上自題“菱窠”二字，意指此菱角堰之窠巢也①。

李劼人青年時代，一家四代孤寡，經濟來源主要依靠自製出售“珠砂保赤丸”，除受親戚劉家資助的 18 擔大米外，每月可以從積存在商號的 500 兩銀子（其中 200 兩爲祖母彭氏娘家後來贈予）提出 5 兩 6 錢利息②，以資家用。這樣的家庭情形，與當時成都許多普通人家一樣。三代單傳的李劼人在這種環境下，知道艱難維繫一家人生活的擔子在於自己。他辦實業、寫小説、買地的背後，多有養家之考慮，是合乎那時的成都人養家做事習慣的。如民生公司失業後，生活拮据，他給朋友、上海中華書局編譯所負責人舒新城寫信，表示要寫小説，得到舒新城的復信支持和鼓勵，僅二十幾天寫完《死水微瀾》，並連續又寫了《暴風雨前》、《大波》。既能寫想寫的，又能以稿費補貼家用（按：《自傳》云：“於是，在 1935 年 5 月我堅決辭職回到成都，並立志以寫作小説爲專業。在這以後，我先寫了《死水微瀾》，得到版税三百多元，足够四個多月生活。接着，我又寫了《暴風雨前》和《大波》”），且寫起來又不費勁。故他幾次婉拒川大劉大傑相邀任教，説：“教書比寫文章還苦。一個月寫兩萬五千字是容易的。我不争名，不争利，我愛自由。我要什麽時候寫，就什麽時候寫，要什麽時候睡，就什麽時候睡。一上講堂，就變成玩把戲的猴子了。”③ 他理性地以小説爲業，又能記録自己熟悉的歷史，又能掙錢養家，這樣的樂事，是成都性格的李劼人喜歡的。

他是個踏實做事做實業的人，國運多舛的年代他的理性在今天看來是多麽正確，這與作家從小的清苦生活養成的精細計劃有關，與成都生活的環境和成都人性格有關。他的實業人生有兩個關鍵詞：在“少年中國學會”會員終身志業調查表填“勞工”；在晚年爲書房向葉聖陶索字竟是“勞餘”。

作者單位：成都大學文學與新聞傳播學院

① 李劼人：《自傳》，《李劼人選集》第 1 卷，第 5 頁。

② 李眉：《李劼人年譜》，《新文學史料》1992 年第 2 期。

③ 劉大傑：《舊友回憶録·憶李劼人》，載 1946 年 1 月《文壇》創刊號，聯華圖書股份有限公司編行。引自李眉《年譜》，第 44 頁。

《曾緘先生的佚文逸事》綴補

熊飛宇

關於曾緘，其人生平不詳，僅一鱗半爪見存。曾緘（1892—1968），字聖言，又字慎言，四川叙永馬嶺人。早年曾就讀於永寧（"永寧"係叙永古稱）中學，楊庶堪教英文，向楚教國文。曾緘曾作一詩，刊《新民叢報》，中有"昔時冠蓋地，今見犬羊遊"，頗得滄白先生讚許①。同學有張頤、楊伯謙、陶子琛、葉廖、黄綱、黄述等，皆先後加入同盟會②。1917 年畢業於北京大學中文系。1918 年，存古學堂再次更名爲四川省立國學專門學校，校長廖平，教務則聘曾緘③。但因管理不力，且很少出勤，故校内多怨言，僅任一期。其後即進入北京大學研究所。1919 年 1 月 17 日，《北京大學日刊》第 289 號，有《曾緘請續津貼已準》，其文曰："川籍研究生曾緘函請續給津貼一節，本校現接該省叙永縣知事來函，略謂頃據視學賀炯呈稱該生在本校本科畢業後入研究所肄業，本應停止津貼，唯該生係徑入本科肄業，未曾支給預科津貼，情形微有不同，姑准再給津貼一年，以後一律截止，他人不得援例云云。"④ 其間，自 1913 年 4 月 5 日至 1918 年，爲四川省第一屆省議會議員⑤。1928 年 8 月至 11 月，任樂至縣知事。楊祖唐、蔣德勛等修纂《民國樂至縣縣志又續》云，該志在民國十六年，知事楊祖唐創辦於前，繼任知事鄧赤書、曾緘提挈於後，由政府延聘地方士紳纂寫。十八年刊印。凡四卷十志。據《雅安漢碑考》，漢碑在縣治東之孝廉橋（今名姚橋），或曰高君碑，字多剥落。1930 年，曾緘慎言長雅安，"再爲亭以庇之"⑥。又據《西康省參議會始末

① 李佩瑜《楊滄白與叙永中學》，中國人民政治協商會議四川省委員會文史資料研究委員會《四川文史資料選輯》第 27 輯，四川人民出版社 1982 年版，第 45 頁。

② 黄稚荃《向楚對辛亥革命及教育學術之貢獻》，《杜鄰存稿》，四川人民出版社 1990 年版，第 217 頁。

③ 何域凡《存古學堂嬗變記》，四川省政協文史資料委員會《四川省文史資料集粹》第 4 卷"文化教育科學編"，四川人民出版社 1996 年版，第 424 頁。

④ 王學珍、郭建榮《北京大學史料》第二卷（1912—1937）上，北京大學出版社 2000 年版，第 655 頁。

⑤ 四川省文史研究館《四川軍閥史料》第二輯，四川人民出版社 1983 年版，第 528 頁。

⑥ 賀覺非《西康紀事詩本事注》，西藏人民出版社 1988 年版，第 83 頁。

記》，1940 年 8 月至 9 月，第一屆西康省臨時參議會召開，第一次大會休會後，秘書長黄汝鑒被選爲國民參政會參政員，呈請辭職，國民政府乃簡派曾緘繼任[①]。曾緘曾數度執教川大。公立四川大學（1927－1931）期間，向楚任中國文學院院長，教師多爲“蜀學宿儒”，曾慎言即其一[②]。時至 1949 年，四川大學文學院由向楚長院，中文系主任曾緘，有專任教授 17 人；外文系主任謝文炳，有專任教授 16 人；史學系主任徐中舒，有專任教授 11 人[③]。

曾緘因其所譯倉央嘉措情歌，爲人稱絶，有《人外廬詩文集》。抗戰時期，成都《西南新聞報》亦刊其作品。然著作多不存。1983 年，敘永縣編史修志委員會所編《敘永文史資料選輯・敘永文鈔》曾收其《布達拉宫辭并序》、《顧廬記》、《瀘定橋銘》、《文成公主頌》和《量守廬詞鈔序》。《近代巴蜀詩鈔（下）》録其詩 14 首，計有《豐澤園爲袁世凱作》、《譚叫天畫像歌》、《布達拉宫詞》、《譯六世達賴情歌六十六首》（選十）、《雙雷引》。編者申明：“是編所收，皆轉録於各種書刊雜誌，不足以窺全貌”[④]。2011 年，筆者有《“青山遮不住，畢竟東流去”：曾緘先生的佚文逸事》一文，輯其詩文大要，但仍不免遺珠之憾。今乃再作綴録。兩文合觀，應爲目前有關曾緘最全面的介紹。

《臨太液池吊明時所放鮒》，前未及詳。原編者有案：“此文當是民國六年作”，發表卻在 1936 年 10 月 16 日《制言》第 27 期。全文如下：“晨起閲報紙，載太液池有巨鮒，爲主者所貨，貨之英吉利博物院，得銀圓萬餘。此池在禁苑久矣，罛罔所不加，樔罩所不及，鮒之托此，豈不以爲至安哉！一旦見鬻，雖不登鼎俎，而已厭醇醪，命也。吊之曰：違故淵而遠適，望靈沼兮永辭。雖得免乎臠割，爲乾臘以無期。昔金仙之辭渭，猶潸然以淚滋。諒有形之有感，况斯魚而無知。池臺豈不猶昔，性命亦既逢兹。惟有殷之咸若，及衰世而忽斯。忖陋體之勝臭，亦何貴乎藏之。彼貪人之好貨，賈微命於銖錙。哀烝民之膏血，不朘削而何其。魚亂於下兮，已而已而；枯魚方泣兮，吾人勿嬉。”《制言》係章氏國學講習會會刊，1935 年 9 月創辦，初爲半月刊，至第 47 期；1939 年 1 月復刊，改爲月刊，續出至 63 期。

曾緘爲黄侃弟子，常從遊，與孫世揚（字鷹若）二人有“黄門侍郎”之稱。劉賾回憶説：“時同遊門下者，平湖張文澍馥哉、海寧孫世揚鷹若、成都曾緘慎言、長沙駱鴻凱紹賓、遼寧金毓黻謹庵、上虞鍾歆駿丞、諸暨樓巍幼静被誘接尤厚。”[⑤]“孫鷹若清高拔俗”，尤爲黄侃所喜[⑥]。孫世揚（1892－1947），海寧人。肄業於北京大學，後南歸，受業於章太炎。章氏主編《制言》時，孫則主持編印、校録事宜。又師事惲鐵樵，得傳衣鉢，懸壺吴中。曾教授中央大學、安徽大學。著《金匱要略字詁》、《傷寒論發微》、《渝紀行》。其《黄先生蓟遊遺稿序》亦云：“丁巳（1917）戊午（1918）間，揚與曾慎言同侍黄先生於北都。先生好

① 黄啓光、馮有志《西康省參議會始末記》，政協鳳山縣委員會文教衛體委員會《鳳山文史》第 5 輯“楹聯專輯”，2000 年印，第 6 頁。

② 四川大學校史編寫組《四川大學史稿》，四川大學出版社 1985 年版，第 147 頁。

③ 同上，第 296 頁。

④ 《近代巴蜀詩鈔》編委會《近代巴蜀詩鈔》下，巴蜀書社 2005 年版，第 1403 頁。

⑤ 劉賾《師門憶語》，中華書局編輯部《學林漫録》八集，中華書局 1983 年版，第 34 頁。

⑥ 劉賾《師門憶語》，程千帆、唐文《量守廬學記》，生活・讀書・新知三聯書店 1985 年版，第 116 頁。

遊，而頗難其侶，唯揚及慎言無役不與，遊踪殆遍郊垿，宴談常至深夜。先生文思駿發，所至必有題咏，間令和作，亦樂爲點竄焉。揚既南歸，慎言亦返蜀，先生更施教於武昌、太原、沈陽以及南都。忽忽十餘年，蹉跎淹滯，無緣常謁師門，而慎言竟未再見。”①曾慎言則“茂於文術，蜀中無出其右者”②。丁亥（1947）年，潘伯鷹致信施蟄存，曾云：“承惠寄曾慎言先生《布達拉宫詞》長古一首，拜讀欣仰，其事其詩皆可傳也，若其措語能更醇，則無敵也。”③潘伯鷹（1898—1966），安徽懷寧人，名式，以字行。詩歌、小説、書法、藻鑒、翻譯，無不精擅，以“狂士”著稱。對《布達拉宫辭》有這般評語，已殊爲難得。

黄侃曾就《唐文粹》及《補遺》中精選若干篇，編爲《唐文粹粹選》，爲習文者楷模。曾緘嘗借去迻録，歎曰：“有些文章，初看時自己如彼斷句，即查先生圈識如此，方悟其理，孰謂文章易學哉?”④ 1919年10月29日，曾緘訪吴虞，談及“黄季剛在大學講賦甚多，此外《文選》中論、序講完，《文心雕龍》、《詩品》皆講過。其講國文先訓詁，次事實，於警策之句必爲舉出，講畢之後，即將全文讀一過，謂文須熟讀，其意義、聲調、神采乃可得見。又云太炎長於談學、談理，其神采顧不及壬秋也。季剛講文以晋、宋爲主”⑤。對老師，曾緘一生未敢逾禮。抗戰時期，章子仲就讀於川大中文系，曾緘講課有時口述“本師蘄春黄君”眉批。考試時，章背述課堂筆記答卷，引得曾緘大光其火：“是我的本師，還是你的本師?!”⑥

“蘄春黄公既歿”，1940年，“緘翻挦舊稿，得往與公所爲《西郊禊遊連句》五言一首”，乃作《序》，憶及當日情形：“公以戊午上巳之辰，與緘修禊於此，憩豳風之館，升暢觀之樓，遂仿柏梁，賡爲此作。屬咏未已，時已入暮，司閽逐客，踉蹌而歸。”⑦ “連句”和“序”，均收入羅維揚選編《新文言》。程千帆以爲，曾先生序文“真是文情並茂。今日讀來，當時情景猶在目前”⑧。

《〈量守廬詞鈔〉序》爲“甲申中春，弟子曾緘謹序於錦官城西之人外廬”。湖南省人民政府文史研究館所編《黄季剛先生逝世五十周年誕生一百周年紀念集》亦收録此文。其編者按云：“詞鈔”蓋即《黄季剛詩文鈔》中詞的部分。1944年曾在四川刊行單本，惜已不獲。時曾緘執教四川大學⑨。李一氓《關於黄侃的詞》對此有過描述。《量守廬詞鈔》，“1945年，黄去世之後，在成都編成印行”，“編者曾緘，自稱‘弟子’，有甲申（1944）序，書後有其

① 孫世揚《黄先生蓟游遺稿序》，《制言》1936年第6期。

② 劉賾《師門憶語》，程千帆、唐文《量守廬學記》，生活·讀書·新知三聯書店1985年版，第116頁。

③ 潘伯鷹《致施蟄存》，《鄭逸梅收藏名人手札百通》，學林出版社1989年版，第221頁。

④ 王慶元《黄季剛先生遺著知見録》，《武漢大學學報》（社會科學版）1986年第1期，第27—28頁。

⑤ 鄭逸梅、陳左高《中國近代文學大系·書信日記集二》，上海書店出版社1993年版，第626—627頁。

⑥ 章子仲《讀大學的回憶》，《以文會友》編委會《以文會友：鐘肇鵬先生科研、寫作六十年紀念文集》，河北人民出版社2006年版，第48頁。

⑦ 曾緘《〈西郊禊遊連句〉序》，羅維揚《新文言》，湖北人民出版社2000年版，第189頁。

⑧ 程千帆《儉腹抄》，上海文藝出版社1998年版，第425頁。

⑨ 曾緘《〈量守廬詞鈔〉序》，湖南省人民政府文史研究館《黄季剛先生逝世五十周年誕生一百周年紀念集》，1985年印，第28頁。

子黄念田三十四年（1945）附記，稱‘此集爲紀念先君六十誕辰而印’。書簽是沈尹默楷書，爲《季剛先生所爲詞》，和集名不一致”[①]。《詞鈔》“計四種”：《纗華詞》一卷、《擘蕙集》二卷、《纗秋華室詞》一卷、《楚秀盦詞》一卷，總二百九十三首。

1936年6月14日，章太炎先生去世，《制言》特闢紀念專刊。9月1日第24期，刊曾緘《吊章黄二公文》，人多不及見，現録之於後：

中華建國二十有四年 月 日，蘄春黄先生季剛卒於金陵，其次年 月 日，餘杭章公太炎薨於蘇州。緘往在燕京，執贄黄先生門下，而亦私淑章公。雖所學無成，師恩則厚。去歲金陵之喪，不獲臨哭，心喪徒擁，腹痛何言！會蜀人士於成都，爲位遥祭章公，而黄先章殁，章又黄師，以是淵源，並抒哀而獻吊云爾。

占龍蛇之在歲，驗瓊瑰之入夢。宣反袂以泣麟，楚迷陽而歌鳳。望蘇臺以賈涕，指金陵以興慟。驚白首之同歸，悵臨厓而一送。伊五百之交會，固有開其必先。唯餘杭之一老，誠命世之英賢。學術超於亭林，勛業爛於青田。絀女真於俄頃，開民國於萬年。苟余情其信姱，何黨人之獨異。以不狂而爲狂，昧經國之大計。昔抒賦於論都，宜定鼎其燕薊。及江左之宴安，果河隍之已棄。竊帝號以自娱，有沐猴而冠帶。文王幽於羑里，魯連蹈乎東海。左據圖而右刎，知彼昏之必敗。亮清明之在躬，故處屯而彌泰。天地閉而賢隱，咏考槃之在阿。倦觀光於上國，退講學於西河。攬韋編於三絶，陳孔門之四科。發周公於夢寐，比居東其如何？黯八表之同昏，炳孤光以獨朗。轉法輪其未終，遺斯世而長往。羌人亡而國瘁，識此理之勿爽。瞻泰山於既穨，歎吾儕其安仰？

余既悲乎餘杭，更追念乎蘄春。方章公於叔夜，斯先生爲景真。擅無雙之令譽，澄千頃而涣鱗。操脩緪以汲古，騁逸足而絶塵。生於揚馬之鄉，長於屈宋之國。溯前輩之風流，隔千載而遥接。托沉思於翰藻，有詩人之麗則。雖一賦於閑情，曾何損乎靖節。既考信於六藝，亦綜賅乎百家。憫末學之孤離，乃正言以距邪。人驢鳴而狗吠，公鳳起而龍拏。申一説於稷下，杜厥口乎田巴。嵇康號爲卧龍，郇卿尊爲祭酒。慶太學之得師，若衆星之拱斗。陋轅駒之局促，向天外以驤首。彼二蟲之搶枋，徒望鵬而騰詬。聞章公之緒言，懼將喪乎斯文。人輕著書不智，子重著書不仁。曰有志於撰述，謹再拜而書紳。胡盛業之未竟，傾大命於飲醇。昔遊學於易京，曾執贄於門下。聆解經其不窮，如瓶傾而水瀉。升危樓以聯吟，懷禊遊乎郊野。别廿年而賦服，愴一陵之下馬。嗟哉！顔先孔而夭折，章繼黄亦殂落。何期歲之未逾，而二公之不禄。豈絶學之無憂，將後生其何述？惟悼往以哀來，遂潸然而涕出。彼高旻兮蒼蒼，彼大塊兮芒芒。珠徒求乎罔象，魂豈招於巫陽。望虚空而遥祭，靈若存而若亡。溯淵源而獻吊，聊抒恨於斯章。

重曰：黄農虞夏，不我邁兮；夷齊而死，跖乃壽兮；九域將淪，况耆舊兮；辭則有盡，哀無究兮。

---

① 李一氓《關於黄侃的詞》，《讀書》1982年第1期，第122頁。

1937年，《四川教育評論》創刊號發表《吊章黄二先生文并序》，署名“曾慎言”。作者有“案”：“此文曾載制言第二十四期中，今經增益，此詳而彼略也。”二者差别極大，故再録全文：

中華建國二十有四年秋，蘄春黄先生季剛卒於金陵。其次年夏，餘杭章先生太炎薨於蘇州。悲哉！國之師儒，先後下世，斯文天喪，不其然歟！章公蚤歲援春秋，斥客帝，大勳用集，開我中華，書其事者，有國史館在，非下所宜述矣。若夫勝義微言，傳於多士，高文典册，佈在人間，以爲説經不可以譎誑，故崇古以黜兮；臨文不可以浮詭，故修辭以立誠；拘墟不可以爲學，故觸類以旁通；徒學不足以易俗，故抗節以矯世。黄公承之，考信六藝，讀應爾雅，發靈均未睹之秘，騁叔重無雙之辯。二公相得益彰，遞爲師表。後學之士，靡然嚮風，可謂懿矣。章公嘗言，黄某雖以師禮事余，轉相啓發者多矣。又曰，學者雖聰慧絶人，其始必以愚自處，離經辨志，不異童蒙，良久乃用其智。自爾以往，又當以愚自處，忽昭然如披雲霧見青天，斯後愚智雜用，無所不可。餘弟子中惟季剛深窺斯恉。黄公每有稱引，必曰我大師章氏。人有議章公文筆者，則盛氣訶之：若識字幾何而敢輕詆餘杭邪？至其人遜謝乃已。公於時賢蓋少所推可，雖耆宿猶不免於譏彈；而見人之善，遇之亦厚。曾讀《漢書 · 律曆志》，有所未喻，儀徵劉申叔以一言解之，竟貽書稱弟子焉，序同時人書，或自暑［署］後學。其□謙如此。然人或瑕瑜互見，故公亦恭倨不常。其始終敬事不改者，章公一人而已。夫才之生世，不恒其時，王者之興，或云五百。以章公之天□，與黄公之特秀，有一於此，已爲國光；而況運會所鍾，師承相接，松茂柏悦，豈偶然哉！是故章之於黄，譽不容口；而黄之於章，亦服膺終身。懿彼二賢，千載一遇，苟非其人，則道不虚行矣！章公著作等身，懸諸日月；黄公過自矜重，不輕著書。章公讓之曰：人輕著書，妄也；子重著書，吝也。妄不智，各［吝］不仁，應以年五十則著紙筆及期而沈飲以匆。禮堂寫定，遂尠成書。然得章公之讓言，亦既發其藴藏矣。司馬氏有言，顔淵雖篤學，附驥尾而行益顯，有旨哉！末俗澆灕，異説蠭起，目堯舜爲烏有，斥夏禹爲昆蟲。言不雅馴，而自託於稗官；字昧孳乳，而乞靈於枯骨。甚有旁註音符，倡爲簡體，如東□之結構，類市井之簿書。諸儒緘口結舌，莫敢與争，獨二公辭而闢之，廓如也。古者掌敷邦教，職□王官，而今非所望。偃草從風，蓋有藉於在野之君子。然則章公秉素王之德，黄公亦希聖之資，使並假［天］年，以昌其學，大雅可以勿墜，神州豈遂陸沈。於乎！天不憖遺，邦實殄瘁，人能宏道，其如命何？可哀也已。緘往在北都，執贄黄公門下，而亦私淑章公。雖所學無成，師恩則厚。客歲金陵之喪，以需滯江北縣事，不獲臨哭，心喪徒摧，腹痛何言！會蜀都群賢爲位遥祭章公，緘惟黄先章萎，章固黄師，以是淵源，並抒哀而獻吊云爾。

將龍蛇之在歲，踐瓊瑰之妖夢。宣反袂以泣麟，楚迷陽而歌鳳。望吴臺以賞［實］涕，指金陵以興慟。驚白首之同歸，悵臨厓而一送。伊五百之交會，固有開其必先。唯餘杭之一老，遂曠世而鴻軒。起師儒而革命，滌華夏之腥羶。集元功於開國，躋大位於籌邊。竊帝號以自娱，有沐猴而冠帶。文王幽於美［羑］里，魯連蹈乎東海。左據圖而右刎，知彼昏之必敗。亮清明之在躬，故處屯而彌泰。奉元戎以伐叛，慨朔虜之驕横。既奔命於南服，亦殷情於北徼。引虎狼以自衛，公犯色而與争。逮赤眉之肆毒，乃云［念］乎老成。苟余情其信姱，何黨人之獨異。怵累卵之可危，稔厝薪之非計。昔抒賦於論都，宜定鼎其燕薊。及江左之宴安，果河隍之已棄。天地閉而賢隱，荃不察而有它。倦觀光於上國，退講學於西河。攬韋編於三絶，陳孔門之四科。發周公於夢寐，比居東其如何？黯八表之同昏，炳孤光以獨朗。轉法輪其未終，遺斯世而長往。羌人亡而國瘁，固斯理之勿爽。瞻泰山於既穨，歎吾儕其安仰？

余既悲乎餘杭，更追念乎蘄春。方章公於叔夜，斯先生爲景真。擅無雙之令譽，澄千頃而涣鱗。操修綆以汲古，騁逸足而絶塵。生於揚馬之鄉，長於屈宋之國。溯［往］哲之流風，邈千載而遥接。讬沉思於翰藻，有詩人之麗則。雖一賦於閉［閑］情，曾何損乎靖節。既考信於六藝，亦牢籠乎百家。憫道術之分裂，故正言以距邪。人驢鳴而狗吠，公鳳舉而龍拏。申一説於稷下，杜厥口乎田巴。稽［嵇］康號爲卧龍，荀卿尊爲祭酒。慶太學之得師，若衆星之拱斗。陋轅駒之局促，向天外以驤首。彼二蟲之槍枋，徒望鵬而騰詬。聞章公之緒言，良繫情於斯文。人輕著書不智，子吝著書不仁。曰有志於撰述，謹再拜而書紳。胡盛業之未竟，傾大命於飲醇。昔負笈於易京，曾執贄於門下。聆解經其不窮，如瓶傾而水瀉。升危樓以聯吟，懷禊遊乎郊野。别二十年而賦鵩，愴一陵之下馬。嗟哉！顔先孔而夭折，章繼黄亦殂落。何期歲之未逾，而二公之不禄。詎絶學之無憂，將後生其何述？唯悼往以哀來，遂潸然而涕出。彼高旻兮蒼蒼，何大塊乎茫茫。珠徒求乎罔象，魂豈招於巫陽。溯淵源於疇昔，悲同盡於山岡。獨臨風以獻吊，述斯言而慷慨。

重曰：黄農虞夏，不我邁兮；夷齊而死，跖乃壽兮；九域且淪，矧耆舊兮；此辭有盡，哀無究兮。

《四川教育評論》1937年第1卷第2期，有曾慎言《贈江梵衆，即題所畫〈谿山蘭若圖〉》，言及二人的交往，亦可見曾緘的行迹和履歷。江梵衆（1894—1971），字少舟，齋名喜舍庵。四川成都人。蜀中著名山水畫家，《益州書畫録》有傳。1930年代末，參與發起組織“蜀藝社”，亦爲丙戌（1946）金石書畫研究會創始人。序云：“梵衆始與余相見李將軍幕府，後又同客田督頌公門下；余爲什邡令，君來監税，余量移江北，君亦移監江北税事；之官同，罷官亦同，嘻！異矣！近爲余作《谿山蘭若圖》，畫筆絶高，有鷗波叔明遺意，賦長歌酬之。畫中圖二士扶杖徐度谿碕以蘭若爲歸者，僧耶？俗耶？君耶？我耶？疑莫能明也。”“李將軍”，指抗日名將李家鈺（1892—1944）。江曾任其侍從秘書。“田督頌公”則是田頌堯（1888—1975）無疑。“余爲什邡令”，考其時間，是在1934年。“量移江北”，指曾緘曾任江北縣知事。據上文“客歲金陵之喪，以需滯江北縣事”，則其時爲1935年。詩云：

成都畫家誰最好？嶺表江郎得名早。早年曾寫峨眉圖，雨後嵐光翠如埽。石壺居士

（汪洛字叔耆）請爲友．碧桐主人（芮善字敬於）驚絶倒。二君南派具擅場，能作北宗如汝少。

自昔從事李將軍，方池樓閣連青雲。幕府諸賢盡豪翰：君横采筆相［繽］紛；舒子（矚遐）縱横葉（仲青）深穩，余亦翩翩爲小文。

豈知人事一朝易，彈鋏還爲孟嘗客。東川草檄凡四秋，獨與夫君數晨夕。吟詩作畫並時兩，對酒當歌想高適。愧君賞我摇緑句，手製新圖麗新册。（余汎舟涪水，有"人向中流摇緑去"之句，君亟賞之，爲製《東河春汎圖》。江南高冠吾題一絶句云："吟詩作畫并時兩，對酒當歌容我三。一夜相思殊未了，山平水遠似江南。"）

故人何事彈冠起？什邡一旦侯雍齒。我從撫字到章山，君續催科臨字水。千里相依歎蓬轉，兩袖所貯清風耳。一官同賦歸去來，各振愁容對妻子。

聞君有屋已出賣，傷哉貧也何聊賴！不意人窮藝轉精，丹青别有千秋在。興來爲我復揮灑，筆底紛紜走光怪。濃皴淡抹無不宜，聚五攢三皆可愛。

山阿蘭若開何年？浮圖屹立天中天。百丈蒼厓有時裂，一條素練當空懸。谿礄款款來二賢，此時四山方寂然。白雲動蕩深谷裏，落日照曜群峰嶺。

由來畫法似佛法，一豪端見寶王刹。頗疑枯木有龍吟，若遇石頭妨路滑。君手欲與造化争，我目當用金篦刮。凡夫肉眼那得睹！大智如來獨深察。

世路險巇無坦途，底事投人明月珠。且將三絶傲時輩，不用九能爲大夫。斗酒勞君莫辭醉，聽我仰天附缶歌烏烏。

汪洛，江西人，占籍成都，胡石波婿。山水初學胡濬泉，後一意摹古。筆調清超，頗饒挺拔之致。芮敬於（1880—1956），名青，原名善，字敬於，祖籍江蘇溧陽，成都生。山水畫家。專攻四王。與齊白石、張大千、方旭、林思進爲莫逆之交。舒矚遐，成都《興中日報》總編輯。葉仲青，疑即葉佩芬。高冠吾（1892—1953），原名高愈。崇明人。抗戰中曾任僞職。後易名張天雲。

陳中凡（1888—1982），又名鍾凡，字斠玄，亦爲曾緘同門。1938年初，陳中凡隨金陵女院師生西遷，先由武漢登輪溯江入蜀，次由重慶乘機車赴蓉，寄居於成都華西壩廣益學舍。時金陵女院中文系主任繆鎮藩應聘貴陽任教，由陳中凡主持系政。開學前，曾一訪青城離堆，與曾緘、金毓黻等相見，一醉之後，旋即言别，有詩互贈①。曾緘詩云："廿年分散見無由，此日蕭齋忽聚頭。但使郫筒能大醉，未妨羿彀是豪遊。客心尚繞盧龍塞，草色遥憐鸚鵡洲。我向尊前感桑海，因君時復念孫劉。同門陳斠玄、金静菴避難入蜀，枉駕彼廬，小飲，賦此相慰，兼懷孫鷹若、劉伯平兩同門。武昌斠玄學長兄斧正。弟曾緘呈稿。"② 詩成於2月25日。劉伯平，即劉賾（1891—1978），字博平。陳中凡乃《次韻，送聖言之西康》："客途相見正夷由，又送行旌天盡頭。十日平原拚縱飲，中年王粲更西遊。計程險奥通三藏，

① 姚柯夫《陳中凡年譜（1888—1982）》，書目文獻出版社1989年版，第39頁。

② 陳中凡《清暉山館友聲集·陳中凡友朋書札》，江蘇古籍出版社2000年版，第588頁。

亢志澄清望九州。多少關山行不得，西陲猶幸未虔劉。”金毓黻（1887—1962），字静菴，亦信後附詩《斠玄自成都以贈伯平、誦洛、聖言三君詩見示，次韻卻寄》：“正愁無處覓行藏，來信西州共引觴。雅集下洛催上道，德星初聚喜分光。煩擾每借攤書遣，多難翻從遯世忘。入蜀放翁應有記，勸君莫負歲堂堂。”① 誦洛，即陳誦洛（1897—1965），名中嶽。抗戰時曾任四川鹽務局長。

“送聖言之西康”，則曾緘又將西行矣。1940 年《康導月刊》第 2 卷第 8 期，刊曾慎言《康定襍詩》，共五首。其一，《瀘定橋銘》，無序，已見録。其二，《將軍橋觀水》：風經斷壁猶頻轉，雲遇前山亦小留。衹有將軍橋下水，毅然東去不回頭。其三，《遊金剛巖寺》：徐步公主橋，遥望金剛山。已欣喬木秀，復此招提閒。斯邦重三寶，歲時朝百蠻。法輪昔常轉，丹梯今始攀。泥首蓮花重，瞻戀佛母顔。理通情無滯，意密言可删。憑軒忽四曠，殘照光微殷。雪綴峰玲瓏，霞散天嫻媥。歸鳥争投林，遊人亦［首］還。清娱縈存心，懷之入南關。沈吟終遥夜，思若無端環。其四，《康娃謡》：西方毛牛國，聚族居康娃。冬夏御一裘，自飲酥油茶。生男不自育，入寺爲僧伽。盈盈在家女，十五芳年華。綰結朱絲繩，夭矯如盤蛇。天寒頳兩頰，顔色嬌如花。今日良晏［宴］會，結伴來君家。振衣爲君舞，引吭爲君歌。君意尚不樂，賤妾將如何？其五，《再詠康娃四首》：生小康娃愛踏歌，打柴日日上山阿。風前不管無人聽，唱徹新聲子耳坡。樂頂山頭綉幕張，柳林四月好風光。登登革履踏青去，葉葉［茗］衣生野香。小小方塘一勺泉，風流第二畫橋邊。凝脂浴罷嬌無力，自去咏歸［樓］上眠。人談西康是佛督，儂家一世重浮屠。門前愛看風幡動，心似風幡動也無。又有《最勝耳傳修心七義論講記》，附記云：“昂旺朗吉上師，於 1943 年 4 月 1 日，在雅安鶴林寺開講此論，12 日圓滿。譯者郭和卿，記者曾慎言。自頌文勿説缺支節以下，曾因事缺課，乃借同聞者劉蘆隱、費有俊、何子京諸人録本，雜拾而成之。中間述勝義菩提心一段内，有涉及藏中各派及唯識者，未盡筆記，殊爲歉然。”②

趙熙，字堯生，號香宋。蜀中五老七賢之一，世稱“晚清第一詞人”。1919 年 6 月 25 日，吴虞“同永齡過公園，嘯谷、孫少荆、曾慎言（名緘）、余嘯風先後到”。“茗談久之，金鶴望（天翮）評趙熙詩家數太小，黄季剛評趙熙詩文多不通。熙曾以詩書扇，贈季剛，季剛付其數齡之孩用之，扇墜溝中，季剛不問也。”③ 觀此評語，似是曾緘所述。1948 年秋中，趙熙病卒榮縣。《風土什志》第 2 卷第 5 期，刊曾聖言《趙香宋先生挽詩》：

近得榮州信，新亡趙倚樓；蜀山皆失色，井絡乍回秋；書法吴興好，文章惜抱遒；向來通德里，未敢薄家丘。

憶昔趨三輔，聲華動百僚；臺官真御史，國政僞臨朝；赫赫宗周滅，離離彼黍摇；獨留松柏在，羞逐歲寒凋。

---

① 姚柯夫《陳中凡年譜（1888—1982）》，書目文獻出版社 1989 年版，第 40 頁。

② 釋濟群《閩南佛學》第 3 輯（2004），宗教文化出版社 2005 年版，第 109 頁。

③ 吴虞《吴虞日記》上，四川人民出版社 1984 年版，第 468 頁。

晚節躭幽興，敖遊即是仙；烟雲隨杖履，珠玉满山川；一閣丹無地，千峰翠掃天；峨眉舊時月，曾照李青蓮。

相見梁園日，高談杜老詩；禰言如祖腹，匡説解人頤；淚墮斯茫水，魂招禁些詞；舊恩傷契闊，回首一追思。

曾之交遊，尚有數例。北大期間，亦曾向吴梅瞿安先生問學。1935年，重慶辛亥革命先驅、陸軍上將石青陽病逝，曾緘撰聯以挽："萬里魂歸巴子國；一時淚墮黨人碑。"如前文所述，曾緘與程穆庵、程千帆父子友善。1937年9月，程千帆和沈祖棻在安徽屯溪結縭。1938年，程千帆轉赴四川康定，沈祖棻則留教巴縣界石場蒙藏學校。時程穆庵携繼室同到重慶，旋又定居雅安。1939年秋，一家終得團聚。這段時間，曾緘與程氏父子交往尤密，曾稱讚程、沈二人的天作之合："出當代大師之門，爲世間才子之婦。"[①] 1976年1月18日，程千帆與王淡芳書中還説："來示及龐、曾諸老，軫念舊遊傷逝之情，如何可言？石帚先生尤所密邇，論學之餘，雜以詼笑，與之相交，真所謂如飲醇醪。"其中龐即龐俊，曾即曾緘[②]。曾緘與吴虞的交往，也值得大書特書。二人結交，似緣於歐永齡。1919年6月25日，曾吴見面，"慎言云，曾聞其師黄季剛稱予，而予與季剛固未曾晤對也"[③]。既如此，則曾緘在客套之外，似有面諛之嫌。10月29日，曾緘又"謂予之《國文撰録》標舉漢、魏、六朝，實與學子指條大路，成都向來所無"[④]。此外，則見諸下列記載。1919年9月19日，"午刻，曾慎言同歐永齡來，約任國學院中國文學事，每周六鐘文、二鐘詩，文以後漢至隋爲適用，詩則《詩品》亦可講，如得予同意，再與季丈商之送聘"[⑤]。22日，"訪孫少荆、楊嘯谷、歐永齡、曾慎言，在慎言處早飯，同丁寇英談少，頃而歸"。"午飯後，曾慎言來，代表廖季平丈送國學院本期關聘，每周予止認國文六鐘，餘詩二鐘推與蒲芝仙。每鐘修金一元伍角。"[⑥] 楊獻谷（1883—1971），原名琥，筆名竹扉。大邑縣人。考古學家。四川武備學堂畢業。旅居北京數十年，廣交天下才人異士，聞見極廣。1946年返川後，與謝无量、向仲堅、林山腴、龐石帚、曾慎言交往，更見密切。如：琴家李奇梁曾先後購得曼生壺和東閣硯，但未辨真假。1963年某日，經曾緘引見，得楊嘯谷鑒定，判爲真品[⑦]。1921年3月31日，"飯後"，"訪曾慎言、夏仲和，皆不值，各留一片歸"[⑧]。1926年8月16號，"曾慎言來，云表方昨日送聘去，每周八鐘，予爲言講《文心雕龍》、《文選》、詞"[⑨]。11月7號，

---

① 章子仲《北斗七星——沈祖棻的文學生涯（選載）》，王留芳《沈祖棻詩詞研究會會刊》7，天馬圖書有限公司2005年版，第77頁。

② 中華書局編輯部《學林漫録》第14集，中華書局1999年版，第83頁。

③ 吴虞《吴虞日記》上，四川人民出版社1984年版，第468頁。

④ 鄭逸梅、陳左高《中國近代文學大系·書信日記集二》，上海書店出版社1993年版，第627頁。

⑤ 吴虞《吴虞日記》上，四川人民出版社1984年版，第480頁。

⑥ 同上，第481頁。

⑦ 蕭乾《新筆記大觀》，上海書店出版社1996年版，第863—864頁。

⑧ 吴虞《吴虞日記》上，四川人民出版社1984年版，第590頁。

⑨ 吴虞《吴虞日記》下，四川人民出版社1986年版，第322頁。

“孫少荆來約同訪君毅，值李思純亦在，遂同往公園於晋齡飯店小飲。予交定洋二元與少荆，托代包小王席一桌，於下星期六午後四鐘用，席以洋十元爲準。歸途買請客單十二張，錢八百文。請客：張表方、葉秉誠、熊小巖、廖學章、段升階、孫少荆、陳希虞、曾慎言、李幼椿、曹四勿、羅元叔、吴君毅、又陵，凡十三人”①。11 月 13 號，“一時至二時在成大上課，三時歸。升階、少陵、希虞、小岩、四勿、幼椿、元叔、君毅、表方、秉誠、學章先後到，惟慎言未至，席散已七時矣。補席洋八元，賞厨子四人，共錢五千文，圓桌及客堂，坐十二人即可，慎言幸未至耳”②。段升階（1885－1953），名班級，邛崍人。北京大學法科肄業。有《贈曾慎言同學》詩：“感君厚意至田家，款以名酒待以茶。文君井畔遊舊侣，春風一夜滿園花”③。12 月 16 日，“過唐百川便飯，同座曾慎言、李容先”④。1927 年 2 月 2 日，“曾慎言、吴頡鴻來拜年”⑤。1932 年 10 月 19 日，“聞教廳有蒲賓虞消息，董長安開一師人進省城。聞軍界家眷多移避，貴重衣物均收藏，似今晚即有戰事。予外出晤譚創之、曾慎言，皆不知”⑥。

學術上，曾緘亦不乏建樹，尤好杜甫，《吴虞日記》有載。1919 年 6 月 24 日，“晚，歐永齡來談”，語及“曾慎言孰［熟］於杜詩，評點殆遍”⑦。1927 年 2 月 6 日，“曾慎言來函借杜詩，云人［八］日當於草堂陳列，發起者李鐵夫”⑧。1945 年，川軍某部駐杜甫草堂内，嚴禁遊人入内，曾緘憤而作《杜公草堂被拒》，其中有句云：“一夫側目怒臨關”，“少陵生死在兵間”。但全詩暫不可考⑨。1955 年 7 月，杜甫草堂經培修後，舉辦文物展覽，謝无量、向仙嶠、劉孟伉、梁伯言、彭芸生、曾慎言等，應邀前往參觀，衆皆紛紛以詩紀盛。曾緘以爲，“杜詩無體不工，唯七言絶句則後世頗多異説”，遂作《讀杜詩七言絶句散記》六則，予以辨析：“杜詩七言絶句之異於同時諸家”，“顯然可見者”有四：“彼用常調，而此有拗體”；“彼多單行，而此多偶句”；“彼不入議論，而此時入議論”；“彼尚文、不用俗語，而此尚質、時用俗語”。杜與王李諸人取徑不同，風格自然不同。“杜之爲人歧視者在是，而其所以不失爲盛唐七言絶句之一家亦在是”。然自有杜而後，盛唐七言絶句始盡其變。假使祗有王李一派，而無此老崛起其間，則又何成其爲盛唐？該文載於 1962 年《文學遺産增刊》第十三輯。

新中國成立後，曾緘雖未輟筆，但作品日見其少。1957 年《星星詩刊》第 2 期，刊其《峨眉歌》：

---

① 吴虞《吴虞日記》下，四川人民出版社 1986 年版，第 331 頁。

② 同上，第 332 頁。

③ 張政德《我所認識的段班級先生》，邛崍縣政協文史資料研究委員會《邛崍文史資料》第 5 輯，1991 年印，第 93 頁。

④ 吴虞《吴虞日記》下，四川人民出版社 1986 年版，第 335 頁。

⑤ 同上，第 342 頁。

⑥ 同上，第 657 頁。

⑦ 吴虞《吴虞日記》上，四川人民出版社 1984 年版，第 467 頁。

⑧ 吴虞《吴虞日記》下，四川人民出版社 1986 年版，第 343 頁。

⑨ 易艾迪《李劼人與杜甫草堂博物館的籌建》，成都市文學藝術界聯合會、李劼人研究學會《李劼人研究 2007》，巴蜀書社 2008 年版，第 342 頁。

君不見，峨眉山月半輪秋，影隨李白下渝州。又不見，峨眉山西雪千裏，飛入東坡詩卷裏。平生愛讀蘇李詩，詩中往往道峨眉，今年我踏青衣路，始識峨眉天下奇。峨眉高出青霄上，三面臨空絶依傍，眉痕淡掃有無間，比似文君遠山樣。緑樹蒙龍處處山，山中一徑叩天關，八十四盤通碧落，七十二峰攢翠環。四海彌天酬一顧，身到峨眉最高處，此時井底置成都，白雲遮斷來時路。峨眉西望是邛崍，復岫層巒磊落開，拔地一峰覘瓦屋，連天積雪見瑶臺。瑶臺上有西王母，霧閣雲窗想無數，可憐天上憶人間，宴罷周王懷漢武。峨眉東望萬重雲，飄飄來下雲中君，忽將雲氣化海水，鱗鱗波縐成羅紋。諸峰遥傍雲濤起，棋布星羅爲島嶼，若從此地汎仙槎，便到銀潢逢織女。峨眉最好觀朝日，朝日初從雲海出，海中一點含朱丹，須臾托出黄金盤。山下綵虹蟠五色，佛光涌現萬人看。峨眉入夜失丘陵，冉冉虚中佛火升，趺坐山頭千萬佛，一燈燃出百千燈。飛來一片嬋娟月，來與峨眉鬥眉色，長安畫手開十眉，衹有此眉圖不得。峨眉山下有龍池，龍池如鏡照峨眉，峨眉影落龍池裏，影落龍池山不知。有人夜半持山去，造物倉皇應失措，誰將芥子納峨眉，仍唱詩仙舊時句。

“文革”中，曾緘終因詩買禍。

曾緘堪稱“書家”。《清暉山館友聲集·陳中凡友朋書札》載其手書七律一首，可供觀摩。

作者單位：重慶師範大學文學院

試論謝桃坊先生之學術思想和方法

——讀《國學論集》有感

湯　君

謝桃坊先生的少年和青年，活動於社會文化巨變的時代，然先生竟能保持住讀書人的信念和情感，自覺建立起理性而純粹的學術信仰和崇高的學術使命感。

先生1960年畢業於西南師範學院中文系，1981年入四川省社會科學院從事中國古代文學專業研究工作，現爲研究員兼四川省文史館館員。先生之治學，主攻宋詞，其名著《宋詞概論》、《中國詞學史》、《宋詞辯》等早已聞名遐邇，爲國内外學術界所矚目。然其治學頗爲務新好奇，路徑幾經變移。自1984的《蘇軾詩研究》、1989年歲末的《中國詞學史》、1997年的《中國市民文學史》、1997年的《敦煌文化尋繹》、2004年的《成都東山客家人》、2005年的《成都沙河客家的變遷》、2006年主編的《蜀學》、2009年的《四川國學小史》，直到2011年的這部《國學論集》（社會科學文獻出版社出版），愈變愈寬，愈變愈廣，每一次都能够在學術轉移中迅速立於該學術領域的學術制高點，取得不俗的成就。略檢先生治學路徑之數變，追踪其《國學論集》之結集，實經過了由博到約，由約到精的過程，標誌着先生晚年在學術思想和學術方法上達到了純熟的渾厚境界。先生自謂這部集子的出版，讓他自己滿意於畢生的學術信仰，從今而後，他或者再也不會有精力去製作大部頭的專著了。拜讀此集入選的諸篇論文，尤感先生之學問，或艱難艱深，或偏僻細碎，然總是糾葛着某種人文情感與清醒理性的流淌，體現出令人驚異的接受學術新思想和迎戰學術新難題的能力。玆試對其治學之思想與研究之門徑做一述評。

一

先生的青年時代，自覺接受了現代歷史學家、文學理論家對中國歷史、中國思想史、中國文學的嶄新闡述，也對西方特别是蘇聯的哲學、文學理論發生興趣，並一度成爲馬克思主義和共産主義的崇奉者。因此，其治國學，常以純粹學者的獨立個性，用懷疑的眼光看待傳統文化和學術動向。國學運動的熱潮起於上個世紀初，有着輝煌的光榮歷史。近年中國内地亦逐漸興起國學的追捧，但已非往昔國學家們之初衷。先生眼見當今很多著名學者對國學的認識，有的乏於理性的歷史的判斷，有的重蹈國粹主義的覆轍，有的借吹捧儒家倫理道德並提倡讀經，有的則於商業炒作糾結一起，對此深感失望。先生覺得有必要首先解决國學的性質問題，即回答國學是什麽的問題。先生對歷史上的國學運動的來龍去脉進行文獻的考證和理論的審視，發現歷史上國學運動在很大程度上都是在伴隨時代變革中，代表領軍的學術界領袖和一批熱情追隨者共同合力完成的。與胡適同時稍晚的以顧頡剛爲核心人物的古史辨派，實際上是包含了數十位史學家、考古學家、經學家、文學家、哲學家、文獻學家、文字學家等在内陣容龐大的疑古學派隊伍，如胡適、錢玄同、顧頡剛、丁文江、魏建功、容庚、傅斯年、馬衡、繆鳳林、姚名達、周予同、馮友蘭、劉復、羅根澤、錢穆、梁啓超、余嘉錫、高亨、唐鉞、劉盼遂、吕思勉、童書業、譚戒甫、唐蘭、郭沫若、楊向奎、蒙文通、楊寬等。對這個隊伍中的若干家學者進行個案研究，這在學術界不乏成功的先例。然若欲理出這一群體是怎樣從青萍之末到波瀾起伏的過程，並一一辨析他們的争辯、成就和學術意義，就需要既能匯聚史料，又能提綱挈領的功夫。先生畢聚古史辨派龐大陣容的衆多細碎而繁雜的史料，精心考證，認爲這個派别所討論的更多是關於先秦古籍的辨僞、諸子的考辨以及秦漢學術史問題，這種辨僞工作實質上是對國學運動中國粹觀念的顛覆，儘管其所討論的並非盡屬史學範疇，然據其所使用的傳統考據法，應將其學科歸屬上歸入國學。先生指出，古史辨派所採用的對中國文獻和歷史上若干細小問題進行科學考證的方法，是把國學研究的基本方法應用得最顯著、最集中、也最成功者，因而他們對國學的影響也最大。這個結論，有助於先生回答國學是什麽這個核心難題。先生對自 1903 年上海成立的國學保存會、1923 年胡適《〈國學季刊〉發刊宣言》、1926 年顧頡剛談“國學”概念、20 世紀 30 年代學術界關於《老子》成書年代的争論、北京大學研究所國學門的學者們衆多論著的偏向、新中國成立後“國學”爲“文史”所取代的實際情形和清末民初以來的國學運動的諸多歷史綫索并進行精審梳理和考辨後，解決了國學是什麽的學術問題。先生認爲，國學是以科學考證方法研究中國文獻與歷史上若干狹小的困難的學術問題：它是一個綜合性的涉及哲學、歷史、文學、文獻、版本、校勘、文字、音韵、訓詁的邊緣學科，爲其他各學科提供事實的依據；它是純學術的，其意義在於中國的學術問題應衹有中國學者纔可能解決；它即是新中國成立以來的文史研究；它是獨立而純粹的學術，不擔負其他政治的、倫理的、社會的以及普及的任務。平心而論，先生的這個看法，不算什麽創新，他不過恢復了 20 個世紀以章太炎、胡適、顧頡剛、傅斯年等古史辨派和歷史語言學派的大家們的一般看法，但這個恢復是以 90 年代功利學術氣候下的國學背景下展開的，因此其結論自有史家學者的那種現實的敏感和清醒。先生坦率地批判近年的國學熱，以爲實屬學術界理性的貧乏與純學術興趣的喪失所至。真正的學者，應該爲當前喧囂的讀經熱慚愧。先生尖鋭地指出，近百年來，不斷有政客或學者爲了填補大衆文化的空虛而造成儒家經典的“繁榮”，但這些國粹學者的思想與我們的時代是不適宜的，甚至是頗爲荒謬的。國學並不等於儒學，國學研究和國學基礎是兩個層面，不能混淆。研究國學絶不等於研究儒學，更不等於提倡讀經。當前之所以出現“國學”與“讀經”的聯繫，衹是學術媚俗的一種炒作而已。社會上的一些講經者往往口是心非，但自己並没有從儒經里學得這些品德。先生是在政治磨難中選擇純粹學術信仰的，因而對學術與政治之糾葛關係似乎特别敏感。曾有20年的苦難社會底層生活經歷，形成了先生堅韌、獨立和自由的複雜人格，他對人性、道德、社會、人生有着某些獨特的認識，故極力反對傳統的儒家倫理道德，憎惡學術的庸俗和虛僞。這種鮮明的學術個性在其一生的治學過程中時或顯現出來。

國學運動過程中，總有一些人物在特定歷史條件下起到扭轉乾坤或推波助瀾的關鍵作用，對國學的命運具有關捩性意義。先生非常注意典型人物和典型事件在歷史進程中的舉足輕重的作用，故而精心挑選章太炎、劉師培、劉咸炘、胡適、顧頡剛、郭沫若等近代國學的代表人物，在糾結雜亂的史料中，抽絲剥繭，一一考辨這些國學大師的學術軌迹，並給予清晰的認識和深刻評價。章太炎是中國近代最早和最有影響的國學大師，積極從事國學講習活動，並在國學研究方面取得很大成就。先生認爲，章太炎國學基礎深厚，於經學、諸子學、訓詁學、文字學、學術史等均有豐富著述，兼弟子衆多，故對發揚光大國學有助。然其以古文經學家立場所理解的國學實即經學，所提出的“整理國故”實即國粹主義，加之其小學功夫中的好奇惡新的個性，均使得他的國學之路走入困境和歧途。他的國粹觀念被稍後的古史辨派和新文化派所批判和糾正，是必要和正確的。先生是以歷史的眼光來考察章太炎的國學地位的，所以其評述也是理性和辯證的。在認清“國粹”主義的偏頗之後，先生考證了國學大師劉師培先生的國學活動，認爲他雖屬於國粹派學者，但對“國粹”的理解並不頑固。劉師培理解的國學，即是中國學術的流變與發展。先生以爲其見解較之其他國粹派之倡導讀經和儒學進步多了。劉師培的純粹學術信念和品格，正是先生自己所主張和堅守的。先生尤其讚美劉師培能超越狹隘的宗派觀念，見出今古經學派的互有得失，堅持真正而純粹的學術風尚。川中罕見天才國學大師劉咸炘的國學活動一般少爲人留意，然先生卻見出其國學成就的歷史意義。先生指出，劉咸炘理解的國學，是以中國的經、史、子、集四部書爲對象的傳統文化研究。其治學道路既非傳統的，亦非現代的，而是試圖以理性的思辨和歷史的探討，在舊學與新學之間找到一條通達真理之路，指導社會實踐，改進社會道德，實現學術的現實價值，並在廣博的知識結構的基礎上建立一個宏偉而精深的體系。先生指出，劉咸炘將西學作爲陶冶的一種原料，旁採以資參證。其治學道路是以史學理論爲基礎，其治史學以“考證事實”爲首位，這個觀念裏藴含有合理因素和智慧閃光。劉咸炘偏居蜀中，英年早逝，其著述因流傳不廣，未進入學術之主流，故影響學術界甚微，其於國學運動之歷史意義，更賴先生之首發。關於新文化運動的代表胡適，先生指出其以新文化思想確立新的國學觀念，把國學看着是研究過去一切文化的學問，是建構新文明的一個組成部分，而“整理國故”衹是其中一部分。先生認爲，這個觀念改變了國粹主義者們以治經學爲主，以讀經爲普及國學活動的格局，爲國學研究掃清道路並奠立了基礎，推動了國學的健康發展，有利於整理和傳承中國傳統文化。胡適將白話小説研究納入國學運動，在新文化運動中爲中國的學術開闢了一個新方向，打開一條新道路，其意義已經超越了小説考證本身。先生對胡適對國學運動貢獻的歷史評價，表現了其接受西方人文精神，注重新的民間文化領域的學術思想。先生本集中所收録的有關中國市民文學、明清時調小曲、明清艷情小説、中國近代禁毁小説戲曲的研究，應該説都是與胡適等人當年的用新文化運動引導、改變國學研究的方向息息相關。先生關於古史辨派的代表人物顧頡剛的作用非常看重，認爲其在辨僞和疑古的學術實踐裏發展了胡適的國學思想，把國學理解爲純學術的用科學考證的方法去研究中國歷史文獻，因此不負擔改良社會、普及民衆的責任。先生指出，在今天看來，雖然顧頡剛的國學概念過於狹隘，然而他繼胡適之後駁斥了來自學術界對國學運動的種種攻擊性意見，大大推進了國學向真正學術道路上的發展，其《古史辨》第一册之《自序》，標誌着古史辨派這個新學派的誕生。先生對胡適和顧頡剛於國學之歷史意義，可謂抓住國學的關鍵轉折點。先生特别垂青那些具有歷史和時代批評精神的國學家。郭沫若先生是馬克思主義革命家和考古歷史學家、新文學創作的研究者與參與者。先生見出郭沫若在四川國學乃至中國國學運動中的巨大貢獻和意義。先生指出，四川的國學運動是開展較早的，但尚沿舊學軌道進行，活躍於國學界的，主要還是晚清尊經書院和存古學堂培養的今文經學家。然抗日戰争時期郭沫若的成就，則使得四川國學運動的性質發生了根本變化。先生認爲，郭沫若反對普遍提倡"整理國故"，反對誇大國學價值，以爲整理國故僅是舊價值的重估而已，而國學研究其實就是考據的學問。中國學問中的某些史料考證的困難問題，還有賴於中國學者自己解决。郭沫若在特殊的環境裏，利用新的資料，採取理論批評與傳統考據實證相結合的方法研究甲骨文和金文，以突出的批判精神，對史料的時代性和文獻考證從新檢核，對歷史人物和思想在弄清真相的基礎上予與從新評價。先生指出，郭沫若的這種研究，既異於傳統的講義式的著述，也在主要的方面具有國學研究的傾向。它成功地運用了馬克思主義的唯物史觀探討中國古代社會性質，以人民的價值標準對古代思想進行清算，解决了中國古代社會與思想的若干疑難問題，構成新的學術體系。新時期以來的反思文學或反思學術，對馬克思主義和共産主義影響下的學者或學術，普遍存在一種全盤否定的傾向。然從那個年代走出來的先生對郭沫若國學貢獻給予的恰當的歷史定位，可謂獨立而個性分明，顯示其對人民價值的充分肯定。

二

先生考察國學運動的性質和意義，評述其關鍵學派和關鍵人物的作用，同時還注重對川中學術和蜀學歷史的考察。

先生對四川和重慶兩地的國學運動做横向面的群體考察，對川中大學教授們的國學成就以及新型國學刊物的意義，也做出客觀歷史的時代評價。1912 年元月，四川省政府首創國學院的學術機構，首建國學學校，並於 1912 年秋首辦《國學雜誌》。四川學者的敏鋭性，使得四川雖然不是國學的發起之地，但很快因了特殊的抗戰歷史與地理條件，在全國居於領先地位，在國學運動史上留下了光輝的一頁。先生詳盡細密的考證謝无量、劉師培、廖平、劉咸炘、吴之英、曾瀛、李堯勛等所發之國學成果，發現皆以經學、諸子學、史學爲主。先生因此認爲，四川國學院雖得風氣之先，開啓了四川國學運動，但其國學家們卻尚屬於民族文化的保守者，試圖以儒學爲國粹，抵制西學和新文化。先生還留意到了四川國學運動在蜀中的本土發展。川中奇才劉咸炘的父親劉沅門下有尚友書塾，規模三百餘人，并創辦《尚友書塾季報》，以“凡所研究，不分東、西、新、舊，衹問是非”爲宗旨，發表多種國學專題論文，實“專究國學”之學校。此種國學綫索，是同類論文中所罕見的。先生因熟知川中學界，與劉咸炘後人有交，故而留意此事。川中學者廖平，治學善於變遷方向，對先生之治學遷移頗有影響。不過先生重點論述了廖平以今文經學派治國學之隨意曲解的局限，此評客觀公允。先生論劉師培入川對廖平今文經學思想之批評而引起的“蜀學丕變”，以爲劉咸炘第一次指出國學研治中國經史子集傳統文化的綜合性質並注重博學與考據，從而對國粹學者有所超越。先生對抗戰期間四川國學運動性質發展和變化的關注，顯示出先生作爲川中學者獨有的優勢和對全國國學運動的宏觀把握。先生還重點考察了抗戰時期重慶這個國學中心的學術活動。先生發現，以郭沫若爲首的文化工作委員會的數十位學者如侯外廬、杜國庠、紀玄冰、翦伯贊、吕振羽、盧於道、沈志遠、蔡儀、王昆侖、郭沫若、章太炎、錢穆、蔣梅笙、譚正璧、朱東潤、羅常培、唐蘭、韓儒林、鄧廣銘、詹鍈、顧頡剛、向達、白壽彝、羅根澤等等的國學成就，代表了國學的新思潮、新方法，對國學運動的性質和發展有着轉折性作用，對四川學界産生特別巨大的影響。

先生又以現代學術的眼光，注意到學術專刊的創辦，對推動、傳播國學的巨大歷史作用。在先生看來，1941 年創辦於重慶的《文史雜志》，是最有社會影響和學術價值的國學刊物。它和 1943 年創辦於重慶的《文史哲季刊》一起，共同標誌着國學中心向重慶的轉移。先生充分肯定此一期間郭沫若先生近二十篇關於中國古代學術問題考證和學術批判的論文，指出其唯物主義歷史研究與科學考據相結合的學術個性，其高瞻遠矚和批判精神的學術眼光，使其學術結論往往不易被推翻。先生認爲，郭沫若新的方法和價值觀念，不惟可以警示我們不能再犯宣教師式的“時代的錯誤”，而且是對中國學術的巨大貢獻，並推動國學的新發展。先生特別重視當時大學爲依托的相關刊物的凝聚力量。抗戰時期遷入川南小鎮李莊的同濟大學，其國立中央研究院歷史語言研究所由傅斯年負責，所刊《歷史語言研究集刊》登出的論文主要都是屬於史學和文獻考訂的純學術文章，在中國學術界形成歷史語言學派。先生非常重視傅斯年本人所受德國柏林大學哲學院史學實證主義學派影響的學術背景，發現傅斯年將其與乾嘉考據學結合起來，重事實，得證據，成科學考據法，反對義理的探討和疏通，將國學的大題目圈在歷史學和語言學的範圍之内，亦使歷史語言研究所在李莊的研究成果，不僅在整個國學運動中具有重大價值，更對四川國學運動的發展有深遠影響。1941 年西方教會於成都興辦的華西協和大學陸續出版的《中國文化研究所集刊》八卷，先生於其中韓儒林、辛用、董作賓、劉咸炘、吕澂、蔣大沂、楊漢光等學者特別留意；齊魯大學教授錢穆負責的國學研究所的兩個重要國學刊物《齊大國學季刊》、《責善半月刊》被先生推爲抗戰時期最好、最爲活躍的國學雜志；遷入四川樂山的武漢大學文學院以及其《文哲季刊》之論文成果、遷入四川三臺縣的國立東北大學東北史地經濟研究室以及其《東北集刊》之論文成果，先生亦重其與社會現實相關的時代特徵；1945 年冬四川大學文學院中文系組建國立四川大學國學研究會，並於次年 2 月發行《國學會刊》第一期，先生指出，這些學者的成就多是新思潮新學風的反映了。1946 年，淵源爲東北大學的私立尊經國學專科學校在成都成立，謝无量爲董事長，蒙文通爲校長，任課教師多四川大學和華西協和大學的教授或講師，分設經學、文學、史學、哲學四科，學生百餘人。此四川國學運動之餘脈，先生則特舉蒙文通國學論文以終結。先生認爲，蒙文通由經學轉治史學，其成果是在哲學思想與史學觀念指導下的有目的的考證，而且存在今文經學的某些影響。蒙文通的考據是工具學問，經、史都用得着，但它卻不是經學和史學的見解，被先生歎爲繼劉咸炘之后的“卓識”。先生高度評價蒙文通在四川國學界中的巨大顯著的成就，以爲其不僅很有個性，且可以體現四川國學研究的某些特點，是四川國學運動的光榮終結者。先生於四川國學運動的考論，篳路藍縷，絲絲入扣，其間總結出諸多甚爲珍貴的深刻歷史經驗，如謂四川學術乃中華學術之一脈，受主流文化影響，又有地域特色；謂四川國學因抗戰原因由國粹走向國學新思潮，從而改變了研究方向，這是四川歷史上繼秦國滅蜀、五代兩宋以後的第三次最大文化機遇，引起四川國學研究之新變；謂四川國學運動的過程，證明學者們對國學性質的認識，最終指向獨立而純粹的學術疑難研究，不擔負其他政治的、倫理的、社會的、普及的任務。中國的學者能够自己解決中國困難的學術問題，並延續中國的學術命脈。先生所用史料，多不見於相關論文，所述之對象，亦是千頭萬緒。然先生因了要警示當代國學研究應以歷史爲借鑒，故而還是嚴密而科學的解決了這一學術難題。

蜀學之於先生的國學研究，異體同源，密不可分。20 世紀 80 年代以後，四川一些地方學者因爲新出土的三星堆文明和金沙文明遺址的鼓舞，逐漸將“巴蜀文化”這個概念擴展與誇張，在缺乏真實史料依據的基礎上，把神話傳説當成歷史，由此産生種種僞説。然先生對古蜀史料進行疑古的考辨與證僞，指出所謂古蜀國之肇自人皇、爲黄帝之後世、禹出生於汶山等説，皆出自後世僞造之種種典籍；所謂蜀王世系，在揚雄之前更無任何記載，亦屬僞造。後人因從漢代以後各種古籍所述和地理關係去證實褚少孫之説，或以唐宋以後方志附會而求他們與中原王朝的相應關係，此皆緣於信僞而信古，難以見到歷史的真實。先生又對蜀學性質與文化淵源及其與巴蜀文化關係進行考證，認爲蜀學即是蜀中學術，與“巴蜀文化”這個考古學概念毫無關係，古代巴蜀的遺迹和遺物也非蜀學研究的對象。先生指出，秦國滅蜀後引進接受中原文化，使四川進入文明社會，並於西漢初年接受中原儒學而興起了蜀學。蜀學即以四川自西漢迄今的學術爲研究核心，包括蜀學理論、蜀學史、蜀中學者、蜀學文獻等方面的研究，是四川文化中高層次的理論研究。蜀學的主要成就在文學、史學、哲學和經學方面，既體現了中原學術傳統，又有相異之處；既有時影響着主流文化，又往往遭到正統學者的批評；既有地方學術的滯後性，又比時尚文化更富於傳統精神；蜀學的文化淵源絶非來自蔽塞蒙昧的古代巴蜀，它爲中國學術文化史的一個分支學科，直至現在仍具某些地域的學術特色。若從中國文明的起源來看，以及它對中國整個文化史的影響來看，無論如何它是不可能與中原文化、齊魯文化和楚文化的意義相比擬。自中國新時期以來，在改革開放政策的鼓舞下，各地域的文化建設紛紛强調構建地域文化系統。四川有學者在此背景下，擬出古代巴蜀社會到四川現代文明的發展鎖鏈，將巴蜀的歷史上溯到距今四千五百年的寶墩文化和三星堆文化，從而將“巴蜀文化”等同於“四川文化”，大大擴展其概念的性質和内涵，以誇大其在中國歷史文化中的作用。先生的結論雖然與這樣的地方學術導向相左，然卻更經得起學術的檢驗。又如關於蜀學的特徵，先生於衆多蜀中學者裏，選擇了頗具個性和代表性的司馬相如、揚雄、譙周、常璩、陳子昂、趙蕤、李白、龍昌期、蘇洵、蘇軾、吴縝、任淵、魏了翁、楊慎、唐甄、廖平、吴虞、劉咸炘、李宗吾、郭沫若、賀昌群等二十一位學者進行分類考察，從而見出蜀學固守傳統又時居前沿、以雜學見長又時有異端、崇尚務實又富於思辨的基本而突出的特徵。先生是蜀中學者，然若非持有獨立自由之純粹學術信仰和求真務實的學術勇氣，要堅守上述學術觀點是難以想象的。

三

先生治學，尤重學術方法。先生自稱素喜廣泛閲讀各個學科，讀時或粗或細，忽視其體系而注意吸收具有指導意義的個别觀點，兼收並蓄其中的深刻卓識或片面真理，逐漸形成了學術個性。先生又述其早年最受影響的是德國現代經濟史學家偉・桑巴特的“理論的歷史的”學術方法，慢慢對它有進一步的理解和運用，即嘗試以史學家的態度考察學術問題。後來又受到新文化運動以來科學考證方法的影響，重視資料的收集與文獻的考證，使經驗的事實逐步上升到理論的高度，並始終保持獨立的判斷。學術方法的科學與靈活，是先生國學研究取得豐碩成果的一個重要方面。

先生有着非常明確而强烈的方法意識，其選入本集的諸多國學篇什，隨處體現出其對研究方法的密切關注。最典型的如其考察陳寅恪先生和王國維先生在學術的獨立與自由問題上表現時，發現王國維拒絶接受新文化思想，但在研究中關注新發現的問題，採用先進的方法，適應了學術潮流；而陳寅恪拒絶接受馬克思主義，偏離近代人文思想，退回到傳統的文化觀念中，採用了繁瑣考證的方法，遠離了學術潮流。先生的這種比較，在衆多此類話題的討論中是如此的新奇而又合理。先生從對陳寅恪和王國維的治學方法的考辨中感悟到，王國維以自殺方式中斷學術事業，表明他没有學術的使命感；陳寅恪的文化觀念中則缺少了純粹的學術追求。他們雖然在中國現代學術史上是兩座豐碑，但卻令人遺憾的未能建立真正的學術信仰。我們聯繫先生自己的學術之路和學術信念，不難感受這樣的感悟中，無論是在學術結論和學術思想上，都藴含着先生或正或反的夫子自道。

先生有着自覺的問題意識。學術問題的發現，最能考驗學者的眼光和境界。先生特别强調了自己對具體的學術問題的格外重視，自謂在兼收並蓄中並不太注意形成明確的理論系統，而更樂意在理性中面對一個又一個的學術問題。先生發現的學術問題，往往是一個學術領域的最爲緊要的學術難題。例如有關中國"詩學"概念和内涵的探討，自20世紀80年代至本世紀以來，一直是學術界歧義紛陳、争執不已的現象。這個問題的艱難討論，甚至關係到中國詩學的學科建設和理論研究的深入。先生考辨了孔子的"詩言志"和毛詩《詩大序》、鐘嶸《詩品》、嚴羽《滄浪詩話》、范梈《詩學禁臠》以及自後元明清歷代學者的相關著述和觀念的細微演變，並一一辨析20世紀20年代之初的諸多傳統詩學論著，發現在中國自己的詩學歷程中，實已逐步形成了詩論、詩評、詩史、詩體、詩法、文獻考證等幾個方面的内涵，從而建立了自己的真正體系。所以他認爲，中國詩學作爲傳統的獨立的一門學問，在新時期又有了專門的學術集刊和教育部的學術研究基地，已經是現代學科之一，它的歸屬應該是：中國語言文學——中國古代文學——詩學。此論源於與相關學者之學術論争，然先生細密而嚴謹的梳理，卻令人有撥雲見日之感。又如關於北宋新儒學派的創始和名義演變的過程，自北宋以來即有許多誤解和混亂在裏面。歷代學者糾纏其中，不能自解者不一而足。20世紀以來，它又在特定的歷史文化轉型階段成爲人們流連的學術難題。先生從考證新儒學派學者自己的意見入手，辨析其内部整體意見與矛盾之處，發現程頤和朱熹時而認程顥或二程爲創始人，時而又肯定師承周敦頤學術淵源之事；南宋以來張栻、魏了翁、黄震、黄幹、陳淳等新儒家派們公認周敦頤爲創始人。先生指出，新儒學派爲了宣揚道統遠源，而不得不誇張周、程之師承關係，公認周敦頤爲學派的創始人。然周敦頤是否接觸到了新儒學之主題？先生認爲這纔是從實質上判斷他是否爲新儒學創始者之關鍵所在。先生發現，雖然程顥自詡"天理"學説是自己獨創的，然周敦頤的《太極圖説》中實際上已經簡約而深刻地表述了"理"和"道"、"動"、"静"、"無極"、"誠意"、"人欲"等新儒學的基本理論範疇，其《通書》的完成和《邵州新遷學釋菜祝文》表明其學術思想的成熟，可視爲新儒學興起之標志。先生用内外雙證之法來論述此難解學術公案，無疑是合情合理，令人信服的。再如新儒學派有諸多的如"聖學"、"正學"、"義理"之學、"道學"等名謂，後世學者在討論中歧見紛陳，各執所偏。先生認爲，新儒學派定名的漫長過程本身，正表明時人對新學術思潮認識的具體而真實的過程。上述所列的每一種稱謂，都表明新儒學家們對它的實質和特點的努力把握。先生考新儒學派後期提出之"理學"概念，認爲與他們的"道"的概念關係密切。宋理宗趙昀"以理學復古帝王之治"歷史背景，亦是"理學"指代新儒學派的歷史的原因。先生由此認爲"理學"這一稱謂，兼顧新儒學派理論和歷史的兩種元素，因而是最確切者，故爲宋以後學者普遍採用。先生此論，應該説是此類論文中最爲簡明可信者之一。另如北宋的新儒學派，實際在傳統的文道之争中，對傳統文學觀念做了持續的修正。然這一問題長期以來被學術界視爲單純文道之争加以討論，先生卻發現此問題於中國文學觀念歷史變革之重要意義。先生一一考證新儒學派對文學觀念修正的全過程，指出理學家們在文學觀念與具體創作之間存在矛盾，他們在理論上不能自圓其説，在染指上也處於兩難。因而宋代的理學家之詩、理學家之詞和言理之文，都體現了"文以載道"的精神。先生認爲，這極矛盾的現象中卻反映出理學家爲載道和衛道，自覺改造文學，從而使文學失去獨立性，降而爲載道的工具，它自南宋以來逐漸成爲中國傳統的文學觀念。先生由此指出，我們近數百年以來的所謂傳統文學觀念實爲北宋以前文學觀念之異化，此值得我們深思。先生之發現問題之深度和高度，於此文中可見一斑。

四

先生治學，重視方法的科學性和表述的平易明瞭，不唯善於發現問題，發現難題，更善於選擇視角，機智靈動的解決問題。即便是艱深枯燥的考證，先生也能使之充滿歷史趣味。伴隨着新的證據和新的解讀，讀者仿佛進入層見疊出新境界。

先生非常注意對學術問題展開討論的視角選擇。例如中國的儒家及其學説是否具有宗教的性質，這是 20 世紀以來，由西方學者發起疑問，後引起中外學者共同關注、迄今争論未已的重大學術問題，近年又被部分青年學者所關注。先生則從西方學者對儒家性質的認識入手，系統考察了西方學者在判斷儒家是否具有宗教精神上出現了兩個極端的整個過程，發現他們一部分學者從宗教的視角認爲儒家有宗教性，而另一部分學者卻發現儒家根本就是無神論者。先生再從中國儒家觀念的歷史過程中發現，儒家與佛教、道教在性質上有根本區别，中國的儒家並没有發展到宗教具有的以人的内在精神擺脱國家關係和世俗控制的這個階段，也没有形成宗教的三大基本標誌（崇拜超自然的東西、關注人的終極價值追求、相應嚴格的宗教祭拜儀式），故它並不具備宗教特徵，也無宗教的標誌，難以稱爲國教。所以先生指出，中國的儒家學説是關於社會政治倫理的學説，在本質上是爲現實政治服務的。民國初年一批遺老以儒家爲“儒教”，成立“孔教會”，當然會以失敗告終。至於西方學者以“儒家”爲“儒教”、爲“國教”，先生認爲這其實是一種文化的誤解。從西方學者的認識歷程以及宗教的基本特徵兩個關鍵點切入考察，無疑使得先生的結論更爲明確可信。再如，新儒學在南宋時期成爲學術思想之主流，這與朱熹對蘇學的徹底否定和攻擊是分不開的。朱熹在南宋初期蘇學復興的背景下，出於深邃的政治和學術考慮，率先發起徹底否定蘇學的“邪正”之辨，這在中國學術史和文學批評史上都頗具重要之意義，故也爲學術界反復研究。然先生卻從文獻的角度解讀蘇學之辨的公案，並從中發現了文學與政治、學術之争下的朱熹複雜人性和人格。先生指出，朱熹出於衛道的目的，極端偏激的攻擊蘇文，認爲它雜於釋氏而非純正之儒學，有害於道，這在理論上打擊了程學的對立面，從唐宋古文家那裏争回了儒家道統，爲理學的日後大發展廓清了道路。朱熹“文以載道”的主張確立了文學符合統治思想的原則，程朱學派爲核心的理學遂成爲新儒學派的正宗，這固然是爲新儒學的發展作出了卓越貢獻。然先生見出，更爲重要的是，朱熹還原了蘇學的非學術派别的性質，蘇學卻因此失去了儒學理論的光輝，所謂“蜀黨”實即蘇門文人集團而已。不過先生認爲，朱熹的批評雖然隱没了蘇學比傳統儒家更爲豐富、更爲符合人性、更具現實意義的價值部分，但卻没能動摇其在中國文學史上的崇高地位。即便是朱熹本人，當他作爲正直學者和文人而不帶狹隘宗派眼光與衛道的偏激去看待前輩文學家兼學者蘇軾時，也會發自内心的作出公正評價的。但是先生最後指出，朱熹私下對蘇軾文學作品的欣賞和對其人格的欽佩，實不足改變他作爲新儒學派成員對蘇軾的批評所造成的學術的和社會的破壞性影響。此篇論文行文一波三折，所見跌宕起伏，愈深而愈精，終於曲終奏雅之處，揭示了蘇學之辨問題背後朱熹的學術品格和政治人格在其捍衛學派過程中的複雜因素。先生對政治學者複雜人性的關注和洞若觀火的察辨能力，於此可見。又如二程在蜀中的人生經歷，《宋史》等史料記載簡略或略而不載，有些略載又失實或有誤。先生對程頤蜀中行迹做專門考辨，還原了程顥並未來蜀中的事實，反駁了二程共同入蜀的傳聞。先生肯定了程頤在漢州隨侍父親的事實，並對期間其奉父命的學術活動、社會歷練、性情修養、給予了清理。程頤隨侍父親於漢州，偶然到過成都。先生考辨其於成都之行時與范純仁、韓宗道、以及《易》學隱者交往的生動過程，並肯定其後他第二次入蜀編管涪州時完成的《周易程氏傳》即含此隱者的啓發。最後先生還對程頤編管涪州途中再遇隱者、培養易學門生譙定以及以真正儒者的態度學處逆境的聖者情懷予以還原。考證本是枯燥繁瑣的，然先生卻總能使之充滿鮮活的生活趣味，讀之仿佛與程頤蜀中同行一般，此亦與先生獨特的考證視角相關。敦煌藏經洞所發現的四萬餘件古代寫本文書，引起中外學者百餘年來的種種猜測，其中藏經洞封閉的時間和原因最爲神秘，也最難定論。先生於其中保存的浩瀚而複雜的佛教文獻、政府檔案資料、儒家典籍、史書地志、文學作品、通俗讀物、民間契約等史料中，特别重視其中的政府行政和財政事務檔案，以及非常重大外交和軍事情報的存在，故而推斷它們不可能是民間私家文獻，而是沙州都督府的文獻檔案。對於其中何以有着近百分之九十的佛教經卷的問題，先生考察了這些經卷題記留下的大致三類綫索後，認爲這是因爲當時的地方行政長官及家屬爲争取佛教徒以推行地方政權而寫造大量佛經、當地寺院僧侣將所造佛經呈送都督府官員以求行政支持、朝廷官本佛經以行政方式傳到邊疆政府等原因所致。對於何以敦煌佛教文獻往往一面爲佛經，一面爲其他文書？先生解釋這當是因爲世俗因節約用紙經費而將廢棄的佛經卷子用以抄録書籍或作爲公文、契約的草稿紙使用，沙州都督府曾收集這些廢棄經卷作爲他用以節約購買紙張之經費。先生並不專治敦煌學，然其此説的提出，誠爲提綱挈領，擒賊擒王之法，故已經爲敦煌學界所重視。《國學論集》中的大部分文章，其選題即狹小，其考辨亦幽僻，然而讀先生之文，卻簡單明瞭。這一方面是由於先生對自己學術見解充分自信，另一方面實得力於先生對明晰流暢文風的刻意追求。先生自謂他的文風源自大學時期閱讀中國學者翻譯的西方哲學著作和文藝理論著而來。那時的譯著水平很高，既能體現原著犀利優美的文風、縝密的文法和清晰完整的複雜的長句，具有典雅、明净、準確、豐富的特點。先生從中體悟到爲文在達意之外還應該追求一種樸素之美和邏輯結構的嚴密，並蘊含着思想的光輝。先生行文，確實樸素而深刻。

先生給自己的學術定位是詞學，然而這並不妨礙他在治學上的“七年一變”（《自傳》）。察先生的治學之變，實爲其善於適應學術潮流，善於在原始的、生僻的或者前人易爲忽略的材料裏，以堅實的科學考證之法，引領學問的新境界、新領域。本集所收之所有文章，無一不考，無一不辨，故其結論無一不立，無一不堅。如對於市民文學、明清時調小曲和艷情小說的關注，是先生預流新學術領域之一種。先生經過七年的艱苦探索，對北宋以來非主流的文學新現象如小唱、諸宫調、話本、雜劇、戲文、通俗小說、時調小曲等都市通俗文藝史料進行細碎的考辨，在不爲人重視的材料裏發現了學術新領域——市民文學。先生發現，中國的市民文學以北宋京瓦伎藝爲標志而産生，流行於都市，表現市民社會明顯的商業性、娛樂性、通俗性的特點，表達了市民的反封建意識。市民文學中的大多數其實是談不上藝術性的，然先生卻以文化的意義去闡釋它們的價值，發掘了其中藴含的市民的反傳統文化精神，認爲其與俗文學、白話文學、平民文學、民間文學一樣，均是中國傳統文學中的異質面，其對下層人民日常生活真實的關注，某些方面而言表現了我們民族文化精神的最有潛在活力的一個部分，因而具有近代意義。先生對"市民文學"概念發現、提出和論證，實需面對種類複雜、資料散亂和某些學術禁區的。先生之所以敢於跋涉這塊禁區，也能越過這塊禁區，其基礎就在於堅實的歷史考證。又如對明清時調小曲的原貌進行梳理和考證，可看着先生對市民文學論證的姊妹篇。先生留意到臺灣故宫博物院圖書館藏明代成化七年（1471）金臺魯氏刊行的四種通俗韻文，認爲這是中國音樂文學史上一個新時期的開端，標誌着一種新音樂文學樣式的興起。以此爲契機，先生考察了北京圖書館、中國戲曲研究院、臺灣中央研究院歷史語言研究所、臺灣故宫博物院圖書館等處所收藏的明萬曆年間至晚清、民國期間發現和保存的諸多明清"小曲"、"小調"、"牌子曲"、"時興雜牌新曲"、"時調"、"雜曲"、"時調小曲"等等名號下的新體音樂文學的通俗歌詞，發現"時調小曲"的概念雖然仍有含混之處，卻最能概括此體文學的特點和性質。先生接着考證明清時調小曲的作者情況，認爲他們中更多的是都市下層無名的類似書會先生的没落文人所編的，以供藝人、書賈或妓女做唱本。先生又考證明清時調小曲活動於都市歌樓、妓院、戲園、茶社、酒店、街頭巷尾、富家豪宅以及鄉鎮等處的歷史情形，發現其繁榮與京津、揚州、秦淮、滬上、蘇州、嶺海等都市的青樓歌館同步，其演唱者有劇院優伶、青樓女子、梨園優僮、江湖藝人等，其演唱内容則屬於消遣娛樂的風月調笑之淫褻粗鄙之詞或者心酸複雜的人生感受，也有一些逞才炫博的講學論道之作。先生對明清時調小曲中所謂粗鄙之成分是非常包容的，因爲其在考證中發現它們是下層民衆或者普通市民的真實而簡單的精神安慰。這種考證，實際上是其將其對市民文學研究領域的關注更加系統深入的推進到明清時期時調小曲的新領域。中國的艷情小說突然興盛於明代中期以後，延續於清初的兩百餘年内，其粗俗、淫穢與猥褻的程度，在中外文學中均歎爲觀止。所以歷代的統治階級與社會輿論對之都有嚴厲的禁止或批判，故至今關於明清艷情小說的研究，一般而言也是一個尷尬的禁區。先生雖然也認爲中國的艷情小說令人遺憾之處在於，其僅停留在對肉欲的追求和描述上，未能進一步像歐洲的文藝復興那樣通過兩性的關係揭示更爲深刻、更爲神聖、更爲人本的意義和情感，因而大大削弱了其藝術價值。然先生卻在具體考證關於當時歷史、文化環境的作品和史料後，見出中國古代一夫多妻與單婚多戀的男性爲中心的封建家庭婚姻制度、房中術的性知識和青樓的性經驗、明清江南商品經濟繁榮下的市民享樂思想、明朝中期的腐敗政治鬆弛了理學家們對人性和思想的控制等因素，都是明清艷情小説産生的文化條件。先生由此認爲，明清艷情小説的涌現，表現了人們撕去理學對人性的蒙蔽而開始向儒家倫理觀念挑戰。就小説裹的男女主人公個體而言，是在重新通過肉欲的實現而體驗生命的意義。所以先生以爲，明清艷情小説其實是作者們編織的圓滿的男性之夢，其中雖反映了明清時代社會病態的一面，但它畢竟是古老文明國度裹一種奇特的文化現象，有鮮明的東方色彩，又藴含着深刻的文化意義。先生對明清艷情小説的批判而包容的文化態度，基於歷史的考證，既有學術的前瞻性，也有理論的現實性。中國歷代政府有禁書之令，而明清對小説和戲曲的禁毁範圍異常擴大。其中最爲嚴厲又頗有成效的一次，是晚清洋務派著名人物丁日昌發起的。然這一現象長久以來，並未對古典文學的研究者産生刺激，先生卻見出其對中國古典文學的巨大破壞性和深刻影響。先生考證丁日昌禁書之原由以及所禁二百六十八種書目，發現有着極爲錯誤的擴大化現象：將很多優秀的古典名著混同於粗劣讀物查禁、提倡禁欲主義將男女愛情才子佳人故事查禁、不考慮作品整體價值將極少部分或個别情節略涉穢筆的查禁、加强思想專制將歷史演義、公案小説、神魔小説一並查禁。先生雖對查禁者正人心、厚風俗之初衷表示理解，但更加譴責這種文化史上的浩劫運動。先生以爲，淫詞小説雖然屬於越軌行爲，應爲社會所限制和禁止，但它在一個國家的政治經濟結構中所起到的消極作用非常有限，不可能對社會的政治經濟發生嚴重影響。杜絶淫穢作品的治本之策，在於提高人們的文化素質。先生的考證是充分的，所以他的結論也必然會經得起學術檢驗的。先生激賞胡適、傅斯年等學者在繼承清代考據學方法的基礎上，引進了西方自然科學研究的實驗方法，採用的文史考證方法來研究中國的學問，認爲其方法既具有中國傳統的特點，又具有現代科學方法的特點。先生高度讚揚了胡適從中國文化中尋求到白話文的傳統，應用科學的方法對《水滸傳》、《西游記》、《儒林外史》、《紅樓夢》等做繫列考證所取得的前所未有的成就，認爲這既有助於白話文學語言標準的建立，也是整理國故的積極成果，亦是典型的國學論文，爲聯繫新文學運動和整理國故的紐帶。先生對市民文學、明清時調小曲、明清艷情小説等的研究，都是在運用這樣的考證之法。某種意義而言，先生之所以學術多遷，愈遷愈見其境界之高遠，人文精神之崇高，考證之力功莫大焉。

謝桃坊先生善於運用理性的思維和歷史的眼光觀察中國古代文化現象，特别注意科學方法對治學的影響。他以對傳統文化獨立自由之懷疑精神和卓有成效的科學方法，取得了晚年在國學研究中的卓越成就。先生在青年時期經歷了政治壓頂的屈辱和苦難中，選擇了一條通向高尚和理想的純粹學術道路。如果説他的十三部中國古典文學研究專著（社會科學文獻出版社 2011 年版）是其邁向理想王國的一層層階梯的話，本部《國學論集》的出版則標誌着其學術生涯中的又一頂峰的帶來。艱難困苦，玉汝於成。先生終身保持安貧樂道、起居有常、知足達觀的日子，在學術資源競争激烈的今天，不斷地以堅定的純粹學術信仰，克服外在條件的不利，揚長避短，義無反顧的領先於學術的潮頭之上。先生自述其至今在學術的道路上還有着夸父“道渴而死”的精神，而熟知先生的人都知道，這是先生身上永不衰減的學術活力和學術鋒芒的形象比喻。我謹祝先生在遥遠的理想境界裹，取得更加輝煌的學術成就。

作者單位：四川師範大學文學院古代文學教研室

當代四川詩歌的精神向度①

——以成都野草詩群爲例

王學東

一

“文革”時期的地下詩歌呈現出了當代中國人生存的獨特生命體驗，在此基礎上構築出了特有的精神向度和詩學意義。並且在中國當代詩歌的傳承和賡續過程中，地下詩歌也因自身的創作實績而成爲一個繞不開的重要詩學話題和命題。“新詩潮在七十年代末出現，表面看來純屬偶然，帶有突發的徵象。……其實，它的出現，經歷了一個時間並不短暫的醞釀、準備的階段。這個孕育期的開端，可以上溯到六十年代末到七十年代初的‘文化大革命’時期。”② 即從中國當代詩歌的發展來説，“文革”期間的地下詩歌是中國當代詩歌發展中一個相當重要的環節。

而在對“文革”時期地下詩歌的研究，以及對於其中所隱藏的現代中國人的生存體驗的思考之中，大部分研究忽視了“文革”地下詩歌的四川版圖。也就是説，在衆多“文革”時期的地下詩歌研究中，四川地下詩歌始終是一個未得以深入且全面展開研究的重要課題。由此，對於“文革”時期四川地下詩歌中所呈現出來的詩人個體特色，以及對於四川地下詩歌總體精神特徵的探討就顯得極爲迫切。

在“文革”時期四川地下詩歌的版圖中，成都野草詩歌群落是其中的一個重要組成部分。在對成都野草沙龍的總體特徵進行闡述時，我們借用了“群落”這一概念。“群落”概

① 本文爲西華大學重點項目（項目號 ZW1120701）、四川省教育廳人文社科青年項目（項目號：12SB142）、西華大學重點學科中國現當代文學成果。

② 洪子誠、劉登翰：《中國當代新詩史》，人民文學出版社 1993 年版，第 401 頁。

念的産生，源於牛漢。宋海泉在引述中説到，這個名稱“給人一種蒼茫、荒蠻、不屈不撓、頑强生存的感覺。……借用了人類學上‘群落’的概念，描述了特定的一群人，在一個特定的歷史時期，一個特定的地域内，在一片文化廢墟之上，執着地挖掘、吸吮着歷盡劫難而後存的文化營養，營建着專屬於自己的一片詩的净土”①。借用“群落”描述地下詩歌的特徵在於，首先，群落展示爲一種獨特的生存體驗；其次，“群落”自身具有特定的時間和地域限定；最後，“群落”是面對“文化廢墟”以及“中心”，而專門營建“屬於自己”的邊緣的“詩的净土”。也正是這三個方面的特徵，詮釋了地下詩歌的獨特性。

成都野草詩群的形成，與老詩人孫静軒密切相連，同時具有明顯的“群落”特徵。這就是面對“文革”“中心”鬥争的殘酷性、非理性所帶來的肉體的傷害和沉痛的心理陰影，他們重新思考現實，重新思索生活，最終形成了文學“沙龍”。實際上，沙龍是“群落”特徵的具體呈現，“知青群體的形成，有賴於一種民間組織和一種運作方式。沙龍提供了類似機制的作用，提供了一個亞文化運作的空間，從而推動了民間文化形態的生長。從紅衛兵的終結到知青群體的形成，沙龍活動正是這一歷史轉折的機關樞紐”②。這樣的沙龍在全國都有，而且其自身也産生了許多優秀的作品，形成了一種文化氣候，影響極爲深遠。成都野草詩群的“沙龍”詩歌活動，以鄧墾、陳墨爲中心人物，“鄧墾、陳墨沙龍的文學活動，從‘文革’前夕一直持續到‘文革’之後，主要成員有鄧墾、陳墨、徐坯、杜九森、白水、蔡楚、苟樂嘉、吴鴻、吴阿寧、殷明輝、巒鳴、長虹、馮里、何歸、羅鶴、謝莊、無慧等二三十人，絶大多數是‘黑五類’子女。沙龍的核心人物爲鄧墾、陳墨”③。也就是説，成都野草詩歌沙龍，構成了一個獨特的“群落”，由此展開了自己獨特的生命追求。在這些沙龍式的地下“群落”中，他們主要的活動是“詩歌小合唱”。與其他文體相比，由於詩歌在表達感情上更爲集中、凝練，而且自身短小、易於記誦和傳抄方便，成爲沙龍的座上客。“詩歌小合唱”成爲地下沙龍活動中最重要的組成部分。“小圈子傳播常常是互相傳看、傳抄，使得‘細讀’式賞析、討論成爲可能，詩歌的‘聽覺功能’相對减弱，詩歌朗誦的激情讓位於冷静的回味、細品，詩歌從‘朗誦詩’轉化到‘書面詩’。”④ 他們從寫詩、朗誦詩歌、交换詩歌的沙龍活動，到對詩歌冷静的思考，對詩藝的理性分析，無疑促成了大量優秀詩人與優秀詩歌作品的誕生。

於是，成都野草詩群的“沙龍”精神集結開始了。“四川地下詩歌最早是在1963年11月在成都由陳墨、鄧墾、徐坯、九九、白水、蔡楚、吴阿寧、吴鴻、殷明輝、野鳴等人組成的一個團體，他們編有刊物《野草》以及手書詩集《落葉集（1963—1967）》（陳墨著）、《中國新詩大概選》（陳墨編）。”⑤ 根據他們的自我叙述，我們可以總結出這個詩歌群落發展的

---

① 宋海泉：《白洋淀瑣憶》，《詩探索》1994年第4輯。

② 楊健：《中國知青文學史》，中國工人出版社2002年版，第130頁。

③ 同上，第232頁。

④ 李憲瑜《中國新詩發展的一個重要環節——“白洋澱詩群”研究》，《北京大學學報》1999年第2期。

⑤ 見《藍·“成都地下文學”》，日本：2005年第18、19期。

三個階段：一是傳抄詩文階段，也是“空山階段”。時間從 60 年代中期到 1978 年，因兩次《空山詩選》的編選凝聚成爲一個重要的詩歌群落。1971 年鄧墾將朋友間傳抄的詩選了 150 首，編輯爲《空山詩選》，成爲“野草”這個文學團體的第一本詩合集。後因政治原因，該選本及幾十本其他抄本陸續被燒毁、遺失。到 1976 年，野草同仁吴鴻又編了一本《空山詩選》，又因清明天安門事件而散佚。第二個階段是野草階段。這一階段，主要是 1979 年出版了三期《野草》，但是，就是這三期鉛印雜誌的出版，使野草文學社的活動達到高潮。第三個階段是詩友階段，時間從 1979—1993 年底。此時，刊物《野草》易名爲《詩友》，時斷時續，共出 81 期。90 年代編輯《野草詩選》及《野草之路》兩書，對野草詩群的詩歌及其創作進行了總結和清理。

在這發展過程中，野草詩歌群落逐漸形成了“文革”地下詩歌的一種獨特詩歌風格，這就是他們自認爲的“茶鋪派”特色：“我們成都老百姓一般住的房子很小，没有客廳。一般我們聚集在茶館。剛纔談到‘黑書市’，後來我們野草的幾個骨幹，比如萬一、馮里、謝莊等人就是在那時認識的。所以從另一個角度來看，‘黑書市’不僅滿足了我們的求知欲，而且滿足了我們的求友欲。因此，它也成了我們特殊的文學沙龍。風聲緊時，我們就轉移到離‘黑書市’不遠的‘飲濤’茶鋪，一邊照常買書賣書换書，一邊談天説地、評古議今。後來，一些朋友下放當‘知青’，我和九九去鹽源彝族自治縣當‘餓農’。我們回成都的時候還是經常去茶館，新南門的清和茶樓也是我們‘文革’中常常去的地方，在那兒交换寫作的詩歌，討論閲讀的書籍。我自稱爲‘茶鋪派’，我的許多詩就是在茶鋪裏完成的。那時一杯茶纔五分錢。五分錢可以泡一整天。”① 他們在“茶鋪”所開展的地下“詩歌小合唱”，其集結目的不是爲了群體；其小合唱的目的也不是要和大家一起歌唱，不是爲了大衆歌唱，而在於自我體驗的表達。他們在“茶鋪”式的沙龍中追求自我生命的自由、閑散等，是成都野草詩群地下詩歌創作中的主要特點。

二

成都野草詩群的“茶鋪派”特色，我認爲，正如他們兩次編選的《空山詩選》這一詩集名字一樣，是對於“空山”境界的追求。也就是説，成都野草沙龍“茶鋪派”的旨歸是對於“空山”的追求。這就爲“文革”地下詩歌呈現了一種特有的精神向度——“空山之境”。

“空”是佛教對世界的基本認識，也是佛教的基本理論、佛學的核心。這種“空觀”認爲一切皆空，萬法皆空，世界萬物皆空，無我、無世界、無法、無無、無空。而在中國古代詩學中，“空山”也是一個重要概念。“空山”這一詩學概念源於佛教，但又並不是指山中的

① 陳墨：《“文革”前後四川成都地下文學沙龍——“野草”訪談》，（日本）《藍（BLUE）》（日中雙語文學雜誌），2005 年第 18、19 期。

一切皆空，這裏的“空山”更多的是一種對於“空”的心理體驗，即“心空”。其中以唐代被稱之爲“詩佛”的王維爲代表，展現了中國古代詩學“心空”的内涵。在趙殿成《王右丞集箋注》① 中，我們可以看到，王維詩歌中出現“空”字近百次，是使用頻率較高的一個重要的詩歌意象。對於“空山”的形象表現，王維就有千古傳頌的《山居秋暝》“空山新雨后，天氣晚來秋”，《鹿柴》“空山不見人，但聞人語響”以及《鳥鳴澗》“人閑桂花落，夜静春山空”等詩歌。從王維詩歌中的“空山”可以看出，這一思想是融合了中國古代儒、釋、道三種精神的獨特思想，即儒家“大樂與天地同和”，道家的“人法地、地法天、天法道、道法自然”、“天地與我並生、萬物與我爲一”，以及佛教“直指人心、見性成佛”超脱有限世界而達到無限永恒的空遠禪境。由此，以王維“空山”爲代表的中國古代詩學“空山之境”，其真實的内涵是人可超越自我、與天地萬物融爲一體的“物我兩忘”與“天人合一”之境。中國古代詩學的“空山之境”，在某種程度上，可以看做對中國古代詩學的“意境”的另一表達。“意境是中國古代藝術審美理想的核心，這體現了一種對待生命的獨特意識：順應宇宙萬物變化，遵從天命，與天地萬物合一而並生，形成一種寧静的生命形態；並且在敬畏之心下聆聽自然的啓示，達到生命與自然之間的親密無間和諧共一。這樣，中國古典詩歌發展出了獨特韻味的‘意境’詩歌旨趣，如‘人閑桂花落，夜静春山空’的生活之境，‘採菊東籬下，悠然見南山’的生活情趣。他們陶醉於這種人與自然的‘共在’關係，不以主體的世界主宰世界萬物，也没有征服和去改造世界的願望，不去打破自然界的和諧秩序，任其自在自爲地演化生命。”②

而作爲“空山之境”的成都野草詩群的精神走向，則與之並不相同。在野草詩群的地下詩歌中，“空山”直接針對“中心”的權力，是遠離中心的“茶鋪”。“茶鋪”恰好成爲了“空山”的理想之地，地下詩歌主體也在“茶鋪”中獲得了自身的價值和意義。由此，成都野草沙龍集中展示了地下詩歌中的“空山”生命境界和意義追求。

在對野草詩群的研究中，一些學者已經注意到了地下詩歌中的“空山”，並也提煉出了地下詩歌的中“空山之境”：“從藝術追求上講，‘野草’詩人有兩個極端傾向：離群索世，比如以‘空山’命名詩歌；直白的話語呼唤，‘野草’群體構成上有某種複雜性。如果説陳墨、鄧墾、蔡楚等受新月派浸潤，則萬一、馮里等有更多艾青和‘七月派’的影子。也不妨講，同一個詩人因不同的文化氣候，在‘空山’（純文學、唯美）與‘野草’（爲人生、反抗）間摇擺。就‘文化大革命’時期而言，那時主流詩壇是‘民歌加古典’，‘野草’詩人則賡續新詩傳統。如陳墨於 1968 年寫下的詩句：‘蛙聲是潔白的一串心跳，寂寞的篷上蕩着思潮。五千年的錦水許是累了，載不走這井底孤苦的冷濤’，遠高出當時水平。”③ 著者認爲，以野草爲代表的地下詩歌群落，遊走於“空山”與“野草”之間。這裏所謂的“空山”，特

① 見［唐］王維《王右丞集箋注》，［清］趙殿成箋注，上海古籍出版社 1984 年版。

② 李怡、王學東《中國現代新詩》，《新視野大學語文》曹順慶主編，北京大學出版社 2008 年版，第 203 頁。

③ 曹萬生主編《中國現代漢語文學史》，中國人民大學出版社 2007 年版，第 555 頁。

指的是地下詩歌中地下詩人的主體的逃遁、離群索居，以及在作品中展現出的純文學、唯美的追求。在這之前，也有著者通過對於顧城《生命幻想曲》、北島《迷途》的分析，有着同樣的認識，“除了理性與非理性的主題，逍遥自在的主題也與憤世或自强的主題形成了對照”[①]。他們對地下詩歌“空山”的命名，指向了“逍遥自在的主題”與主體的逃遁。

但是成都野草詩群地下詩歌中的“空山之境”，表面上可以説是主體的逃遁、逍遥，以及對於詩藝的純和唯美的追求，但其最終的歸宿並不在於此。我認爲，成都野草詩群地下詩歌中的空山之境，是在逃遁、逍遥、純、唯美的基礎之上，對“人的權利”的追求。“在整個中國屈從於暴政的‘文革’十年，是黄翔最早最清醒最堅决勇猛最徹底無畏地發出抗暴之聲；也最早最强烈最鮮明地呼唤開放和面向世界，恢復和重塑一個民族被扭曲與壓抑的人性、人權和人的尊嚴。”[②] 成都野草詩群“空山之境”的核心便是這樣一種“權利意識”，即對於人性、人權以及人的尊嚴的追求。所以成都野草詩群“空山之境”的權利意識，是在四川地下詩歌中“茶鋪”這一特殊境遇之下的現代詩學特殊的命題。其實，成都野草沙龍，其沙龍命名爲“野草”，本身就蕴涵着深刻的權利意識。從野草中追求個體的權利，是他們表述中一致的聲音。如“追求生之權利，追求獨立人格的主題”[③]，“《詩友》們的參與者的最低的也是最高的願望和目的”就是“追求人性、人格、人的基本權利”[④]。“而‘野草精神’的靈魂則是：怎樣做個人，怎樣去做人。概言之—爲人權而生，爲人權而戰。”[⑤]

我們看到，在野草沙龍這一地下詩群當中，這一批詩人儘管個性各異，儘管詩歌追求不一樣，但是他們的追求是一致的。不管是野草式的反抗，還是空山式的逃遁，其最終都是爲了實踐自我的人格、人性、人權。由此，權利意識這一“空山之境”，是成都野草詩歌沙龍特有的精神走向。

三

成都野草沙龍中的這一“空山之境”，首先是整個地下詩歌中作爲“非中心”的邊緣詩人的一種主要精神向度。

遠離中心，走向邊緣“空山”，這是地下詩歌主體的一種共同傾向。在地下詩歌中，處於“茶鋪”等“空山”中而不是“廣場”上的邊緣主體，從“權力中心”看來，都是一群孤魂野鬼、流放者、放逐者、多餘人、邊緣人。那麽這些在邊緣漫游的無根的漂泊者，他們衹

---

① 樊星：《世紀末文化思潮史》，湖北教育出版社 1999 年版，第 50 頁。

② 張嘉諺：《中國摩羅詩人黄翔》，《我在黑暗中摇滚喧嘩》（受禁詩歌系列 1），臺北：唐山出版社 2002 年版（電子文本）。

③ 陳墨：《讀孫路〈生日的歌〉》，《野草之路》陳默主編，成都野草文學社編，1999 年，第 73 頁。

④ 孫路：《現實與幻想》，《野草之路》陳默主編，第 171 頁。

⑤ 謝莊：《野草與野草精神》，《野草之路》陳默主編，第 223 頁。

能在“邊緣——空山”中纔能獲得拯救。因此，“它們的清醒不但伴隨着對現實世界深刻的懷疑，也伴隨着對（未來）真理世界的渴念，這種渴念在詩中往往轉化爲對現實的否定和對過往舊夢温情的追憶，創造出一個個與之相對峙、光明（甚至偶爾柔和）的詩意世界”①。地下詩歌中的空山之境，都在於詩人對於“中心”現實的否定，繼而或追憶生命中的夢境，或創造出一個邊緣的世界。這一追求，在地下詩人身上的表現是驚人的相似和一致。這種空山的追求，超越了他們的年齡、地域、身份等差異，一同追求着遠離“中心”的精神“空山”。並不是説“文革”時期所有地下詩人之間對“空山”的追求都是完全没有差别的，“灰娃在這一年代開始寫作，與許多叛逆的年輕詩人並不完全相同，當年輕詩人試圖以自己的‘回答’表達與現實難以共存的同時，仍與現實保持一份依存關係。而灰娃則超越了這一依存，她對現實甚至拒絶‘回答’。而隱含於她另外選擇中的，是她經過了大悲愴之後，讓精神插上了翅膀，飛向了遼遠的時空。她回到了自己的精神故鄉，於那一時代來説，灰娃選擇了‘生活在别處’”②。但是，他們都尋找着精神的他鄉，都生活在“中心”的别處。這一“中心”的“别處”正是“空山”，即渴望寧静純真的生活，有着友誼、愛情、青春、夢想、未來、光明的邊緣。在這“空山”之中，他們專注於自我觀照、自我選擇、自我表現，追求生命的個體性、偶在性、多樣性。而也是在空山之中，他們開始了個人化的靈魂獨語，找到了母性、人性、愛情、童心等人的基本權利，實踐了生命的基本權利。

成都野草詩群地下詩歌中的“空山之境”，與中國古代詩學“空山”不相同，也與‘文革’期間其他地下詩人的“空山”不一樣。這一“空山”是在面對强大“中心”的困境之下，走向“空山”，并從“空山”出發與中心對抗。而且，在這一“空山”之境中，最終形成的一種邊緣人的人性追求，“舉一切倫理、道德、政治、法律、社會之向往，國家之所求，永輝個人自由權力而與幸福而已。思想言論之自由，某個性之發展也，法律之前，人人平等也。個人之自由權利，載諸憲章，國法不得而剥奪之，所謂人權也”③。這一“空山精神”更在於尋找了建構人各方面被壓抑的權利，並在詩歌中追求着諸多的基本權利。由此，地下詩歌的空山之境，是在“權力中心”基礎之上升發出來的現代人的“權利意識”，而且與中國古代詩歌中的“天人合一”的個人靈魂安頓的空山境界是不一樣的。

成都野草詩群的“空山之境”，表面上是逃遁、逍遥、純、唯美……但在我看來，其最爲獨特之處在於他們對於人權利的追求、對於“愛”的表達。愛，本身就是生命的重要因子。而在“文革”這一特殊時代之中，所有的愛都衹是對於“中心”的愛，所有的愛都衹能指向“中心”。在中心之下的愛中，衹有“大愛”，並没有人屬於個體的愛情。因此，對真實情感的追求，特别是對於現實中“小我”愛情的追求，是地下詩歌“情感革命”的重要組成部分，也在地下詩歌的“空山之境”中占有重要的地位。愛的“空山之境”，正如黄翔所説，

---

① 劉勇主編《中國現當代文學史》，中國人民大學出版社 2006 年版，第 342 頁。

② 孟繁華：《在生命的深淵歌唱——讀灰娃詩集〈山鬼故家〉》，《東方藝術》1998 年第 1 期。

③ 陳獨秀：《東西民族根本思想之差異》，《青年雜志》第 1 卷第四號，1915 年 12 月。

是期待着來一場“情感革命”：“我們不僅要在思想領域而且應該在情感領城向一切陳腐的觀念宣戰；我們應該去探索和尋找新的愛情的價值觀念，敲響情感革命的‘鐘’——來一場静悄悄的情感革命。”① 由此，地下詩歌中所謂的一場静悄悄的“情感革命”，是要“去探索和尋找新的愛情的價值觀念”。儘管實際上，地下詩歌中對愛情的追求，並没有爲我們提供什麽新的愛情價值觀念，也並没有呈現出一些更爲獨特的愛情宣言。但是，在地下詩歌的愛情呈現中，卻以普通“小我”的愛情表露展示對於“中心大愛”的拒絶，由此獲得了獨特的價值。也就是説，對於地下詩歌在愛中去追求這樣一場“情感革命”，是與“中心”的“文化革命”完全不一樣的。對人的個體生命體驗來説，這就是一場向基本人性回歸的情感革命，而不是壓抑人本性的“文化革命”。對情欲的追求，特别是對於愛情的追求，是成都野草詩群“空山之境”的重要組成部分，在成都地下詩歌中占有重要的地位。可以説，正是成都野草沙龍地下詩歌中的情詩，使“空山”的内涵更豐富，對人更具有吸引力。

成都野草沙龍的地下詩歌中的這一場“情感革命”，是對於現實中真實愛情的主動追求。儘管在“愛情”這一空山之境的獲得過程中，地下詩歌非中心的主體面臨了“中心”所帶來的多重困境；但是，這一“情感革命”，是野草沙龍地下詩歌主體的一次自我内心的、心靈上的主動革命，是一場主動的自我追求。

從現實愛情出發，而不是從宏大的“中心”出發，是成都野草沙龍地下詩歌“情感革命”的重要特徵。我們看到，地下詩歌中所有“小我”情感發生的源頭在於“你”，以及“你的久别的微笑”，而不是“中心”，也不是“紅太陽”。所以，掀起這一場情感革命的，是自我生活中的愛人，而不是“中心”所展示的偉人。由於有了真正的愛人出現，於是，這一場情感革命，是地下詩歌主體偏離中心而展開的主動追求。“像一顆朦朧的星星，在迢遥的太空將我引照。孤睡中我悄然憶起，一個久别的微笑。爲了追尋你的笙簫，爲了重見你在月下的高橋，我曾多少回駕一葉小舟，穿過夢中幽暗的波濤。”② 這首詩所展示的正是現實中的“你”纔是詩人“情感革命”的源頭，即就是由於“你”，特别是由於“你的久别的微笑”而引起了生命中的情感。“你的微笑”就是詩人感情的萌動，並成爲了詩人一直所難以忘懷的一段情感。並且，這一愛情，是天空中“朦朧的星星”，並不是主流所渲染的“紅日”。與“中心”“鮮紅的太陽”相比較，這一生命的細微體驗更具有自我性和感染性。儘管這首詩歌也表明，詩人的愛情不能在白天“中心”主宰的時候公開，衹能是在“孤睡中悄然憶起”，愛情顯得多麽的無力；但是最後，愛情戰勝了詩人自我，戰勝了“中心”的各種壓力，成爲了詩人自我情緒的主旋律。

由此，追尋現實中的愛人，主動爲了現實“小我”的愛情而穿越幽暗的波濤，成爲了地下詩歌中的情感革命的起點。在“茶鋪”中，成都野草沙龍追尋愛情，並最終從愛情中獲得自我的價值。這是成都野草詩群的精神追求，由此帶來了地下詩歌中的“情感革命”，成就

---

① 黄翔：《來一場峥悄悄的情感革命》，民刊《啓蒙》叢刊之五（愛清詩專輯），1979年1月5日。

② 鄧墾：《久别的微笑》，《鄧墾詩選》（自印本），2001年。

了他們詩歌中獨特的“空山之境”。

四

成都野草詩群“空山之境”的權利意識追求，也是與“非空山”的現實緊密相連、二位一體的。對於現實的“非空山”展示，這不但從側面彰顯了“空山”的意義和價值，也呈現了成都野草詩群對於現實的深刻介入。

第一，這種介入在於，他們在詩歌中展示了這一“非空山”的世界，不僅僅是一個黑暗的牢獄，一個冰冷的牢獄，一個監禁了肉體的牢獄，更是監禁人思想的牢獄。由此，自我的“空山”之境則更加令人神往。這個監獄是無形的，儘管没有堅固的墻壁和冰冷的鐵鎖，但又力量無比；在這樣的監禁裏面，不衹是對肉體的殘殺，更多的是對精神和靈魂的控制。生存在裏面的人，如一個個被提着綫的木偶："這裏是監獄，欺騙築起的墻，陰謀鑄成鎖，活的思想監禁着……”（萬一《監獄》）[①] 在成都野草詩群看來，他們生活在監獄中，整個世界就是一座大的監獄，所有的宣言構築成這道監獄的墻壁，陰謀組成了監獄的大鎖。生活就如在監獄中的生存是一樣的，在這裏，生命早已被監禁："由於一個對門鄰居猶大的誣陷、告發，我們中最年長的朋友朱育琳（北大西語系和上海交大的老大學生，1957 年被打成右派），1968 年初夏，死於紅衛兵的棍棒與拳頭。僅僅衹一天多的時間，他就被打得滿身滿臉傷痕。在一個不見星月的黑夜，他毅然不受屈辱，從黑暗的長廊走向了樓窗……據説，他死於黎明時分。”[②] 這個世界，就是一個無形的監獄，一個巨大的監獄，一個比“純黑”和“凍土地”更有力的土地，他充滿了暴力。這種暴力生長在日常生活中，遏制着反抗的力量，並且監禁了思想，鉗制了人們最終對世界的任何的反抗。因此，芒克在《天空》中歎息，“日子像囚徒一樣被放逐”，生活其實就是在監獄中的生活。對於日常生活來説，對於“1966—1972 年間的灰娃，‘垂死’狀態似乎是每天的現實”[③]。此中的苦楚，當然與這無形的“牢獄”大網有着深刻的關聯。

現實是“監獄”，而不是空山。這個現實世界是與自由相對立的世界，是迫害自由的世界，這是成都野草沙龍通過“空山”理想對現實世界的深刻透視。“你在哪兒？一個監獄接着一個監獄！一把鎖鏈連着一把鎖鏈！你痛苦地記在歷史的卷帖上。你在什麼地方？一張書頁連着一張書頁，一種思想接着一種思想！你悄悄藏在人們的記憶上。[④]”在此環境之下，無數的監獄、無數的大鎖，怎能奢談自由。並且，這種無形大網在歷史中具有强大的力量，“黄翔從萬衆歌頌的長城上看到了中國的殘忍無道、冷酷無情，看到了它對人的壓抑、戕害

① 摘自鄧墾《爲逆浪而活着》，《野草之路》陳默主編，成都野草文學社編，1999 年，第 49 頁。

② 錢玉林：《關於我們的“文學聚會”》，（日本）《藍（*BLUE*）》（中日雙語文學雜誌）2001 年第 1 期。

③ 兮父：《向死而生——灰娃詩歌解讀》，《詩探索》1997 年第 3 輯。

④ 馮里：《自由》，《野草詩選》杜九森主編，成都望川校園文化站，1994 年，第 103 頁。

和否定。他的感情、感受不但獨異而且極其豐富，這是比孟姜女複雜千百倍的哭聲和淚水。一種文化、一種制度、一種心態、一種政治方式，全都在長城之中”①。作“中心”的代表長城，其實内在也就轉化爲監獄，所有的文化、制度、心態、精神，不是在長城中，而是在監獄中。於是，地下詩人在“空山”理想的觀照下，對自由的追尋更顯悲愴。

與“空山”之境形成鮮明的對比，現實的中心世界呈現爲一種“全景敞視建築”。福柯在引用邊沁描繪的“全景敞視建築”時，介紹了這種建築物的誕生和被全社會所採用的情況。這種建築形式的基本構造原理是：“四周是一個環行建築，中心是一座瞭望塔。瞭望塔有一圈大窗户，對着環行建築。環行建築被分成許多小囚室，每個囚室都貫穿建築物的横切面。各囚室都有兩個窗户，一個對着裏面，與塔的窗户相對，另一個對着外面，能使光亮從囚室的一端照到另一端。然後，所需要做的就是在中心瞭望塔安排一名監督者，在每個囚室裏關進一個瘋人或一個病人、一個罪犯、一個工人、一個學生。通過逆光效果，人們可以從瞭望塔的與光源相反的角度，觀察四周囚室裏被囚禁者的小人影。這些囚室就像許多小籠子、小舞臺。在裏面，每個演員都煢煢孑立，各具特色並歷歷在目。敞視建築機制在安排空間單位時，使之可以被隨時觀看和一眼辨認。總之，它推翻了牢獄的原則，或者更準確地説，推翻了它的三個功能——封閉、剥奪光綫和隱藏。它衹保留下第一個功能，消除了另外兩個功能。”② 儘管從作爲邊緣的地下詩人對“中心”的描述中，没有像福柯這樣細緻地展現其中對於每一個細節的詳細安排，也没有對這種建築的每一項功能進行細緻的推敲，但是，在地下的被動體驗與我們對“中心”的刻繪中，我們看到了一個“中國式的建築”：這裏是全景式的，也是敞視的，不但保留了剥奪光綫功能，而且成爲了封閉的世界。在這種世界之中的生存，人衹能被看、被囚、被殺，權力達到了最高峰，人的自由度、人的權利也就跌落到最低點。

在成都野草詩群所呈現的現實的“全景敞視建築”之下，“非空山”的現實成爲一張捕獲生命權利的網。這是一張“中心”用以捕獲的網，生命不能自由表演，而被中心設置。“正如地球是由他們轉動”一樣，生命的一切由他們來安排，生活中的表演也由他們决定。於是，網成爲囚禁的主要手段。“地球是由他們轉動的，是黑是白衹有當局有權來衡量。我的一切申辯都是徒勞的，一紙開除學籍决定了我的下場。劃清階級界限，是這個時代人人自保的一副良方。最大限度地保持沉默和距離，是這個時代維護友誼的最佳伎倆。在校方組織的揭發會上，各種靈魂都無可奈何地曝光。”③ 這張“中心”的網無比巨大，也無比有力。我們看到，這張網决定了世界的運行、轉動，這張網也是人間是非黑白的最高律令。也就是説，網不但是自然運行的規律，而且是社會行動的準則。這張網，是天、人運行的總導演、總規則，籠罩了一切，包容了一切，是一切的總源泉，絶對不容質疑。所以“網”的意志成

① 摩羅：《詩歌界的顧準——黄翔》，《我在黑暗中摇滚喧嘩》（受禁詩歌系列 1），臺北：唐山出版社 2002 年版（電子文本）。

② （法）福科：《規訓與懲罰——監獄的誕生》，劉北成、楊遠嬰譯，三聯書店 2007 年版，第 224—225 頁。

③ 鄧墾：《春波夢·二十二》，《鄧墾詩選》（自印本），2001 年，第 159 頁。

爲絶對，不但人要聽從他的命令，自然也要聽從他的命令。在這張大網之下，靈魂的生存和生活狀態是完全可以想象的，祇有“下場”，而絶對没有“上場”。

第二，成都野草詩群對現實的介入還在於，他們深入了“人”存在的困境。現實的“網”將自然、社會、身體、靈魂囚禁，在此之下，世界的整個存在祇是被動的，而詩人對整個世界體的驗祇有“下場”，這就是人在現實“中心”之下存在的基本狀態：“花仍在虚假地開放，凶惡的樹仍在不停地摇曳，不停地墜落它們不幸的兒女。太陽已像拳師一樣逾墻而走，留下少年，面對着憂鬱的向日葵……”[①]；“街，被折磨得，軟弱無力地躺着。而流着唾液的大黑猫，飢餓地哭叫”[②]；“子夜滚過巨大的雷霆，閃電映出一個奔逃的鬼影，緊緊抱着那些由於驚恐而麻木的心，被迷惑的肉體處在急驟的冷雨中。龐貝城顫栗着，威蘇維還没有下定最後的决心”[③]；“我是黄昏的兒子，我在金黄的天幕下醒來，快樂地啼哭，又悲傷地笑。黑夜低垂下它的長襟。我被出賣了，賣了多少誰能知道。祇有月亮從指縫中落下，使血液結冰——那是僞幣……”[④] 虚假、凶惡、折磨、迷惑、出賣等等體驗，便是在“網”的巨大陰影之下産生。生命被欺騙、被折磨、被迷惑、被出賣，成爲被囚禁的第一層次的感覺。所以，在詩人的視野中，自然被囚禁，連開花的姿態都是虚假的；生存的城市被囚禁後，被折磨得軟弱無力；個人的肉體被迷惑，處於大風大雨中而仍然不自知；最後自我的靈魂被出賣，但不知道自己被賣給誰，賣了多少。

與“空山之境”完全不同的是，現實生命令人如此慘不忍睹，人已經失落。這就是在“現實之網”下，人成爲“困獸”：“對甜蜜的回憶，莫要問一句‘曾記否’；對苦恨的深淵，莫要歎一聲‘全怪我’；對沸騰，凍結的人血莫要大驚小怪；不這樣，譜不出生命的挽歌。向四壁宣布我的‘墜落’，屈恨無須向蒼天訴説，讓行尸走肉塞滿新的岔道，困死我呵，不隨下流又不能超脱。”[⑤] 首先是人在心理上，已經成爲了“獸”。人已經作爲獸存在了，作爲主體的人，没有回憶，也没有怨恨。對着這個血淋淋的世界，不管是沸騰的人血，還是凍結的人血，都已經冷漠，都已經成爲生存的習慣，像一隻野獸。就是這樣，纔譜出了生命的挽歌。這時已經唱不出生命之歌，祇有生命的挽歌，轉而形成的是生命的“獸歌”。並且，這又是一隻被囚禁的野獸，被“四壁”監禁，連最終向蒼天告白的呼號和機會都已失去。不能進，也不能退，祇是一直被囚禁，被圍困着着的一頭野獸。而現實監獄中更多的人，是一個個“活死人”：一個積滿死水的泥坑。除了青苔，孑孓和惡臭，裏面還泡着一個活人！一個人，一個捆紮着手脚的男人！除了希望和絶望的交替折磨，他有時也作些徒勞的翻滚。”[⑥] 這個世界就如泥坑一樣，人像蟲豸一樣無力、像植物一樣渺小，充滿惡臭，而祇是活着而

① 多多：《萬象·夏》，《多多詩選》，花城出版社 2005 年版，第 16 頁。

② 芒克：《城市·2》，《芒克詩選》，中國文聯出版公司 1989 年版，第 5 頁。

③ 林莽：《二十六個音節的回想——給逝去的年歲·S》，《被放逐的詩神》陳思和主編，武漢出版社 2006 年版，第 334 頁。

④ 顧城：《我是黄昏的兒子》，《顧城詩全編》，生活·讀書·新知三聯書店 1997 年版，第 76－79 頁。

⑤ 吴阿寧：《困獸》，《野草詩選》杜九森編，成都望川校園文化站 1994 年，第 102 頁。

⑥ 吴阿寧：《坑和人》，《野草詩選》杜九森主編，成都望川校園文化站，1994 年，第 103 頁。

已。身體被捆綁，生命被踐踏，這時絶望是折磨，希望也是。在這樣的世界中，所有的生命、尊嚴、自由、愛、信仰等價值成爲絶對的空無，成爲對生命的一種嘲笑。在這個“泥坑”裹的人，什麽都没有，有的衹是肉體的神經性的條件反射，在泥坑裹翻滚而已。

由此看來，現實不但不是“空山”，而且還是一個難以承受的“全景敞視建築”。並且在這一“現實之網”中，人已經完全失落。成都野草詩群正是在這樣的“現實”與“空山”的對比中，更加渴求着擁有生命權利的“空山”。

五

通過“空山之境”與“現實之網”的强烈對比，成都野草詩人對於“空山”的追求更加熱烈。於是，這一“空山”追求，成爲了野草詩人對於現實“中心”抗争的思想和力量的發源地。

他們對“中心”的反抗意識，是一種最直接最簡單的反抗，也就是用自身身體所進行的對抗。這正是“空山”的特徵之一。地下詩歌中的“空山主體”，已經被剥奪了所有的權力，剩下的衹有這一個軀體、肉體。從“空山”理想中獲得主動自我的人，其反抗也衹是一種原始的本能而已。“爲了你的到來，黎明，人們用骨棱的雙肩扛着不平，用枯瘦的雙手高舉着貧困，用不屈的雙腿支持着人格，用憤怒的眼光焚燒着暴行，用堅硬的嘴唇關住狂跳的心，用殷紅的鮮血噴寫着人類的追尋……爲了你的到來，黎明，多少仁人告别了破碎的家庭，多少志士告别了受蹂躪的人民，戴着脚鐐手銬，戴着斑斑傷痕，微笑地挺立在遊街囚車上，送走了最後的寒夜和生命……”[①] 成都野草沙龍中，由於主體大量的權利被剥奪，儘管確立了自我，獲得了自我的主動意識，但在現實中，仍然没有可以借靠的力量。這時衹有身體，衹有鮮活的肉體，纔是可以用以反抗的武器。雖然這衹是一種本能的衝動與反抗，但是這在地下詩歌的反抗意識中卻佔有重要的位置。因此，在地下詩歌中，身體或者説是肉體，在他們的反抗中具有重要的作用。其中身體的各個部分均可以成爲對抗、反抗的力量源泉，骨棱的雙肩、枯瘦的雙手、不屈的雙腿、憤怒的眼睛、堅硬的嘴唇、銀紅的鮮血……這成爲了自我價值的力量之源。由此，他們與社會的不平、貧窮、暴行等對視，實踐權利。“但我比愛倫坡似乎獲得頑强些，我不靠什麽光；因爲我自己的生命能發出螢光，一點點光，詩從血液和骨頭裹升起的。”[②] 詩歌的力量，反抗的力量，就是直接從肉體中升起來的，從身體的血和骨頭中誕生的。他們不但如此直接地進行肉體對抗，而且還犧牲了家庭、捨棄了朋友，以微笑的態度蔑視這些灾難。如此簡單地用身體直接對抗和抵禦，又如此樂觀地對待灾難，是地下詩歌中主動詩意的特點之一。

---

① 鄧墾：《爲了你的到來》，《鄧墾詩選》（自印本），2001年。

② 牛漢：《我的夢游症和夢游詩》，《夢游人説詩》，華文出版社2001年版。

他們的抗争精神，其最終的旨歸，仍在於他們所夢寐以求的“空山之境”。這種對抗不僅是對“中心”黑暗絶望的詛咒，而是看到了黎明，爲了黎明的出現而展開的。“是的，我心中彌漫着浩瀚的宇宙宗教——這就是血墨淋漓地從頭頂灌注到脚心的陽光般敞亮生命和詩歌的愛的輝煌。”① 野草沙龍中的抗争精神，不僅僅是對於黑暗現實的展現，而且也包含了對於未來的希望和夢想，包含着愛的因素。用身體的簡單、直接的對抗，不但是對於現實的絶望，也是爲着心中的希望和愛，爲了一個心中所期待的黎明的到來。這個未來就是有着權利意識的“空山之境”。

總之，“文革”時期四川地下詩歌是一個需要深入且全面展開研究的重要課題。“文革”時期的四川地下詩歌中，成都野草沙龍是其中一個重要的組成部分，並呈現出了鮮明的“茶鋪派”特徵，這就是他們圍繞在“空山”這一權利意識的追求之下所展開和呈現的現代詩思和現代詩藝。而且，成都野草沙龍地下詩歌中的“空山之境”，不但爲80年代四川詩歌的勃興初步奠定了基礎，而且對於中國思想界“人的啓蒙”這一時代主題也有着極大的啓示意義。

作者單位：西華大學人文學院

① 黄翔：《殉詩者説》，《我在黑暗中摇滚喧嘩》（受禁詩歌系列 1），臺北：唐山出版社，2002年（電子文本）。

四川省省名考析

胡昭曦

“四川省”這一政區建置得名之由來，已有一些論述。隨着我國經濟文化建設的大發展和巴蜀地域史、蜀學等研究的深入，尚有一些問題需要系統梳理、細緻探究，以助明其源流。本文就此作些考析。

一　源自平川和蜀川、兩川、三川、川峽等概稱

四川的“川”，其源流和演變如何，學界説法不一，需加辨析。

（一）大江河川與原野平川

四川的“川”，至少有“江河大川”和“原野平川”兩義，皆是就地形而言。

一説，“四川”與四條大河有關。明代楊慎寫道，“曰四川者，則取岷江、沱江、黑水、白水四大川以爲名”①。清初顧祖禹説：“《通釋》云，自蜀而言，大江之外，其水有七：曰綿水、曰雒水、曰湔水、曰涪水、曰嘉陵水、曰巴水、曰渠水，七水合於江而江始大。今按綿水、湔水入雒，而巴、渠合爲一水，則大江之外爲巨川者四而已矣。……（近説以岷、瀘、雒、巴爲四大川，故有四川之名，於義未安。）”② 李元談道：“愚按四川之説，或謂江、沱、黑、白，或謂綿、涪、嘉、渠，皆非也。”“江爲經流，中蜀而行”，其左曰沱、漢，右曰洑、瀘，“所謂四川也”③。今人之説亦有類此者，如“天地之間，岷江、沱江、嘉陵江、

---

① 楊慎：《丹鉛總録》卷二“外水内水中水”。本文所引史籍，除注明外，均據影印文淵閣本《四庫全書》。所引史籍除需要説明者外，均不注出其作者或作者所在歷史時期以及頁序。

② 顧祖禹：《讀史方輿紀要》，卷六十六“四川”，上海書店出版社 1998 年影印本。

③ 李元：《蜀水經》卷七，巴蜀書社 1985 年影印本。

烏江四條大河自由流淌，四川也由此得名"[①]。以上列舉，所指四條江河各不一，皆未說其所謂"四川"是江河名稱，還是四川省省名。

另一說，則明言四川省以四大河川得名。清康熙年間的《御定淵鑒類函》寫道："增廣輿記曰：按四川，取岷江、沱江、黑水、白水四大川以爲名。"[②] 光緒年間《四川考略》說："四川，取岷江、沱江、黑水、白水四大川以爲名，東西相距約千八百八十里，南北約千四百四十里。"[③] 有的著述則傾向此說，如"四川省……舊說蜀境有岷、瀘、雒、巴四大川，四川之名昉此"[④]。這一說法至今仍有沿襲者。

如是從水系方面探討"四川"何指，非本文所討論；若是論說四川省省名之源流，則需考究。明代人已關注及此："西周有三川：涇、洛、汭。秦有三川：伊、洛、河。蜀有四川：西川成都、東川潼州、北川利州、南川夔州。"[⑤]《中國歷史地名大辭典》釋"四川"爲"地區名"；"一說因境内有長江、岷江、沱江、嘉陵江而得名，不足信"[⑥]。

江河水流稱爲川，如"名山大川"；平原、平地也稱爲川，"川……平川：平坦的陸地"[⑦]。"一馬平川"、"米糧川"即指此。蘇軾曾用此說：徐州"三面被山，獨其西平川數百里"[⑧]。在四川，"蜀人謂平川曰壩"[⑨]。

巴蜀地區四周皆大山，中爲巴蜀盆地（四川盆地），這裏有廣袤的盆西平原即成都平原（在古代還曾包括漢中平原）和盆中丘陵、盆東平行嶺谷，以及許多河谷平原和丘陵間的平壩，即宋人所謂"岷爲蜀山之傑，俯瞰井絡於天西維者，皆平川也"[⑩]。秦滅巴蜀後，在這裏設置了巴郡和蜀郡。漢武帝元封五年（前 106），在全國設 13 刺史部，巴蜀地區爲益州部，州治在雒縣（今四川廣漢），先後分置蜀郡、犍爲、朱提、越嶲、牂柯、建寧、永昌、漢中、廣漢、梓潼、巴、巴西、巴東、益州等郡，其境轄今川渝大部，貴州、雲南部分及陝西漢中盆地。三國魏景元四年（263）於此分置梁州。兩晉、南朝爲益、梁二州。隋朝於此設郡，在今川渝境内者有清化、通川、宕渠、義城、平武、汶山、普安、金山、新城、巴西、遂寧、涪陵、巴、巴東、蜀、臨邛、眉山、隆山、資陽、瀘川、犍爲、越嶲、牂柯、黔安等 24 郡[⑪]。

唐武德元年（618），改郡爲州。貞觀元年（627），實行道、州（府）、縣三級地方政區

---

① 中央電視臺《再說長江》第 5 集《一江東去・解說詞》，2006 年 10 月 6 日。

② 康熙《御定淵鑒類函》卷三百三十九"四川省一"。

③ 龔柴：《四川考略》，《小方壺齋輿地叢鈔》第一帙，上海著易堂排印本，光緒十七年（1891）。

④ 臧勵和等編：《中國古今地名大辭典》第 199 頁，商務印書館香港分館，1931 年初版、1982 年重印。昉，起始也。

⑤ 彭大翼：《山堂肆考》卷十五 5"三川"。

⑥ 史爲樂主編：《中國歷史地名大辭典》中國社會科學出版社 2005 年版，上册第 751 頁。

⑦ 《漢語大字典》，四川辭書出版社、湖北辭書出版社 1993 年縮印本，第 14 頁。

⑧ 蘇軾：《上皇帝書》，《東坡全集》卷五十二。

⑨ ［宋］孫弈：《示兒篇》卷二十三"字說・集字三"；《蜀中廣記》卷五十八《風俗記・川北道屬》。

⑩ ［宋］李石：《轉運司爽西樓記》，《全蜀藝文志》卷三十四，綫裝書局 2003 年版。

⑪ 《隋書》卷二十九《地理志上》，中華書局 1973 年版。

體制，全國分爲 10 道，巴蜀地區爲劍南、山南、江南三道之地。開元七年（719），置劍南節度使。開元二十一年（733），又分爲 15 道，巴蜀之地分屬劍南道、山南東道、山南西道、黔中道（從江南道分出新置）四道。至德二載（757），分劍南道爲西川、東川兩節度①。廣德元年（763），復爲一節度，代宗大曆後又分爲二。據載：劍南西川節度使，治成都府，轄益、彭、蜀、漢、邛、簡、資、嘉、戎、雅、眉、松、茂、翼、維、當、悉、静、柘、恭、真、黎、嶲、姚、協、曲等 26 州。劍南東川節度使，治梓州（今三臺），轄梓、劍、綿、遂、渝、合、普、榮、陵、瀘、龍、昌等 12 州。山南西道節度使，治興元府（今陝西漢中），轄 17 州，其中在今川渝境内的有利、集、壁、巴、蓬、通、開、閬、果、渠等 10 州。黔中道，設黔州觀察使，治黔州（今重慶彭水），轄 16 州，其中在今重慶境内者有黔、涪、南 3 州②。

自唐肅宗至德二載（757）分劍南道爲東、西兩川後，"川"字在巴蜀地區名稱中明顯出現，與此前的泛稱"蜀"並行或連用，概稱爲"川"、"蜀川"者漸多。如"詔令"，"李夷簡……洎臨蜀川，儉德載彰，清規一貫"③。"見蜀川之父老，貞以紀律，吊其傷殘。"④ 史載，"（畢構）自臨蜀川，弊化頓易"⑤。又有稱爲"川蜀"的，如：有姜志者，訪尋得見"隨軍入川"的父親，請父笞其背以償，"此事川蜀皆知"⑥。後蜀杜光庭寫道："仰福聖躬，大庇川蜀，人登福壽。"⑦ 此後沿"川"、"蜀川"的概稱而演變發展。

（二）從川、蜀川到兩川、三川

《唐會要》寫道："貞觀元年三月十日，併省州縣，始因關河近便分爲十道……九曰劍南道，古梁州之境。"⑧ "劍南道"是以地形在劍閣之南而名，唐人徐堅説"梁州自劍閣而南分爲益州，是爲劍南道"⑨。劍閣之南，即巴蜀盆地的北緣大、小劍山之南。劍閣之南，是大山而南的盆地平川，可見"劍南"二字與"川"的聯繫。此後，劍南道分爲西川、東川兩節度（道），唐人常把劍南西川、東川概稱爲"劍南兩川"、"東西兩川"，如杜甫在廣德元年《爲閬州王使君進論巴蜀安危表》中寫道："況臣本州山南所管，初置節度，豈暇力及東、西兩川。"⑩《舊唐書》載：嚴武"上皇誥以劍南兩川合爲一道"⑪。

東川没有大平原，爲何亦謂之"川"？就梓州而言，亦在盆地之中，且同盆周大山相比，

---

① 《舊唐書》卷三十八《地理志》，中華書局 1973 年版。

② 《元和郡縣圖志》卷二十二、三十、三十一、三十二、三十三、"闕卷佚文"卷一，中華書局 1983 年版；參龔煦春：《四川郡縣志》卷七，成都書店 1983 年版。

③ ［宋］宋敏求編：《唐大詔令集》卷四十七《李夷簡平章事制（元和十三年三月）》，中華書局 1962 年版。

④ 《唐大詔令集》卷六十《高崇文劍南西川節度制》。

⑤ 《舊唐書》卷一百《畢構傳》。

⑥ 孫光憲：《北夢瑣言》卷二十"姜志認父"。

⑦ 杜光庭：《廣成集》卷七《馬玄通大醮詞》。

⑧ 《唐會要》卷七十"州縣分望道"；《舊唐書》卷三十八《地理志》亦説"始於山河形便，分爲十道"。

⑨ ［唐］徐堅：《初學記》卷八"劍南道"。

⑩ 仇兆鰲：《杜詩詳注》卷二十五。

⑪ 《舊唐書》卷一百一十七《嚴武傳》。

地勢較爲平緩；而且它也是“西川”的衍生和對應。中唐以後，即見梓州被稱爲“東蜀”的，如《舊唐書·高適傳》載，肅宗上元年間：“梓州副使段子璋反，以兵攻東川節度使李奂，（高）適率州兵從西川節度使崔光遠攻子璋，斬之。西川牙將花驚定者……大掠東蜀。”[①]“元和四年，監察御史元稹出使東蜀”。[②]“武宗朝，宰相李德裕專政，出（杜）悰爲東蜀節度。”[③] 因梓州在成都（西川首府）之東，乃稱東川；又稱爲東蜀，即蜀川（巴蜀盆地）之東部。入宋後，又見稱梓州或梓州路爲“左蜀”的，如宋代梓州任官吕陶寫道：“改差知梓州……仍分左蜀之符。”[④] 王之望説：“將轉輸於梓部……左蜀號益都之亞。”[⑤]《方輿勝覧》於“潼川府·郡名”下明載“梓潼、東川、左蜀”。[⑥]“左蜀”，應是自唐宋京城而言梓州在成都之左之故。劍南、西川、東川、東蜀、左蜀之謂，均與盆地地形及其地理位置有關。

以“三川”爲地名，早已有之[⑦]。唐代史籍中“劍南三川”屢見不鮮。如：永泰二年“（第五）琦爲關內、河東、劍南三川轉運常平鑄錢鹽鐵使”[⑧]。中和四年“六月乙卯，赦劍南三川”[⑨]。亦有不少將“劍南三川”概稱爲“三川”的，如大曆五年，“詔停關內、河東、三川轉運常平鹽鐵使。”[⑩] 那麽，“三川”除劍南東、西二川外，還有一川何指？當時，巴蜀地區有 10 個州在山南西道轄境，其道治興元府（今陝西漢中），隋朝爲“漢川郡”，唐前期名梁州，德宗時升爲興元府[⑪]，所在是平原，即漢中盆地或漢中平原，亦當是川（漢川）。所謂“劍南三川”，即劍南東、西二川加上漢川，下面記載可證：《舊唐書》載，永貞元年（805）八月（憲宗已即位），“以袁滋爲劍南東西兩川山南西道安撫大使”，同年十月，貶爲吉州刺史，“以其撫慰三川逗留不進故也”[⑫]。“三川”已是劍南西川、東川和山南西道三個道的概稱，類如《蜀中廣記》所説：“漢武帝元鼎年以蜀郡、廣漢、犍爲爲三蜀，獻帝建安年分巴東、巴西、永寧郡爲三巴。巴蜀雖别，猶可概稱。”[⑬] 劍南“三川”是依盆地平原地形而劃爲三個道的地域概稱，與江河大川地形無直接關聯。此後，“四川”之稱沿“三川”之概稱而來。

---

① 《舊唐書》卷一百一十一。

② 《唐會要》卷六十二“諫諍”。

③ 《舊唐書》卷一百七十七《畢諴傳》。

④ 《浄德集》卷七《謝授再知梓州表》。

⑤ 王之望：《漢濱瀼》卷十二《潼川漕謝宰相啟》。

⑥ 《宋本方輿勝覧》卷六十二，上海古籍出版社 1991 年版，第 533 頁。

⑦ 如“河南郡，在秦爲三川郡”（閻若璩：《潛邱劄記》卷二）；漢分“三川爲河南、河内與河東，號爲三河”（王應麟：《通鑑地理通釋》卷一“秦四十郡”）；唐時鄜州有“三川”縣（《舊唐書》卷三十八《地理志》）。

⑧ 《舊唐書》卷四十九《食貨志》。

⑨ 《新唐書》卷九《僖宗紀》。

⑩ 《舊唐書》卷四十九《食貨志》。

⑪ 《舊唐書》卷三十九《地理志》。

⑫ 《舊唐書》卷十四《憲宗紀》。

⑬ 《蜀中廣記》卷五十一“蜀郡縣古今通釋·四川布政司”。

二　“四川”稱謂含義的演變

自前、後蜀至清朝，“四川”稱謂的含義有明顯演變，即從地形區域的概稱，到行政區域統稱，再到統一行政建置設立的簡稱，直到省級行政區劃的確稱。

（一）西川、川峽與“四川”

前蜀、後蜀沿襲唐制，行政區劃變化不多，唐代巴蜀的概稱於史籍中常見，然而也見到前、後蜀至宋初有“四川”的記載。

比勘史籍，有將“西川”誤爲“四川”者。如：《十国春秋·王鍇傳》，四庫本“王鍇……天復時奉使四川”，標點本“四川”作“西川”①。又，四庫本《太平寰宇記》，“廢銅山城……貞元元年西州節度使韋臯築”，“（貞元）十年，四川節度韋臯奏……”，而該書於他處卻作“劍南西川節度使韋臯”②，宋本《太平寰宇記》亦作“西川節度使韋臯”③。又，四庫本《太平寰宇記》，“唐咸通十一年，盧耽除四川節度”④，《資治通鑑》稱：咸通九年“九月戊戌，以山南東道節度使盧耽爲西川節度使”⑤。

還有存疑者。如標點本《舊五代史·楊崇本傳》載，“時西川王建亦令大將出師以助之”⑥，而在另一處卻云“是歲（天祐四年），四川王建遣使至”⑦。又如，《元和郡縣圖志》標點本，於卷三十一“劍南道”云，“四川節度使。成都府……今爲西川節度使理所”，明言“四川節度使”；四庫本卷三十二則作“劍南道。成都府……今爲西川節度使理所”，無“四川節度使”五字。

也見宋初有稱“四川”的。如開寶五年，辛仲甫“爲四川兵馬都監”⑧。淳化二年，王化基奏言“望自今負罪之人，不許爲廣南、四川長吏”。五年，宋琪上書言“臣曾受任四川數年”⑨。或這時有把劍南三川、黔中道概稱爲“四川的，或史籍作者沿用自己所處時代（南宋至元初）的稱呼，或是刊誤，待考。

然而史籍明載，宋初在巴蜀地區設置的是西川路。乾德三年（962）正月，“孟昶降，蜀平。……得州四十六、縣二百四十、户五十三萬四千，爲西川路”⑩。此時興元府在西川路

① 《十國春秋》卷四十一，中華書局1983年版。

② 《太平寰宇記》卷一百七十七“通望縣”、卷一百八十五“吐蕃”、卷一百七十八“南平蠻。

③ 《宋本太平寰宇記》卷七十七，中華書局2000年影印本，第84頁。

④ 《太平寰宇記》卷八十四“劍州”。

⑤ 《資治通鑑》卷二百五十一《唐紀》。

⑥ 《舊五代史》卷十三《梁書》，中華書局1976年版，第182—183頁。四庫本於此作“四川王建”。

⑦ 《舊五代史》卷二十六《唐書·武皇紀下》，中華書局1976年版，第360頁。

⑧ 《宋史全文》卷二。

⑨ 《續資治通鑑長編》（以下簡稱《長編》）卷三十二“淳化二年九月庚子”、卷三十五“淳化五年正月甲寅”。中華書局2000年版。

⑩ ［宋］陳均：《九朝編年備要》卷一。

之内[①]。“乾德三年，併兩川爲西川路，開寶四年（971），分峽路。”[②] 至道三年（997）全國分爲 15 路，其中“五曰陝西路……十二曰西川路，十三曰陝（峽）路”[③]。宋太祖、太宗和真宗前期，巴蜀地區多被概稱爲“蜀”、“川”或“西川”、“川峽”等。

（二）川峽四路與統稱“四川”

《宋會要輯稿》載：“真宗咸平四年三月十日，詔分川峽爲四路。以西川轉運使、兵部員外郎、直史館馬亮爲益州路轉運使，總益、綿、漢、彭、邛、蜀、嘉、眉、陵、簡、黎、雅、維、茂、永康，凡十五州軍，以知益州宋太初，崇儀使、恩州刺史楊懷忠並爲益州鈐轄、提轄兵馬捉賊事；峽路轉運副使、秘書丞李昉爲梓州路轉運使，總梓、遂、果、資、榮、昌、普、渠、合、戎、瀘、懷安、廣安、富順，凡十四州軍監，以知梓州王渭提轄兵馬捉賊事；西川轉運副使、虞部員外郎張志言爲利州路轉運使，總利、洋、興、劍、文、集、壁、巴、蓬、龍、閬、興元、劍門、三泉、西縣，凡十五州軍府，以益州都監、崇儀使王阮知利州、提轄兵馬捉賊事；峽路轉運、工部員外郎、直史館丁謂（爲）夔州路轉運使，總夔、於（施）、忠、萬、開、達、渝、黔、涪、雲安、梁山、大寧，凡十二州軍監，以知夔州、西京左藏庫使、順州刺史李漢贇提轄兵馬捉賊事。”[④] 史籍透露：“先是，上以西蜀遼隔，事有緩急，難於應援，故分四路，制置官屬。”[⑤] 設置四路更多的當是政治因素[⑥]。自宋真宗咸平四年（1001）開始，巴蜀地區在行政建置上設有四路（熙寧八年分爲 23 路，仍有此四路之設[⑦]），共轄 56 個府州軍監。此後直至南宋末年的兩百七十多年間，所轄州級區域、名稱或有變化，但其基本格局不變。川峽四路的設置，在古代四川的行政建置上具有承上啟下的地位。

從史籍中看到，咸平四年以後公私文獻有稱“四川”的，如真宗景德四年（1007）四月“庚寅，詔四川鹽井户”，仁宗天聖五年（1027）十月庚午“三司請留四川上供紬絹十萬”，皇祐五年（1053）九月壬申“詔臣僚毋得以子孫恩請弟姪任四川職田處官”[⑧]，徽宗大觀三年（1109）三月“辛酉，詔四川郡守並選內地人任之”，政和元年（1111）五月“癸亥，詔四川羨餘錢物歸左藏庫”，重和元年（1118）三月“丙申，以茂州蕃族平，曲赦四川”[⑨]。在

---

① 馬端臨：《文獻通考》卷三百二址一《輿地考七》載：“興元府……王蜀改天義軍，後復。宋乾德五年以三泉屬京。至道二年，以西縣屬大安軍，三年還屬利州路。”中華書局 1986 年影印本。

② 《宋會要輯稿・方域》七之一，中華書局 1957 年影印本。分置峽路，宋・章如愚《群書考索》卷六十作“開寶六年”，此依《會要》。

③ 《長編》卷四十二“至道三年”。“峽，四庫本作“陝，中華書局本作“峽”（2000 年版，第 901 頁），當是。

④ 《宋會要輯稿・方域》七之三；《長編》卷四十八“咸平四年三月”作：“辛巳，詔分川峽轉運使爲益、梓、利、夔四路。”參見《宋史》卷八十九《地理志》。“崇儀使、恩州刺史楊懷忠”之“恩”字，《宋會要輯稿》影印欠清晰，據《長編》卷四十七“咸平三年十月乙丑”條訂確。又，“於（施）”，《宋會要輯稿》影印本作“幹”，據《長編》卷四十八“咸平四年三月辛巳”條訂正。

⑤ 《長編》卷四十八“咸平四年四月己未”。

⑥ 可參見余蔚、任海平：《北宋川峽四路的政治特殊性分析》，《歷史地理》第 17 輯，上海人民出版社 2001 年版。

⑦ 《通鑑地理通釋》卷三“宋二十三路”。

⑧ 《長編》卷六十五、一百零五、一百七十五。

⑨ 《宋史》卷二十、二十一《徽宗紀》，中華書局 1977 年版。

《宋大詔令集》中也見到徽宗政和年間有“可曲赦四川”的詔文[①]。

與此同時期，在史籍中更多看到，“四川”指的是川峽四路。仁宗慶曆六年（1046）五月有詔令中稱“川峽四路鹽課”[②]，嘉祐五年（1060）八月“丙戌，置江、湖、閩、廣、四川十一路轉運判官”[③]（引者按，當時江南、荆湖、廣南均各分二路，福建一路，加上川峽四個路，共11路），神宗元豐七年（1084）十二月壬午“詔川峽四路諸州録事司理參軍毋得並差川人”，哲宗元祐八年（1093）四月蘇轍奏言中也有“遂使川峽四路士人”之説[④]，徽宗政和三年亦有單獨對“梓、夔路”的詔令[⑤]。因此可以説，從真宗分設川峽四路到北宋末年，所謂“四川”，是“川峽四路”的統稱，但它並不是一個名爲“四川”的統一行政建置實體的名稱。（雍正）《四川通史》寫道：“咸平四年，分置益、梓、利、夔，總曰四川路。”[⑥]“總曰四川路”之説需加分析，如果説這裏的“四川路”是指川峽地區四個路總的統稱，當符合歷史實際；如果説它是一個路級行政建置實體的名稱即名爲四川的路，則與歷史不符，因爲它包涵的是四個各有名稱、轄地的路級機構。

但是，也要看到，北宋中期畢竟已出現了名爲“四川”的地域統稱，較之“蜀川”、“兩川”、“三川”的稱謂有了明顯變化。所以顧炎武指出：“唐時劍南一道，止分東、西兩川而已。至宋則爲益州路、梓州路、利州路、夔州路，謂之川峽四路，後遂省文，名爲四川。”[⑦]

（三）實體建置四川制置使司與簡稱“四川”

到了南宋又有新的變化。《建炎以來繫年要録》於建炎三年三月壬辰寫道：“初，命尚書右司員外郎黄槩爲直龍圖閣、四川水陸制置發運使，專一總轄上供錢物，置司遂寧府，以四川名使始此。”[⑧]“以四川名使始此”，是指因朝廷之需，乃以四川爲名，單獨設置制置發運使司的行政建置。建炎三年（1129）五月，宋廷以知樞密院事張浚“爲宣撫處置使，以川陝、京西、湖南北路爲所部”，置司於陝西路秦川（即秦州、晉秦川郡，今甘肅天水）[⑨]。川峽四路乃與陝西路合稱“川陝等路”。紹興元年（1131）三月，金軍迫進興州（今陝西略陽），張浚退保閬州（今四川閬中）；“以端明殿學士張深爲四川制置使”，以王庶爲“知興元府兼利夔兩路制置使，節制陝西諸路”[⑩]。這樣，在川陝等路宣撫司之下，設了比“水陸制置發運使”級别更高的“四川制置使”。紹興二年（1132）十二月，張浚罷宣撫處置使[⑪]。次年三月，宋朝在宋金交戰中，盡失陝西之地。

---

① 《宋大詔令集》卷二百十九，政和五年十二月二十四日《四川曲赦》、政和八年三月十三日《四川曲赦》。
② 《宋史全文》卷八下《宋仁宗》。
③ 《宋史》卷十二《仁宗紀》。
④ 《長編》卷三百五十、四百八十三。
⑤ 《宋大詔令集》卷二百十九，政和三年四月八日《梓夔路曲赦》。
⑥ 雍正《四川通志》卷二《建置沿革》。
⑦ 顧炎武：《日知録》卷三十一“四川”，上海古籍出版社1985年影印本。
⑧ 《建炎以來繫年要録》（以下簡稱《要録》）卷二十一，上海古籍出版社1992年影印本。
⑨ 《要録》卷二十三“建炎三年五月戊寅”；《宋史》卷三百六十一《張浚傳》。
⑩ 《宋史》卷二十六《高宗紀》。
⑪ 《宋史》卷二十七《高宗紀》。

此後不久，宋廷乃在川峽四路之上設制置使司。《要録》於紹興五年（1135）十月乙卯載，命席益爲“成都潼川府夔州利州路安撫制置大使兼知成都府”[①]。《宋史》於同日載，“以席益爲四川制置大使，位宣撫副使上，州軍兵馬並隸大使司，邊防重事仍令宣撫司處置”。同年十一月，“以趙開爲四川都轉運使”[②]。這表明，宋高宗紹興五年，巴蜀地區設置了以“四川”爲名的統一的行政機構，即“四川制置使司”（治成都府）。它是界於王朝中央與川峽四路之間的一個實體軍政機構。在四川制置使司轄境，仍各分爲四路，故席益爲“成都潼川府夔州利州路安撫制置大使”。孝宗時任過四川制置使的范成大說：“承平時謂之川峽……軍興，置大帥司，始總名四川。然法令科條，猶稱川峽。”[③]

早在北宋真宗咸平四年設川峽四路之後一個月，宋廷就命知益州宋太初兼“川峽四路都轉運使”[④]。建炎元年六月丁卯，又以祠部員外郎喻汝礪爲“四川撫諭，督漕計羨緡及常平錢物”[⑤]。趙開也在建炎、紹興之際先後任“四川茶馬”、“總領四川財賦”、“四川都轉運使”等[⑥]。這些官職差遣，或是根據當時需要而臨時派遣，不是常設官；或是總的經辦川峽四路的財政收入和督運上供錢物；或是考察和奏報有關官員的政績，還不是在川峽四路設置統一的常任的實體行政機構，而紹興五年“四川制置使”的設置則有不同。

宋代的制置使，是“掌經畫邊鄙軍旅之事”的官員，北宋時不常置，南宋時成爲地方首官，其機構是制置使司，被稱“帥司”。“制置使……中興以後，置使掌本路諸州軍馬屯防捍禦，多以安撫大使兼之，亦以統兵馬官充。地重秩高者加制置大使，位宣撫副使之上。”[⑦]四川制置使司的設置，標誌在川峽四路之上，有了一個常設的實體軍政建置，自紹興五年（1135）席益直到宋末張珏的一百多年間，歷任四川制置使皆於史可考[⑧]。這一期間，“四川”這一名稱，實爲“四川制置使司”和它所統轄的四個路總的簡稱。

（四）省級行政建置與確稱“四川”

從元朝起，巴蜀地區正式建立省級行政機構“四川等處行中書省”，簡稱“四川行省”或“四川省”。

《元史》載：“行中書省，凡十一，秩從一品。掌國庶務，統郡縣，鎮邊鄙，與都省爲表裏。國初，有征伐之役，分任軍民之事，皆稱行省，未有定制。中統、至元（1260—1294）間，始分立行中書省，因事設官，官不必備，皆以省官出領其事，其丞相，皆以宰執行某處省事繫銜。其後嫌於外重，改爲某處行中書省。凡錢糧、兵甲、屯種、漕運、軍國重事，無

---

① 《要録》卷九十四。

② 《宋史》卷二十八《高宗紀》。

③ 范成大：《吴船録》卷下，《范成大筆記六種》，中華書局 2002 年版，第 214 頁。

④ 《長編》卷四十八“咸平四年四月庚申”。

⑤ 《要録》卷六；《宋史》卷二十四《高宗紀》。

⑥ 《宋史》卷二十五、二十六、二十七《高宗紀》。

⑦ 《宋史》卷一百六十七《職官志》。該志還載：“宣撫使，不常置。掌宣布威靈、撫綏邊境及統護將帥、督視軍旅之事。以二府大臣充。”

⑧ 參見吴廷燮：《南宋制撫年表》卷下，中華書局 1984 年版；陳世松：《南宋四川歷任制置使》，《西南師範學院學報》1982 年第 3 期。

不領之。”“每省丞相一員，從一品；平章二員，從一品；右丞一員、左丞一員，正二品；參知政事二員，從二品。”世祖至元二十四年（1287）、武宗至大二年（1309）曾改爲“行尚書省”，均於不久後恢復爲“行中書省”。全國共分設嶺北、遼陽、河南、陝西、四川、甘肅、雲南、江浙、江西、湖廣、征東等 11 個行中書省①。

四川等處行中書省所轄地，先是隸於陝西四川行中書省，省治在京兆（今陝西西安）。至元十八年（1281）“分省四川，尋改立四川宣慰司”，“二十一年（1284）仍合爲陝西四川行省”。“二十三年（1286）始置四川行省，署成都，統有九路、五府”②。原宋代四路大部分地區都爲四川行省屬轄（興元府爲興元路，屬陝西行省）。這時，“四川”遂成爲一個省名的確稱。

明初沿襲元制，洪武四年（1371）七月置四川行中書省。洪武九年（1376）“六月甲午，改行中書省爲承宣布政使司”③，簡稱布政使司、布政司。四川是全國 13 個布政司之一。顧炎武指出：“十三布政使司，今人謂之十三省，沿元之舊而誤稱之也。元時，爲行中書省者十一……洪武七年，以京畿、應天等府隸六部，改行中書省爲布政使司。今當稱稱十三布政司，不當稱省。”④

入清以後，恢復省的名稱。“四川……明置四川等處承宣布政使司，清初因之。順治二年（1645），置四川省，設巡撫，治成都。十四年（1657），增設四川總督。”⑤ 自元朝初年迄今，“四川”一直是一個省的名稱。

四川省省名，源於盆地平川地形，也因盆地平川地形而發展變化。“四川”之謂，經歷了概稱（中唐至宋初）、統稱（北宋中、後期）的歷史階段，南宋初年開始成爲一個統一的實體行政建置的簡稱，元朝初年正式成爲四川省省名的確稱，直至今日。

作者單位：四川大學歷史文化學院

---

① 《元史》卷九十一《百官志》、卷五十八《地理志》，中華書局 1976 年版。

② 《元史》卷九十一《百官志》。

③ 《明史》卷二《太祖紀》。

④ 《日知録》卷二十八“省”。此處將“改行中書省爲布政使司”繫於洪武七年，本文採《明史》九年之説。

⑤ 《清史稿》卷六十九《地理志》，中華書局 1977 年版。

劉咸炘研究綜述

張　傑

劉咸炘（1896—1932），字鑒泉，别號宥齋。祖籍成都雙流。家世業儒，爲成都大學、四川大學教授，與著名學者蒙文通、唐迪風（唐君毅之父）、“五四”時期著名詩人吴芳吉等爲知交。著名學者陳寅恪、唐君毅、梁漱溟、錢穆、張舜徽、張孟劬、蕭萐父、龐樸、吴天墀、蒙默、胡昭曦、王汎森、劉大均、詹石窗、段渝、劉復生、嚴壽澄、周鼎等都曾高度評價過劉咸炘的學術成就。由於近現代以來，文化的主流是救亡，是啟蒙，學術的主流是科學民主和進化論的潮流；於是，劉咸炘捍衛中國文化精神的兩百多種著作，就邊沿化爲一種低沉的聲音，數十年來，幾乎被人徹底忘卻。但是，隨着時代前進的步伐向多元方向的推進，劉咸炘，這樣一位八十年來珠沈大澤而湮没無聞的文史學者，再次浮現在我們的視野裹近些年來逐步成爲學術界關注的對象。到目前爲止，據筆者已經查得到的篇目，關於劉咸炘的、正式公開發行的學術論文已經五十多篇。這是一個了不起的進步。本文將對其中一些重要的論文進行必要的綜述。全文後面有一個論文清單，可供大家參考。挂一漏萬，畢竟不能面面俱到，不周到之處，敬請各路專家多多見諒。

一

到目前爲止，在劉咸炘研究的問題上，做出了畢生貢獻的人物是劉咸炘的長子劉伯榖先生。劉伯榖先生一家老小在過去物質生活極端困乏、學術政治環境並不順利的情況下，雨雪風霜，忍飢挨餓、慎終如始，冒着巨大的政治風險，歷盡磨難，使劉咸炘的所有手稿和家藏圖書得以基本完好的保存，這不僅僅是孝道的慎終追遠，更是爲我們中國的文化薪火得以流傳、昌明做出的寶貴貢獻。這件浩大而漫長的事件本身，已經足以使我們看到了劉咸炘學術巨大的感召力量，值得我們生活在當下物欲横流的環境中的人們認真反思、認真學習。

首先討論劉咸炘思想的文章發表於 1935 年，作者是知名史學家蒙文通先生。文章題爲《評學史散篇》，發表在《圖書季刊》（中文本第 2 卷，第 2 期，1935 年 6 月版，國立北平圖書館編印）上。這篇論文源於蒙文通先生當時偶然在書市上看到了劉咸炘的一個史學文集，該文集選編了《唐學略》、《宋學别述》、《近世理學論》、《名模二教考》、《長洲彭氏家學考》五篇文章。蒙先生的文章一開篇即説，這五篇文章“是固言中國學術史者一絶大貢獻也”。但是，與我們現在的時尚，朋友之間互相吹捧不一樣的是，蒙文通先生由於找到了亡友劉咸炘生前没有看到的相關資料，於是在文章中就彌補了劉咸炘先生文章的史料不足，對一些似是而非的問題進行了細密的辨析。在辨析的過程中，蒙文通先生對劉咸炘没有絲毫的不尊重，甚至還説道：“非鑒泉先生之博學篤志，則宋之學將莫知其所以始，而唐之學莫知其所以終。則此區區兩表（指劉咸炘著作中的圖表），於文化史之貢獻，亦云偉矣。”可謂推崇備至。文章最後還寫道：“吾讀劉先生書，歎未曾有，足以開人心目。聊陳管見，補其闕疑，正其統紀，以爲讀劉先生者之一助。惜不得起亡友與共詳之。所幸通人碩彦，不吝匡吾兩人所未逮，以起千餘年來之墜絶，於承學之士，不無稍補也。”[①] 從字裏行間我們可以看到蒙文通先生與劉咸炘肝膽相照、患難與共的友誼。蒙文通把文章的成敗視爲蒙、劉兩個人的責任（“不吝匡吾兩人所未逮”），而没有任何虚榮傲慢之心。由此我們可以看到，不論是劉咸炘還是蒙文通，他們研究學術的態度是多麽的專注，他們的友誼是多麽的淳樸、真摯！

令人感歎唏嘘的是，哲學史大家蕭萐父先生在 1996 給年劉咸炘的影印本《推十書》作序的時候，時間已經過去了整整六十年。蕭先生在生命的最後的幾年裏，以耄耋之年，克服多種困難，刻苦攻讀，認真研究，仔細地閱讀了模糊不清的影印本《推十書》，對《推十書》的思想把握得相當透徹。蕭先生寫道：“《推十書》，乃英年夭逝的天才學者劉鑒泉先生之重要遺著，是其所撰哲學綱旨、諸子學、史志學、文藝學、校讎目録學及其他雜著之總集，都二百三十一種，四百七十五卷。”全面介紹了劉咸炘的生平和家世，學術淵源和學術特點及其貢獻。蕭先生寫道：劉咸炘“無論宏觀立論，或是微觀考試，皆精核宏通，深造有得，就其所留學術遺産之豐厚，識見之高遠，真不愧爲‘一世之雄’，而堪稱 20 世紀中國卓立不苟的國學大師”[②]。

蕭萐父先生在其《吹沙二集》中發表了《劉鑒泉先生的學思成就及其時代意義》一文，從生平著作、學脈源流、哲思、史識、文心以及時代意義等多個方面對劉咸炘的思想做了全面性的總結。蕭萐父先生指出，劉咸炘“玄思獨運，馳騁古今，所取得的學術成就最爲突兀，堪稱近世蜀學中的一朵奇葩”[③]。蕭萐父先生高瞻遠矚地指出：“鑒泉先生之學，自是時代産物。祇緣珠沈大澤，華光未顯。他生當晚清，面對五四新潮及開始向‘後五四’過渡的新時期。中西文化在中國的匯合激蕩，正經歷著由膚淺認同到籠統變異，再向察異觀同求其

① 蒙文通：《評學史散篇》，見段渝主編：《〈推十書〉導讀》，上海科學技術文獻出版社 2010 年版，第 1、6、8 頁。
② 《推十書·前言》（影印本），成都古籍書店 1996 年版，第 2 頁。
③ 蕭萐父：《吹沙二集》，巴蜀書社 1999 年版，第 450 頁。此文又同時發表在《中華文化論壇》1997 年第 1 期上。

會通的新階段發展。《推十書》中主要論著，大都反映了這一主流文化趨勢，且慎思明辨，不隨波逐流，通過古今文化的異同對比，力求探索其深層義理的會通，找到中西哲理範疇可能交融互補的契合處。'外之既不後於世界之思潮，內之仍弗失固有之血脈，取今復古，别立新宗'（魯迅語）。五四以來，西化狂潮與復古逆流的交相衝擊下，確有部分學者，獨立不阿，既深研國學傳統，又敏求域外新知，自覺地作過這樣的努力，力求會通中西，熔鑄古今，締造出具有現代性的中國化的新思想體系。這應當是'後五四'時期新文化主潮之一。鑒泉先生僻處西蜀，獨力探索，雖志業未竟，而心路歷然。其學思成就（幸有《推十書》傳世）的理論價值與時代意義，必將得到海內外學林應有的重視。"① 隨着目前學界劉咸炘學術思想研究的不斷深入，事實已經越來越證明蕭老先生的論斷是正確的。

在蕭老先生的晚年，還寫過一篇題爲《劉鑒泉先生〈道家史觀說〉述評》的發言提綱，在江西龍虎山道教研討會上發表過演講。該文從方法論的角度對劉咸炘進行了三個方面的總結：第一，開宗明義，自立學綱（綱：縱與橫，歸結爲明統知類）。第二，由道家的起源論及道家與史官、天官三者的關聯，實質上是講"時"、"數"、"變"皆天道之"自然"。第三，道家學術之大要及其方法論。由道家"觀變"而主"退讓"、"静因"、"無爲"；有"得兩"而生"知幾""知時"，二者相融而任天圓道，天道好還。第四，道家的歷史定位。第五，在傳統文化中道家思想與民族性格。蕭老先生在這個提綱中從道家哲學的角度探索了劉咸炘察勢觀風方法論的來源，可謂獨具慧眼。時至今日，蕭老先生仍爲研究劉咸炘的頭等專家，他是我們研究劉咸炘的旗幟和精神領袖。

在1996年推動劉咸炘研究的大專家裏面還有四川大學歷史文化學院的吴天墀教授，以及蒙文通的後嗣、四川大學歷史文化學院的蒙默教授。吴天墀先生和蒙默先生都在1996年出版的影印本《推十書》上面做了非常難得的、珍貴的序言。吴天墀先生的序言題爲《劉咸炘先生學術述略》，從生平簡介、學術大要（學問宗本、治學方法、推十之學）、學侶附記幾個方面介紹了劉咸炘的情況。吴天墀先生在劉咸炘的史學和蜀學方面介紹得較爲深刻。吴先生說："《推十書》的最精粹部分，是突出表現在史學上面：他的史學觀念是完整而宏大的，治史方法也是周密而靈活的。"② 對劉咸炘的史學成就予以了高度的評價。現在據我們對劉咸炘的進一步研究認爲，吴天墀先生的斷言是正確的，劉咸炘先生在中國史學內部尋找資源，考鏡源流，秉中執要而察勢觀風，取得了優異的成績，與新文化運動中進化論的新史學觀念分庭抗禮，獨立寒秋，成爲中國文化最堅決的捍衛者，實在是難能可貴。

蒙默先生的序言極力推崇劉咸炘的史學成就。蒙默先生寫道："先君子（蒙文通）稱之曰：'精神宏卓，六通四闢，近世之言史學者，未有能過之者也。'先君子於先生諸説，尤佩其'察勢觀風'之論。此蓋先生治史之法門眼孔，或曰察變觀風，或曰風勢、大勢，或曰風

① 蕭萐父：《吹沙二集》，巴蜀書社1999年版，第454—455頁。

② 《推十書·劉咸炘先生學術述略》（影印本），成都古籍書店1996年版，第17頁。此文同時又發表在《文獻》1997年第四期上。

氣、風俗，或曰觀變、論世，詞雖有異，其義則一。然先生論史雖重在統觀一代風勢，要在明當時大勢，而亦不遺細小。謂一切事皆有風氣，一事有一事之風，或爲一朝之風，或爲一代之風，大則古今之變，小則儀物之象，大包小，小見大，有主有從，或重有輕，要在通觀。又言縱爲時風，横爲土風，一時風中或有數土風，土風或以時風而改，時風或因土風而成，彼此影響，互爲因果。史跡之不可以時風釋者，或可以土風釋之，縱横兩觀，而史家衹能事畢矣。其剖析風勢也，蓋精密深細如此。唯其能統觀大勢，以大包小，故其識也通觀圓融，以其不遺細小，以小見大，故其説也精闢深邃，議論常出人意表，造説更多發人所未發，勝意聯翩，精義入神。此張孟劬（爾田）先生所以稱之爲'目光四射，如珠走盤，自成一家之學'者也。先君子亦譽之曰：'其識駸駸度驊騮前，爲一代之雄，數百年來一人而已。'惜夫以正值大有爲之年而遽溘然謝世，先生之書亦以僻處蜀中，流傳不廣，而先生之學遂未能顯白於天下，斯誠先生之不幸，以學林之不幸也。"[①] 蒙先生的論斷雖然大多演繹蒙文通先生的觀點，但是，每下語一針見血，力透紙背，足見蒙默先生的觀點深思熟慮，非應景之説也。蒙默先生的序言，出自一位嚴謹的歷史學家之手，這就從根本上奠定了劉咸炘在中國近代歷史學界不可撼動的崇高地位。因爲劉咸炘在各種進化論思潮甚囂塵上的時候，是忠誠捍衛中國文化的中流砥柱，堅持從中國文化内部資源中尋找中國史學的理論滋養，藉以創新發展，實在是堪稱"爲一代之雄，數百年來一人而已"。

歷史學家龐樸先生早年寫過一篇題爲《一分爲二二合爲三》的文章，專門研究劉咸炘的辯證法思想。我們知道，龐先生是辯證法研究的大家，早年有過專門的辯證法專著，並且有深遠的影響，所以，關於這個題目龐先生寫得很精彩。龐先生根據《推十書·認經論》的附録《道家史觀説》的内容和方法論指出，劉咸炘在知言論世，明統知類，於執兩用中、秉要御變的方法論上，"尤有特殊貢獻，爲中國近代思想史上不可多見的學術珍品"。又説："執一，執兩、用中（得一），此所謂的人生三種態度，實際上包括了人們的全部世界觀和方法論，以及三者之正反合的演進過程，其中最需注意認清辨明者，爲執兩之説。蓋執兩較之執一，能'多算一著'，有'矯正極端'之便，示人以高出一籌姿態，容易爲淺嘗者視爲萬能法寶；而忽略了執兩尚有真假之分。應該知道，如彼鄉願之兩可而不能御變，子莫之執中而不知權變，皆'似執兩而非真執兩'者也。其真執兩者，實際上並不止於兩，雖執兩而知有超乎兩者在，故能循相對以求絶對，'入第三之高級'，得老孔之正道，'超乎往復'而得一於中，合乎兩端而成爲三級，真正實踐宇宙與完美的真諦。"但是龐先生又説："劉咸炘已能指出中對兩端的兩有兩不，並進一步指出中與兩端爲絶對與相對的關係，且引太極兩儀作證，是十分可貴的成就；可惜他卻忽略了，太極之與兩儀，不是兩有或兩不所能單獨解説清楚的，必須同時兼用包超，辨證施治，方纔可以得其真相於窈冥。而兼用包超，既兩有又兩

① 《推十書·序》（影印本），成都古籍書店1996年版，第23—24頁。

不，同時也就包超此兩有與兩不，而成爲中的另一新形式，即導的形式了。”[①] 這些話不是辯證法的專家是不可能有如此深刻的挖掘與分析的。龐樸先生有一次與筆者在武漢大學校園裏散步，親自對筆者：“劉咸炘是與張東蓀、熊十力並駕齊驅的人物。”可見龐先生對劉咸炘的觀察是深刻的，評價也是中肯的。這可以從龐先生《一分爲二二合爲三》一文對劉咸炘深入的分析和研究看得很清楚。

李兆成先生早在1998年的《文史雜誌》第三期上面發表過一篇題爲《劉咸炘的“三國”詩》一文記載道，自清道光間，劉止唐主持成都武侯祠維修事宜以來，[②] 雙流劉氏家族後代均與這座古老的祠廟深結善緣。劉止唐於道光二十九年（1849）主持祠廟維修及塑像調整，著《明良志略》以紀其事並褒贊蜀漢良臣。據《明良志賂》刻成32通的碑碣，今嵌於劉備殿及殿前文武兩廊。本刊卷一載有一星先生所撰《〈明良志略〉與劉沅》介紹其事。劉止唐的孫子劉咸滎、劉咸炘和重孫劉東甫則繼其祖，於祠内坊上楹間頗有遺墨，以裝點廟堂。如劉咸滎題撰的“合祖孫”聯懸於二門楹間，“中有漢家雲”額亦嵌於劉備墓紅牆夾道門坊；劉咸炘在關羽殿前題寫有“義薄雲天”匾額，在張飛殿前題寫有“誠貴金石”匾額；劉咸滎撰，劉東甫補書的“生不視强寇西來”聯，則懸於劉備殿中劉諶像龕前。劉氏家世業儒，代有才人名世。李兆成先生的文章還詳細記載和分析了劉咸炘在武侯祠中撰寫的大量三國詩歌，顯示了劉咸炘厚實的文化根基和學術淵源。

2003年，中國社會科學院世界宗教研究所的鍾肇鵬先生曾經寫過一篇題爲《雙流劉氏學術述贊》的文章，發表在《中華文化論壇》第三期上，對劉止唐的養心功法有細緻的介紹，據筆者所知，此學界所獨有。鍾先生把劉止唐與漢代的揚雄相提並論，把近代的劉師培與劉咸炘相提並論。但是，鍾認爲劉咸炘的學術超過了他的祖父劉止唐。可是在具體介紹劉咸炘學術的時候則泛泛而談，没有深度的發掘。不過，該文有讚體韻文一篇足以補缺：“蜀山峨峨，錦江滄滄，山青水秀，潤德流光。地靈人傑，時生賢哲，前有子雲，晚生止唐，創教川西，流播遠方。融攝儒道，會通易老，揚棄程朱，弘闡陸王，發奮精進，遍注群經，著書滿家，子姓遞禪，生徒萬千，學脈流傳。德業昭著，後有達人。爰及裔孫，降生咸炘，幼而穎悟，篤學精深，校讎目録，度越時人。學宗章氏，堂宇恢闊，根柢史學，通貫群籍，推十合一，博約兼賅，著述等身，時賢驚駭，前來蜀都，争購其籍。昊天不吊，夭我賢哲。少讀其書，頗受啟迪，垂暮爲文，述我鄉賢，蜀學重光，其在來哲！”鍾先生是一位宗教學大家，他密切關注到了劉止唐的“養心功”，這是值得我們高度重視的。同時他又是一位四川

---

① 龐樸：《一分爲二二合爲三——淺介劉咸炘的哲學方法論》，見《蕭萐父教授八十壽辰紀念文集》，湖北教育出版社年版，第531—532頁。

② 劉止唐（1767—1855），名沅，祖籍成都雙流，被列入《清史·儒林傳》。生前曾經在青城山修道八年，爲“劉門”宗教的創始人。其著作有《槐軒全書》（四川省圖書館、武漢大學圖書館有綫裝本，2006年巴蜀書社再次出版《槐軒全書》，是出版界的一件盛事），其中哲學方面除《四書恒解》、《周易恒解》、《詩經恒解》、《書經恒解》、《春秋恒解》、《周官恒解》、《禮記恒解》、《孝經恒解》、《大學古本質言》外，還有《正訛》、《子問》、《又問》、《約言》、《拾餘四種》等，其學業多受自其父劉汝欽先生（精於《易》學，洞徹性理）。止唐先生認爲，真正的聖學聖道至漢代以後，已被弄得面目全非，並且認定韓愈、周敦頤、張載、邵雍、程朱的思想都歪曲了孔子孟子的真義，致使聖學不傳。

省出身的學者，寄希望於來哲，返本開新，發揚光大，其意亦可感也。

二

2004 年是劉咸炘學術思想研究史上的一個轉捩點。2004 年 10 月，由四川大學歷史文化學院主持在成都召開了“蒙文通先生誕辰 110 周年紀念大會”，各路蜀學研究專家在四川大學歷史文化學院歡聚一堂。大會上，蕭萐父先生親自撰寫了題爲《蒙文通先生誕辰百一十周年頌》的古體賀詩，其詩歌撰寫成宣紙藝術作品，委托歐陽禎人攜帶到大會上宣讀。其詩曰：

蜀學淵淵，積健爲雄，蠶叢杜宇，奕世恢功。史贊長弘，學辟文翁。
嚴揚玄思，陳李高風。趙蕤長短，宗密會通。眉山挺秀，潛書啟蒙。
代有精英，獨步寰中。近世轉型，海怒鵬騫。古今中西，遞反互參。
誕生聖哲，辨異通觀。六藝恢奇，學貴博淹。蒙公繼軌，甄微抉原。
通經明變，大義微言。儒申五際，道闡重玄。古族三分，越史千年。
掀髯一笑，川上觀瀾。頃懷儀型，孺慕拳拳。

在大會上，歐陽禎人傳達了蕭萐父先生爲大力推動劉咸炘思想研究的重要想法，引起强烈的反響，大會上有多位學者發表了研究劉咸炘的演講。劉咸炘的後嗣，其時已經 78 歲的劉伯穀先生也親自自始至終出席了會議，並且宣讀了相關論文。

2006 年 9 月，由段渝教授主編的影印本的《槐軒全書》（影印本，劉止唐著）由巴蜀書社出版。2009 年，在段渝、李誠兩位學術帶頭人的領導下，三十多位四川學者長期點校、整理、編輯出版了增補全本《推十書（增補全本）》（20 本，一千多萬字）由上海科學技術文獻出版社出版。這兩本巨著的出版，由於時間緊迫，其中有一些標點、斷句和字詞的錯誤，但是，畢竟影響深遠，爲我們當代研究劉止唐、劉咸炘兩位大家的思想提供了巨大的方便，在劉咸炘的研究史上具有里程碑式的意義。

從文集的整理、出版來講，2007—2010 年，由黄曙輝編校的《劉咸炘學術論集》（史學編、子學編、文學編、哲學編）陸續由以嚴謹著稱的廣西師範大學出版社隆重出版，基本上把劉咸炘最重要、最核心的歷史、哲學、諸子學、文學論著編輯出版了，爲宣傳和普及劉咸炘的學術思想，在最大程度度上讓更多的學者瞭解劉咸炘，進而推動相關的研究起到了很大的推動作用。2008 年由段渝教授主編先後出版了《劉咸炘論史學》、《劉咸炘論目録學》（由上海科學技術文獻出版社出版）的文章匯編。2009 年，段渝教授又主編出版了《〈推十書〉導讀》、《道教徵略》（外十四種，由上海科學技術文獻出版社出版）兩書，也具有歷史性的意義。尤其是《〈推十書〉導讀》中，把《推十書》（增補全本）的全書目録集中印刷了出來，把此前具有代表性的研究成果匯爲一編，這是一件不起眼，但是卻很重要的事情。這應該引起學界的注意。因爲這使我們一目瞭然地看到了相關的研究成果以及劉咸炘所有著作的全貌。

與這一輪新時期彙集文獻出版同時或前後，首先是四川大學歷史文化學院的劉復生教授發表了《劉咸炘重修〈宋史〉簡論》(2003 年）和《劉咸炘〈蜀學論〉及其在學術史上的意義》(2004 年)① 兩篇論文。前者對劉咸炘準備重修宋史的緣起、“表宋風”,“中興蜀學”以及劉咸炘相關的研究方法、材料和學術思想的進行了全面地介紹；後者以劉咸炘《蜀學論》一文爲出發點，詳細地介紹了劉咸炘的蜀學思想，揭示了劉咸炘相關的易學思想、史學思想、文學思想在蜀學中的地位，並且在此基礎之上分析和研究了劉咸炘蜀學思想的特徵在於“統觀蜀學，大在文史”,“蜀學崇士，玄而不虛”。由此而徹底展示了劉咸炘身體力行，發揚光大，努力開創蜀學新局面的熱切願望。與此同時，四川大學歷史文化學院的粟品孝副教授，繼《蒙文通與南宋浙東史學》之後，又發表了《劉咸炘與浙東史學》的一文，立足於劉咸炘與章學誠的關係，四川史學與浙東史學的關係，深入細緻，條分縷析，深入到各個學派的發展內部，闡幽表微，多方面分析和研究了劉咸炘史學的縱橫關係以及思想淵源。

嗣後，劉復生教授的博士生趙均强撰寫了題爲《性與天道以中貫之：劉沅與清代新理學的發展》的博士論文。晚清學者劉止唐，名劉沅。學術界對劉止唐思想的把握的程度直接關涉到我們對劉咸炘研究的水準。所以，趙均强的博士論文，對我們研究劉咸炘的思想是有重要的意義的。劉止唐著作等身，有著名的《槐軒全書》至今影響深遠。一生從教七十年，會通三教而歸宗孔孟，現有《國史館本傳》傳世。劉止唐在政治、哲學、教育、宗教、醫學等領域對蜀學的發展起到了顯著的作用。尤其是他創建的儒、釋、道三教合一的劉門“養心功”,曾造福一方，舉世矚目，在中外學界都有深遠的影響。對劉咸炘具有深遠的影響，是劉咸炘的思想來源之一。

趙均强認爲，劉止唐的學術是一個儒、釋、道三教合一的龐大體系，但就主體架構來説是儒、道會通，佛教居於次要的位置。所謂道，即道教內丹學中儒化傾向較重一派的內丹理論。所謂儒，則包括先秦儒家元典與漢、宋、明、清儒學。因爲唐宋以來道教內丹學以及宋、明理學本身就包含有大量佛教因素，衹是在此意義上，劉止唐的儒、道合一纔可稱之爲三教合一。劉止唐的儒、道合一主要側重於天道性命之學的合一，因爲劉止唐的自我認同是儒家，所以他的儒、道合一又是以儒學爲主體的。至於儒學內部，雖然劉止唐也相容了漢人訓詁之學，但其重心卻是宋、明、清三代理學的合一。天道性命、成人成己，守身誠身，是劉止唐學術的重中之重。就此而言，劉止唐學術思想的形態應當屬於清代新理學的範疇，正是在這個關鍵的地方，劉止唐對劉咸炘產生了深遠的影響。

劉止唐學術思想也有一個根本的宗旨，用劉止唐自己的話説就是即“守身”、“誠身”,而具體的展開則可表述爲“性與天道、以中貫之”這八個字。儘管歷代儒者都論及“天”、“道”、“中”、“性”、“命”、“心”、“情”,但各家解釋不同。僅就儒學而言，劉止唐不僅融合

---

① 兩文分別發表在《四川大學學報》2003 年第 5 期以及《社會科學研究》2006 年第 3 期。

了宋、明舊理學的成就，也融合了乾嘉新理學成果，而且其學兼漢代、清代訓詁考據與明儒“以經證悟、以悟釋經”之長，因此他的學術既有一個“大”在裏頭，又有一個“貫”在其中。劉止唐的學術思想體系，無論從天道、性命，還是倫理、宗教，都貫穿了他理解的“中道”思想，這就使得他的理學具有了“性與天道、以中貫之”的會通特徵。

張均强通過對劉止唐天道性命思想的爬梳認爲，自宋以來，無論三教還是儒學自身，都存在着分流與合流兩個過程。就儒學而言，氣本、理本、心本三分是一方面，同時又有一種合一的傾向。這種氣、理、心合一的傾向在明代有了較大的發展，它本身即孕育着氣、理、心三大本體合一的可能。然而，由於清代中葉理學的實證化取向，這個過程被中斷了。後出於嘉道之際的劉止唐哲學，恰好延續了這個中斷點，建立了一種“太極函三、函三爲一”的新本體論。筆者以爲，假如這個發現成立的話，則不僅對劉止唐學術價值的凸顯是一件好事，而且對我國理學史發展環節的完善，以及我們深入認識劉咸炘的理論源泉和學術本質，也是一件好事。

2006 年，四川大學歷史文化學院陳廷湘教授的博士生周鼎撰寫了題爲《“取釜鐵於陶冶”：劉咸炘文化思想研究》的博士學位論文。2009 年武漢大學哲學學院歐陽禎人教授的碩士生龐雯予的碩士論文《章太炎與劉鑒泉進化論思想的比較研究》，2010 年華東師範大學歷史文化學院房鑫亮教授的碩士生王吉偉的碩士學位論文《劉咸炘史學研究》，都在不同的面向上對劉咸炘有不同程度的發掘，這也是劉咸炘研究歷史上的數朵璀璨的浪花。由於開風氣之先，因而勞苦而功高。

2007 年四川省社科院的謝惠鵬先生發表了題爲《論劉咸炘的國學教學思想與方法》的文章，該文以近現代以來四川的國學教育和當今的國學教育爲背景，較爲全面地介紹了劉氏家族創辦“尚友書塾”的過程。該文介紹説，劉咸炘因爲品學兼優，學識淵博，早在 22 歲的時候就擔任了尚友書塾的主持、主講，一直到 1932 年他生命的最後一刻。劉咸炘辦學的宗旨是：“我今所説思事、辨志、除俗、存恥、行立、文成、功效、名正，胥於是在所務，不出目下，所造極乎宏遠。”① 可知劉咸炘的國學教育教養與教學相結合，尤其注重學以致用與社會實踐的能力培養，而所教學的內容則是十分廣泛，涵蓋了人類知識的全部。全部書塾分爲少學部、幼學部和研究部。教學的過程分爲授讀、聽講、句讀和研究四個步驟。在劉咸炘的《教法淺論》中，劉咸炘還提出了授讀、講説、問難、作文命題、改文等五種教學方法。劉咸炘將學生學習規定爲四方個階段：第一階段是求明大義；第二階段是專門研究；第三是掌握治學工具；第四階段是推理判斷。劉咸炘所講授的古今中外的經典浩如瀚海，課程的分類則具有探索創新的意識。謝惠鵬先生最後指出：“劉咸炘主持的尚友書塾實即國學學校，它存在了三十年，培養了國學人才，弘揚了國學，產生了不少學術成果。劉咸炘的教育思想，尤其是他的國學教學思想和教學方法，在當時是具革新意義的，很值得我們認真探

---

① 劉咸炘：《尚友書塾開講辭》，見《推十書》，成都古籍書店 1996 年版，第 2104 頁。

討。”[①] 對當今的國學熱更是具有指導、反思的意義。

2008年，四川省社科院的謝桃坊研究員發表了《論劉咸炘的國學觀念與學術思想》（《西華大學學報》2008年第2期）一文。該文認爲劉咸炘是中國近世學術史上罕見的天才，他承傳家學，以史學見長，又吸收了西學，長期志於國學的研究和著述，建立了一個宏偉的學術體系。作者認爲，劉咸炘的國學觀念與衆不同，具有綜合的學術性質，經史子集，四部相連，不可劃疆而治。既重“事實考證”又重“以事明理”，史學與思辨並重，史學體例與理論探索共舉。從其著述的廣博和所達到的學理高度來看，劉咸炘不愧爲國學大師。

四川大學老子研究院院長，中國著名道家、道教研究專家詹石窗教授在《推十書》（增訂全本）出版之際，專門爲大著的出版撰寫了一首《推十書詠·沁園春》，謂《推十書》爲“巨製鴻篇，築基壘牆，三教兼通風骨鏘”。嗣後，撰寫了一篇題爲《劉咸炘先生的道學研究》的文章，對劉咸炘的道學思想的基本情況進行了介紹；認爲劉咸炘對道家的文化傳統進行了精闢的概括，對道教的基本脈絡與道派傳承作了較爲全面的梳理。文章對劉咸炘道學思想的特點進行了總結：第一，説理透徹，啟人心扉；第二，考證翔實，獨具匠心。文章還總結了劉咸炘道學研究的貢獻與地位：第一，融會貫通，梳理了中華道學傳承的頭緒；第二，探賾索隱，開闢了道學研究的廣闊的前景。作者認爲，劉咸炘的道學思想博大精深，讀劉咸炘的相關著作“真是可以大開眼界的”[②]。

2011年3月底，臺灣“中央”研究院副院長、普林斯頓大學歷史學博士王汎森院士，從近代歷史學研究發展過程的理路，在上海復旦大學作了一次題爲“執拗的低音”的演講，用劉咸炘“察勢觀風”的“風”，反思了王國維“兩列火車對開”形成巨大的學術思想矛盾與不得不自殺的原因；進而用劉咸炘的“風”，批評了中國二十四史以及各種地方志編寫的體例弊端，同時也批評了以梁啟超爲代表的近現代以來的歷史進化論。王汎森院士的整個演講認爲，劉咸炘是中國五四新文化運動時期，主動從中國傳統文化內部的資源中挖掘歷史學研究方法，並且形成十分有效的史學著作撰述體例、研究體系的了不起的史學家。它是一種被邊沿化，但始終堅決捍衛中國文化、不可忽視的“執拗低音”。從今以後，這種低音也許會引起我們全社會的高度注意，將來有一天，成爲高音也未可知。這次演講由著名歷史學家葛劍雄教授主持，連續四講，級別高，影響大，勢必在未來產生更爲深遠的影響。

與此同時，由四川省社會科學院段渝教授擔任主編的《中華文化論壇》，由西華大學、四川省文史研究館蜀學研究中心主辦的《蜀學》我們可以經常看到研究劉咸炘的新作。至此，學術界全面展開劉咸炘思想研究的平臺已經基本搭建完畢，研究劉咸炘的新的局面已經逐步展開了。許多學壇名宿都已經逐步參與了劉咸炘的研究工作。

但是總的來講，有關劉咸炘《推十書》的研究還纔剛剛開始，缺陷在所難免。首先是寬

① 謝惠鵬：《論劉咸炘的國學教學思想與方法》，見《蜀學》，巴蜀書社2007年版，第67－68頁。

② 詹石窗：《劉咸炘先生的道學研究》，見段渝主編：《〈推十書〉導讀》，中國社會科學技術文獻出版社2010年版，第136頁。

度不夠，一些重要的領域還没有起碼的研究深度，例如校讎學研究、教育思想研究、道教思想、道家思想，文學思想研究等等即便是有一定的涉及，也還談不上真正意義上的深入研究；其次是深度不夠。劉咸炘是中國民間宗教“劉門”的傳人，劉止唐曾經在青城山修道八年，所以，劉咸炘是中國重要的道教大師的後裔，而相關的學術思想由於各種原因至今還没有從《槐軒全書》到《推十書》的整體、系統的梳理和研究。其他方面的研究也都還做得相當得不够系統和深入。第三，對劉咸炘的思想研究至今還衹是停留在就事論事之上，既没有縱向的察勢觀風性的鈎沈致遠，也没有把他置身於五四運動之中進行横向的比較研究，亦即，既没有歷史的深厚，也没有現實的實際性拓展，從而縱横交錯深入研究劉咸炘思想的歷史及現實的意義。相信在學術界同仁共同努力之下，這種情況會逐步發生根本性的改變。

三

歐陽禎人研究劉咸炘，是蕭萐父先生在2003－2008年期間指導歐陽禎人的結果。這件事情對歐陽禎人來説，是在努力完成蕭萐父老先生的遺願，或者説，是在完成蕭老先生的重托。但是，這些年來主要是要完成手裏的國家課題，所以，劉咸炘的研究斷斷續續，没有根本性的突破（那個國家課題目前已經徹底結束後，現在可以專心致志地研究劉咸炘了）。這些年來，歐陽禎人發表了的十多篇文章，而且，這些文章在很大程度上也都是受了蕭老先生的指導撰寫而成。下面，是歐陽禎人從2004年以來研究劉咸炘，主要的學術成果的簡單介紹。

歐陽禎人第一篇研究劉咸炘的文章發表於2004年。題爲：《論劉鑒泉先生的〈大學〉、〈孝經〉貫義》（見郭齊勇主編：《儒家倫理争鳴集》，湖北教育出版社2004年版）。該文寫了近兩萬字，整理並發揮了劉咸炘回應“雜流之毁儒，蓋自孔子時已然”所引發出來的一些思想。該文認爲，由於學術傳承的特殊性，孔子、孟子的思想衹是先秦儒學的一部分，一直到了《孝經》、《大學》、《禮運》、《中庸》、《易傳》出來之後，先秦儒家的理論才最終顯發出來。由“親親倫理”轉化爲“博施於民而能濟衆”的原因在於“合外内之道”而“以性貫之”。因此，先秦儒家“仁學”的根基是形上與形下兼備的“誠”。該文還認爲，劉咸炘置身於“打倒孔家店”的時代，各種詆毁儒學、作踐儒學的運動可謂層出不窮，儒學遭逢的劫難“未有疏於此時者也”、“未有甚於此時者也”（《孟子·公孫丑上》）的時代，地處西蜀，静觀其變而深思熟慮，潛心著述，任天圓道，尊崇老孔的太古道，堅決捍衛中國文化精神，實乃當時中國文化的傳統精神獨立寒秋的中流砥柱。

2006年，歐陽禎人發表了《劉鑒泉先生的“性説”研究》（《武漢大學學報》2006年第五期）一文，較爲集中地研究了劉咸炘的“性説”。該文立足於孟子的性善論，融會儒道天人一貫，盡人以合天的思想，批判了告子人獸不分的錯誤，進而批判了西方文化“適者生存”，把人視爲動物的社會進化論；批判了自七十子裔以來歷代“性説”論者在視“善”爲性的同時，亦視“惡”爲性的膚淺與荒謬，進而高揚了作者“任天”、“圓道”的學術理想與人生理想。由於其學説誕生於後“五四”時期，因此具有相當强烈的針對性和深遠的現實意義。該文在一定程度上揭示了劉咸炘在“性説”上繼承和發揚劉止唐相關思想的事實。

2007年，歐陽禎人發表了《劉鑒泉先生的“人道”思想研究》(《人文論叢》2006年卷，武漢大學出版社2007年版)。該文指出：“1923年，中國隨着新文化運動的推進爆發了‘科學與人生觀’的大論戰，除了主將張君勱、丁文江外，梁啟超、胡適、梁漱溟、陳獨秀、王星拱、唐鉞、張東蓀、范壽康、林宰平、吴稚暉等人都捲了進去，事後由亞東圖書館汪孟鄒先生搜集了論戰各方的文章，總名爲《科學與人生觀》於1923年12月出版，其後多次再版，產生了深遠的影響。值得注意的是，地處西蜀成都的劉咸炘也參加了這場論戰，他寫了一篇題爲《人道》的文章，初稿於1923年，修改、定稿於1929年，歷時五年，應該是一篇在思想上深思熟慮的作品。該文結合《推十書》中《內書》的《群治》(1923)、《故性》(1921)、《善惡》(1928—1930)，《外書》的《進與退》(1925)、《動與植》(1925)諸篇在思想上的照應，首先批判胡適先生的‘功利主義’，然後批判梁啟超、梁漱溟二位先生的自由主義，最後發揚其祖父劉止唐‘吾以聖人之道定百家，不以百家之謬溷聖賢’的學術思想，任天圓道，天人冥合，人與天相續相聯，含納百川，顯示了劉咸炘作爲一名後“五四”時期思想家的遠見卓識，闊大胸襟。”①

2007年，歐陽禎人發表了《論劉鑒泉先生的“爲學之法”》(《中華文化論壇》2007年第4期)。該文認爲，劉咸炘私淑章實齋的主要原因是要從根本上解決千百年來中國學術各趨極端，往而不返，争鬥日甚，終不能合的問題，因此，劉咸炘的“爲學之法”是對章實齋“校讎學”的一次創造性轉化。劉咸炘的“爲學之法”依託於老子的“御變”、孔子的“用中”，知言、論世、明統知類而超乎倚伏、正奇、往復之上，任天之道，以見天地之純，宇宙之理。其爲學的體系即是爲人、爲道、事天、全性的人學體系。天與人一，知與行一，博厚高明，悠久無疆，在知識與道德嚴重脱節的今天看來，極富現實的意義。

2008年，歐陽禎人發表《劉鑒泉先生經學思想概述》(《儒家文化研究》(第二輯)，三聯書店2008年版)，全文三萬多字。該文認爲，劉咸炘試圖借助章學誠的“六經皆史”説來矯正今文經學與古文經學的長期以來追名逐利、紛争不息的狀態，從而糾正清代乾嘉學派“得儒之嚴而失儒之大”的弊端。在學術上，劉咸炘要整合原始儒家與道家的精神，回歸“任天”、“圓道”的學術體系，借助於道家的思想資源和史學的研究方法，來拓展中國經學的新境界。劉咸炘的真正目的是要通過批判專制主義威脅利誘之下的經學弊端，以彰顯原始儒學的真精神。相對於梁啟超而言，劉咸炘的學術設想顯得嚴正、大氣，富有草根性；相對於錢穆而言，劉咸炘對中國文化更充滿絶對的自信精神。該文寫道：

劉鑒泉的學術思想有三個理論的來源，第一，祖父劉止唐。劉止唐先生的學術思

① 歐陽禎人：《劉鑒泉先生的“人道”思想研究》，見《人文論叢》2006年卷，武漢大學出版社2007年版，第772頁。

想，從對劉鑒泉先生的影響來講，可以一言以蔽之。這就是他自己在《槐軒全書·槐軒約言》中說的"吾以聖人之道定百家，不以百家之謬溷聖賢。"從學脈上來講，鑒泉先生創造性地繼承了止唐先生的這一學術思想，認爲真正的儒家聖學、聖道從秦漢以後，已被後代學者折騰得面目全非，認爲秦漢以後的歷代儒家都歪曲了孔子、孟子的原始思想，漢代儒生以及乾嘉考據學更是抱殘守缺，得儒之嚴，而失儒之大，致使聖學不傳。第二，章學誠的"六經皆史"。從《經略》① 一文，我們可以知道，劉鑒泉先生是中國傳統文化的真正捍衛者，並不反對真正意義上的經學。但是，鑒泉先生批判經學的缺點卻是不遺餘力的。劉鑒泉先生說："吾宗章學誠'六經皆史'之説，於經學今古文兩派皆不主之。古文家之極若章太炎，今文家之極若廖季平，吾皆以爲太過。"（《左書·經今文學論》）他認爲古代經學的發展總是非左即右，矯枉過正，容易走極端，此其一；他還認爲，今、古文經學彼此之間的鬥争都是因爲利禄驅使，打着經學的旗號，追名逐利，此其二；鑒泉先生認爲中國古代經學害了醫學上的"虚症"，換言之，也就是所謂的經學家們在内心裏没有尊崇經典的信仰，需要大補，此其三。因此，鑒泉先生研究經學的目的就是要超越經學，在劉止唐與章學誠的基礎上，建立一套更加純正的中華學術體系，出於這樣的目的，他"私淑"章實齋的"六經皆史"説，試圖以此作爲一種在形式上打破經學一統天下的武器。第三，五四時期風起雲湧的新文化運動實際上是劉鑒泉先生經學思想的根本性來源之一。而且，鑒泉先生的學術思想不僅是對中國數千來今文經學與古文經學的超越，而且也是對五四運動期間風起雲湧的中西文化之争的一個評判。蕭萐父先生説得很清楚：劉鑒泉先生"生當晚清，面對'五四'新潮及開始向'後五四'過渡的新時期。中西文化在中國的匯合激蕩，正經歷著由膚淺認同籠統變異，再向察異觀同求其會通的新階段發展。在其重要論著中，已有多處反映了這一主流文化思潮的發展趨勢；通過對比中西思想文化的異同，而力求探索其深層義理的匯通，找到中西哲學範疇的契合點。"② 所以，劉鑒泉先生的經學思想，不僅是對中國今古文經學聚訟數千年，紛争不已的狀態提出的評判意見，而且更重要的是他對中國乃至整個人類的學術發展，站在中國原始道家、儒家的基點上，提出了一個宏大的設想③。

2009年，歐陽禎人發表了《孟子在〈推十書〉中的地位》（見西華大學、四川省文史研究館蜀學研究中心主辦的《蜀學》第五輯，巴蜀書社2009年版）一文，認爲《推十書》的學術理想是道家的"任天"、"圓道"的"大道"之樸，但是它的現世倫理基礎是孟子的性善論。所以，融通儒道是劉咸炘學術思想的最大特點。文章認爲，孟子的資源在《推十書》中得到了廣泛的運用。劉咸炘先生的學術方法稱爲"三術"：知其志，知其人，論其世，都來

① 《經略》一文，是劉咸炘《學略》的一部分，撰寫於1918年7月，是劉咸炘在尚友書塾的一篇講稿。由於2008年没有標點本，歐陽禎人親自整理校勘，斷句標點，輸入電腦，發表於《儒家文化研究》第二輯中，以便初學者學習參考。

② 蕭萐父：《〈推十書〉成都影印本序》，見《吹沙二集》，巴蜀書社2007年版，第458—459頁。

③ 郭齊勇主編：《儒家文化研究》第二輯，三聯書店2008年版，第357—358頁。

自孟子。相對於劉止唐、章實齋而言，由於劉咸炘先生面對的是五四運動全盤西化的衰世，所以，咸炘先生始終是用儒家，特別是孟子的理論作爲戰鬥的武器去回應五四運動時期全盤西化的各種謬説。本文認爲，孟子的理論是《推十書》主要的思想基礎之一。

2009 年，歐陽禎人發表的另一篇文章《〈周易〉在〈推十書〉中的作用》(《周易研究》2009 年第 4 期）中，歐陽禎人認爲，《周易》思想在《推十書》中具有終極靈魂的地位。對劉咸炘來説，《周易》思想既是黏合劑，又是方法論，在其考鏡源流、橫中縱觀、執兩用中、任天圓道，盡心知性、立命事天的學術理念中始終具有領貫性的特殊作用。本文還認爲，劉咸炘一方面遵循“易簡而天下之理得”的原則，另一方面又堅持“理不與數對，事乃與數對”，將《周易》視爲歷史哲學，既抓住了《周易》的要害，又汲取了大量的學術營養；既没有“尊敬太過”，又爲《推十書》整合中國學術，重振昔日輝煌，推十合一，求簡求合，參悟大道，合歸天地之大體的學術理想追求尋找到了理想的思想武器。文章認爲，從《推十書》對《周易》的運用，劉咸炘崇奉老子的“太古道”哲學，是經過了《周易》詮釋之後的老子，是從根本上去掉了虚無，而兼論有無的老子，劉咸炘筆下的老子已經將儒家的仁義包容在道家的“道”之中了，老子的“静爲躁君”與儒家的“執兩用中”融通爲一，然後儒道相容而同歸於大體。這正是《周易》的理論歸宿，同時也是《推十書》重要的關節之處。

2009 年，歐陽禎人發表了《以風救騷，以骨救肉，以狹救廣——論劉鑒泉先生的詩歌創作》（見《人文論叢》2009 年卷，中國社會科學出版社 2009 年版）專門研究劉咸炘詩歌創作的文章。該文依據《推十詩》的具體作品，全面分析了劉咸炘在詩歌創作方面的成就。該文認爲，劉咸炘的詩歌創作繼承了自《詩經》、杜甫、白居易、皮日休、王禹偁、梅堯臣、張耒、陸游一直到清代顧炎武、龔自珍的現實主義傳統，十分關注國計民生，從三個方面總結了劉咸炘詩歌的思想傾向（貼近農村的自然生活，嚮往中國文化的傳統，揭露民衆疾苦和階級矛盾），還從五個方面系統分析了劉咸炘的詩歌形成“以風救騷，以骨救肉，以狹救廣”特色的原因。劉咸炘的詩歌作品既是孔子“詩本教”的遵循，也是走向新時代的敲門聲。劉咸炘詩歌創作的實踐活動既是在詩歌創作領域抵制白話運動的行爲，也是捍衛古典詩詞正統地位的衛道壯舉。在五四運動風起雲湧的背景下，不爲時尚所動而堅守古典陣地，充分顯示了劉咸炘的理論勇氣和思想底蘊。

2011 年，歐陽禎人在四川師範大學“蕭萐父先生與蜀學研究”學術研討會上發表了題爲《劉咸炘諸子學思想初論》的演講。文章認爲：“劉咸炘的諸子思想，精妙絶倫，無與倫比，是值得我們認真總結的一筆寶貴的精神財富。”文章還認爲，由於劉咸炘的諸子學始終貫徹了他史學家“察勢觀風”的基本手法，因而“材料搜集之深入、全面，版本考訂之細緻、嚴謹，作者思想研究之犀利、尖鋭等等各個方面都取得了驚人的成就。在筆者看來，劉咸炘的諸子學研究不僅遠遠超過了清代的汪中、焦循、王念孫、王引之、畢沅、戴震、章學誠、孫星衍、阮元、俞樾、孫詒讓、王先謙、龔自珍、皮錫瑞等諸位大家，而且也遠遠超過了當時名聲大噪的康有爲、廖平、章太炎、謝无量、陳澧、劉師培、梁漱溟、梁啟超、陳柱、黄侃、馬敘倫、胡適、錢玄同、朱自清、蔡元培、吕思勉等等大家耳熟能詳的人物，實在是令人歎爲觀止。之所以取得如此巨大的成就，在筆者看來，關鍵在於第一，劉咸炘掌握了校讎學，尤其是他對諸子百家著作的具體內容極端熟悉，因而在思想的考鏡源流、察勢觀風，人物的知人論世、曲盡其全和版本的考證甄别、探賾索隱等方面，具有前無古人的手段。第二，劉咸炘初步接觸了西方哲學的思想，視野較前人更爲開闊。因而，其諸子學不僅能夠有深度的縱向追溯，而且有寬廣的横向比較。第三，劉咸炘家學淵源極爲深厚，從劉止唐到劉咸炘，家學殷實，沉積厚重，已經形成了捍衛中國文化的堅實思想和人生哲學的態度。在此基礎之上，劉咸炘的治學態度之嚴謹，刻苦研究之勤奮，吸收新思想之快捷，完全超出了我們的想象。”這是作者近年來研究劉咸炘的一篇鴻文。

近來，歐陽禎人還寫出了《劉咸炘的儒學真精神——讀〈儒行本義〉》、《淺談劉鑒泉先生對製藝之法的獨特見解》、《劉咸炘對新文化運動的態度》、《試析劉咸炘的話本小説〈瞽瞍殺人〉》等研究論文。限於篇幅，這裏就不一一介紹了。

結　語

值得注意的是，武漢大學中國傳統文化研究中心歐陽禎人教授主持的教育部社科司國家重點文科研究基地重大專案《劉咸炘對中國傳統文化的創造性改造》（專案批準號：10JJDZONGHE009）於2010年年底已經正式獲得批准，目前已經正式啟動開始研究。參與這項重大專案的有四川大學老子研究院院長詹石窗教授，四川師範大學巴蜀文化研究中心主任段渝教授。本項研究成果的最後形式將以《劉咸炘哲學思想研究》、《劉咸炘史學思想研究》、《劉咸炘道家道教思想研究》三部專著的形式在巴蜀書社出版。預計出版時間是2014年上半年。課題組已經與巴蜀書社簽署了出版合同。

從思想的內在脈絡上面來講，本課題的研究首先是要在哲學、史學和道家道教三個領域，清理出先秦儒家道家、歷代道教、宋明理學、陸王心學、劉止唐（清代大儒，劉咸炘的祖父）、與劉咸炘在學脈上的關係；其次是要以章學誠與劉咸炘爲中心，研究“六經皆史”思潮發展的過程及其對“五四”時期劉咸炘的影響，以及劉咸炘對這一重大的思想潮流最後的回應與處理，及其與當時各位思想大家的異同和價值；第三是要清理劉咸炘與近現代的思想家們在哲學、史學和道家道教思想上的彼此互動，特别是對新文化運動中的各種思潮與劉咸炘之間的互動；第四，是要系統研究劉咸炘與章學誠、章太炎、康有爲、梁啟超、謝无量、胡適等等重要思想家的思想異同，借此徹底探究劉咸炘思想的時代特點；第五，本課題的研究重點在於深入研究劉咸炘對中國傳統文化的創造性、改造型的重鑄。

我們相信，我們這個重大課題在三所院校相關專家的共同努力之下，一定會精誠團結，取得令人高興的成果。以此來告慰蕭老先生的在天之靈，並且同時向四川以及全國關心劉咸炘研究的前賢時彦彙報。

附録：劉咸炘研究論文篇目彙編（以作者姓氏拼音爲序）：

1. 慈波：《別具鑒裁通貫執中——〈文學述林〉與劉咸炘的文章學》，《上海大學學報》（社會科學版），2007 年第 6 期。

2. 何詩海：《劉咸炘的文體觀及其學術史意義》，《中山大學學報》（社會科學版），2010 年第. 4 期。

3. 何詩海：《劉咸炘的戲曲觀及其學術史意義》，《中國韻文學刊》，2010 年第 4 期。

4. 黄友鐸：《著述等身的藏書家——劉咸炘》，《四川圖書館學報》，1999 年第 6 期。

5. 賈豔豔：《劉咸炘方志學思想初探》，《重慶廣播電視大學學報》2010 年第. 3 期。

6. 賈豔豔：《劉咸炘文獻學貢獻初探》，《信陽師範學院學報》（哲學社會科學版），2010 年第 4 期。

7. 雷雨：《劉咸炘書學思想二論》，《四川教育學院學報》2005 年第. 5 期。

8. 雷雨：《劉咸炘之書法源流觀》，《樂山師範學院學報》，2005 年第 9 期。

9. 李小婧：《劉咸炘小學思想述要》，見段渝主編《〈推十書〉導讀》，上海科學文獻出版社 2010 年版。

10. 李兆成：《劉咸炘的“三國”詩》，《文史雜志》，1998 年第 3 期。

11. 劉伯穀、朱炳先：《劉咸炘先生傳略》，見段渝主編《〈推十書〉導讀》，上海科學文獻出版社 2010 年版。

12. 劉復生：《劉咸炘〈蜀學論〉及其在學術史上的意義》，《社會科學研究》2006 年第 3 期。

13. 劉復生：《表宋風，興蜀學——劉咸炘重修《宋史》簡論》，《四川大學學報》（哲學社會科學版）2003 年第 5 期。

14. 馬千里：《劉咸炘〈目録學〉鉛印本的繫年問題及其他》，《四川教育學院學報》，2010 年第 12 期。

15. 馬旭：《從〈通志私議〉談劉咸炘編撰方志主張》，《青年文學家》，2010 年第 15 期。

16. 蒙默：《推十書·序》（影印本），成都古籍書店 1996 年版。

17. 蒙文通：《評學史散篇》，《圖書季刊》，中文本第 2 卷，第 2 期，1935 年 6 月版，國立北平圖書館編印。另見段渝主編《〈推十書〉導讀》，上海科學技術文獻出版社 2010 年版。

18. 歐陽禎人：《論劉鑒泉先生的〈大學〉、〈孝經〉貫義》，見郭齊勇主編：《儒家倫理爭鳴集》，湖北教育出版社 2004 年版。

19. 歐陽禎人：《劉鑒泉先生的“性説”研究》，武漢大學學報（哲學社會科學版）2006 年第 5 期。

20. 歐陽禎人：《劉鑒泉先生的“人道”思想研究》（《人文論叢》2006 年卷，武漢大學出版社 2007 年版。

21. 歐陽禎人：《論劉鑒泉先生的“爲學之法”》，《中華文化論壇》2007 年第 4 期。

22. 歐陽禎人：《劉鑒泉先生經學思想概述》，《儒家文化研究》（第二輯），三聯書店

2008 年版。

23. 歐陽禎人：《〈周易〉在〈推十書〉中的作用》，《周易研究》2009 年第 4 期。

24. 歐陽禎人：《以風救騷，以骨救肉，以狹救廣——論劉鑒泉先生的詩歌創作》，見《人文論叢》2009 年卷，中國社會科學出版社 2009 年版。

25. 歐陽禎人：《增補全本〈推十書〉介紹》，《周易研究》2009 年第 5 期。

26. 歐陽禎人：《孟子在〈推十書〉中的地位》，見西華大學、四川省文史研究館蜀學研究中心主辦的《蜀學》第五輯，巴蜀書社 2009 年版。

27. 歐陽禎人：《劉咸炘的儒學真精神——讀〈儒行本義〉》，韓國《東洋文化研究》第五輯，東洋文化研究院 2010 年版。

28. 歐陽禎人：《淺談劉鑒泉先生對制藝之法的獨特見解》，陳文新主編：《明代文學與科舉文化》，中國社會科學出版社 2011 年版。

29. 歐陽禎人：《試析劉咸炘的話本小説〈瞽瞍殺人〉》，郭齊勇主編：《儒家倫理新論》，武漢大學出版社 2011 年版。

30. 歐陽禎人：《劉咸炘諸子學思想初論》，“蕭萐父先生與蜀學研究”學術研討會論文集，待刊。

31. 龐樸：《一分爲二二合爲三——淺介劉咸炘的哲學方法論》，見《蕭萐父教授八十壽辰紀念文集》，湖北教育出版社 2004 年版。

32. 龐雯予：碩士論文《章太炎與劉鑒泉進化論思想的比較研究》，武漢大學哲學學院 2009 年版。

33. 粟品孝：《劉咸炘與浙東史學》，見梅新林、陳國燦主編《江南城市文化進程與文化轉型研究》，浙江大學出版社 2005 年版。

34. 王化平、周燕：《劉咸炘和章學誠的目録學思想比較研究》，《四川圖書館學報》，2009 年第 2 期。

35. 王化平：《劉咸炘先生目録學成就淺述》，《中華文化論壇》，2009 年第. 1 期。

36. 王化平：《劉咸炘論古籍辨僞》，《西南大學學報》（社會科學版）2011 年第 1 期。

37. 王吉偉：《論劉咸炘的史學編撰思想》，《黑龍江史志》，2009 年第 10 期。

38. 王吉偉：《劉咸炘關於學術交流的思考——讀劉咸炘與蒙文通書信感》，《學理論》，2009 年第. 13 期。

39. 王吉偉：碩士學位論文《劉咸炘史學研究》，華東師範大學歷史文化學院 2010 年版。

40. 汪啟明：《天才學者劉咸炘易學初解——寫於《推十書》（增補全本）刊後》，《周易研究》，2009 年第 2 期。

41. 吴天墀：《劉咸炘先生學術述略——爲誕辰百周年紀念及《推十書》影印版而作》，《文獻》，1997 年第 4 期。

42. 蕭萐父：《劉咸炘先生學術成就及學術思想》，《中華文化論壇》1997 年第 1 期。

43. 謝惠鵬:《論劉咸炘的國學教學思想與方法》,見西華大學、四川省文史研究館蜀學研究中心主辦的《蜀學》第五輯,巴蜀書社 2007 年版。

44. 謝桃坊:《論劉咸炘的國學觀念與學術思想》,《西華大學學報》(哲學社會科學版),2008 年第 2 期。

45. 徐有富:《試論劉咸炘的成材之路》,《古籍整理研究學刊》,2009 年第 1 期。

46. 徐瑞:《劉咸炘先生易學短論二則識語》,《周易研究》,2007 年第 6 期。

47. 楊代欣:《劉咸炘與他的〈三國志〉知意》,《貴州師範大學學報》(社會科學版),1994 年第 4 期。

48. 楊代欣、侯忠明:《劉咸炘的書學理論》,《文史雜志》,2008 年第 6 期。

49. 楊代欣、王玨:《劉咸炘〈弄翰餘沉〉及其書學實踐》,《文史雜志》2010 年第 6 期。

50. 詹石窗:《劉咸炘先生的道學研究》,段渝主編:《〈推十書〉導讀》,中國社會科學技術文獻出版社 2010 年版。

51. 張霞朱志先:《劉咸炘〈漢書知意〉探微》,《宜賓學院學報》2010 年 11 期。

52. 鄭小瓊:《從時代與地域特徵看劉咸炘詩學觀》,《現代語文》(文學研究)2010 年第 6 期。

53. 鍾肇鵬先生曾經寫過一篇題爲《雙流劉氏學術述贊》,見《中華文化論壇》2003 年第 3 期;又見《蕭萐父教授八十壽辰紀念文集》,湖北教育出版社 2004 年版。

54. 周鼎:《"取釜鐵於陶冶":劉咸炘文化思想研究》,四川大學歷史文化學院博士論文 2006 年版。

55. 周鼎:《梁漱溟與劉咸炘:現代中國文化保守主義思潮的中心與邊緣》,《社會科學輯刊》2005 年第 6 期。

56. 周鼎:《邊緣的視界:劉咸炘對進化論的批判》,《四川大學學報》(哲學社會科學版)2004 年第 3 期。

57. 周鼎:《"塾師"與"教授"之間的困惑——劉咸炘與中國文化的現代性危機》,見段渝主編《〈推十書〉導讀》,上海科學技術文獻出版社 2010 年版。

作者單位:武漢大學中國傳統文化研究中心

“四川辛亥革命暨尹昌衡國際學術研討會”綜述

吴會蓉　劉群

2011年10月17—19日，由中國社科院近代史研究所、四川省社會科學院、四川省政協文史資料和學習委員會、新華文軒出版傳媒股份有限公司主辦，四川省歷史學會、四川省巴蜀文化研究中心、四川省社會科學院哲學與文化研究院、彭州市人民政府承辦的“四川辛亥革命暨尹昌衡國際學術研討會”在成都隆重舉行。會議由中國史學會秘書長王建朗主持，來自美國、日本、澳大利亞、中國內地、中國臺灣地區和中國香港特區的一百五十餘位專家學者出席了會議，共提交論文68篇，其中涉及辛亥革命研究的文章26篇，辛亥人物10篇，四川保路運動15篇，尹昌衡研究17篇。

與會者圍繞會議的主題，就辛亥革命、四川保路運動、辛亥人物暨尹昌衡等問題進行了熱烈的討論，現將討論的問題簡述如下。

一　關於辛亥革命的探討

研討會上，學者們以辛亥革命爲主題，對辛亥革命理論問題，辛亥革命時期的政治、思想、文化與社會變革，地域與辛亥革命等諸多問題進行了深入的討論。

（一）辛亥革命的理論問題

會議期間，學者們對辛亥革命的歷史意義與歷史遺産，辛亥革命的特點、性質與教訓等理論問題進行了探討。

張海鵬先生認爲：“辛亥革命的最大意義在於，革命的發生動摇了中國人對兩千年來似乎千古不變的封建專制——皇權統治的崇拜，用武裝起義的方式掀倒了皇帝的寶座……人民接受了與中國傳統政治完全不同的共和立憲觀念，成立了共和國，從而結束了幾千年習慣了的對皇帝、宰相、大臣的頂禮膜拜。這個共和國雖然並不令人很滿意，但是以後的國家制度，都不能改變共和立憲體制。中華人民共和國的國家體制，也是在這個共和立憲體制的基礎上創建的，衹是構成國家的主體有别。”“以共和代替帝制，所帶來的思想解放，是歷史空前的。從制度變革和社會轉型的角度説，辛亥革命是近代以來中國歷史上最重要的一次思想解放運動。辛亥革命是以民族革命爲起點的革命，孫中山主張的‘五族共和’爲此後中國的民族平等提供了基礎條件。辛亥革命爲20世紀中國的歷史性進步打開了閘門，開啓了中國的政治進步與覺醒。”張先生還指出，由於革命派的軟弱，不敢提出反帝的戰略方針以及缺乏有力的政黨領導，其革命奮鬥目標未能完全實現。“辛亥革命雖未完成近代中國民族獨立的任務，但是這一使命由辛亥革命歷史遺産的繼承人、孫中山思想遺産的繼承者——中國共産黨在後來推進的新民主主義革命和社會主義建設中完成。”[1]從這個角度來説，辛亥革命實際成爲中國共産黨領導革命成功的一塊基石。

楊天石先生指出，辛亥革命最大的特點是“勝利迅速，代價很小”。之所以會如此，與清政府腐爛透頂，革命黨人執行正確對待滿人、争取列强的中立、團結立憲派和開明官紳、結成反清統一戰綫以及利用袁世凱等政策密切相關。楊先生也指出辛亥革命的教訓在於革命派後來無法控制袁世凱，找不到阻止他走向專制之路的良方，也找不到與農民聯合的辦法，從而致使革命留下了許多未完成的“段落”[2]。

關於辛亥革命的性質，早在三十年前，就發生過它是“全民革命”還是“資産階級革命”的“張章之爭”①。其後，又出現了“全民革命”説、“國民革命”説、“民族民主革命”説、“王朝更替”説等觀點。曾景忠先生指出，“對辛亥革命性質的認識發生歧異，與研究者的理論主張和觀察角度有關”。曾先生從辛亥革命的參與者、領導者、革命的目標和任務以及革命的方式與内在意義等方面，對辛亥革命的性質與歷史特點進行了分析，進而認爲辛亥革命是“士民革命”、“憲政革命”、“共和革命”、“和解革命”、“文明革命”[3]。

（二）辛亥時期的政治、思想、文化與社會變革

關於辛亥時期的政治，有兩位學者的文章有所涉及。李紹華與趙平通過分析清王朝的覆亡及其原因，指出了清朝覆亡對執政黨的啓示。他們指出，清王朝之所以在最後70年江河日下，是因爲未能把握好“千年未有之變局”，而執政的中國共産黨面臨世情、國情、黨情發生深刻變化的新形勢，又怎樣處理變與不變的關係、化解變與不變的風險、確保執政的安全，這些都是我們應該探討的問題，將21世紀的中國與晚清對比還值得進一步研究。但以史爲鏡，瞭解當今的民衆與社會、政黨與國家、西方與中國，思考關乎國家民族的未來，無疑也是我們今天紀念辛亥革命的重要内容[4]。侯中軍在《辛亥革命期間的政府繼承與條約問題》中談到：面臨舊政府簽訂的條約，新政府有三種選擇：或承認，或接受，或廢除。而民國卻選擇了承認，究其原因是爲了取得列强的支持，避免其干涉革命，這一選擇對民國後的外交極爲不利[5]。

① “張章之争”是指臺灣學者張玉法與大陸學者章開沅之間關於辛亥革命性質的争論，張玉法先生認爲辛亥革命是“全民革命”，而章開沅先生堅持辛亥革命是“資産階級革命”的觀點。

關於辛亥時期的思想，陳玉屏、左玉河、彭春凌、遲云飛等學者皆有論述。關於辛亥革命與民族主義，陳玉屏教授指出：近代民族主義是西方社會歷史文化的産物，晚清中國國難深重，知識精英均試圖從民族主義中尋找救國的思想武器。維新派試圖按民族主義中整合“國族”的方式來建構民族國家，而革命派則鼓吹種族民族主義的“排滿”革命。維新派的失敗使得晚清社會祇剩下革命這唯一途徑，“排滿革命”推動了辛亥革命的成功，但並不具合理性。於是革命黨對西方的民族主義進行了改造，轉而倡導“五族共和”，並按此來建國，但終歸“水土不服”，無法作爲中國建國的指導思想[6]。左玉河對辛亥時期俄國民粹主義傳入中國的歷程及特點進行了宏觀考察，分析了劉師培與劉師復的無政府共産主義，闡述了民粹主義與無政府主義的异同；並通過分析孫中山及章太炎的民粹主義思想，提示了中國近代民粹主義的思想特徵[7]。彭春凌分析了章太炎在民初爲信仰建設所做的努力，這對於了解辛亥時期的思想文化變革極爲有益。遲云飛通過對民國初年宋教仁與楊度、蔡鄂政治理念與治國方案的對比分析，指出“建國民國之難：没有勝者的角力”。

坂元弘子、梁景和、幸曉峰、李映濤、侯坤宏等學者對辛亥時期的社會與文化變革進行了探討。日本學者坂元弘子指出，過去的研究多關注辛亥革命前後政治層面的變革，今後更應去關注文化、社會、人們的意識與心理方面的變化。她利用圖像展現了女性的身體形象在辛亥革命前後的變化[8]。梁景和先生在分析辛亥革命與民初時期婚姻文化變革的特徵、局限性的基礎上，指出這一時期的婚姻文化變革蘊藏着女性與男性雙重解放的意義[9]。辛曉峰女士指出，辛亥革命時期是傳統藝術向現當代藝術轉型的關鍵時期，她分析了這種藝術轉型的內涵及表現。青年學者李映濤女士對四川滿族八旗兵丁在成都的駐地、成都旗人的生計問題進行了研究，論述了成都旗人在辛亥革命前後社會生活的變遷。臺灣學者侯坤宏先生對辛亥革命前夕的中國佛教作了分析，他談到辛亥革命前的中國佛教已趨衰落，佛學衰落有其外在與內在的原因；辛亥革命以後，纔開始出現佛學復興運動。此外，韓國成均大學博士李平秀在梳理同盟會成立後在兩廣一帶領導的武裝起義的開端與經過的基礎上，分析了孫中山原有的武裝起義計劃，進而指出在武裝起義中，同盟會與天地會的關係是平等合作關係，而非主動與被動之關係。日本京都大學村上衛先生使用英國外交部與殖民地部的檔案，考察了辛亥時期英屬北婆羅洲（今馬來西亞沙巴州）的華工移民事業。

（三）地域與辛亥革命

關於地域與辛亥革命的探討，本次會議中主要有香港學者李谷城和澳大利亞學者黎志剛。前者分析了香港在辛亥革命中的地位與作用，指出：香港自割讓以來形成的“天時、地利、人和”三方面的優勢，使香港成爲反清基地與近代中國歷次政治運動的策源地及“欽犯”的避難所。革命黨人以此作爲基地，組織發動歷次反清起義，對“辛亥革命”起了很大的作用[10]。後者通過論述香山縣和革命思想的萌芽，香山革命黨員在籌款、革命宣傳中的貢獻及香山婦女和海員在運輸軍火中的貢獻，指出香山人區別於其他革命黨人的特點在於：具有國際視野，敢於冒險犯上，敢爲天下先；從而揭示了香山與辛亥革命的總體關係[11]。

二　關於四川保路運動的探討

作爲辛亥革命的導火綫與重要組成部分，四川保路運動受到了學者們的關注。本次會議中，有 12 篇論文在大會上作了交流。這 12 篇論文内容多在探討四川保路運動，兼有述及辛亥時期四川的政治、經濟、社會文化等内容，研究領域有所拓寬，研究視角極爲新穎。

譚繼和先生從"辛亥區域變局與區域文化變遷"的視角對四川保路運動進行了新的審視，認爲：四川保路運動是在整個中國新文化開創階段即新的思想意識時代的背景下興起的，它是戊戌變法以來民族文化新變化的催生物，同時又影響着民族新文化的催生和轉换。其主要表現爲巴蜀士紳的現代文明意識在革命高潮中凸顯，推動了一系列文化改革。而究其原因，民族民主意識從城市化的士紳精英深入和滲透到市民社會，是近代巴蜀文化的一個本質特徵。四川保路運動既是一個追求早期現代化的政治革命，又是一個追求早期現代化的文化運動。它代表着巴蜀文化由古典形態向現代形態轉型的開端，這一轉型，至今尚未完成。而四川辛亥革命爲當今巴蜀文化的社會主義現代性轉型提供了寶貴的歷史經驗[12]。龍顯昭站在四川民衆的角度指出：保路運動在鬥争中由保路走向倒清，並分析了其中的原因，進而提出"川民保路功著辛亥"的觀點。曾紹敏先生提出，四川保路運動有一個逐漸演進的過程，並從革命黨人、保路運動本身以及立憲派内部傾向革命的角度分析了四川保路運動演進的原因；文章還闡述了保路同志軍的興起與發展、性質與群衆基礎，進而揭示了四川保路運動和保路同志軍在辛亥革命中的地位與作用。

本次研究與以往不同的是：過去多從革命黨、立憲派的角度去研究保路運動，而這次則出現了站在清政府及其内部官員的立場去審視保路運動，突出的代表有陳廷湘、鮮于浩、陳曉東等學者。陳廷湘從清政府應對社會性危機的視角對保路運動作了重新審視，他指出：晚清"鐵路國有"政策的盲目實施、清政府内部分歧、官員相互猜忌與平息危機措施的失效，導致了保路運動的發生與迅猛發展。鮮于浩亦從晚清重臣的角度分析了清王朝覆亡的必然性。他將與四川保路運動有關聯的晚清重臣分爲四類，認爲這四類重臣在保路運動前，尤其是保路運動時期的言行和舉措，均不同程度地充當了加速清王朝覆滅的角色。陳曉東從預備立憲角度，審視四川保路運動，説明清政府是如何不尊重法律，不順從民意，置預備立憲的成果於不顧，從而喪失了依法和平解決四川鐵路問題的機遇，導致官民關係破裂，從而引發了武昌起義。

關於四川保路運動的民衆動員，何一民與田永秀兩位學者進行了深入的研究。何一民先生以四川保路運動爲例，從社會動員的角度探討了辛亥革命爆發的原因。他認爲，19 世紀末 20 世紀初，隨着中國從農業社會向工業社會轉型，現代社會動員方式開始出現，而辛亥革命與現代社會動員有着密切的關係，四川保路運動則是一個成功的案例。四川保路運動之所以能够從文明争路發展爲武裝起義，與其所採取的正確的社會動員方式、内容與策略緊密相關。田永秀女士則對四川立憲派人的保路宣傳策略與方法進行了梳理和評價，揭示出它在四川保路運動中的積極地位與作用。

關於辛亥時期的四川經濟，日本學者森時彦運用統計學的方法，分析了辛亥革命前後四川棉製品的流通動向[13]。李德英以鄉村集市的時空模式，從農民日常生活出發，考察了鄉村集鎮的形成、功能及其在農民日常生活中的地位，並對近年來學術界對於基層市場理論的批評進行了回應[14]。趙國壯對辛亥革命前後四川糖業極度繁榮的原因進行了探討。

通過研討，與會者一致認爲：保路運動既是清末四川人民維護路權的鬥爭運動，也是一次反帝愛國運動，在全國産生了重大影響，加速了革命形勢的發展，在客觀上爲武昌起義的爆發與成功提供了條件。

三　關於辛亥人物暨尹昌衡的探討

在辛亥革命中，涌現出無數的仁人志士。本次會議中，對辛亥時期的人物尤其是對尹昌衡進行了深入的探討。

（一）對辛亥人物的探討

關於辛亥人物，主要涉及對孫中山、宋教仁、袁世凱、端方、董必武、董修武、羅一士、喻培倫、彭家珍、黃復生以及民初外交官群體的研討。

關於孫中山，朱華、汪澎與李玉貞進行了深入的分析。朱華分析了孫中山"科學思想"的形成背景、孫中山對科學思想的闡釋及其發展科學的舉措，並由此評價了其在近代中國所生産的影響及其對當今科學發展觀的落實與現代化强國建設的啓迪和借鑒價值。汪澎在《孫中山對共産國際"土地革命"戰略的態度析論》中談到，共産國際關於土地革命的方針政策與孫中山關於土地革命的意見是不同的。以列寧的民族和殖民地理論爲基礎，共産國際爲中國革命制定了以"分配土地"來發動農民參加革命的"土地革命"戰略設想。在國共合作的背景下，一再敦促孫中山爲首的國民黨以最激進的方式貫徹土地法令。但孫中山拒絶執行共産國際的决議，堅持以平均地權和耕者有其田的改良方案來解决中國的農民土地問題。孫中山還認爲共産國際的立即分配土地的指示在策略上有欠妥當，不符合中國實際，因而難以成功。同時，他也不贊同剥奪財産，不贊成用馬克思主義的辦法來解决中國的問題。而這也是導致革命高潮到來時國共分道揚鑣的一個重要原因。李玉貞女士的《孫中山和列寧筆下的"數十上海"》詳細研究了孫中山對革命以後中國如何建設和發展進行的思考，並對上海的發展潛力及孫中山和列寧主張的異同及其原因進行了剖析，是關於辛亥革命事業研究的新課題。

關於宋教仁，胡燕在《宋教仁與四川保路運動》中介紹了革命黨人宋教仁對保路運動的關注，通過《民立報》對清廷的鐵路國有政策及其對四川保路運動的處理以及四川保路運動相關官員進行了評論，從輿論上聲援鼓舞了川民，給其指明了鬥争方向，並對四川政局及長江流域的反清鬥争産生了積極影響。

關於袁世凱，馬勇的《從君憲到共和：袁世凱的一段心路歷程》在考證袁世凱竊奪革命果實的基礎上，從心態史的角度對袁世凱在革命前後的心路歷程進行了研究。文章指出：袁世凱並非一出山就想推翻清廷，最初他贊成君主立憲，主張在現在的框架内實行真實的政治改革。衹是隨着政治形勢的發展其思想纔發生了複雜的變化，最後與南方革命黨人達成妥協，推翻清廷。

關於端方，邵雍先生的《端方與晚清政局》一文，詳細論述了端方與清末立憲、清末禁烟及革命運動三者之間的關係。文章認爲，端方是晚清統治集團中少有的有識之士，有能力、肯辦事，熱心於地方自治，這些均值得肯定。而其鎮壓和對抗革命，恰好從反面説明了革命潮流浩浩蕩蕩，不可阻擋。

關於董必武，胡鵬在《董必武與辛亥革命》一文中分析了武昌起義前，董必武萌發了反清專制統治的民主主義革命思想；武昌起義後，他先後擔任湖北軍政府軍務部秘書、理財部秘書官、總務科長，爲湖北軍政府做出了貢獻；孫中山讓位給袁世凱後，他又追求孫中山進行二次革命，爲反袁、討袁作出了貢獻；二次革命失敗後繼續尋求新的革命，爲中國革命探索新的道路。

辛亥革命中涌現大量川籍志士，有董修武、羅一士、喻培倫、彭家珍、黄復生等，對這些人物的研究也在本次會議中得到了充分體現。李健、陳釗在《董修武與四川辛亥革命》中指出：董修武是辛亥革命的早期組織者、四川軍政府的領導者、建立統一四川革命政權的功臣、四川社會現代化進程的先驅；作爲革命先驅，他鞠躬盡瘁，死而後已。李興輝的《辛亥保路志士、詩書畫家羅一士》一文介紹了羅一士對四川辛亥革命、四川留法教育、四川地方志的編修、四川地方的治理以及詩歌、書畫方面的貢獻。劉章霖先生通過喻培倫的 42 封家書，分析了他的實業救國思想和活動。蘇東來在《彭家珍——一位四川客家子弟的辛亥情緣》中對彭家珍的客家淵源、加入同盟會從事革命活動、奉調入京開展革命、刺殺良弼壯烈殉國等事迹進行了梳理。作爲黄復生的後人，黄三德在《一生革命　兩袖清風——記辛亥英雄黄復生》一文中對黄復生一生的革命事亦作了介紹，並用十六個字對他的一生進行了評價，即"一生革命，兩袖清風，國爾亡家，靡不欽崇"。

此外，左雙文教授在《辛亥革命與民國重要外交官群體形成》一文中指出辛亥革命後，民初成長起來的職業外交官群體在推動中國向現代外交轉型的過程中發揮了重要作用。而這批人中，有些本是同盟會員，革命後涉及外交界，開始其外交生涯，他們與辛亥革命有最爲直接的關係；有的雖是清末即進入外交界，但同情和支持革命，在孫中山南方革命政府的對外事務中具有舉足輕重的地位，他們與辛亥革命的關係也十分密切；還有的是在歐美的留學生，攻讀外交或國際法專業，辛亥革命後回國，服務於外交界，並很快嶄露頭角，革命後新的政治環境與政治舞臺對他們産生了十分重要的影響。

（二）對尹昌衡的探討

兩天中，研究尹昌衡的十餘位專家對尹昌衡的研究動態、尹昌衡與四川辛亥革命之間的關係、尹昌衡西征及其影響、尹昌衡的政治貢獻等問題進行了深入探討。

曾業英闡述了尹昌衡的主要實踐與思想。祁和暉對尹昌衡政治生涯中兩件大事進行了考證，認爲他在日本留學時並未參加同盟會，中華民國成立之後他也没有加入中國國民黨。王炎主要闡述了尹氏在辛亥革命期間的突出成就。

繼塔娜闡述尹昌衡的西征與西姆拉會議的關係之後，任新建闡述了尹西征的歷史地位，王川與吴燕分析了尹昌衡西征的用兵策略和軍事謀略。秦和平探討了尹昌衡西征的軍事布置與舉措，繼而指出其"西征"與英國"八·一七照會"無必然聯繫。

此次研討會中，有一批學者嘗試着對尹昌衡的思想進行了研究。日本學者森紀子認爲：民初尹昌衡提出祭孔問題的動機應聯繫當時他所處的境遇進行分析。尹俊春則闡述了其祖父尹昌衡的哲學思想。鄭紹敏指出尹昌衡的精神世界在於——追求獨立自由、民主共和。符静闡述了尹昌衡宗教思想的産生與演變過程，並認爲其宗教思想突出了宗教本身的範疇，是基於當時的現實而形成的。此外，潘殊閑、譚繼和等還探討了尹昌衡的研究現狀與存在的問題，並探討了今後努力的方向。

參考文獻：

[1] 張海鵬：《試論辛亥革命的歷史意義與歷史遺産》，《"四川辛亥革命暨尹昌衡國際學術研討會"論文集》，四川成都：四川辛亥革命暨尹昌衡國際學術研討會編（内部資料），第1－11頁。

[2] 楊天石：《辛亥革命何以勝利迅速，代價很小?》，《"四川辛亥革命暨尹昌衡國際學術研討會"論文集》，四川成都：四川辛亥革命暨尹昌衡國際學術研討會編（内部資料），第12－24頁。

[3] 曾景忠：《關於辛亥革命性質和歷史特點的思考——紀念辛亥革命一百周年》，《"四川辛亥革命暨尹昌衡國際學術研討會"論文集》，四川成都：四川辛亥革命暨尹昌衡國際學術研討會編（内部資料），第31－64頁。

[4] 李紹華、趙平：《清朝覆亡對執政黨的啓示》，《"四川辛亥革命暨尹昌衡國際學術研討會"論文集》，四川成都：四川辛亥革命暨尹昌衡國際學術研討會編（内部資料），第167－179頁。

[5] 侯中軍：《辛亥革命期間的政府繼承與條約問題》，《"四川辛亥革命暨尹昌衡國際學術研討會"論文集》，四川成都：四川辛亥革命暨尹昌衡國際學術研討會編（内部資料），第91－102頁。

[6] 陳玉屏：《西方民族主義的傳播與辛亥革命》，《"四川辛亥革命暨尹昌衡國際學術研討會"論文集》，四川成都：四川辛亥革命暨尹昌衡國際學術研討會編（内部資料），第25－30頁。

[7] 左玉河：《論辛亥革命時期的民粹主義》，《"四川辛亥革命暨尹昌衡國際學術研討會"論文集》，四川成都：四川辛亥革命暨尹昌衡國際學術研討會編（内部資料），第103－118頁。

[8] 坂元弘子：《辛亥革命與社會性别》，《"四川辛亥革命暨尹昌衡國際學術研討會"論文集》，四川成都：四川辛亥革命暨尹昌衡國際學術研討會編（内部資料），第119－126頁。

[9] 梁景和：《女性與男性的雙重解放——論辛亥革命與民初時期婚姻文化的變革》，《"四川辛亥革命暨尹昌衡國際學術研討會"論文集》，四川成都：四川辛亥革命暨尹昌衡國際學術研討會編（内部資料），第141－152頁。

[10] 李谷城：《香港"天時、地利、人和"與辛亥革命》，《"四川辛亥革命暨尹昌衡國際學術研討會"論文集》，四川成都：四川辛亥革命暨尹昌衡國際學術研討會編（内部資料），第272－284頁。

［11］黎志剛：《香山和辛亥革命》，《"四川辛亥革命暨尹昌衡國際學術研討會"論文集》，四川成都：四川辛亥革命暨尹昌衡國際學術研討會編（内部資料），第 295—303 頁。

［12］譚繼和：《辛亥區域變局與區域文化變遷——四川保路運動中巴蜀文化由古典形態向現代形態的轉型》，四川成都：四川辛亥革命暨尹昌衡國際學術研討會編（内部資料），第 451—461 頁。

作者單位：西華大學人文學院

《升庵詩話》常用字詞試探

白建忠

楊慎（1488—1559），字用修，號升庵，四川新都人，明代著名學者、文學家。自從20世紀80年代以來，楊慎的詩學理論一直是學術界關注的焦點之一。但多數研究都是從《升庵詩話》中直接歸納、概括楊慎的詩論觀點。本文嘗試換一種視角，以《升庵詩話》中常出現的、能比較典型地反映楊慎詩學宗旨的字詞爲例，如“祖”、“奇”、“宋人”、“宋無詩”、“子美”、“太白”等，在對這些常用字詞作出定量統計與分析的基礎上，然後進一步解讀楊慎的詩學理論。

一　“祖”與“奇”

在《升庵詩話》中，“祖”字共出現了29次（不包括人名中的“祖”字），主要有兩種意思。第一種是本源之意，就此層含義而言，還有“先鞭”一詞與此相似，共出現了5次。玆舉二例：

《三百篇》爲後世詩人之祖，信矣。（《升庵詩話》卷八《唐詩翻三百篇意》）①

“凍蕊凝香色豔新，小山深塢伴幽人。知君有意淩寒雪，羞共千花一樣春。”唐詩梅花詩甚少，絶句尤少，此首“凍蕊凝香”，乃“疏影暗香”之先鞭也。（《升庵詩話》卷九《陸希聲梅花塢》）

另一種是效法之意，與此層含義相似的還有“出處”、“來處”二詞，共出現了13次。如：

杜審言《早春遊望》詩，《唐詩三體》選爲第一首是也。首句“獨有宦遊人”，第七

① 文中所引《升庵詩話》語，均出自丁福保輯：《歷代詩話續編》，中華書局1986年版。

句“忽聞歌古調”，妙在“獨有”“忽聞”四虚字。《文選》殷仲文詩“獨有清秋日”，審言祖之，蓋雖二字，亦不苟也。詩家言子美無一字無來處，其祖家法也。（《升庵詩話》卷五《杜審言詩》）

若以無出處之語皆可爲詩，則凡道聽塗説，街談巷語，酗徒之駡坐，里媪之詈雞，皆詩也，亦何必讀書哉？……必以無出處之言爲詩，是杜子美所謂僞體也。（《升庵詩話》卷五《宋人論詩》）

楊慎論詩爲何好用“祖”、“出處”等字詞呢？首先，這是他探本溯源意識的表現，與其以考據見長有很大關係，同時也是中國古人好古情結使然。如孔子“述而不作，信而好古”，荀子“徵聖”、“宗經”主張的提出，陸機“傾群言之瀝液，漱六藝之芳潤”，劉勰寫作《文心雕龍》時“原始以表末”、“振葉以尋根，觀瀾而索源”，鍾嶸《詩品》對五言詩人淵源關係的考察，如應璩“祖襲魏文”，檀超、謝超宗“祖襲顔延”等等。錢鍾書先生説：“古人好憲章祖述，每云後必遜前，如《論衡·超奇》、《抱朴·尚博》所嘲。萊幹蜜苦，山海日月分古今。……亦猶吾國文之前字先字，不特指時間之古，亦指品地之優也。”[1] 錢先生的看法很有見地，楊慎“祖”、“先鞭”等字詞的使用，也暗含着這層意思，即“不特指時間之古，亦指品地之優也”。

其次，更爲重要的是，它反映了楊慎有一定的復古傾向。楊慎的復古觀念主要體現在以下兩個方面：第一，楊慎明確主張宗經。他認爲“五經”是後代詩文之源，楊慎論詩尊《詩經》爲詩之祖，在《升庵詩話》中，“三百篇”三字出現了16次，楊慎對其皆極爲推崇，無一例外，如他説：“《三百篇》爲後世詩人之祖。”第二，楊慎主張“詩文用字須有來歷”。黄庭堅《答洪駒父書》云：“自作語最難，老杜作詩，退之作文，無一字無來處，蓋後人讀書少，故謂韓、杜自作此語耳。”[2] 楊慎《升庵詩話》卷十一《詩文用字須有來歷》説：“先輩言杜詩韓文無一字無來歷，予謂自古名家皆然，不獨杜韓兩公耳。”楊慎不僅同意黄庭堅的看法，而且進一步認爲“自古名家皆然”。楊慎提出這樣的看法主要是用來批評當時的文風，他列舉了當時詩文中諸多牽强附會的自造語，如以“騷墨”稱“騷人墨客”，合“汗牛充棟”爲“汗充”，改“鶯啼”爲“鶯呼”，强名“鴻雁嗷嗷”爲“鴻雁嘈嘈”等等，諸若此類，皆文理不通，茅塞一世。因此，楊慎主張，詩文用字須有出處，若以無出處之語作詩，即是杜甫所謂的“僞體”。

如果説“祖”字反映了楊慎論詩具有復古的一面，那麽“奇”字則表現了楊慎論詩求變、求新的觀念。在《升庵詩話》中，“奇”字共出現了六十餘次。兹舉二例：

李太白詩：“玉窗青春下落花。”花已落，又曰下，增之不覺綴，而語益奇。（《升庵詩話》卷一《下落花》）

文章好奇，自是一病，好奇之過，反不奇矣。（《升庵詩話》卷二《元次山好奇》）

---

① 錢鍾書：《談藝録》，生活·讀書·新知三聯書店2007年版，第222頁。
② 黄庭堅：《山谷集》，文淵閣《四庫全書》本，第186頁。

概觀楊慎詩論中的“奇”字，主要有三種含義：第一是指奇思妙想，獨闢蹊徑，發前人所未發，楊慎詩論中的“奇”字主要是指這種含義。如上引第一條楊慎對李白詩中“下”字的評價。第二是指離奇、奇僻、不合乎情理。如上引第二條中的第一個與第二個“奇”字都是這種含義。第三是指稀奇之意，在《升庵詩話》中出現的“事奇”與“奇事”，一般都是指這層意思。

楊慎《飾雉集序》云：“蓋不變則不新，不新則不奇，學者喜其新而謹其變，愛其奇而不戾於古可也。”① 杜甫稱庾信的詩“清新”，楊慎注曰：“新者，創見而不陳腐也。”楊慎主張推陳出新，這樣纔能使文章變得“奇”，可見“奇”是建立在“新”的基礎之上的。究其實質，楊慎所謂的“奇”是一種能給人以美感的寫作風範，需自然而然地表達出來，不可刻意雕琢。

綜上所述，楊慎論詩喜用“祖”、“出處”、“奇”等字詞，這説明楊慎論詩既有一定的復古傾向，同時也表明他並不是一個徹底的復古主義者，歸根結蒂，乃是復古以求變，有的學者説他“墮入模仿古人的魔道”②，似乎言過其實。

二　“宋人”與“宋無詩”

在《升庵詩話》中，“宋人”一詞共出現了50次。大致來説，楊慎對宋人的態度有兩種情形：其一，楊慎對宋人的好議論提出嚴厲批評。他説：

> 宋人議論多而成功少，元人評之當矣。且以一事言之。張君房謂藝祖受禪歲在庚申，庚者金也，申亦金位，當爲金德。謝絳謂作京於汴，天下中樞，當爲土德。程伊川謂唐爲土德，故無河患，宋爲火德，故多水患。甚矣宋人之饒舌也，其君之厭聽也宜哉。（《升庵詩話》卷五《宋人多議論可厭》）

楊慎指出“宋人議論多而成功少”，“宋人多議論可厭”。楊慎反對宋人以議論爲詩，以説理爲詩。宋詩爲何不及唐詩？楊慎説：“唐人詩主情，去《三百篇》近；宋人詩主理，去《三百篇》卻遠矣。”（《升庵詩話》卷八《唐詩主情》）楊慎從“主情”、“主理”的區别去評斷唐宋詩的優劣，其實早在嚴羽的《滄浪詩話》中，就有這樣的看法了，其《詩辨》云：“詩者，吟詠情性也。盛唐諸人惟在興趣，羚羊掛角，無蹟可求。故其妙處透徹玲瓏，不可湊泊，如空中之音，相中之色，水中之月，鏡中之象，言有盡而意無窮。近代諸公乃作奇特解會，遂以文字爲詩，以才學爲詩，以議論爲詩。夫豈不工，終非古人之詩也。”③ 元代傅與礪《詩法正論》所言與楊慎的觀點如出一轍，其云：“大概唐人以詩爲詩，宋人以文爲詩。唐詩主

① 楊慎：《升庵遺集》，見王文才、萬光治主編：《楊升庵叢書》，天地出版社2002年版，第1066頁。
② 參見宋佩韋：《明文學史》，上海商務印書館1934年版，第118頁。
③ 嚴羽著，郭紹虞校釋：《滄浪詩話校釋》，人民文學出版社2000年版，第26頁。

於達性情，故於《三百篇》爲近，宋詩主於立議論，故於《三百篇》爲遠。”① 明人批評宋詩大多繼承了嚴羽的觀點，以其主理而橫加指責，楊慎的老師李東陽說：“宋詩深，卻去唐遠；元詩淺，去唐卻近。”② 李夢陽《缶音序》說：“宋人主理不主調，於是唐調亦亡。……宋人主理，作理語，於是薄風雲月露，一切鏟去不爲，又作詩話教人，人不復知詩矣。詩何嘗無理，若專作理語，何不作文而詩爲邪?”③ 謝榛《四溟詩話》說：“詩有辭前意、辭後意，唐人兼之，婉而有味，渾而無跡。宋人必先命意，涉於理路，殊無思致。”④ 由此可見，宋詩主理是明代詩人一個較爲普遍的看法。

楊慎雖然對宋詩多所批評，但他並沒有全盤否定宋詩。楊慎認爲宋詩中亦有佳者，不可說“宋無詩”。“宋無詩”一語在《升庵詩話》中出現了 4 次。葉盛《水東日記》卷二十六引明初黃容《江雨軒詩序》說：“近世有劉崧者，以一言斷絶宋代，曰：‘宋絶無詩。’”⑤ “前七子”中李夢陽、何景明也認爲“宋無詩”⑥。楊慎對“宋無詩”的提法堅決反對，他說：

宋詩信不及唐，然其中豈無可匹敵者，在選者之眼力耳。……誰謂宋無詩乎?（《升庵詩話》卷四《宋人絶句》）

劉後村集中三樂府效李長吉體，人罕知之，今録於此。……三詩皆佳，不可云宋無詩也。（《升庵詩話》卷十二《劉後村三詩》）

可見楊慎對宋詩的看法較爲辯證。即是對唐詩，楊慎也主張要一分爲二地看，他說：“學詩者動輙言唐詩，便以爲好，不思唐人有極惡劣者。”並舉例說：“如今稱燕趙多佳人，其間有跛者、眇者、羝氳者、疥且痔者，乃專房寵之，曰：是亦燕趙佳人之一種。可乎!”（《升庵詩話》卷四《劣唐詩》）在明代中期“詩必盛唐”詩學觀念的影響下，楊慎“拔戟自成一隊”，發此言論，可謂異軍突起，獨領風騷。

其二，楊慎對宋人論詩持矛盾的觀點。一方面，他批評宋人論詩。《文心雕龍 · 明詩》篇說：“觀其結體散文，直而不野，婉轉附物，怊悵切情，實五言之冠冕也。”楊慎批曰：“評《古詩十九首》得其髓者。鍾嶸評《十九首》云‘文温以麗，意悲以遠，驚心動魄，一字千金。’與此互相發。宋之腐儒，不知詩，作詩話、詩談、詩格、詩評，無一可採，誤人無限。與其觀宋人之書，何不觀此。至言不出，俗言勝也。然可語此，也亦無幾人，唯吾禺山可也。”他認爲宋人論詩“無一可採”，觀點亦甚偏激。另一方面，他有時又對宋人論詩很欣賞。如：

---

① 見胡經之主編：《中國古典文藝學叢編》（二），北京大學出版社 2001 年版，第 49 頁。

② 李東陽：《麓堂詩話》，見丁福保輯：《歷代詩話續編》，中華書局 1986 年版，第 1371 頁。

③ 蔡景康編選：《明代文論選》，人民文學出版社 1999 年版，第 106 頁。

④ 謝榛：《四溟詩話》卷一，見丁福保輯：《歷代詩話續編》，中華書局 1986 年版，第 1149 頁。

⑤ 葉盛：《水東日記》，文淵閣《四庫全書》本，第 159 頁。

⑥ 李夢陽《潛虯山人記》曰：“（潛虯）山人商宋梁時，猶學宋人詩。會李子客梁，謂之曰：‘宋無詩’，山人於是遂棄宋而學唐。”何景明《雜言十首》云：“經亡而騷作，騷亡而賦作，賦亡而詩作，秦無經，漢無騷，唐無賦，宋無詩。”

"洞房昨夜停紅燭，待曉堂前拜舅姑。妝罷低聲問夫婿，畫眉深淺入時無。"詩人多以美人自喻，薛能《吴姬》之詩，亦其一也。宋人詩話云"東坡如毛嬙西子洗妝，與天下婦人鬥巧"，亦此意。洪容齋云："此詩不言美麗，而味其詞意，非絕色第一不足以當之。"其評良是。（《升庵詩話》卷四《朱慶餘閨意上張水部》）

律詩至晚唐，李義山而下，惟杜牧之爲最。宋人評其詩豪而豔，宕而麗，於律詩中特寓拗峭，以矯時弊，信然。（《升庵詩話》卷五《杜牧之》）

楊慎對宋人論詩矛盾的態度，正反映出楊慎的文學思想極具複雜性，既對立又統一，我們對此不能簡單地肯定或簡單地否定，重要的是，去考察楊慎評語背後所潛藏的特定情勢、特定背景，去感受楊慎所面臨的個人與社會的雙重壓力，在這樣的前提下，再去評斷楊慎的觀點，就不會流於偏激與片面。

總之，與明代中後期擬唐派詩人相比，楊慎論詩眼界開闊，見解通脱，無論是對唐詩，還是對宋詩，他都能運用自己獨到的藝術鑒賞力對其做出具體的辨析。楊慎將這種詩學觀運用到他的詩歌創作實踐中，自然而然地就形成了其獨樹一幟的風格。故而胡應麟《詩藪》云："用修才情問學，在弘正後、嘉隆前挺然崛起，無復依傍，自是一時之傑。"[①]

三　"子美"與"太白"

在《升庵詩話》中，杜甫、子美、少陵、老杜、杜陵、杜詩、杜工部等詞出現了一百七十餘次。本文限於篇幅，主要分析楊慎對杜甫絕句的看法。杜甫的絕句百餘首，而唯獨《贈花卿》一詩得到了楊慎的賞識。《升庵詩話》卷一《子美贈花卿》云：

"錦城絲管日紛紛，半入江風半入雲。此曲祇應天上有，人間能得幾回聞。"花卿名敬定，丹稜人，蜀之勇將也，恃功驕恣。杜公此詩譏其僭用天子禮樂也，而含蓄不露，有風人言之無罪，聞之者足以戒之旨。公之絕句百餘首，此爲之冠。

唐人樂府多唱詩人絕句，王少伯、李太白爲多。杜子美七言絕近百，錦城妓女獨唱其《贈花卿》一首……當時妓女獨以此詩入歌，亦有見哉。杜子美詩，諸體皆有絕妙者，獨絕句本無所解。（《升庵詩話》卷十三《錦城絲管》）

楊慎論詩主含蓄蘊藉，而杜甫在絕句創作中引進了大量的敍事、議論成分，往往是直敘其事、直抒胸臆，音調也由自然變爲拗峭，這與盛唐絕句的重情感、主情景、尚神韻大爲相同。楊慎《升庵詩話》卷十一説："絕句四句皆對，杜工部'兩個黄鸝'一首是也。然不相連屬，即是律中四句也。唐絕萬首，惟韋蘇州'踏閣攀林恨不同'及劉長卿'寂寂孤鶯啼杏園'二首絕妙，蓋字句雖對，而意則一貫也。"楊慎這裏所指出的就是杜甫的絕句注重細緻

① 胡應麟：《詩藪》續編一，《四庫全書存目叢書》集部第418册，齊魯書社1995年版，第53頁。

刻畫，“一句一絶”，一句一景，與韋應物、劉長卿絶句的渾然一體異趣。楊慎《選唐百絶序》説：“予嘗評唐人之詩，樂府本效古體而意反近；絶句本自近體而意實遠。……少陵雖號大家，不能兼善。一則拘於對偶，二則汩於用事。拘則未成之律詩，而非絶體；汩則儒生之書袋，而乏性情。觀其全集，自錦城絲管之外，咸無幾焉。”[①] 在楊慎看來，絶句應該重情韻，貴含蓄，工唱歎，杜甫的《贈花卿》詩由於符合了這三點要求，故而楊慎對其倍加推崇。謝榛《四溟詩話》卷二説：“子美五言絶句，皆平韻律體，景多而情少。”[②] 謝榛指出杜甫的絶句“平韻律體“、“景多而情少”，與楊慎所説的杜甫的絶句“即是律中四句”、“乏性情”可謂造車合轍。王世貞《藝苑卮言》卷四亦云：“子美之七言絶，皆變體，間爲之可耳，不足多法也。”[③] 杜甫的七絶被王世貞稱之爲“變體”，就是因爲杜甫的絶句與盛唐絶句相比，從題材内容到形式技巧方面，都表現出了極大的不同。清代潘德輿《養一齋詩話 · 李杜詩話》卷三説：“杜公絶句在盛唐中自創一格，乃由其才大力勁、不拘聲律所致。而無意求工，轉多古調，與太白、龍標正可各各單行，安得謂其不屑爲此，遂致絶無所解。”[④] 潘氏認爲杜甫的絶句自成一格，可以與李白、王昌齡的絶句“各各單行”。因此，當代有學者認爲杜甫的絶句在絶句史上起着承前啟後的作用，這種看法甚爲允愜[⑤]。

實際説來，楊慎主要是從他本人的詩學主張出發去讚譽杜甫的，如“熟精《文選》理”、“詩文用字須有來歷”等等，這些都是楊慎論詩時所持的一貫的主張。與此相反，若違離楊慎心目中的這些創作規則，他就會對杜詩表現出不滿。如：

> 杜詩：“大家東征逐子回。”劉須溪云：“‘逐’字不佳。”予思之，杜詩無一字無來處，所以佳，此“逐”字無來處，所以不佳也。(《升庵詩話》卷七《逐子》)
>
> 李太白終始學《選》詩。杜子美好者亦多是效《選》詩，後漸放手，初年甚精細，晚年横逸不可當。(《升庵詩話》卷十三《學選詩》)

杜詩：“大家東征逐子回”，所用“逐”字無來處，楊慎認爲“不佳”。《朱子語類》卷一百四十云：“李太白終始學《選》詩，所以好。杜子美詩好者亦多是效《選》詩。漸放手，夔州諸詩則不然也。”[⑥] 楊慎《學選詩》所持觀點明顯承襲了朱氏的看法，他認爲杜詩中好者多是效仿《選》詩，晚年“漸放手”，以至“横逸不可當”。

楊慎對杜詩的針砭，其實是有所用意和原因的，主要包括三點：其一，如前所述，杜甫某些詩歌的創作不符合楊慎論詩之宗旨，故而楊慎加以批駁。其二，與明代中期文壇的實際狀況有很大關係。“前七子”代表李夢陽對杜甫景仰備至，主張全面學習杜詩，以至於模擬失真，流於剽竊，楊慎遂起而力矯其弊。錢謙益《列朝詩集小傳》云：“及北地侈言復古，

---

① 楊慎：《升庵遺集》卷二十三，見王文才、萬光治主編：《楊升庵叢書》，天地出版社 2002 年版，第 1072 頁。
② 謝榛：《四溟詩話》，見丁福保輯：《歷代詩話續編》，中華書局 1986 年版，第 1170 頁。
③ 王世貞：《藝苑卮言》，見丁福保輯：《歷代詩話續編》，中華書局 1986 年版，第 1006 頁。
④ 潘德輿著，朱德慈輯校：《養一齋詩話》，中華書局 2010 年版，第 215 頁。
⑤ 參見周嘯天：《唐絶句史》，重慶出版社 2006 年版，第 199 頁。
⑥ 黎靖德編：《朱子語類》，文淵閣《四庫全書》本，第 808 頁。

力排茶陵，海内爲之風靡。用修乃沉酣六朝，攬采晚唐，創爲淵博靡麗之詞，其意欲壓倒李、何，爲茶陵别張壁壘，不與角勝口舌間也。”① 楊慎早年曾拜於茶陵派領袖李東陽門下，故而其論詩，一方面“爲茶陵别張壁壘”，另一方面須自立門户，但不管哪一方面，都得力破李、何之説。楊慎對杜詩弊病的指陳，即是突破李夢陽尊杜觀念的重要體現。其三，與當時的尊體和辨體觀念密切相關。明初高棅《唐詩品匯》的尊體與辨體觀念已甚爲明顯，他將李白列於“正宗”的地位，而把杜甫置於“大家”的席位，就是因爲李白的詩歌符合各體的本色要求，是唐詩的“正宗”，而杜甫的詩歌不能算作唐詩的“正宗”，這幾乎是當時格調派的一個共識，如何景明、王廷相、王世貞、許學夷等人都有相關論述。而且杜詩具有開啟宋詩的變體特徵，楊慎雖然能稍加辨證地看待宋詩，但他對宋詩基本上還是持否定態度的。因此，楊慎對杜詩的貶抑，在一定程度上也是有意抗衡宋詩。

在《升庵詩話》中，李白、太白、李詩等詞出現了九十餘次。與對杜詩的抑揚參半相比，楊慎對於李詩，幾乎無任何指責，可謂尊崇備至。楊慎《周受庵詩選序》稱李太白“爲古今詩聖”②。楊慎所撰《李太白詩題辭》一文，對李白的出生地進行了詳盡的辨析，並説：“若夫公之詩歌，泣鬼神而冠今古矣。”③ 楊慎爲何對李白如此推崇呢？其理由大致有三：第一，地緣關係的影響。楊慎與李白同屬蜀地之人，這種天然上的地緣關係自覺不自覺地增進了楊慎對李白的親近之感。楊慎《升庵詩話》卷十一《蜀詩人》不無自豪地説：“唐時蜀之詩人，陳子昂、於季子、閭邱均、李白、阮咸、雍陶、劉灣、何兆、李余、劉猛，人皆知之。”楊慎不遺餘力地辨明李白的故鄉是四川青蓮鄉，對李白强烈的認同感不言而喻。第二，李白“清水出芙蓉，天然去雕飾”的藝術風格與楊慎追求清新自然的創作意趣不謀而合，二人創作時都是以才情運筆，他們之間容易産生惺惺相惜之感。第三，李白的各體詩歌代表了唐詩的“正宗”。明代中期詩壇的代表作家們雖然李、杜並舉，他們也没有有意地去評議二人的優劣，但他們對李白幾乎無任何異議，而對杜甫有人則表現出一定的不滿，如何景明就不滿於杜詩的變體特徵，還有王廷相、鄭善夫等人。李白尊體，代表了唐詩的典型風貌，杜甫變體，是宋詩的直接源頭，楊慎傾向於李白也是情理之中的。

楊慎還有三段李、杜並提之語，值得一辨：

余謂太白詩，仙翁劍客之語；少陵詩，雅士騷人之詞。比之文，太白則《史記》，少陵則《漢書》也。（《升庵詩話》卷七《評李杜》）

杜子美詩：“朝發白帝暮江陵，頃來目擊信有徵。”李太白“朝辭白帝彩雲間，千里江陵一日還。兩岸猿聲啼不住，輕舟已過萬重山。”雖同用盛弘之語，而優劣自别，今人謂李杜不可以優劣論，此語亦太憒憒。（《升庵詩話》卷七《巫峽江陵》）

七言律，自初唐至開元，名家如太白浩然韋儲集中，不過數首，惟少陵獨多至二百

① 錢謙益：《列朝詩集小傳》，上海古籍出版社2008年版，第353頁。

② 楊慎：《升庵文集》，見王文才、萬光治主編：《楊升庵叢書》，天地出版社2002年版，第122頁。

③ 同上，第132頁。

首。其雄壯鏗鏘，過於一時，而古意亦少衰矣。譬之後世舉業，時文盛而古文衰廢，自然之理。(《升庵詩話》卷十一《葉晦叔論詩》)

楊慎把李詩比作《史記》，把杜詩比爲《漢書》，而他對《漢書》時有批評，其《古今人表論》云："班史《古今人表》，予反覆論之，其謬有四：一曰識鑒之謬，二曰荒略之謬，三曰名義之謬，四曰妄作之謬。"① 相比之下，楊慎對《史記》情有獨鍾，他曾對《史記》親加點評。因此，王世貞說："近時楊用修爲李左袒，輕俊之士往往傳耳。"② 胡應麟說："二楊(指楊誠齋與楊慎) 語皆爲李左袒者也"③，此二説誠是不錯。第二段所論，顯而易見，同是描寫巫峽江水之迅，楊慎認爲優劣自見，杜詩不如李詩。第三段楊慎雖然認爲杜甫的七言律詩"雄壯鏗鏘，過於一時"，但也存在不足之處，即"古意亦少衰矣"。

總之，楊慎對李、杜詩都甚爲推崇，但字裏行間流露出了偏袒李白的一面。我以爲，李詩與杜詩是後代詩人難以企及的兩座高峰，李、杜詩兩種不同風格的出現正是中國古代詩歌走向繁榮昌盛的體現，兩人不同風範的人格也是後人所仰慕的對象。平心而論，李詩有杜詩不及之處，杜詩也有李詩不及之處，以此之長攻彼之短的做法是不合情理的。

作者單位：山西師範大學文學院

① 楊慎：《升庵文集》，見王文才、萬光治主編：《楊升庵叢書》，第 163 頁。

② 王世貞：《藝苑卮言》，見丁福保輯：《歷代詩話續編》，第 1005 頁。

③ 胡應麟：《少室山房筆叢 · 藝林學山一》，上海書店出版社 2001 年版，第 195 頁。

紀念四川省文史館建館六十周年

守望精神家園

何天谷

在新中國誕生之初，毛澤東主席、周恩來總理等老一輩革命家高瞻遠矚，作出了在中央和地方政府設立文史研究館的政治決策。光陰荏苒，成立於 1952 年 12 月 15 日的四川省文史研究館，即將迎來六十華誕。

六十年間，四川歷屆省長聘請了 767 位省文史研究館館員，他們大多是學術界和文化界“德、才、望”兼備的耆年碩學之士。其中已故的劉孟伉、謝无量、陳子莊、向楚、林思進、黃稚荃，健在的蒙默、魏明倫、邵仲節等等，不僅享譽巴蜀，且聞名華夏。風雨坎坷也許是他們這代人的共同際遇，而學養與閱歷又賜予了他們特有的智慧和通達。他們入館時大多年逾花甲，卻壯心不已，以傳承文明、弘揚文化爲己任，遠離浮華喧囂，秉持純真學術精神，在耄耋之年如春蠶吐絲，或咨政建言，或著書立説，或潛心書畫，或吟詩作賦……回望六十年累積的豐碩成果，從他們無數浸透心血的學術論文、詩詞歌賦和翰墨丹青中，我們不僅可以發現文史研究館館員們在文、史、哲和藝術界的獨特影響和作用，還可以得到人生啟迪、治學示範和美的薰陶。同時，我們還能真切感受到他們是窮盡一生，用九死而不悔的赤誠之心在守望自己的精神家園，守望民族的精神家園。

守望是一種責任，是一份寂寞，是一份堅韌。願老先生們的風範，能激勵新一代學人自覺肩負起時代賦予的使命。

作者單位：四川省文史研究館現任館長

《杜甫年譜》簡介

劉孟伉

《杜甫年譜》全一册共 13.5 萬字，爲四川省文史研究館集體寫作之一。自宋以來，爲杜甫作年譜者不止一家，觀點不同，詳略互異，然大家都不合於今日之要求。此編於杜甫生平及杜詩各篇寫作之時地，無不詳加考訂，期於至當，按年繫譜一目瞭然，讀者知人論世，因事譯詩。編者力求此舊作完備。但限於水準，又兼時間匆忙，如有不當之處，希讀者指正。四川人民出版社印行在即，因略述編寫經過，以爲簡介。

杜氏世系表①

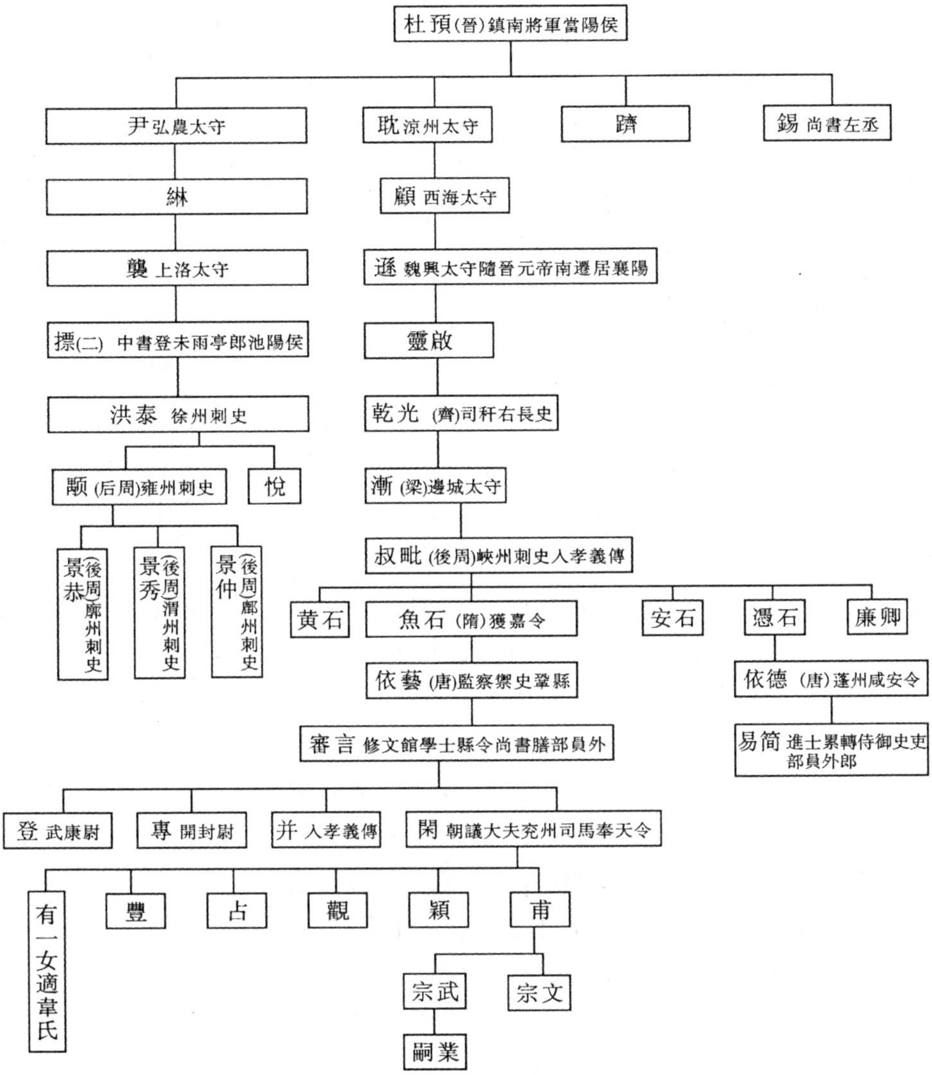

① 唐林寶著元和姓纂云："當陽侯元凱少子耽，晉涼州刺史，生顧，西海太守；生遜，隨晉元帝南遷，居襄陽，遜官至魏興太守；生靈啟、乾光。"又云："乾光生叔毗，周峽州刺史，生廉卿、憑石、安石、魚石、黄石。憑石生依德，蓬州咸安令；生易簡，考功員外郎。魚石生依藝，鞏縣令；依藝生審言，膳部員外郎；審言生閑，武功尉奉天令；閑生甫。"惟乾光不應與雲啟同單行，姓纂此點必有誤。查唐宰相世系表，元凱少子尹下五代（仇兆鰲杜詩詳注言尹下六代，非）爲洪泰，與乾光爲行；洪泰生二子——悅、顒，與漸爲行；顒生三子，景仲、景秀、景恭，與叔毗爲行；叔毗、景仲、景秀、景恭皆仕周，其子皆仕隋；此與周書叔毗傳所言"叔毗祖乾光，齊右司徒長史，父漸，梁邊城太守"合矣，故知乾光當爲靈啟之子，乃得爲叔毗之祖也。憑至著杜甫傳，於甫之世系一段，謂係依據元和姓纂排列而成，惟中有"遜子乾光的玄孫叔毗"句，此乃大誤。考姓纂明言"乾光孫叔毗"，可知其言"玄孫"者誤也；姓纂又言"耽生顧，顧生遜，遜生靈啟"，而據上所證，雲啟之子必爲乾光，然後乾光乃得爲叔毗之祖，可知其言"孫子乾光"者又誤也。如依馮至"遜子乾光的玄孫叔毗"之說以推算之，則從杜預到杜甫便成十四代，與杜甫自言其爲杜預十三世孫之說不符矣。

② 杜預少子尹下第三代仍有疑點，尚待啟證。

此一世系表説明杜甫是晉鎮南將軍當陽侯杜預十三世孫。杜甫在祭當陽君文中自稱爲十三世孫，而元稹爲之作墓誌銘中言，自晉當陽侯下十世而生依藝，依藝生審言，審言生閑，閑生甫，歷世居官，亦可證其出身於有悠久傳統之封建統治階級官僚家族。杜甫於其家世曾高自稱道："傳之以仁義禮智信，列之以公侯伯子男"[①]，"奉儒守官，未墜素業"[②]；可見其於家世傳統觀念甚深，以致中年時期，熱心仕進，在長安營求官職，干請汲引。此因杜甫處在封建時代，唯一出路，衹有從政，同時，亦由於受儒家思想之深厚培養使然。惟從政未酬其志，遂爲杜甫生平矛盾之一。

杜甫於其詩中每每推崇十三世祖杜預（222—284）與祖父杜審言（約 645—708）。杜預精通戰略，爲晉代名將，博通經濟、政治、法律、天文、算學、工程諸學，且躭研經史，著有《春秋左氏集解》，因以武功、政事、學術著名，世號"杜武庫"。杜甫承此遠祖之傳統，心焉嚮慕其爲人，加以深受儒家治國平天下思想之培養，故不覺油然發生其忠君之思想，懷抱其"許身契稷，致君堯舜"之大志。

杜審言所以遺給於杜甫者則爲詩之傳統。審言在初唐與李嶠、崔融、蘇味道共號"文章四友"，其詩與宋之問、沈佺期齊名，爲發展五言律詩之一大家。沈宋二人之律詩，長不過六韻八韻，而審言和李大夫嗣真詩則長至四十韻，當世稱爲名作。所以杜甫曾以"吾祖詩冠古"自豪，又以"詩是吾家世"諄諄訓其子宗武。在如此家學淵源之根基上，杜甫始備具其"讀書破萬卷"之物質條件，成就其"下筆如有神"之天才。

在當時封建社會，家族觀念支配人生，若有子弟能爲父兄報仇雪恨，即被人稱爲孝義之行，而杜甫父系中即有如是人物。杜審言之曾祖杜叔毗，據周書本傳所載，不獨事母有孝行，而且因兄君錫曾爲曹策所害，白晝手刃曹策於京城，然後從容面縛請戮，一時成爲美談。又審言之次子杜并（684—699），即杜甫之叔父，亦有孝烈之行。武后聖曆中，審言左遷爲吉州（江西吉安）司戶參軍，子并亦隨之赴官。審言與州僚不協，司馬周季童爲司戶郭若訥所鼓惑，將審言搆陷下獄。時并年十六，以父遭寃屈，飲食俱廢，形容憔悴，思爲父報仇，而口無所言。一日，周季童宴客府中，并乘其不備，懷刃猛刺之。季童身受重傷，而并亦爲其左右所擊殺。季童臨死曰："吾不意審言有孝子，郭若訥誤我至此。"審言以此得生還洛陽。一時士人聞并死事孝烈，莫不感動，蘇頲爲之作墓誌[③]，劉允濟作祭文，其後杜甫稱道其叔父并曰："縉紳之士，誄爲孝童。"[④] 可見杜甫從其家世傳統中，不僅承襲深厚之封建道德觀念，而且感受痛切之血族報仇氣氛。

在杜甫之家世外，再觀其母系。其母出生於清河崔氏，係崔融之長女。杜甫幼年，即已

① 見《唐故萬年縣君京兆杜氏墓誌》。

② 見《進雕賦表》。

③ 見《唐故范陽太君盧氏墓誌》注，並見洛陽建春門東五里出土之《杜并墓誌銘》，其中言杜并"以聖曆二年七月十二終於吉州廨館，春秋一十有六"；又言"以長安二年四月十二瘗於建春門東五里"。據此碑，可知《舊唐書·文苑傳》"并年十三"之謬誤。又據此碑作周季童，而知史書作季童者亦誤。本譜關於杜并死事與杜甫外家叙述，大體據馮至杜甫傳。

④ 見《唐故萬年縣君京兆杜氏墓誌》，但其中并訛作升，亦應據前碑改正。

喪母，所以在其詩文中，絕未涉及其母氏之行誼，但常稱述其舅氏。其贈舅父崔十三評事公輔詩曰："舅氏多人物"；又送其二十三舅崔偉之攝郴州詩曰："賢良歸盛族，吾舅盡知名"；可知崔氏是一盛大家族。同時，崔家與唐太宗子孫有婚姻關係。太宗第十子紀王李慎之次子義陽王李琮，爲杜甫外祖母之父。武后專政時，太宗子孫多被殺戮，李琮亦不能免禍。琮在獄中時，杜甫之外祖母尚未嫁，即以女兒身分，布衣草履，顏色憔悴，出入獄中，爲父送衣送飯，被人稱爲勤孝。琮有子行遠、行芳，亦以連坐配流於嶲州（四川越嶲）。當行遠臨刑時，行芳尚在童年，依法應得免死，但行芳手抱其兄行遠啼哭不放，乞以己身贖兄命，終於弟兄同時遇害，被人稱爲死悌[①]。行遠行芳即杜甫母親之舅父。

杜甫外祖之母，又爲唐高祖李淵第十八子舒王李元名之女。元名在武后永昌年間爲后黨田神勣所陷害，配流利州（四川廣元），不久亦被殺。其後杜甫在夔州與高祖第十七子道王李元慶之曾孫李義相逢後，有《別李義》詩云："神堯（指高祖）十八子，十七王其門。道國（元慶）與舒國（元名），實維親弟昆。中外貴賤殊，余亦忝諸孫。"杜甫與其姨表兄弟滎陽鄭宏之在洛陽北邙山合祭外祖父母時，曾作一篇沉痛祭文[②]，敘述其外祖母之祖父紀王李慎，外祖母之父義陽王李琮，以及外祖父舒王李元名先後爲配流而死之慘劇，有曰："緬維夙昔，追思艱窶，當太后（武后）秉柄，內宗如縷，紀國則夫人（外祖母）之門，舒國則府君（外祖父）之外父。"所以，由於外祖家與唐朝帝王子女通婚關係，杜甫雖亦列身貴族，然其所承襲者，並非貴族之權勢與豪華，而是慘絕人倫之寃獄與悲劇。

杜甫父系與母系相沿之傳統對於杜甫所起之作用，不外保守與進步兩方面：其一，歷代祖先"奉儒守官"之素業，養成其一生之忠君思想，使其中年時期營求功名，熱衷仕進；血族報仇與孝悌家風，增强其家族觀念，使其詩中時時流露懷念弟妹之深情；母系祖先之寃獄，促成其對於唐室懷抱"神器資强幹"之政治理論，因而對於浮沉藩鎮之貴族與流落江湖之王孫特別寄以同情；其二，"奉儒守官"之家世，杜預過去之文治武功，與杜審言之文學淵源，足以鼓勵其"整頓乾坤""致君堯舜"之壯志，培養其"讀書破萬卷，下筆如有神"之天才，父系弟兄間之血族報仇與外家祖先之人倫慘劇，足以激發其對於人世間之不平具有熱烈之同情心與强毅之反抗性，使其詩中在在放出沉鬱蒼涼廻腸斷氣之悲鳴。此兩種作用之不同，即前者對於杜甫一生之發展，起有相當之局限作用，後者對於杜甫一生之成就，則起有充分之積極作用。

至於杜甫所以成爲偉大之詩人，尚非區區之家世傳統與母系影響所決定，而是爲其時代之大環境所決定。蓋當時因社會長期太平與繁榮所產生之開元盛世，已釀成政治上兩種危機：其一，即君臣荒淫；其二，即窮兵黷武。此兩種危機之爆發，遂成天寶末年以後之重大變化，即：先有安史之亂，後有吐蕃入寇；以致兩京數次失陷，天子二度出奔；其餘殺刺史殺邊將之小亂象，以及小規模之農民起義，幾於所在皆有，無歲不然。杜甫生當此時，中年

① 見《張說贈陳州刺史義陽王神道碑》，並見《祭外祖祖母文》注。

② 見《祭外祖祖母文》。

以後所經歷者無日而非避亂之歲月。在此時期中，獨能超越於己身所屬之階級，放身以接觸廣大人民之現實生活，以一己之家計艱難，體驗萬民之疾苦，以一己家室飄泊，體驗萬姓之瘡痍，故其詩集，竟成一部富有人民性之痛史。

作者單位：原四川省文史研究館館長

南北學術與文學之異同①

謝无量

中國學術，在春秋戰國之時，隱隱就有南北兩派。文學上也是一樣。不過北方文學發達較早，南方文學發達較遲。這種痕迹，往往被人忽略了。

楚辭是代表南方文學一部最古的書，屈原自然是楚辭這種文體開創的人。所以要研究楚辭，先要研究屈原那時候南北思想的異同是怎麽樣。

《孟子》"許行"章頗能表示當時南北思想之衝突，今把他寫在下面，來做我們研究的根據：

> 有爲神農之言者許行，自楚之滕，踵門而告文公曰："遠方之人，聞君行仁政，願受一廛而爲氓。"文公與之處。其徒數十人，皆衣褐，捆屨織席以爲食。陳良之徒陳相，與其弟辛，負耒耜而自宋之滕，曰："聞君行聖人之政，是亦聖人也，願爲聖人氓。"陳相見許行而大悦，盡棄其學而學焉。陳相見孟子，道許行之言曰："滕君則誠賢君也，雖然，未聞道也。賢者與民並耕而食，饔飧而治。今也滕有倉廩府庫，則是厲民而以自養也，惡得賢？"孟子曰："許子必種粟而後食乎？"曰："然。""許子必織布而後衣乎？"曰："否！……百工之事，固不可耕且爲也。""然則治天下，獨可耕且爲與？……當堯之時，天下猶未平。洪水横流……堯獨憂之，舉舜而敷治焉。……禹疏九河……然後中國可得而食。當是時也，禹八年於外，三過其門而不入，雖欲耕，得乎？后稷教民稼穡，樹藝五穀，五穀熟而民人育。人之有道也，飽食、暖衣、逸居而無教，則近於禽獸。聖人有憂之，使契爲司徒，教以人倫，父子有親，君臣有義，夫婦有别，長幼有序，朋友有信。……孔子曰：'大哉堯之爲君！惟天爲大，惟堯則之，蕩蕩乎民無能名焉！君哉舜也！巍巍乎有天下而不與焉！'堯舜之治天下，豈無所用其心哉？亦不用於耕耳。吾聞用夏變夷者，未聞變於夷者也。陳良，楚産也，悦周公、仲尼之道，北學於中國。北方之學者，未能或之先也。彼所謂豪傑之士也。子之兄弟事之數十年，師死而遂倍之。昔者孔子没，三年之外，門人治任將歸，入揖於子貢，相向而哭，皆失聲，然後歸。子貢反，築室於場，獨居三年，然後歸。他日，子夏、子張、子游，以有若似聖

① 此篇爲《楚詞新論》之第一章緒論，標題爲編者所加。

人，欲以所事孔子事之，强曾子。曾子曰：‘不可。江漢以濯之，秋陽以暴之，皜皜乎不可尚已。’今也南蠻鴂舌之人，非先王之道，子倍子之師而學之，亦異於曾子矣。吾聞‘出於幽谷，遷於喬木’者，未聞下喬木而入於幽谷者。《魯頌》曰：‘戎狄是膺，荆舒是懲。’周公方且膺之，子是之學，亦爲不善變矣。”（下略）

許行不過南方學者之一，他的學説，暫且不去批評他。單看孟子那樣稱讚陳良，説他以楚人而北學於中國，北方的學者，也不能比他好。孟子自然是以承繼北方學統自命。他於批評許行學説以外，着實説些堯、舜、禹、稷的功德。又説陳良所悦是周公、仲尼之道。這都是北方學統的代表人物。又看批駁許行不算，還要那種痛駡楚國，説甚麽“南蠻鴃舌之人”、“用夷變夏”，説甚麽“荆舒是懲”。可見當時南北學派，已有對峙的形勢。南方學者的來源，又多半在楚國，所以孟子那樣恨他哩。

南北學派的區别在哪裏，現在祇能説他的大概。北學是到孔子的時候纔集其大成。他們崇拜的人物，是堯、舜、禹、湯、文、武、周公；他們所講的仁義（下略）。南學的發動者，恐怕就是老子，以後流爲許多學派。他們總要同北派立異。（譬如北學講堯舜以後，南學就要推到堯舜以前，如許行要講神農。老子一派道家要講黄帝，也是一個例子。）簡單説起來，北學好比一個守舊黨，他們要保存古來聖帝明王的遺産，回復周公的舊典。南學好比一個革新黨，他們主張破壞舊思想，用新的方法來改造社會國家，不過他們所用的工具不是一樣，總之都和舊派反對就是了。在善讀古書的人，大概都容易發現這個證據，曉得這個分别。（南學有時候也説堯舜周孔，也説六經，但他們的解釋總與北學不同。）

北派發祥地，自然是魯國。他們的開山祖師就是孔子。他的門弟子很多，後來成爲儒家一派。戰國時候，儒家的巨子，總算孟子、荀卿。孟子是純粹北派正宗，荀卿就多少有些南方化了。南派的發祥地，卻是楚國。他們的開山祖師是老子，以後直接間接流爲許多學派，都是攻擊儒家，和北方派學者反對的。

近來有説戰國時諸子都是出於老子的（如廉江琛《讀子卮言》之類），我們也不必完全替他附會。但是淵源確鑿的，也實在不少。老子是南方最大的學問家，所以這些持異説的，直接間接都要與他有些關係。楚國是南方最大的國，所以這些持異説的，都要直接間接跑到楚國。這是事實上容易找得出證據的了。

我們且看孟子、荀子書上所最不滿意的當時一般學者是些什麽人。孟子極力詆毁楊朱、墨翟及公孫衍、張儀。荀子《非十二子》及《解蔽》、《天論》諸篇所攻擊的，有老子、莊子、墨翟、惠施、鄧析、申不害、慎到。（其餘不大流傳的數家不算。）我們將他分析起來，老子、楊朱、莊子是道家，墨翟是墨家，公孫衍、張儀是縱横家，惠施、鄧析是名家，申不害、田駢、慎到是法家。可見這幾家都是與北方固有思想不同的。現在且研究這幾家同楚國的關係。

（一）道家　老子楚人，莊子楚人，這是無可疑的。楊朱是老子弟子。（看楊朱寫他們問答之詞可知。）

（二）墨家　墨子魯人或楚人。畢沅以爲楚人，孫詒讓以爲魯人。（莊子説“有南方墨者”。）

（三）縱橫家　出於鬼谷子，張儀、蘇秦俱是鬼谷子弟子。（皇甫謐説鬼谷子楚人，隱鬼谷山。）

（四）法家　法家本淵源於道家，至商鞅始立法家規模，但商鞅的老師是尸佼。也可以説法家出於尸佼。《史記·孟荀列傳》言“楚有尸佼”。劉向《别録》同。向序《荀子》，謂尸子著書，“非先王之法，不循孔氏之術”。以後申、韓、慎到，都是淵源於尸佼、商鞅了。（慎子嘗爲楚相。）

（五）名家　名家實出於墨子《辯經》。其後流爲别墨。《莊子·天下》篇説：“相里勤之弟子，五侯之屬，與南方墨者苦獲、已齒、鄧陵子之屬，俱誦墨經，而信論不同，相謂别墨，以堅白同異之辯相訾，以觭偶不仵之辭相應。”這就是叙墨辯流爲名家的淵源。所指的南方，大約就是楚國了。魯勝《墨辯序》説，墨子立名本，公孫龍、惠施祖述其學。現在名辯可見的，衹有公孫龍、惠施二家。公孫龍大約是北墨，惠施大約就是南墨。惠施常和莊子往來，恐怕也是楚國的人。（舊説惠施是魏人，恐係因他曾爲魏相的緣故，不足信。）

這已上和北方思想反對的五家，細看起來，都同楚國有些關係。墨子雖不能確定他爲楚人，但是他常往來於宋楚之交。宋這個地方，是南北的樞紐，也是當時異説交會之區。莊子平時不大出來遊歷，他同惠施似很密切，故疑惠施也是楚人。當時南北兩派，界限是極分明的。你看孟子那樣詆毁南人。北學的巨子，亦不輕易爲南方所容納。荀卿晚年遊楚，春申君直到滅魯以後，纔用他爲蘭陵令，以爲他是個舊學先生，於這地方最爲人地相宜了。（北學巨子是指儒家一派，其餘北人而治刑名法術之學者，則是早已同化於南方學派了。）

南北學術思想既如此不同，在文學也是一樣。北學所尊奉的六經，就衹有《詩經》一種是詩歌。他所採的詩都限於北方。我們拿十五國風來考證。周、召、王、豳是周室的王畿，其地在今陝西、甘肅、河南的一部（内有湖北邊地一小部）；衛國（包括邶、鄘、衛風）在今直隸、山西，鄭國在今河南，齊國在今山東，晋國（包括唐風、魏風）在今山西，秦國在今陝西境内，陳、檜在河南（内有湖北邊一小部），曹國在直隸、山東，此外魯國亦在山東。這樣看來，幾於全部都是北方的作品。那時楚已是大國，獨未採有一詩，不知何故。到了戰國以來，楚的區域更加擴充了。所有江、漢、荆、湘、吴、越、淮、泗，都是楚國的範圍。論他的國力，當然可以代表南方。他學術的發展，又矯然與北方不同。講到詩歌根於人心，也應該有一種獨立的特質，能顯示南方民族文學的思想。這時候纔有屈宋那種創造的文體，爲順應時代精神自然的産兒。後人加以“楚辭”之名，拿他來對抗北方十五國風，真是確當而無愧色了。

講到楚詞的創造人物，大概衹有屈原，其餘不過配角罷了。然自來楚國的文體，恐怕就有些與北方不同，屈原纔適用那種體格音調，寫出《離騷》等大篇。所以後人就推他爲楚辭之祖。且看老子是楚國著書較早的人，他那文體，有許多地方很像詞賦。今引一段在下面：

> 絶學無憂，唯之與阿，相去幾何？善之與惡，相去若何？人之所畏，不可不畏。荒兮其未央哉！衆人熙熙，如享太牢，如登春臺。我獨泊兮其未兆，如嬰兒之未孩；乗乗

巴西道士李榮與唐代蜀中重玄學

蒙　默

李榮，道號任真子，唐綿州巴西人（今四川綿陽），生卒年不詳，略生於唐武德末貞觀初（626—628），卒於景云元年（710）左右，是五胡十六國建立成漢政權李氏的後裔。李氏是賨族人，賨人多奉道教（《晋書·李特載記》），隋代巴蜀地區獨有賨人（《隋書地理志》）。李榮無疑是蜀中賨人，可能還是道教世家，“始爲道士，有文知名”。著有《道德經注》、《西昇經注》，《道經注》、《正統道藏》尚存其半，《西昇經注》雖佚，陳景元《西昇經集注》中收録尚多；《道經注》亦敦煌遺書中得寫本，經學者參以他籍輯校爲完本，書中所述爲近世學林所鮮知之以重玄爲宗之學。

重玄理論是東晋至唐時期學術上流行的一個新理論，這個理論大致在蕭梁後爲道流所吸取，從而得到較大的發展，遂成爲中國道教理論從低層次的修煉方術到高層次的思辨哲理的飛躍，是道教的宗教哲學的第一次形成。

“重玄”理論是從老子《道德經》首章中“玄之又玄，衆妙之門”推衍出來的，他的最初提出是東晋的學者孫登，史謂其“少善名理，注《老子》行於世”（《晋書·孫楚轉》）。此書可能佚於宋後，唐宋時猶見徵引，但其遺文已見不到關於“重玄”的論述了。魏晋以下，玄學大盛，《老子》爲“三玄”之一，爲之作注者頗多。據唐杜光庭《道德經廣聖義》所計，漢唐間《老注》達六十家，杜氏别爲六宗，言“孫登以重玄爲宗，宗旨之中，孫氏最妙”；又言“梁朝道士孟智周、臧玄静，陳朝道士諸柔，隋朝道士劉進喜，唐朝道士成玄英、蔡子晃、黄玄賾、李榮、車玄弼、張惠超、黎元興，皆明重玄之道”，所舉達十一人之多，皆梁陳後人。其玄談一宗，杜稱其“明虚極無爲”，祇八人，多魏晋時人。他宗所舉則各三四人而已，顯然是玄談盛於魏晋而重玄則獨盛於梁後。據杜載，上言六十家皆各有著述，然其書云流傳於今世者則唯河上公、王弼及開元御注三帙而已。成玄英隋唐間人（生隋仁壽間，即公元 601—604 年，卒唐天授元年，即公元 690 年），陜州人（今河南陜縣），以“長於言論”、“通玄究微”知名，貞觀五年召至京師，加西華法師號，嘗以“道門之秀”與佛門大德玄奘、慧净等論辯。曾亞疏《老》、《莊》、《奘疏》，今存《正統藏》，《老疏》則宋後已佚，以其書精湛，徵引者衆，敦煌亦存殘卷，近世已由學者輯校爲完書，成氏於《莊疏序》稱疏莊書爲“述重玄之妙旨”，而實言之不多，其《道德經義疏開題》則鮮明地表達了其作《考疏》之“宗體”：夫釋義解經宜識其宗致，嚴君平《指歸》以玄虚爲宗，顧徵君《堂誥》以無爲爲宗，孟智周、臧玄静以道德爲宗，梁武帝以非有非無爲宗，晋世孫登云托重玄以寄宗。今以孫氏爲正，以重玄爲宗，以無爲爲體。所言玄者，深遠之名，亦是不滯之義，言至深至遠，不滯不著，既不滯有，亦不滯無，亦乃不滯於不滯，百非四句，都無所滯，乃曰重玄，故曰玄之又玄，衆妙之門。（摘引）“玄”本道家主要義旨，以“深遠”釋“玄”爲漢語兮，若無所歸。衆人皆有餘，而我獨若遺。我愚人之心也哉！沌沌兮，俗人昭昭，我獨昏昏。俗人察察，我獨悶悶。澹兮其若海，飂兮若無所止。衆人皆有以，而我獨頑似鄙。我獨（欲）異於人，而貴食其母。

再看《越絶書》、《吴越春秋》中的詩歌，雖或者都是出於僞托，然很少像國風那種整齊的詞調，大概也是模仿南方固有的詩體。《説苑》那書較爲可信，内中有一篇越歌而加以“楚説”的：

今夕何夕兮，搴舟中流。今日何日兮，得與王子同舟。蒙羞被好兮，不訾詬耻。心幾頑而不絶兮，知得王子。山有木兮木有枝，心説君兮君不知。

劉向加以“楚説”二字，證明他是由越歌而譯成楚國詩體的。其音調真與楚詞不殊。可見當時普通詩歌體裁，就是如此。

北方文學的代表，那部《詩經》，它本來是國家學校裏用的教科書，看他格律何等整齊。楚詞的文句，就多不規則了。《詩經》説甚麽賦、比、興、風、雅、頌六義，卻是毛義，罕有直指賦體，楚詞就直是以賦爲主了。六義之中，雅、頌是頂莊嚴典重的體格，楚詞就全然漠視這種意味了。（楚詞雖有《橘頌》，與《詩經》頌義全没相干。）今再將《詩經》和楚詞的異同約略比較：

（一）《詩經》以四言爲主，楚詞文句參差不一。

（二）《詩經》章節有定，千篇一律。楚詞溢出規矩，任意變化。

（三）《詩經》重在風、雅、頌，楚詞全没風、雅、頌。

（四）《詩經》説甚麽王者之化、后妃之德，楚詞全没這些。

（五）《詩經》所尊重的，是人間庸俗的道德；楚詞所尊重的，是超人間的思想。

（六）《詩經》的神，是天神、地祇；楚詞的神，是江妃、山鬼。

（七）《詩經》是温柔敦厚，婉而多諷；楚詞是露才揚己，顯暴君過。（班固、顏之推説。）

（八）《詩經》昭事上帝，楚詞就要問天。

（九）《詩經》有懷舊俗的意思，楚詞有創新國的意識。

（十）《詩經》的精神，是柔性的、他化的；楚詞的精神，是剛性的、自決的。

總之《詩經》的好處，不是楚詞的好處；楚詞的好處，不是《詩經》的好處。《詩經》和楚詞是不同的，南方文學的思想和北方文學的思想是不同的。他們各有他們的歷史，各有他們的環境，是不能並爲一談的。後來批評、注釋楚詞的人，或者用北方的思想來解釋它，或者用《詩經》的精神來範圍它，豈不錯了？現在所以要做這部《楚詞新論》，將他來細細研究一下。

作者單位：中央文史研究館副館長
四川省文史研究館館員

故訓，而以“不滯”釋“玄”則顯取自佛典，佛氏名相“滯”又訓“執”或“執著”，“不滯不著”、“百非四句”並皆佛門義理，《中觀》以不生不滅、不斷不常、不一不異、不來不出爲“八不中道”，中道即是最高真理。“百非四句，都無説滯”，就是中道。故成氏《疏》中以不滯、中道爲常言，並及其他佛典名相以疏釋重玄及《道經》其他義旨，像這樣的重玄理論顯然是受到三論宗的影響並吸取三論宗的義理而形成的。這個重玄理論在《疏》中被奉爲道教的最高原理，用以統攝道佛玄儒各色名相，互解互證、奥義紛陳，貫通天人，旁及萬物，既匯衆家之義理，又不失玄道之主旨，從而建立起一個内容豐富、思辨深刻、通關圓融、推陳出新的道教理論體系，被認爲是道教理論發展的高峰、里程碑。加之李唐王朝的尊崇倡導，道教在唐初迅速發展成將傾佛儒二教的態勢，不僅在當時具有很大的影響，對後世也產生了深遠的影響。

從時間上看，唐初是重玄學最爲興盛的時期，從空間上看，巴蜀則是玄學尤爲流行的地區。杜光庭言：“臧（玄静）、陶（弘景）、顧（歡）、孟（智周）霞舉於南朝，任、黎、二張星羅於西蜀。”任是唐通義郡道士任太玄，著有《道德經注》二卷；黎是唐成都道士黎元興，著有《道德經注》四卷；二張是唐成都道士張惠超，著有《志立疏》二卷，唐岷山道士張君相，著有《道德經解集》四卷。黎、張都被指爲著名的明重玄之道者，另外還有江油竇子明，著有《西昇經》，爲明通三一、重玄之論者。李白《送蜀僧晏入中京》詩有“黄金獅子乘高座，白玉麈尾談重玄”之句，是蜀中談説重玄者非僅止於羽流，更且及於沙門，其盛況不難窺知。案佛史，三論宗於唐初亦盛行蜀部（參湯用彤《隋唐佛教史稿》），當是佛道相資而並盛也。巴西道士李榮則是蜀中言重玄論師之佼佼者。

李榮年世略晚於成玄英，是繼成而興的重玄學大師，學者或意其爲弟子，然無確證。顯慶前不久，榮應詔入京，後居東明觀（爲當時京師頂級道觀），曾多次代表道宗與佛門論辯，其爲當時道流領袖不言可知。釋道宣《古今佛道論衡》稱：“道士李榮，老宗魁首，特恃管見，親遇微延，屢遭勁勍敵，仍參勝舉。”此言出於敵對僧衆之口，雖顯含貶義，但仍稱其“老宗魁首特恃管見”，這也是對李榮在道教中的崇高地位和道術的精深造詣無法抹殺的道白。

李榮雖是繼成玄英登上道佛論壇的重玄大師，但對重玄學的素養和理解，卻和成師存在某種差異，我們衹需用《成疏》和《李注》進行對比，就不難看出其異同。首先看他們對《道經》首章“玄之又玄，衆妙之門”的疏釋。《成疏》説：

> 深遠之玄，理歸無滯，既不滯有，亦不滯無，二俱不滯，故謂之玄。……故説一玄以遣雙執，又恐行者滯於此玄，今説又玄，更祛後病，既而非但不滯於滯，亦乃不滯於不滯，此則遣之又遣，故曰玄之又玄。

很清楚，成説一玄的意思是遣除“有”“無”，從而進入非有非無之境；但又恐行者滯於此玄，因此又要進而遣除此玄，“亦乃不滯於不滯”，這就是“遣之又遣”；認爲這纔是“玄之又玄”，纔是“重玄”。根據中觀佛理，二偏雙遣即是中道，《成疏》是接受這一理論證的，但他卻接着又説："前以一種之玄，遣二偏之執，二偏之執既除，一中之藥還遣。"這就是"又遣"。但這個"又遣"所"遣"的卻不是"二偏"而是"一中之藥"，也就是"中道"，所以他在第四章《疏》中明確提出"遣中"一義：

> 此章明至道以中爲用……雖復以中爲用，應須遣中。
>
> 向以一中之道，破二偏之執，二偏既除，一中還遣。今恐執教之人住於一中，自爲滿盈，言不盈者，即是遣中之義。

顯然，成師認爲一玄是遣二偏，又玄是遣中道。而李榮則與此不同，其注《道經》首章説：非有無之表，定名曰玄，借玄以遣有無；有無既遣，玄亦自喪，故曰又玄。又玄者，三翻不足言其極，四句未可致起源，寥廓無端，虚通不疑。

《李注》"藉玄以遣有無"與《成疏》"一玄以遣雙執"之義不殊，但其以"有無既遣，玄亦自喪"就是"又玄"，則與成説"又玄"即是"遣中"的理解顯然不同。在《李注》全書中既找不到"遣中"之説，也找不出"遣中"理論的應用（"三翻"、"四句"二語是説所有的義理都不足以論述"中道"——"又玄"冥遠精深的意義，根本不涉"遣中"）。近世道學研究者都認同重玄理論是受佛門三論宗的影響，吸取並融合了中觀的主要理論而形成的，中觀認爲二偏雙遣即顯中道，這是成李在其書中吸取並運用得頗多的。二偏雙遣也就是破邪，據中觀義，破邪即是顯正，並非於破邪之外還别有個顯正。由此論之，李用"有無既遣，玄亦自喪"來疏釋"又玄"、疏釋"中通"，應是更符合中觀破邪即是顯正的理證，而和成師以"遣中"爲"又玄"之説明顯不同。

李榮不用"遣中"來解説"又玄"，同時在《注》中也較少使用"中道"、"一中"、"中"等《成疏》常用的佛典名相，而且在整個《注》文中使用其他佛典名相的頻率也大大降低。《成疏》基本上每章都有佛典名相，而李《注》使用佛典名相的篇章可能不到全書的一半。反之，"道"、"大道"、"至道"、"常道"、"真道"、"道德"、"玄德"、"忘"、"忘言"、"忘情"、"坐忘"等道家傳統詞語的使用頻率則大爲升高。但是，李《注》對"二偏雙遣"這一中觀義理的運用卻並没有因此而減低，而且還常用道家詞語來闡釋此理，此"至理爲語，不動不寂，爲化衆生，能動能寂"，"不静不遲，不滯雨邊，自合中道"。且《注》中又不時有貶佛言語，爲"至虚之理，空有未足議"。"有輪轉，處生死，皆爲邪也；無輪轉，絶生死，天下正也"。這些事象表明：李榮顯有去佛學化而加强道家理證的傾向。這也是李《注》與成《疏》的明顯不同處。可以説，道家重玄之學到李榮時是向前發展而更成熟了。在唐玄宗組織人員注《道德經》時（《開元御注》）也採用了重玄雙遣的理論解釋"玄之又玄"，其影響大也可不言而喻了。

王玄覽是略晚於李榮的蜀中道士（626—697），其生平略見於其弟子王太霄所編匯及玄覽論説的《玄珠録》的序言中。據説他十五歲時，忽"獨居静室，不群希言"，數年後，嘗"數道人之生死，兒童壽命，皆如言，時人謂之洞見"。三十歲後，覺此卜筮之事值不得繼續，於是改習玄理，並研佛典，且曾注《道經》，兼及神仙方術、金丹藥餌。後又感"長生之道，無可共修……須取心證，於是坐起行住唯道是務”，因而大量研習佛道經典，深窮其奥義密旨，頗得時人禮重。四十七歲度爲道士，居成都至真觀，聲譽日隆，來談經問道者不絶，益州謝法師、彭州杜尊師、漢州李煉師皆名重一時，咸遠道來學。七十二歲時，名聞京師，“奉敕使張昌期，就宅拜請乘驛入都”，不幸行至洛州半道病卒。王玄覽著書多種，但皆已佚，《玄珠録》係玄覽死後王太霄據衆門人所記編成，僅此二卷，現存《正統藏》。據《録》所載，不難看出他也是一位典型的大量吸取佛理的道家學者。他所擷取大致與成、李相同，以三論宗哲理爲主，其思辨理路和論證方法也和成、李相似，以二偏雙遣即中道實相來理證道體本空，這可能是受到蜀部三論宗論師的影響，不一定與成李有關。而且《録》中談“空”的言論頗多，如説：“……則知言物體，非真亦非妄，是真亦是妄，我若去看亂，何曾有真妄？既真妄寂，則入於環中，在中不見邊，以是中亦遣”，這是認爲萬物都是“非真非妄，亦真亦妄”，也就是不著二偏的，這樣纔能“入於中道”。最後他還認爲“以是中亦遣”，這就更契合於成玄英的“遣中”之義了。同時，他還説：“濫玄入重玄，此是衆妙之門”。“濫玄”的意思現在還不清楚，而以重玄是獨妙之門則是很清楚的，所以不少學者都認同他屬重玄派。整部《玄珠録》幾乎都是用佛典名相義理在講説，且對不生不滅談得很多，而在成《疏》李《注》中用得很少的“煩惱”、“性空”、“幻”、“定”、“慧”等佛典名相更是多次出現。但由於他所講論的主旨仍是道家的義理，所以他仍不失爲一位道家學者，衹在援佛入道的道路上較成、李走得更遠罷了。

梁陳以下道家臧、孟、成、李之徒雖然構建了一個以重玄理論爲核心的道教宗教哲學體系，但這個重玄理論卻和道教傳統的終極目標——神仙崇拜、長生不老存在着不可調和的矛盾。因爲在二偏雙遣的觀點下，生和死也在二偏之列，衹能以不生不死爲中道，故成《疏》説：“至道虚通，妙絶分别，在假不假，居真不真，真假性齊，死生一貫。”李《注》説：“物則有生有死，人則有存有亡，皆爲天也。道則不生而能亦生，雖生不存；不死而能亦死，雖死不亡。不存不亡，故壽也，但存亡既泯，壽夭亦遣。”這都要求打破對生死的執着，是一種超越生死的境界。同時李《注》還指出：“聖人生死無變於己……無輪轉，絶生死，爲天下正。”“法天地以無心，不自營以厚養仙骨，冠金石以長惠命。”這顯然都不再需要神仙崇拜、祈求長生了，可能正是在重玄理論的衝擊下，唐以前道教的傳統思想不能不發生變化，所以有學者早已指出：“唐已還道教諸名師，皆明藥之非草，長生之非形軀，不言白日升天矣。”（劉咸炘《道教徵略》上）但是，傳統思想的惰性力量是相當巨大的，它衹能是逐漸轉型而不會截然斷絶，外丹方術的傳統在帝王貴族追求長生的支持下，和重玄思想進行了長期的鬥争，結果是兩敗俱傷，重玄理論既漸漸衰落下去，外丹方術也在同時慢慢的退出歷史舞臺，而爲唐末五代逐漸興起的内丹之術所取代了。

作者單位：四川大學歷史文化學院

王家佑氏昆侖山文化新論①

馮廣宏

王家祐氏（1926—2009）是四川成都人，於 1948 年四川大學歷史系畢業後，即雲遊大江上下，師從高道名僧，學習釋道學術。1951 年始在西南博物院從事文物考古工作。1953 年曾入北京大學進修，次年調四川省博物館，直至 1987 年離休爲止。王氏在文物考古、民族史學，尤其是道教史研究方面成就巨大，曾在有影響的專業刊物上發表過多篇學術論文，先後著有《四川船棺葬發掘報告》（文物出版社 1960 年版）、《涼山彝族奴隸社會》（人民出版社 1982 年版）、《道教論稿》（巴蜀書社 1987 年版）、《四川石窟雕塑》（人民美術出版社 1990 年版）等書；並參加過《宗教詞典》的編撰和《道教大辭典》的審訂；應約爲多部道教文化專著寫序，還曾應邀到日本講學。1990 年受聘爲四川省文史研究館館員。

思想獨特的研究者

新中國成立前夕，王氏即爲青城山高道易心瑩（屬丹臺碧洞宗）門下弟子，法號宗吉。道教全真龍門派傳承字輩到了二十代，後面是“至理宗誠信”等字，易心瑩法號“理輪”，爲二十二代，王氏則屬於二十三代的“宗”字輩。他性情爽直，思維敏捷，語言詼諧，知識淵博；爲人樂觀開朗，熱情好客，家裏通常是室內書常滿，座中客常滿；對客議論，有時滔滔不絶，類多機鋒之語，而且不乏幽默，常自稱“王老邪”。平時酷愛讀書，也喜歡購書，他看中的好書還不止買一本，往往買若干本分贈來賓。他家客廳、臥室、書房，甚至洗手間裏全有書架，堆不下的書就放在桌上，堆在地上，有時弄得連走路都不方便，於是兒女們便幫助清理，開出一個通道。他平時寫字一筆不苟，整齊工正；讀書有了心得，常常墊上好多層複寫紙，用工楷小字密密麻麻寫一大篇，務求一頁紙全部寫滿，不留空白，然後分送知己。撰寫的文章，思路奔放，有如天馬行空，意之所至，多有出彩之言，而語言又十分精煉，不摻水分。我常戲説他“内存占得極小，信息量卻特大”。

1979 年 5 月，中國社會科學院世界宗教研究所公開招聘研究人員，要求赴京考試，王家祐攜弟子李遠國前往應考，成績優異，於是王氏成爲當時全國範圍内直接晉升副研究員的二人之一（另一位是藏傳佛教“格西”楊化群），而李遠國則取得助理研究員資格。

王家祐《道教論稿》匯集了他多篇學術研究文章，内容大體有四個方面：一是道教史研究，包括斷代和人物事蹟；二是道教宮觀和造像的調查研究；三是古代民族史的探索；四是利用道教史料研究巴蜀古史，這一點最有特色。他績學深思，老而彌篤，晚年更加精進；成

---

① 本文主要依據爲王家祐《道教論稿》（巴蜀書社 1987 年版），以及“成都民族宗教文化叢書”之九《王家祐道教論稿》、之十四《道教考古文集》（内部印刷）。

都民族宗教文化叢書即收録了他的許多文章，印成《王家祐道教論稿》和《道教考古文集》兩册，涵蓋範圍極廣。21 世紀初，四川大學宗教所趙敏曾就“神仙”問題請教過他，王氏淡然而言：人神相交，貴在以心相通。老實說，道教引導世人信仰神仙，就是用神仙善待衆生的方式教化信衆，引導世人積功累德，以此作爲修仙的目標，促進天、地、人之間的和諧，最終修道立德、造福於人。

古代巴蜀文獻極少，存在着很多空白，過去四川大學任乃强、蒙文通教授都提到過，要從道教文化中發掘材料，例如道教特殊文字，很可能就是巴蜀文字。這一新型方法的實踐者，至今恐怕僅有他一人。下面就略舉王家祐氏的“昆侖山文化新論”要點，以體現其學術水準。

從《道藏》中發掘蜀史信息

研究巴蜀古文化史，最大困難是資料缺乏。許多學者細心地從現存古文獻中挖掘史料，並結合地下出土文物分析論證，取得了不少成績，但這種努力遠遠不够。實際上，還存在着一個廣闊的天地，那就是《道藏》中的洋洋大觀。王氏是道教學者，又擅長考古、史學，篳路藍縷以啟山林，開闢了一條新的蹊徑。衆所周知，中國道教源於巴蜀，而道教文化是“拿來主義”，不但吸取先秦諸子的精華，還大量接受巴蜀巫術文化與歷史傳説，成爲研究蜀文化的豐富資料源。但《道藏》内容相當龐雜，系統性不强，加上語言通俗化、巫術化，使許多人不屑一顧；因而重要的資源，還未得到充分的開發利用。王氏獨具慧眼，很早就在其中耕耘，發現道教文物上也往往存在一些歷史資訊。他認爲漢晉時的方士，還認得巴蜀古文字，並納入道教的圖録秘文中，不少道教銅鏡和璽印上的奇字，應該就是巴蜀文字。筆者從探索中證明過王氏之論甚確，此處不再贅述。當然，從道教文化中發掘史料，也和利用考古資料一樣，必須用先秦文獻進行校證，並用相關學科的分析結果來檢驗。

遠古有鳥母部族

《道藏》之中的《黄帝傳》，綜合了許多遠古的傳説，有頗深的内涵，不可忽視。文中提到天降一人首鳥身的婦人，名爲玄女，這就是王氏所稱的“鳥母”。她曾協助黄帝戰勝蚩尤。五千年前實行的是母系氏族制，鳥母的助戰，並不違反歷史發展規律。後來“黎土羌兵驅應龍以處南極，殺蚩尤於梨山之丘”，即位於今陝西驪山。“黄帝始以鵰、鶡、鷹、鸇、雲隼之羽爲旗幟”，顯然鳥氏部族已與黄帝族相融合。值得注意的是，所舉各鳥皆爲猛禽，且多帶鉤狀利喙，這與巴蜀器物及圖像頗爲一致。後來“素女於廣都來，教帝鼓瑟”；廣都這一古地名，多數學者均認爲是成都平原；玄女和素女都曾授黄帝以房中之術，是爲鳥族與黄帝族聯姻之證。

書中重要的一段：“於時，昆侖山北玉山之神人，乃西王母，太陰之精、天帝之女也。人身、虎首、豹尾，蓬頭戴勝，然白首善嘯。石城、金臺而穴居，坐於少廣之山，有三青鳥常取食。此神人西王母也，慕黄帝之德，乘鹿來獻白玉環。帝立臺於沃人國西王之山，名軒轅臺。”對照一下《山海經》、《莊子》等古籍所言，即知書中所述雖有些拉雜，卻並非憑空捏造。西王母有虎豹之形，又有青鳥爲之取食，可證西王母族融合了多個部族，而成一大族盟。昆侖山地理位置在青、新、藏交界之處。黄帝與西王母通好，可證其族有向西北遷移的活動。下文又述黄帝休於昆侖之丘、華胥國、天毒國、窮山女子國，又到“昆侖宫赤水北及南望，還歸而遺其玄珠”；“後爲蒙氏之女奇相氏竊其玄珠，沉海去爲神。”奇相是蜀中的江神，具體主管青衣江和岷江。前蜀王建時成都還有奇相廟，下暴雨將漲水時，王建還曾進廟燒香，乞免洪災。由此可見，黄帝的足跡已由西北而接近蜀地。

王氏指出，《荀子》及《説苑》所引子夏之言，皆有“禹學於西王國”的話。禹長於西羌，家於石紐，是蜀地的人，自司馬遷以來皆無異詞。可見昆侖山文化經黄帝的活動，已與古蜀勾通。大禹學習於鳥母的西王國，是古蜀接受這一文化的明證。西王國與中原、蜀地都有婚姻關係。以中原而論，伏羲娶女媧，疑即“女和月母之國”，黄帝即西陵氏，或爲西山昆侖之女。大禹之妻也有女媧之名，《遁甲開山圖》還説大禹是女媧的十九代孫，古代的婚姻也有世襲制。因此古蜀文化中涵有鳥母一族的文化，則是意中之事了。

道教秘文中有一種人鳥山形圖，《無上秘要》稱人鳥山爲天地之極，元氣所因，此山在道經中即在昆侖之區，神仙王方平曾治月氏國人鳥山。王氏認爲：此國爲青海湟中的小月氏國，人鳥山近於其南的河曲昆侖山。因古代的地名，往往隨民族遷徙而移動，如四川有蜀山，山東亦有蜀山，童恩正教授注意到從東北到西南有一新月形地帶，其考古文化特徵類同，當爲這種遷移的軌跡。以昆侖爲中心的五嶽，也會隨民族的社會活動，從西北地方向蜀地遷移，搬到蜀中來。

如上所述，道教鳥母提供了一個古代民族從驪山至甘青，然後入蜀的資訊，這與近年民族學家的研究結果相當契合。筆者還注意到《水經注》所記華山，原來擋住河水，河神巨靈手蕩腳踹，把大山一分爲二，纔使渭河暢流。故華山上留下的巨靈掌印，酈道元還親自看過，武則天時那裏曾設過仙掌縣。四川沱江的金堂峽也有類似傳説，據説是由鱉靈用手腳蹬開，所以巖壁上留有足印，至今還可找到遺跡。巨靈和鱉靈，傳説如此相似，名字如此相近，寫《路史》的宋人羅泌就曾提出過疑問：爲什麽陝西的巨靈在蜀中留下許多同類傳説，難道有另一個巨靈嗎？據《遁甲開山圖》得知，巨靈並非男性，而有“九元真母”的稱號。筆者起初就對此大惑不解，得王氏之論，方釋然於心；並悟到神話傳説中的驪山老母，也就是《漢書·律曆志》太史張壽臣所述“驪山女亦爲天子，在商周之間”的一代帝王，而且巨靈一族也曾由陝入川，所以留下相似的傳聞，這在道教經典中得到了説明。

西王國一分爲三

王氏對西王母族的分化發展，下了很大工夫。他認爲：以昆侖山爲中心的西王國，後來分化爲鳳、虎、龍三族，經過幾千年，演變爲楚、巴、蜀三個王族。歷史以來三族之間就有互婚的習俗，所以在文化上有融合的特徵，你中有我，我中有你。今人動輒見虎即指爲巴，見蛇又指爲巴，以致不能自圓其説，都是對古文獻中片言斷語的過分信任，没有拓廣其視野之故。巴蜀既是兩國，而文化上又好像一國，許多史家對此大惑不解；近年又發現楚蜀文化也十分密切相關；得王氏此論，疑雲當爲之一散。

商周之際乃至更早，蜀人是與鳥有緣的。《逸周書 · 王會解》列舉武王滅殷後諸侯朝賀的貢品，西方的巴人爲“比翼鳥”，蜀人爲“文翰，”氐羌爲“鸞鳥”。《山海經》中“比翼鳥”，出自《海外南經》的南山之東，而《海內南經》則記巴蛇於氐人國附近，夏啟之臣孟涂司神於巴，在丹陽南之丹山。可見遠古巴人活動於中南地區。“文翰”這種鳥，即《西山經》嶓塚山的白翰赤鷩，則遠古蜀人尚在秦嶺一帶。“鸞鳥”則見於《西次三經》女床山與《海外西經》軒轅國、窮山，以及《大荒南經》載民國、《大荒北經》附禺山、《大荒西經》王母山、《海內經》都廣之野，分佈甚廣，但主要之地則是西北地方和蜀地，王氏認爲：這些地域都是鳥母文化影響所及。此論並非從書面到書面的文字考證，而有近年最新考古發現爲證。出土的漢代搖錢樹，上立鳳凰，其前身則是廣漢三星堆祭祀坑出土的神樹。此神樹分四節，有十二枝，枝上各立一鳥，象徵四季十二月，與天文曆法有關。其中有人首鳥身的立鳥，其面目與三星堆衆多的銅人造型相似，而鳥嘴皆爲鉤曲的利喙，王氏認爲這就是藏族地區的鷹頭杜鵑，形似蒼鷹，衆鳥皆畏避它，可說是鳥中之王。

西王母虎齒豹尾，王氏稱之爲“西貘神”。《穆天子傳》言周穆王曾到西北地方的西膜之地，書中又屢言“膜拜”，足證王說不虛。王氏謂貘族與龍虎族通婚，於是有鳳。西方之鳳本無此鳥，其原型爲雉雞。《大荒西經》王母之山人吃“鳳凰卵”，實際上是吃野雞蛋。此後，鳳演化爲南方的朱雀，中原的麒麟，至漢代演化爲白虎，皆爲仁獸。

王氏提出的演變過程，可表解如下：

貘 ┌ 鳳——鷩（驪）——朱雀
　 ├ 虎——麒麟——白虎——天吴（開明獸）
　 └ 龍（蛇）

從中原的古代傳說中，也可以找到昆侖山文化分爲三系的痕跡。南方一系是伏羲、女媧（女和）；西北一系是黃帝、西陵（嫘祖）；西南一系是顓頊（鳥王）、崇伯鯀禹。禹名文命，王氏認爲即汶岷，頗爲有理。筆者曾經在松潘詢問過藏學長老，承告以本鉢教經典《瑪姬》中，有上古四大特卿之一的仁哇治導岷江之事，仁哇即禹，故藏語稱岷江爲仁曲。我又請教過古音專家，據云上古音中仁、汶、岷皆爲一音。此條可證王氏之說。或以爲鯀封崇伯，其地在嵩山，並不在西南之蜀；這是把上古地名看做固定不移而得出的結論。實際上古地名的遷移之大，與民族遷移一樣，可以從西北、中原移至西南。

王氏指出，昆侖山文化三族，龍可以擬合爲氐（姬），虎可以擬合爲羌（姜），鳳鳥則有夷、越、楚、蜀乃至西王母、驪山女等多系。漢代畫像磚上西王母坐龍虎座，青鳥爲之取食，標誌著貘（虎）、龍、鳳三族的融合。在近年史前考古發現中，也可證實其間關係，如河南濮陽西水坡仰韶文化墓葬中，曾出土三組用蚌殼堆塑的龍和虎形，顯示龍虎和合。浙江河姆渡文化中亦有“雙鳳朝陽圖”。

五嶽並非一套

王氏舉出道經中商周時期的五嶽系統，中嶽昆侖（塚山）、東嶽廣桑、南嶽長離、西嶽麗農、北嶽廣野，皆在西域，並非漢代以來大一統的五嶽。塚山亦作崇山。這套五嶽體系遷移到蜀地之後，爲道教神仙甯封所治理：中嶽崇山，成爲蜀山，乃昆侖下都之岷山；東嶽斗山，在今陝西城固；南嶽青城，爲今大面山八卦臺，即《山海經》所謂成都載天山；西嶽積石，在今甘青境內；北嶽嶓塚，今仍有此山名。秦地系統的五嶽，則以長安爲中心，斗山爲中嶽，東嶽武當，南嶽青城，西嶽昆侖，北嶽隴山。五嶽是道教頗爲神秘的處所，《五嶽真形圖》爲道教最高的秘文之一，但五嶽並不是僅有固定的一套。

根據道經綫索，王氏還在姓氏問題上作過一番考證；據道藏《逍遥墟經》知，西王母即龜臺金母，姓緱，其夫東王公則無姓，這是母系氏族制的特徵。查緱氏地名今在河南開封、偃師之間，近轘轅關，古今無改；周靈王太子晉（王子喬）曾在此吹簫引鳳。緱姓來源是否即在殷墟，尚難定論。王氏以爲，漢族採用複姓“西王”，此後簡化爲王姓，道經中西王母之女即多稱“王夫人”。《玄覽人鳥山圖》稱仙人王方平治地在月氏國人鳥山，其地當是今青海湟中原小月氏國，人鳥山爲昆侖區域內之一山。王方平之妹爲麻姑，似與“貘”有關，可證西王母部族亦有漢姓之王。移至蜀中，神仙又多姓李，疑蜀國王族的漢姓爲李。《神仙通鑒》中李八百與魚鳧王相應，李真多（女仙）則與望帝（杜宇女王）相應；隱居青城之仙，還有李阿、李意期、李玨、李冰等。這些探索，尚缺實證，不過近年所出土的巴蜀圖語銅印上，印文中常有漢字“王”存在，而且多分佈於青衣江流域，以及岷江下游的犍爲等處。

不過，王氏昆侖山文化這一專題，雖然新奇，亦有所據，但還有待於細化，許多問題仍須進一步研究。

作者單位：四川省文史研究館

蜀學史料

李源澄諸子論文集序

唐君毅

諸子之學，清儒量力之功，限於輯佚、考證、校勘、訓詁。遜清之末，學者乃喜言諸子大義，然當時學者如章太炎、梁任公之詮釋諸子學說，皆以梵土或西方之學爲據。民國以還，西方之哲學、社會科學日益輸入，而言諸子者，更幾無不以中西之思想較論，其中故多以參證而會通者，然持其先入之見，美之曰持假設以求證，摘零篇斷句以相附會者，遂不可勝數。余皆嘗泛覽中西哲學之舊典，而持中西哲學殊途之論。十年前曾有所述作，謂較論中西思想，寧較其異，毋較其同。蓋深病附會之言，滋蔓無已，而中國學術將永淪成附庸而沈淪也。近年以來，雖於中西之正統思想之最勝義，仍以爲多可持以證人類之心同理同，然亦未敢輕抒所見。常念讀古人書，有自外入者，有自内出者。此所謂自外入者，先於理有見，而求印證於古人，而逐漸去其成見，留其真知，以通古人之心者也。自内出者，先虚懷若無知，優柔厭飫於古人之書，而豁然貫通，得其旨歸者也。自外入者，知其所見之未必合古人之意，則更迭諸見以測之，此今所謂嘗試錯誤法也。誠所見廣大後，能更迭諸見。不執一以求通，固可與古人覿面相遇矣！然所見廣大，談何容易，見與執俱，執一而强古人同我，遂所難免。此昔賢教人讀書之必以虚懷涵泳爲訓也。夫虚懷涵泳之中，非無嘗試探測也，唯其探測恒在有意無意之間。陸象山言“深山有寶，無心於寶者得之”，其言可味也。有心於寶，則或以石爲寶，如不以石爲寶，則覓寶而不得，視傷而神滯，雖有寶不識矣！唯宅心於有意無意之間，其探測之機斯常活常靈，無所固滯，精義所存，常目在之，一有不合，過則捨之，其參伍會通之功，行於微隱而神不勞。此則讀書自内出者之用心之圓而神，異於讀書自外入者之方以智者也。西方學人之用心方式恒偏於方以智，故其立論，多先提出問題，叙可能之諸見，評異見之難通，再陳其所見；即陳述史事與古人學説，亦綱目整齊，期於方智。中國哲人史家之用心，則偏於圓而神，故其立論，多直抒所見，剪除枝葉，稱心而談；而陳述史事，亦重曲暢旁通，隨人順事而婉轉，而以方以智之表志爲輔；叙古人學説，亦期得神髓，罕事排比，以要言不煩，留人自悟爲貴；皆圓而神之用心方式之表現也。當今之世，方以智之用心讀書著作方式，固人皆知之，而多本之以論中國固有之學術矣！然抑知圓而神之用心讀書著作方式之更與中國學術之精神相應而尤不可廢乎？

吾平昔之用心讀書寫作之方式，亦近乎方以智，讀古人書，恒亦爲自外人。嘗欲求用心之圓而神，而未之能逮。蓋亦由素習使然，而欲由方智之極，以達圓神也。友人李源澄先生，治學由經而子而史，其著述爲海内人士所共見，無佚愚之喋喋，十餘年來聚談之際，最所深佩者，即期冲懷寥廓，讀書一如其爲人。凡所會悟，皆自内而出，故所述作，亦皆直抒己見，少所譏彈。而或者遂以綱目不張，鋒芒太斂，於殊方異域之説，無所參偶，不類時人之著病之。不知此乃李先生用心方式，乃尚保留古人圓而神之風，其抉發昔賢著述之大義，皆入乎其内而出乎其外，直言所見，而無與人絜長度短之意，故得絶於以流行之西方印度之思想與中國固有學術輕相比附之病。至於本書，乃李先生繼其十年前已印行之《諸子概論》而著，其體裁與作風，與其他作乃不相遠，讀書者皆當循吾今之所言以讀之。本書之大旨，依余所見，在明儒家與諸子相激相蕩而歸於匯通之勢。論孔孟荀，以明儒學之正宗；以告子與孟子之對辯，明儒墨之争之關鍵；以《管子》之《心術》、《内業》言道家之晚期發展而採納儒家之處；以《管子》中之法家言，言法家之採儒。要歸於説明晚周諸家之説趨於相融匯，然亦保留不失其中。此於論管子二篇及儒道兩家之音樂理論一文，最見其匠心。此外，則論莊子之分形、心、氣三境界，論商鞅則特揭出博力殺力，皆自具雙眼。至於此外之論，大皆以平實見長，更無浮泛之辭，詭异之論；讀者讀其書自知。來書囑爲序，故略弁數語如右。

建設川康與復興蜀學[①]

舒君實

新四川月刊社主者，擬編印建設川康專輯，而徵言於愚，因寫所懷，以質高明。此乃根本之圖。當不致誤認爲高調也。

日前新中國日報，有一社論，大致説：過去之四川，有兩大偉人。從事於建設工作：一爲李冰，所建設者爲水利，屬於物質；一爲文翁，所建設者爲學校，屬於精神；其言甚是。今之四川，得蔣總裁兼理親治，吾人便存一較奢之願望，思兼理主席，能從精神物質兩方

---

① 編者按：《建設川康與復興蜀學》出自中華民國二十九年（1940）三月三十一日出版的《新四川》第十、十一期合刊，屬川康建設專號内容。川康即四川省和西康省的合稱，西康所轄地主要爲現在的四川甘孜藏族自治州、凉山彝族自治州、攀枝花市、雅安市及西藏東部昌都地區、林芝地區等，基本相當於藏文化中的康區，1955 年廢止。此文從復興蜀學研談川康建設，有别於其他從民族、憲政、邊區、檔案、經濟國防、前途展望、地方自治角度撰寫的論文。

舒君實（1890—1984），四川華陽縣（今成都市）人，1922 年創辦《壬戌日刊》，後入《民視日報》任總編輯，1934 年任《華陽日報》首任社長，1941 年曾主編《成都快報》、《新新新聞》副刊“蜀雅”“蜀故”周刊，1955 年被四川文史館聘爲研究員，著有《學鈍室雜著》等書，抗戰初期，曾發表《新聞常識》、《非常時期之報紙》、《言論自由之真詮》等學術講演。（《成都市志・哲學社會科學志》（2006 年）第 192 頁）

面，爲劃時代之偉大建設，質言之。

既望兼理主席爲李冰，尤望其并爲文翁也。正因爲希望當軸，同時作精神上之文化建設，故敢以復興蜀學爲説進。

吾蜀乃淵雲騰達之邦，史策粲然，非無文化之地。自漢代張叔文以來，有如宋之蘇范，元之張達善，明之楊用修，清之唐鑄萬，靡不研究精深，卓然成一家言。晚近復得張之洞藥我以博，王壬秋錫我以雋。更承以廖季平之經術，宋芸子之詞章。蜀學乃大昌，駸駸與中原兩江，争道並馳。迨士浸歐潮，國故漸替。耆舊多凋，師承日寡。重以人不悦學，馳逐利禄，始日呈頽勢。今逢大時代之來臨，吾以遂肩復興民族之巨任。夫所謂四川足爲復興民族根據者，殆含有二義，不可不明。其在物質方面固然是指四川地大物博，資源豐盛，足作長期抗戰之接濟；而其精神方面，則是指吾蜀文化燦爛，人物英傑，足作長期抗戰之後盾。今海内作家，明白四川物質方面之豐盛者頗多，瞭解四川精神方面之偉大者尚少。唯張其昀先生所作四川精神一文，獨具慧眼間，不朽之佳構也。吾意川之爲川，既爲國寶，必當自愛羽毛，振翮再試。翱翔藝苑，復興蜀學，以作華西文化之楷模，蓋就川滇黔康四省面言，在歷史上，蜀學實有領導之資格也。往者，愚嘗思建議四川當局，籌撥巨款（二十萬至三十萬），先復興四川官印印刷局，以印局中之一部分，用近代機器，印刷書報雜件；以一部分，用木刻製版術，召集良工，復興蜀刻，因過去蜀刻本，曾蜚聲流譽於海内，故覺有倡導之必要。一面聘請通人，組織徵求四川先哲遺書編審刊行，會以導揚兩川文化。關於四川先哲遺書之徵求與刊行，傅沅叔先生年來曾致力於此，如四川省政府，能以政治力量，再事徵集，收效自更宏大。將來蜀刻流傳，蜀學復興，省外人士，必油然而起敬佩之心，重新瞭解四川之偉大。川人因緬懷先哲，群趨上流，蔚成風氣，汙習亦更，以文化昌盛之巨省，肩復興民族之大責，必能勝任，更復何疑？此種精神上之大建設，正宜及時圖之，未可緩也！

乃者，川康建設學院，間辦有日。鄙意，不妨於理工學科以外，設一精神講座，每周講論數小時，以蜀賢事略爲教林（此種表彰鄉賢之巨製，愚已着手爲之），以蜀學學案爲參考（此種闡述鄉賢學術史料之巨製，愚甚望有人能起而成之）。則感染陶冶之人物，必能愛鄉愛國，遣大投艱矣。

愚夙持唯物唯心二元論，以爲，凡研究宇宙事物，馳於兩端者每每看得一面，失去一面，皆不能得其全，即無以窺其真。故重心者輕物，遂成空談而無着；重物者失心，亦變機械而減情。須知世固有餐風飲露之高人，然不可期諸凡夫；世固有惟酒食是議之小人，然未可以擬諸樸儒。故論趨一端，理必千歧，折中至當，期無缺憾。治世大術，亦必以心物二元論爲歸宿，乃可舉收拾人心鞏固山河之大效。若謀富强而不教，則近於禽獸；若講名理而不實，則隣於幻滅。吾願今之川府，同時從事於心理物質兩大建設，施文翁之教澤，講李冰之實利，使我七千萬衆，有耻而無餒，則由川及康必足以奠我宗邦而無疑矣！

（鍾永興整理）

新蜀學史觀——爲《重慶商務日報》十周年紀念作①

甘蟄仙

一

世界化的新學術之建設，全世界人皆有責任焉，新國學之建設，全國人皆有責任焉，新蜀學之建設，全川人士皆有責任焉。吾今就鄉言鄉，覺新蜀學之建設，大有及時提倡之必要，而在提倡建設之前；尤有一先決問題，謂須先養成周密深入之觀察力，精卓嚴明之判斷力及優美和粹之修養力，而後從事焉，乃可以收建設上之實效也。奚以明其然耶。非明其觀察，莫由窮物之理，非精其判斷，莫由致吾之知，非有健實之修養，莫由行其所知，起人之信，是故心力之鍛煉，實乃一切學之學，一切法之法也。既確立"心力鍛煉"之目標矣；又須博搜客觀之資料而鑒别其醇疵，由具象的個别的事物中推見其抽象的共通的原理，乃可以通古今之變，而成一家之言。愚固未之逮也，然蜀學在歷史上之變遷，爲蠡測所及者，正復不妨略述一二，爲讀者諸君告。

二

由史家眼光觀之，我蜀先輩，在兩漢兩宋明清諸代學術史上，各皆有其當相之位置，西漢司馬相如以飄飄淩雲之天才，爲西蜀文學之導師，在彼時代，誠不媿爲唯美主義的文學家矣；然言乎殫見洽聞，饒有科學之精神者，則審是主義的哲學家揚子云，尤足尚也。

揚子默守太玄，本有契於形上之真理，然於客觀之資料，仍務極意搜集，而酌施其鑒别力，其言曰："多聞則守之以約，多見則守之以卓，寡聞則無約也，寡見則無卓也。"此與孟子"既竭耳力目力，繼之以規矩準繩"，荀子"兼陳萬物而中縣衡"之旨趣，實相共通，即揆諸孔門"博文約禮"之訓條，亦覺思過半矣。唐代學者，尚論先秦兩漢，往往以荀揚並舉，至謂"因揚氏而孟氏益專"豈偶然哉。

亦有陳子昂李太白者，在唐代詩壇上極占地位。北宋三蘇文章，向來爲人所樂道；而東

---

① 編者按：《新蜀學史觀》一文出自《重慶商務周報》1924年十周年紀念刊，作者甘蟄仙，民國十三年（1924年3月30日）著於北京，因受重慶商務日報駐京記者金滿成的邀請而寫。文章首先提出學術建設的任務在於"三力"（觀察力、判斷力、修養力），並簡略回顧介紹了歷代蜀學人物的學術成就，最後希冀有志之士"由淹博以趨於精約，由廣師以返於自得"，方可致力於新蜀學建設。

甘蟄仙，生卒年不詳，四川萬縣人（由其在《晨報副刊》1923年刊發的《燕蜀途中雜掇》落款可知），即甘大文（見周作人《北大感舊録·四林公鐸》"……這時一位名叫甘大文的畢業生走來找主任說話……甘君本來在中國大學讀書，因聽了胡博士的講演，轉到北大哲學系來，成爲胡適之的嫡系弟子，能作萬言的洋洋大文，曾在孫伏園的《晨報副刊》上登載《陶淵明與托爾斯泰》一文"），曾就讀於北大哲學系，後攻讀於北大中文系研究生，是胡適的學生，在《晨報副鎸》發表多篇學術文章，如《戴東原的名學史觀》、《章實齋之歷史觀》、《康德在唯心論史上之位置》、《最近二十年來中國學術蠡測》、《歐洲古代政治思想之變遷》等引起學界關注。

坡之慷慨大節，尤可爲後進之楷模。南宋時代，南軒先生篤信洛學（程學），鶴山先生深悦閩學（朱學），而皆對東坡公表示相當的敬禮，其顯例已。

三

南軒先生講唯其是，故其哲學之重心點，不偏於唯理派的一極端，亦不偏於經驗派的一極端，其言曰："狂者所見高明，而行有未及乎其見，狷者所守堅確，而見有未得其理。"又曰："偏於考索，則有遺本溺心之患，而騖於高遠，則有躐等憑虚之憂。——二者皆有其弊也。"其微恉調和當時尊德性與道問學兩學派之衝突，而酌施其消極的補救之方術，以求達其積極的建設之目的，質言之，既謀自建一種中行主義的哲學系統，而樂得狂狷兩路之特殊人材，進而裁之於中也，故其言曰："狂者力行以踐之，則其見不差；狷者致知以明之，則其守不失，而中可得矣。"

但"致知"之方，以存良心爲前提，"力行"之道，以"奉天職"爲要務，此唯心論的宇宙觀及天職論的人生觀所以有潛體實踐之必要也。南軒常言："心也者，萬事之宗也。"又云："夫人之心天地之心也，其周流而該徧者，其本體也。"此言人心之本體，既宇宙之本體，與西洋唯心主義的形上學極相近，南軒又云："學者所以收其放而存其良也。"則又於唯心論的基礎之上，自建一種新道德之規模，而與先哲"本隱之顯"之學相共通矣，又云："學所以明萬事而奉天職也。"爲天職而奉天職，與康德爲義務而盡義務之恉頗相印契。由萬殊之事變，以推見其抽象之通宗。與先哲推見至隱之情，尤合符節。故吾謂南軒之人生天職論，乃最純粹之道德學也。

明乎宇宙觀與人生觀之二大關鍵，則介乎其間之知識論，亦可瞭然言下矣。吾嘗言唯理派求知之方法，以演繹爲主，經驗派求知之方法，以歸納爲主。由今觀之，南軒之售學方法論，非高挹唯理主義與經驗主義之勝義而謹其折中者，孰能與於斯乎？

四

蜀學自南軒以後，當推魏鶴山爲第一人。張魏之學，固皆歸於自得，然得助於真師友之講習者，亦頗不少，南軒師五峰，而友朱陸吕諸子，受晦庵影響尤深，故造詣亦相若，吾昔爲國立北京大學二十五周年紀念撰著論文，盛推吾蜀南軒先生生平行誼，呈新濂洛主義運動之特彩，其觀點蓋在此。

若鶴山者，天下卓犖，學力淹貫，蔚然與真西山齊名，而不存門户方隅之見，尤妙在窮極問學之根源，以致其親知。答人書云：

> 又見得向來多看先儒解説，不如一一從聖經看來。蓋不到地頭親自涉歷一番，終是見得不真。來書乃謂祇須祖述朱文公。文公諸書，讀之久也，正緣不欲賣花檐上看桃李，須樹頭枝底，方見得活精神也。

鶴山之努力作大規模的長時間的研究，而卓然有以自樹立也如此，可謂深得朱子窮理致知之精意者已！

誠由張魏之航路，力溯洛閩之淵源，而反躬以踐其實，必可終身受用弗盡，此吾所敢昌言也。而吾蜀學在宋學史上，占重要位置，益可深長思已。

非獨在宋學史上爲然也，即在明學史上亦有然。來瞿塘深愛陽明品格之粹美，而其自爲學，則於程朱王均不苟同。其學風殆與濂溪康節極相近。此清初夏峰梨洲二曲三大儒，所以稱道不置也歟？

五

清初蜀學界，受二曲影響最深者，楊愧庵也。受夏峰影響最深者，費燕峰也。燕峰之特色，在研究歷史上學術變遷之跡，能説明宋學所自出。愧庵之特色，在提挈本體，能得王學之受用。亦有唐鑄萬者，與王崐繩、魏冰叔、顧景範爲友。而自爲學則宗尚陽明。其自得之樂，與心齋木崖絶相似。而文筆之高古雅贍則又過之。此吾述論清初蜀學，所爲舉唐楊費三先生爲重要代表也。

道咸以降，濮陽平李中天皆有可稱。顧申夫側重事功，伯平專宗稼書，猶不能無待於後學之折中也。

晚清有廖季平者，妙造姬漢，蔚然經師。關於今文之學説尤多獨到處。若求其制行謹嚴，而歸然不愧爲人師者，其惟劉裴材（光第）先生乎?.

六

新蜀學在歷史上之演變，略如上述。所望有志之士起，而綜覈揚子雲、蘇東坡、張南軒、魏鶴山、來瞿塘、唐鑄萬、費燕峰、楊愧庵、濮陽平、劉裴村等……諸先輩之學術及其人品，而兼採其特長，以磨煉自己之心力，而激發其勇猛精進之志氣，由淹博以趨於精約，由廣師以返於自得，則今玆所理想之20世紀新蜀學之建設之究極目的，或亦終有能貫澈焉者。惜乎余小子有志斯業，而久未著手，所欲自完其責任心，以報歷史上鄉先輩之恩我者，僅乃讬諸空言也！

商務日報駐京記者金君，爲十周年紀念，索文於余，再辭不獲，輒略抒夙懷以應雅徵。如荷讀者諸君，鑒玆微尚，痛予鞭策，俾小我之心力，今後益得磨煉以自振拔，則更區區寤寐誠求者已！

1924年3月30日，於北京

（鍾永興整理）

稿　約

一、徵稿選題：關於蜀學理論、蜀學思想、蜀學史、蜀中學者以及蜀學文獻等的研究。

二、文本要求：本刊統一使用規範的繁體漢字。來稿請認真復對引文，標明引文出處——包括作者、書名或期刊名、卷數或期刊號、出版單位、年月。注釋統一採用“頁下注”。例：①孫硯方：《都江堰水利詞典》，科學出版社 2004 年版，第 54－55 頁。②馮廣宏：《創立一門新蜀學——都江堰學》，《西華大學學報》（哲學社會科學版）2005 年第 4 期。

三、稿件要求：

1. 遵守學術道德，文責自負。

2. 未公開發表過的論文，具有一定的學術原創性。

3. 字數原則上控制在四千字以上，一萬字以内。

四、本刊對來稿有刪改權，若不同意刪改者請於來稿上注明。

五、來稿請務必詳細注明作者的姓名、單位、職稱、學歷和聯繫方式（電話、電子郵箱、通訊地址等）。大作一經刊出，即酌付稿酬，並寄樣刊兩本。

六、請附上紙質稿件。來稿請寄：四川省成都市外西西華大學蜀學研究中心（收）。郵編：610039。電子郵件請寄：shuxue2003@126. com，191615760@qq. com

聯繫電話：(028) 87722129，13036667781（王學東）

七、本刊已加入《中國學術期刊》（光盤版）、《中國期刊網》。作者著作權與使用費與本刊報酬一次性付給。若作者不同意將文章編入上述版、網，請在來稿中聲明。

八、截止時間：2013 年 6 月 20 日。

蜀學研究中心

2012 年 9 月 1 日

圖書在版編目（CIP）數據

蜀學. 第7輯/西華大學，四川省文史研究館，蜀學研究中心主辦.
—成都：巴蜀書社，2012.12

ISBN 978－7－5531－0171－2

Ⅰ.①蜀…　Ⅱ.①西…②四…　Ⅲ.①文化史－四川省－文集
②巴蜀文化－文集　Ⅳ.①K297.1－53②K872.71－53

中國版本圖書館CIP數據核字（2012）第252808號

SHU XUE
蜀　學（第七輯）　西　華　大　學 / 四川省文史研究館　蜀學研究中心　主辦

責任編輯	王　雷
封面設計	文小牛
出　　版	四川出版集團巴蜀書社 成都市槐樹街2號　郵編610031 總編室電話：(028) 86259397
網　　址	www.bsbook.com
發　　行	巴蜀書社 發行科電話：(028) 86259422　86259423
經　　銷	新華書店
印　　刷	成都蜀通印務有限責任公司（028）86106170
版　　次	2012年12月第1版
印　　次	2012年12月第1次印刷
成品尺寸	260mm×185mm
印　　張	18.625
字　　數	450千字
印　　數	1250
書　　號	ISBN 978－7－5531－0171－2
定　　價	45.00圓